A GUERRA DA
INDEPENDÊNCIA DOS
ESTADOS UNIDOS
DA AMÉRICA, 1775-1783

Richard Middleton

A GUERRA DA INDEPENDÊNCIA DOS ESTADOS UNIDOS DA AMÉRICA, 1775-1783

Tradução:
Jussara Vila Rubia Gonzales

MADRAS

Publicado originalmente em inglês sob o título *The War of American Independence, 1775-1783*, por Pearson Education Limited.
© 2012, Pearson Education Limited.
Direitos de edição e tradução para o Brasil.
Tradução autorizada do inglês.
© 2013, Madras Editora Ltda.

Editor:
Wagner Veneziani Costa

Produção e Capa:
Equipe Técnica Madras

Tradução:
Jussara Vila Rubia Gonzales

Revisão da Tradução:
Giovanna Louise Libralon

Revisão:
Sílvia Massimini Felix
Neuza Rosa
Renata Brabo

Dados Internacionais de Catalogação na Publicação (CIP)
(Câmara Brasileira do Livro, SP, Brasil)

Middleton, Richard
Guerra da Independência dos Estados Unidos da América, 1775-1783/
Richard Middleton; tradução Jussara Vila Rubia Gonzales. –
São Paulo: Madras, 2013.
Título original: The war of American Independence, 1775-1783
Bibliografia.

ISBN 978-85-370-0843-0

1. Ciência política – História – Século 18 2. Estados Unidos. Declaração da Independência 3. Estados Unidos. Declaração da Independência – Influência 4. Estados Unidos – História – Revolução, 1775-1783 – Aspectos sociais 5. Estados Unidos – Política e governo – Filosofia 6. Movimentos de Libertação Nacional – História – Fontes I. Título.

13-02729   CDD-973.313

Índices para catálogo sistemático:
1. Estados Unidos: Declaração da Independência: História 973.313

É proibida a reprodução total ou parcial desta obra, de qualquer forma ou por qualquer meio eletrônico, mecânico, inclusive por meio de processos xerográficos, incluindo ainda o uso da internet, sem a permissão expressa da Madras Editora, na pessoa de seu editor (Lei nº 9.610, de 19.2.98).

Todos os direitos desta edição, em língua portuguesa, reservados pela

MADRAS EDITORA LTDA.
Rua Paulo Gonçalves, 88 – Santana
CEP: 02403-020 – São Paulo/SP
Caixa Postal: 12183 – CEP: 02013-970
Tel.: (11) 2281-5555 – Fax: (11) 2959-3090
www.madras.com.br

ÍNDICE

Lista de Mapas 9
Abreviaturas 11
Prefácio 13
Mapas 15

CAPÍTULO 1
Grã-Bretanha e América Dão Início ao Conflito, 1763-1775 21
    John Bull e seu império 21
    Os direitos da América Britânica 24
    A Festa do Chá em Boston:
    Congresso *versus* Parlamento 27
    O primeiro disparo: Lexington e Concord 33

CAPÍTULO 2
A Eclosão da Guerra, 1775 37
    Prospectos e perspectivas dos combatentes 37
    Bunker Hill e o cerco de Boston 43
    O Congresso estende o conflito: Canadá 47
    A revolução política: a América declara sua independência 58

CAPÍTULO 3
A Grã-Bretanha Reafirma sua Autoridade, 1776 66
    Os fatores da identidade de patriotas e legalistas 66
    Os dois lados se preparam 72
    A invasão de Nova York pelos britânicos 79
    Trenton e Princeton: a causa patriota resgatada 91

CAPÍTULO 4
As Guinadas Imprevisíveis da Guerra, 1777 97
   Os britânicos planejam uma nova ofensiva 97
   Howe vai para a Filadélfia 104
   Burgoyne encontra seu rival: Saratoga 112
   O aspecto marítimo, 1775-1777 125

CAPÍTULO 5
A França Vai em Auxílio da América, 1778 134
   A conexão francesa, 1775-1778 134
   As opções de estratégia da Grã-Bretanha 138
   Preparativos navais na Europa 145
   Vale Forge e a estruturação
   de um novo exército 153
   Clinton: recuo e corte de gastos 159
   A Grã-Bretanha arrisca
   uma incursão na Geórgia 167

CAPÍTULO 6
A Espanha Entra no Conflito, 1779 174
   A Espanha e a guerra norte-americana 174
   A Grã-Bretanha enfrenta uma invasão 177
   Impasse na América 188
   Grã-Bretanha, Espanha e Gibraltar 201

CAPÍTULO 7
Mudanças de Estratégia, 1780 205
   As potências Bourbon mudam de foco 205
   A luta pelo domínio das Índias Ocidentais 207
   A Grã-Bretanha olha para o sul:
   a campanha pelas Carolinas 210
   Impasse no norte: a falência do Congresso 233
   A guerra na Europa:
   a Liga da Neutralidade Armada 246

CAPÍTULO 8
A Fronteira Norte-Americana, 1775-1782 250
   O mosaico do sudeste 250
   A luta pelo Ohio e pelo Illinois 258
   A devastação das tribos iroquesas 265

CAPÍTULO 9
Nenhuma Luz no Fim do Túnel, 1781 278
   A França busca uma resolução 278
   A maior tribulação de Washington:
   o motim dos continentais 282
   A Marinha Real resiste à ofensiva da Europa 288
   A estratégia da Grã-Bretanha para o sul desmorona 294

CAPÍTULO 10
A Resolução de Yorktown, 1781 314
   A guerra é transferida para a Virgínia 314
   Rodney e De Grasse: o prelúdio naval 321
   Cornwallis é enredado 326

CAPÍTULO 11
O Estágio Final do Conflito, 1782 345
   As consequências políticas e
   militares dos eventos em Yorktown 345
   A guerra na América chega ao fim 349
   A Grã-Bretanha contra-ataca no Caribe 354
   Europa: operações finais 358
   A paz começa a se delinear: o Tratado de 1783 362

Conclusões e Consequências 370
Apêndice: a Opinião de Washington sobre a Arte
de Comandar 377
Bibliografia 379
Índice Remissivo 388

Lista de Mapas

1. O território britânico e o dos índios nativos na porção oriental da América do Norte, por volta de 1775..................15
2. O cenário europeu 16
3. O cenário do sul 17
4. O cenário do norte...19
5. As Índias Ocidentais 20

ABREVIATURAS

CAR   WILLCOX, W.B. Willcox (Ed.) *The American Rebellion: Sir Henry Clinton's Narrative of his Campaigns, 1775-1783 with an Appendix of Original Documents*. New Haven, 1954.

Carter   CARTER, C.E. *The Correspondence of general Thomas Gage, 1763-1775*. Yale, 1931. 2 v.

CJ   *Journal of the House of Commons* [Periódico da Casa dos Comuns]

DDAR   DAVIES, K.G. (Ed.) *Documents of the American Revolution, 1770-1783: Colonial Office Series*. Shannon, 1972-1981. 21 v.

Fortescue   FORTESCUE, sir J. (Ed.) *The Correspondence of King George the Third from 1760-1783*. London, 1927-1928. 6 v.

HMC   Historical Manuscripts Commission [Comissão de Manuscritos Históricos]

NGP   SHOWMAN, R.K. *et al.* (Ed.) *The Papers of Nathanael Greene*. Chapel Hill, 1976-2005. 13 v.

Ross   ROSS, C. (Ed.) *Correspondence of Charles, First Marquis of Cornwallis*. London, 1859. 3 v.

Sandwich   BARNES, G.R.; OWEN, J.H. (Ed). *The Private Papers of John, Earl of Sandwich, First Lord of the Admiralty, 1771-1782*. Navy Records Society, 1933-1938, v. 69, 71, 75 e 77.

Syrett   SYRETT, D. (Ed.) *The Rodney Papers: Selections from the Correspondence of Admiral Lord Rodney*. 1742-1780. 2 v. Navy Records Society, Aldershot, 2005-2007.

WGW   FITZPATRICK, J.C. (Ed.) *The Writings of George Washington from the Original Manuscript sources, 1745-1799*. Washington, DC, 1931-1944. 39 v.

WP/RWS ABBOT, W.W. *et al*. (Ed). *The Papers of George Washington, Revolutionary War Series*. Charlottesville, 1985-. 19 v.

Prefácio

A guerra ainda é um fenômeno verificado globalmente, como se pode observar a partir de eventos que ocorrem no mundo todo. Portanto, seu estudo ainda é importante, à medida que esclarece como as guerras se iniciam, o modo como são conduzidas, as razões de seus resultados e as consequências daí advindas. Mesmo para as nações mais poderosas, a guerra continua sendo uma atividade perigosamente imprevisível.

A Guerra da Independência dos Estados Unidos pode ser estudada sob diversas perspectivas. Na visão dos britânicos, os norte-americanos eram rebeldes, ingratos e traidores. Por sua vez, os patriotas [facção política favorável à emancipação das colônias norte-americanas do domínio inglês, ainda que por meio de conflito armado] consideravam-se defensores da liberdade, buscando salvaguardar seus direitos em face das pretensões tirânicas de um império opressor. Entretanto, a perspectiva também depende da posição ocupada pelo observador, se está no centro ou nos arredores do conflito, no topo ou na base da ordem política e social, se é combatente ou civil. A época é outro fator a se considerar. A visão britânica atual sobre a Guerra da Independência dos Estados Unidos é muito diferente daquela ostentada pelo dr. Johnson [como era conhecido o escritor Samuel Johnson] em 1774, quando afirmou que os norte-americanos deveriam ser gratos por qualquer coisa que lhes fosse dada que não a força.

Assim, o objetivo deste livro é explicar por que a Guerra da Independência dos Estados Unidos teve início, como foi seu desenrolar, por que teve o desfecho que conhecemos e quais foram suas consequências. As atividades militares, navais e diplomáticas dos principais combatentes são o foco principal deste trabalho. A atenção, portanto, volta-se mais às estratégias (ou à falta delas) do que aos aspectos táticos, exceto quando tais detalhes se mostram cruciais para o resultado final do conflito. Pela mesma razão, damos destaque aos líderes e não aos seguidores, já que essa não é uma história de cunho social. O livro aborda, em especial, os eventos ocorridos na América do Norte, uma vez que a consecução de resultados positivos ali era o principal objetivo da Grã-Bretanha, da França e dos próprios norte-americanos, fossem eles legalistas [facção política que era contrária ao ideal de independência] ou patriotas. Apenas a Espanha considerou o conflito como de menor importância. Por conseguinte, são apresentados poucos detalhes acerca dos acontecimentos sucedidos fora da América. A Índia também é excluída, visto que, por estar muito distante da América do Norte, seu papel não teve qualquer impacto ali, a não ser pelo desvio de alguns recursos franceses e ingleses nos últimos estágios da guerra.

Existe uma grande quantidade de material relacionado a esse assunto. Entretanto, as inevitáveis restrições de tempo limitaram minhas pesquisas às publicações mais importantes, notadamente às obras *Colonial Office Papers*, de lorde George Germain, *Admiralty Papers*, de lorde Sandwich, a *Correspondence of George III* e aos ensaios de George Washington e de Nathanael Greene. Fui igualmente seletivo no uso de fontes secundárias.

Uma vez que a luta pela independência foi, ao mesmo tempo, uma guerra civil e um conflito internacional, uso o termo "patriotas" para me referir àqueles que, ao final, saíram vencedores, pois, até a assinatura do Tratado de 1783 [Tratado de Versalhes, que colocou fim à guerra, reconhecendo a independência norte-americana], tanto os legalistas quanto os patriotas gozavam do direito de ser chamados de "norte-americanos". De qualquer forma, um senso generalizado de identidade nacional começou a se desenvolver apenas durante o século XIX. Por fim, ao citar as principais fontes, adaptei a pontuação e a escrita para as regras do inglês contemporâneo, a fim de facilitar a leitura.

Gostaria de agradecer pelas contribuições de outros estudiosos do assunto na elaboração deste trabalho, em especial de Jonathan Dull, cujos escritos sobre a Marinha Francesa e o cenário diplomático do período foram inestimáveis. Finalmente, manifesto meu agradecimento ao editor da série, professor Hamish Scott, e à equipe editorial da Longman/Pearson Education pela enorme paciência e assistência dada a um projeto que demorou tanto para ser concretizado, circunstância pela qual, bem como por quaisquer erros ou omissões, me declaro o único responsável.

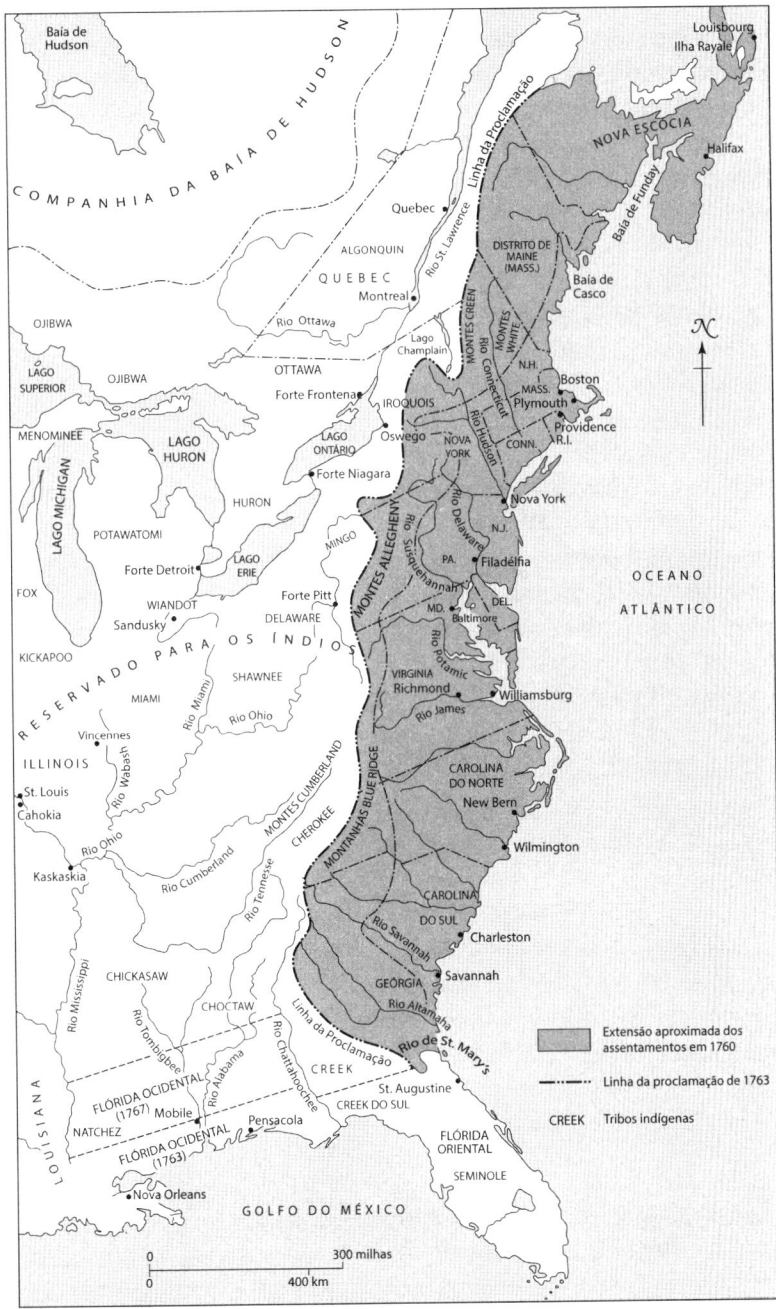

Mapa 1 – *O território britânico e o dos índios nativos na porção oriental da América do Norte, por volta de 1775.*

Adaptado de MIDDLEKAUF, R. *The Glorious Cause: The American Revolution, 1763-1789.* Oxford University Press, 1982, p. 33.

Mapa 2 – *O cenário europeu*
Adaptado de MACKESY, P. *The War for America, 1775-1783*, publicado originalmente pela Harvard University Press, 1964, reimpresso pela University of Nebraska Press, 1993, p. 191.

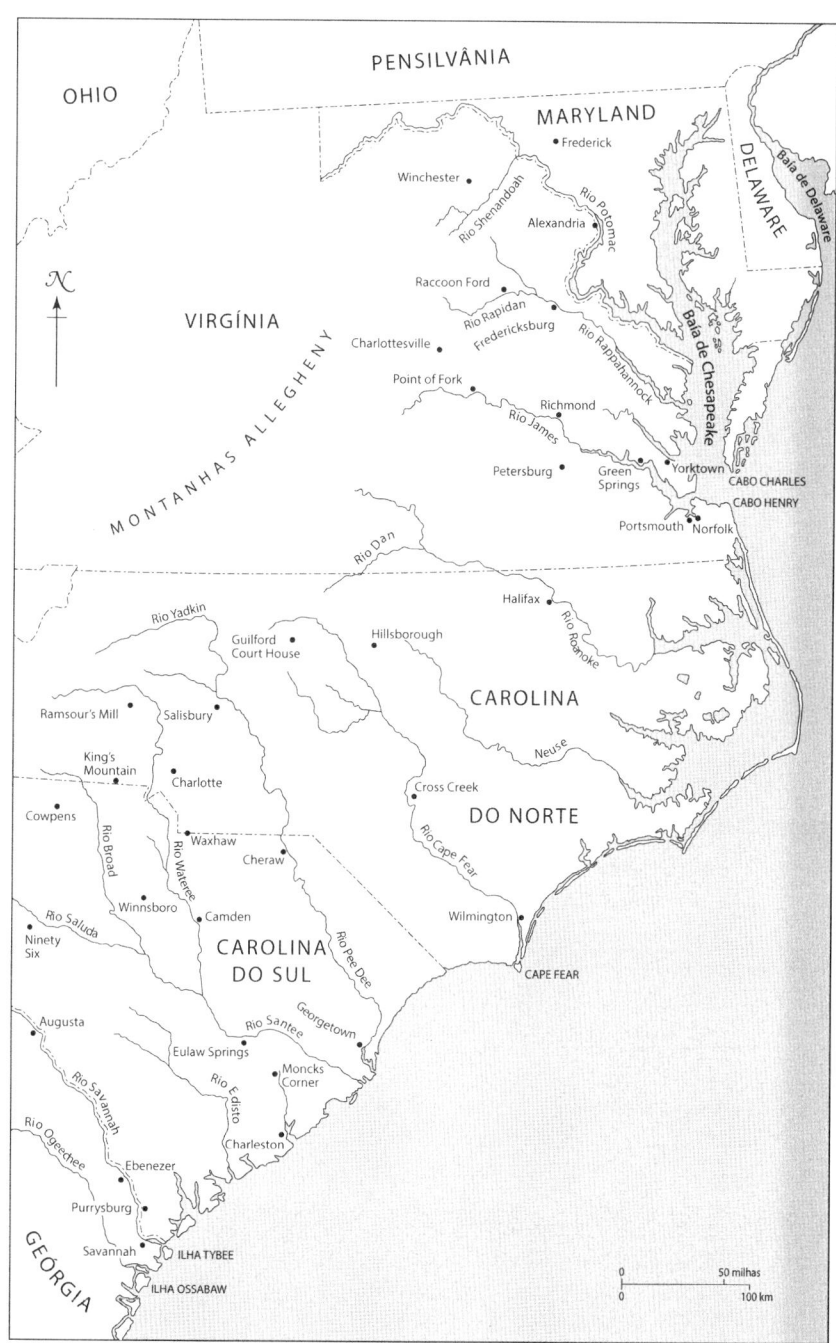

Mapa 3 – *O cenário do sul*
Adaptado de NELSON, D.P. *Anthony Wayne: Soldier of the Republic*. Indiana University Press, 1985, p. 166.

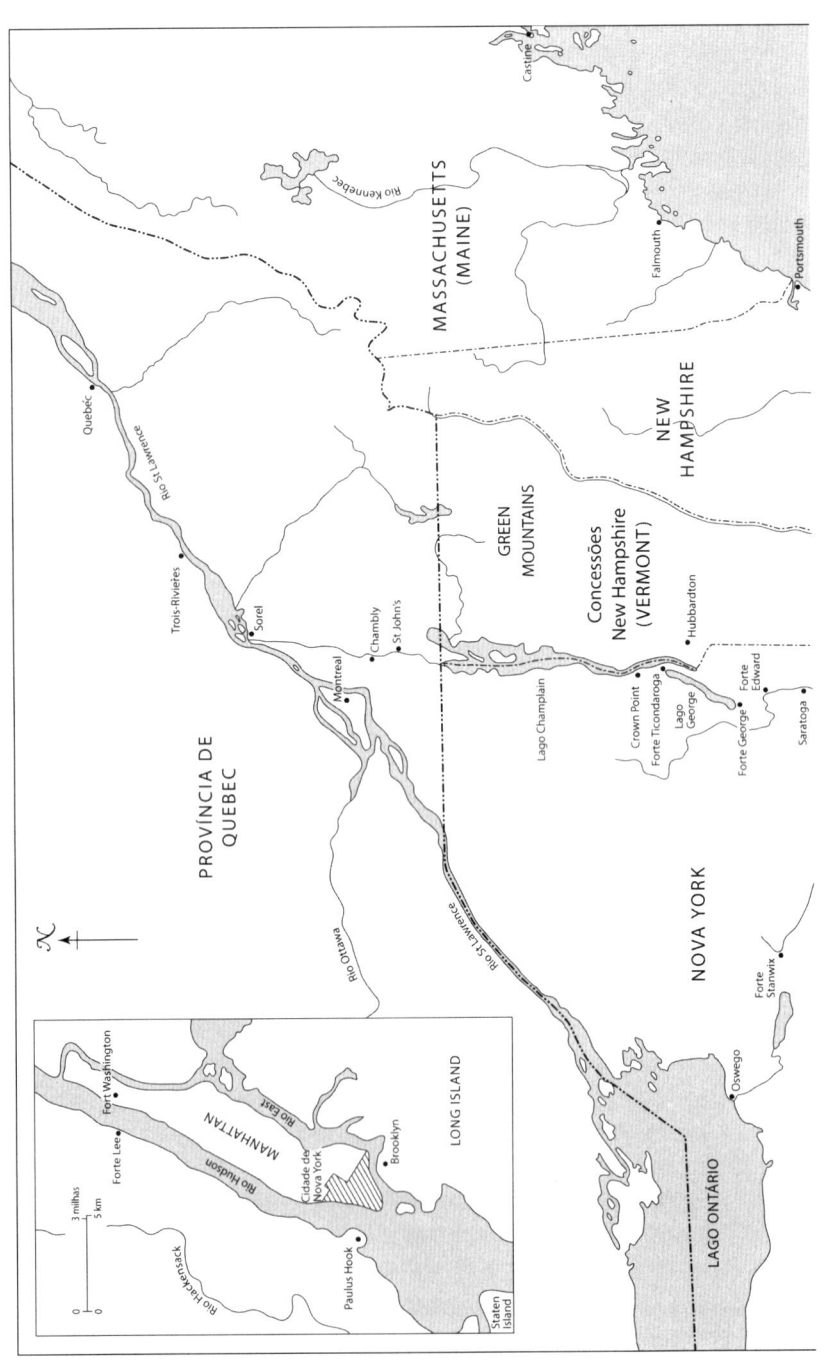

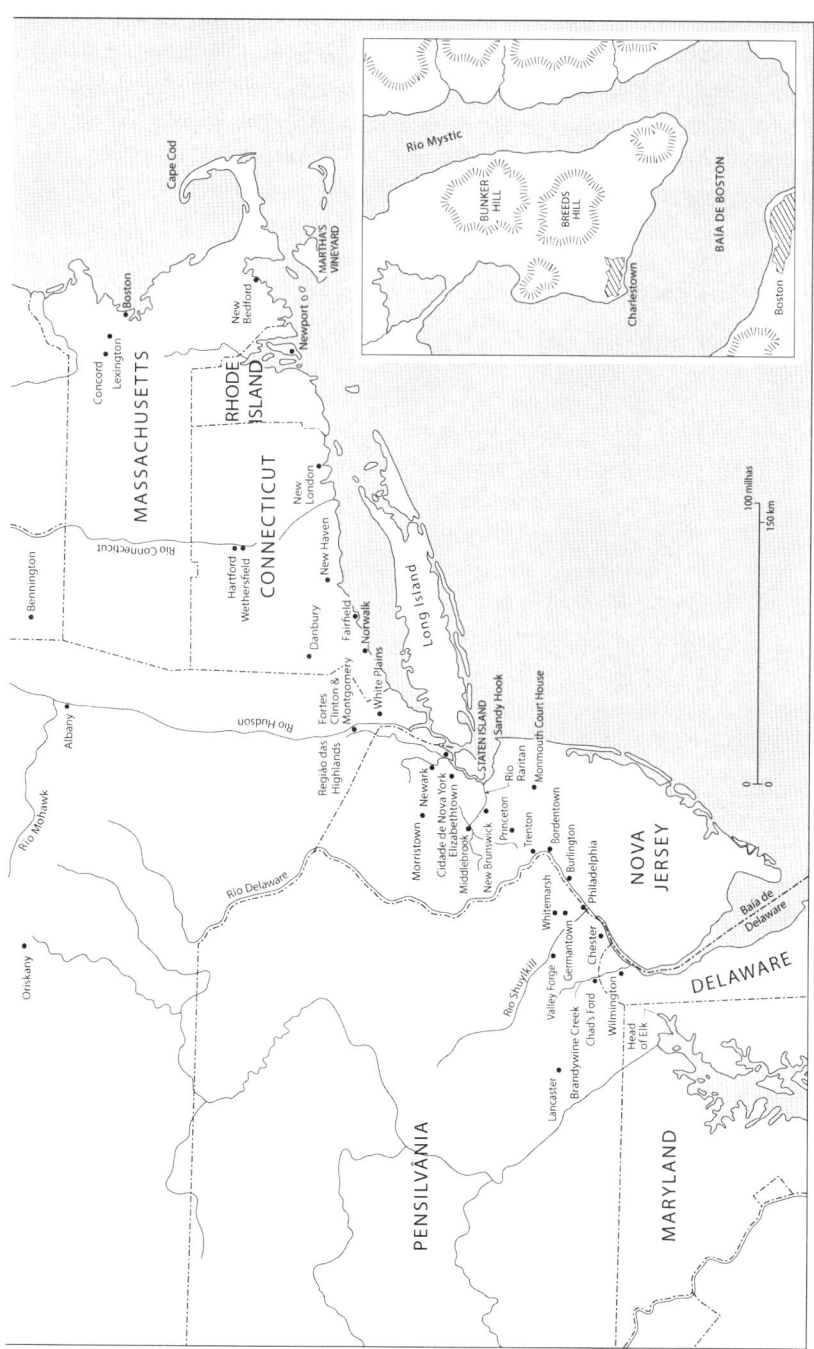

Mapa 4 – *O cenário do norte*
Adaptado de SPRING, M.H. *With Zeal and Bayonets Only: The Bristish Army on Campaign in North America, 1775-1783*. University of Oklahoma, 2010, p. xix-xxi.

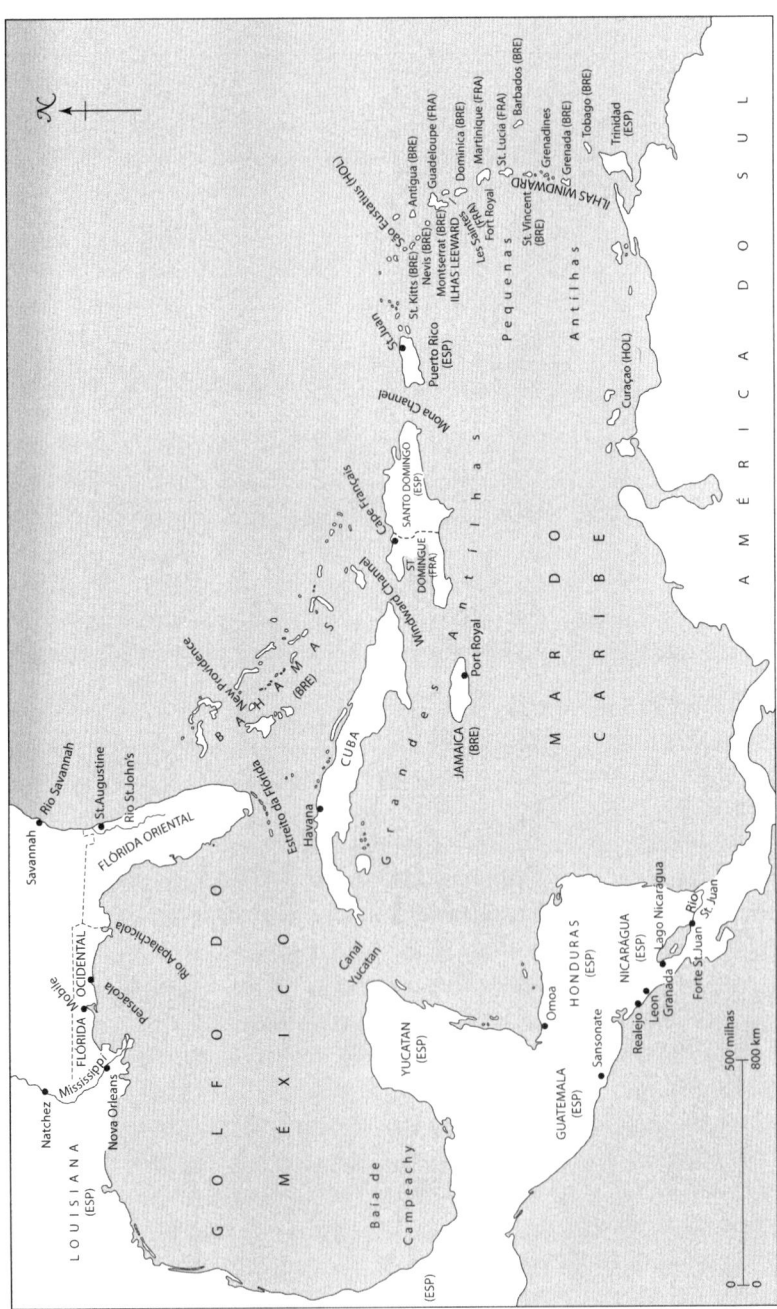

Mapa 5 – *As Índias Ocidentais*
Adaptado de MACKESY, P. *The War for America, 1775-1783*, originalmente publicado pela Harvard University Press, 1964, reimpresso pela University of Nebraska Press, 1993, p. 226

CAPÍTULO 1

GRÃ-BRETANHA E AMÉRICA DÃO INÍCIO AO CONFLITO, 1763-1775

JOHN BULL E SEU IMPÉRIO

A assinatura do Tratado de Paz de Paris, no início de 1763, o qual encerrou a Guerra dos Sete Anos [conflito entre Grã-Bretanha, Prússia e outros contra França, Áustria e outros; um dos motivos de sua eclosão foi a disputa entre Grã-Bretanha e França pelo domínio comercial e marítimo das colônias da Índia e da América do Norte; durou de 1756 a 1763], parece ter encontrado a Grã-Bretanha no auge de seu poder. França e Espanha permaneceram adstritas à Europa, enquanto a superioridade naval da Grã-Bretanha permitiu-lhe realizar importantes conquistas territoriais na América do Norte, no Caribe, na África e na Índia. Para muitos comentaristas originários de países de língua inglesa, parecia, agora, que o império britânico podia ser comparado ao da Roma Antiga. A única desvantagem dessa situação era o ressentimento generalizado que se espalhou pela Europa diante do sucesso britânico, em especial na França, onde o principal ministro do rei, duque de Choiseul, já fortalecia a Marinha Francesa, preparando-a para uma nova guerra.[1]

Entretanto, nada disso preocupava os britânicos triunfantes. Um panorama glorioso parecia estar à espera de um império fundamentado

---
1. DULL, J.R. *A Diplomatic History of the American Revolution.* New Haven, 1985. p. 35-36. SCOTT, H.M. "The Importance of Bourbon Naval Reconstruction to the Strategy of Choiseul after the Seven Years War". *International History Review,* v. 1, p. 17-35, 1970.

no comércio e na indústria. O mercantilismo ortodoxo, a teoria econômica ainda aceita à época, afirmava existir uma quantidade invariável de riquezas no mundo. Assim, quanto mais riquezas uma nação possuísse, menos restaria para as outras. As conquistas recentes implicavam que os britânicos não só contavam com os suprimentos de matéria-prima de suas colônias, mas também dispunham de mercados crescentes para seus produtos manufaturados. As Leis de Navegação, que davam sustentação a esse sistema, também garantiam que esse intercâmbio fosse realizado exclusivamente por navios britânicos, ocasionando que uma profusão de marinheiros se colocassem à disposição para abastecer a Marinha Real britânica.

Infelizmente, havia um único inconveniente nesse cenário favorável: o custo. O financiamento da guerra tivera um alto impacto sobre o tesouro britânico, resultando na duplicação da dívida pública nacional, que chegou a 128 milhões de libras esterlinas. Tal situação era considerada demasiado negativa. Até que o capital fosse reposto, os juros sobre a dívida teriam de ser pagos por meio da tributação, que deveria atingir metade do orçamento anual. Os contribuintes britânicos defrontaram-se, portanto, com uma situação anômala: a paz de 1763 teria um custo quase tão alto para eles quanto a guerra que a precedeu.

Teve início, então, uma busca por novas fontes de arrecadação. Uma estratégia que ainda não havia sido experimentada era a tributação das colônias na América do Norte. Durante a guerra, oficiais e funcionários britânicos observaram que os colonos eram muito prósperos. Um oficial chegou a comentar, com azedume: "Todos têm propriedades e estão cientes de sua condição".[2] Entre a população branca quase não havia pobreza, visto que todos tinham uma renda razoável. Os impostos, por outro lado, eram baixos, pois os governos das províncias não tinham dívidas a pagar. As colônias haviam contribuído durante a guerra, mas o fardo mais pesado recaíra sobre o Tesouro britânico.

Dessa forma, o término do conflito em 1763 levou muitos britânicos a concluir que os colonos deveriam, agora, contribuir com os custos da defesa do império. Muitas das batalhas dessa guerra foram travadas para proteger as fronteiras da Nova Inglaterra, de Nova York e da Pensilvânia, resultando no remanejamento de 30 mil soldados britânicos para a conquista do Canadá e a extensão de fronteiras até o Mississippi. Esses avanços foram muito vantajosos para as colônias continentais, oferecendo-lhes segurança contra os ataques indígenas e franceses, bem como perspectivas favoráveis de expansão. Antes de 1755, cada colônia

---

2. MIDDLETON, R. *Colonial America: A History, 1565-1776*. 3.ed. Cambridge, Mass., 2002, p. 220.

era responsável pelo provimento de sua própria segurança interna. Entretanto, esse localismo passou a ser insuficiente, uma vez que havia a necessidade de tropas no Canadá, onde a população de língua francesa ressentia-se da presença britânica. Tropas também eram indispensáveis para conter as numerosas nações indígenas que, agora, faziam parte do domínio britânico. Por fim, era preciso mais exércitos para assegurar o território da Flórida e sua população residual de índios e hispânicos. Os ministros britânicos calculavam que seria necessário um exército de 10 mil homens para proteger os acréscimos feitos com o Tratado de Paz de Paris.[3]

Uma das pessoas que aceitava a necessidade de contribuição financeira das colônias era George Grenville, que se tornou o primeiro lorde do Tesouro, em abril de 1763. Durante a guerra, Grenville fora ofuscado por seu cunhado, William Pitt, futuro conde de Chatham, mas tinha a ambição de deixar sua marca ao enfrentar os desafios da paz. Ele vislumbrou duas maneiras de fazer com que a América contribuísse de forma mais justa no pagamento das despesas da nação: primeiro, melhorando a eficiência da máquina estatal; segundo, arrecadando dinheiro por meio de novos impostos. De qualquer forma, as classes políticas acreditavam que já era hora de estreitar o controle britânico sobre as colônias. A toda evidência, o sistema mercantilista tornara-se falho em sua aplicação, em especial na Nova Inglaterra, onde indesejáveis correntes democráticas pareciam enfraquecer a autoridade real.

Assim, esse processo teve início com a determinação de que aduaneiros e outros funcionários públicos voltassem para a América, uma vez que muitos deles viviam em Londres, deixando suas obrigações a cargo de representantes mal pagos. Também foram concedidos maiores poderes à marinha, para que coibisse o contrabando. Depois disso, Grenville introduziu duas novas medidas a fim de aumentar os impostos. A primeira delas, a Lei do Açúcar ou da Receita, de 1764, criava impostos sobre a importação de melaço e de outros produtos derivados do açúcar. Essa medida foi seguida, no início de 1765, por uma lei denominada Lei do Selo, que exigia que todos os documentos legais e materiais impressos, tais como jornais, incluíssem o custo de um selo. Entretanto, ambas as leis dispunham de regulamentos adicionais para tornar o recolhimento da receita mais eficiente. Os agentes aduaneiros foram autorizados a entrar em propriedades particulares para procurar mercadorias contrabandeadas, enquanto as cortes do vice-almirantado foram fortalecidas, no intuito de assegurar maior eficiência no processo

---

3. SHY, J. *Toward Lexington*: The Role of the British Army in the Coming of the Revolution. Princeton, 1965, p. 45-79.

e julgamento de criminosos. As audiências de infrações às Leis de Navegação na América eram realizadas nas cortes de justiça comum das províncias, onde júris complacentes costumavam absolver os acusados, quaisquer que fossem as provas. As cortes do vice-almirantado, ao contrário, dispunham de apenas um juiz para julgar os fatos e dar o veredito de um caso, sem fazer menção a um júri. Essa era, há muito tempo, a prática na Grã-Bretanha, pois não se acreditava que pessoas comuns pudessem dar vereditos imparciais em casos de arrecadação. Ambas as medidas, portanto, foram objeto de pouco debate no Parlamento.

O ministério de Grenville também foi responsável por outra medida visando à reestruturação do império norte-americano pertencente à Grã-Bretanha. Trata-se da Proclamação de 1763, que proibia novos assentamentos a oeste das Montanhas Allegheny. A maioria das nações indígenas aliara-se à França durante o último conflito e se recusava a aceitar a mudança de soberania. Sob a liderança do chefe Pontiac, cacique da tribo Ottawa, os indígenas realizaram uma série de ataques surpresa contra os fortes britânicos a norte de Ohio e a oeste das Montanhas Allegheny, tomando todos os postos, exceto os de Niagara, Detroit e Pittsburgh. Para os britânicos, a Guerra de Pontiac era outro exemplo da incapacidade das colônias de defenderem a si mesmas. Além dos abusos no comércio com os indígenas, a revolta também enfatizou a conveniência de uma política de assentamento mais ordenada. Na tomada do Canadá em 1760, os colonos avançaram em direção ao oeste, opondo-se aos desejos dos povos nativos. Assim, para tranquilizar os temores indígenas, foi traçada uma linha ao longo dos cumes das montanhas, proibindo-se assentamentos do outro lado. Aqueles que desejassem adquirir novas terras deveriam ir para as províncias marítimas do Canadá ou para a colônia da Flórida, recentemente tomada da Espanha. Além de acalmar os indígenas e reduzir os custos de manutenção de fronteiras, tal assentamento traria a vantagem adicional de reforçar os flancos do império norte-americano, pertencente à Grã-Bretanha. Parecia uma medida adequada, ao menos para Londres.[4]

Os direitos da América Britânica

As medidas do ministério britânico foram um choque para os colonos americanos que, como os habitantes do Reino Unido, sentiram grande satisfação pelo triunfo dos povos de língua inglesa. Eles também podiam vislumbrar um futuro glorioso como aliados do império. O reverendo

---
4. Para os eventos acerca da Guerra de Pontiac, veja: MIDDLETON, R. *Pontiac's War: Its Causes, Course and Consequences.* New York, 2007.

Samuel Cooper, de Boston, falou pela maioria dos colonos quando exclamou: "Que cenários de felicidade estamos prontos a idealizar para nós mesmos a partir da esperança de desfrutar, nesta boa terra, todas as bênçãos de uma paz imperturbada e duradoura". Um panorama glorioso se descortinava em meio a "nossos assentamentos, expandindo-se com segurança para todos os lados e transformando terras bravias em campos produtivos".[5] Alguns chegaram a especular que, por fim, o coração do império deixaria Londres e cruzaria o Atlântico. Entretanto, a satisfação não era apenas econômica. Os habitantes sentiam orgulho de fazer parte de uma nação que, desde a Revolução Gloriosa de 1688-1689, havia protegido seus direitos por meio de um governo constitucional. Isso estava em flagrante contraste com as monarquias absolutistas da Europa. Os americanos sentiam orgulho de ser britânicos.

Agora, tais postulados caíam por terra. Os colonos acreditavam já ter contribuído em justa medida, com dinheiro e contingente humano, para a conquista do Canadá. Além disso, a expulsão dos franceses e a derrota de seus aliados indígenas eram indicadores que faziam com que não vissem mais motivos para se ter um grande exército de prontidão. Os colonos cuidavam bem de sua segurança antes de 1755 e poderiam fazê-lo de novo. Portanto, se a Grã-Bretanha desejava manter uma presença militar permanente, deveria ser por razões mais sombrias. As colônias, assim como o Reino Unido, tinham uma longa tradição de hostilidade por exércitos permanentes desde a época de Jaime II, pois julgavam ser "absolutamente incompatíveis com a liberdade civil". Assim, a constante arregimentação de tropas devia ter "a finalidade de servir de freio e de açoite".[6] Longe de ser aliados, os americanos seriam escravizados.

Tais suspeitas a respeito das intenções britânicas foram corroboradas pelos arranjos administrativos para a imposição de novos tributos. Os colonos apreciavam seu direito de ser julgados por um júri e não viam razões para sua restrição em casos de arrecadação, não importava qual fosse a prática na Grã-Bretanha. Aquilo era um golpe fundamental para sua liberdade. Igualmente perigosa era a ameaça que a tributação representava a seu direito de propriedade, pois, sem esta, a liberdade era de pouca valia. Por fim, a Proclamação de 1763 negava aos colonos o direito de adquirirem terras a preços baixos. Embora alguns habitantes da Nova Inglaterra voltassem seus olhos para a Nova Escócia, a grande

---
5. Citado em: KNOLLENBURG, B. *Origin of the American Revolution, 1759-1766*. New York, 1960, p. 97.
6. Citado em: KNOLLENBURG, B. *Origin of the American Revolution, 1759-1766*, p. 90.

maioria daqueles que buscavam terras queria partir para o oeste. Parecia que os "selvagens" indígenas estavam sendo aplacados à custa dos direitos inatos dos colonos.

De início, a reação dos colonos a essas medidas foi moderada. As fronteiras ainda eram uma preocupação menor para a maioria dos colonos enquanto a Lei do Açúcar de 1764 era apresentada pelos ministros como uma medida mercantilista tradicional, que regulava o comércio do império por meio de tarifas alfandegárias. A única assembleia a protestar foi a da província de Nova York. Entretanto, a Lei do Selo foi uma questão diversa. Essa era uma tentativa escancarada do Parlamento de impor tributação direta sobre a vida diária dos colonos. Os primeiros protestos realizaram-se em maio de 1765, na Câmara dos Burgueses da Virgínia [a câmara baixa do sistema legislativo bicameral da Virgínia colonial], onde um jovem advogado impetuoso, Patrick Henry, argumentou que as imposições eram não apenas inconstitucionais, mas contrárias aos direitos dos ingleses. Qualquer pessoa que as obedecesse seria um traidor. Com tal discurso provocador, a fúria dos colonos não se limitou a palavras. Em poucas semanas, o povo de Boston havia saído às ruas, demolindo diversas propriedades, inclusive a residência do vice-governador, Thomas Hutchinson. Simultaneamente, houve uma convocação para um protesto conjunto de todas as colônias. Em resposta, nove províncias enviaram representantes a Nova York, onde reafirmaram "o direito indiscutível dos cidadãos ingleses de que nenhum tributo lhes seja imposto sem seu consentimento". Isso, por sua vez, provocou uma recusa geral do uso dos selos, quando de sua chegada em novembro de 1765, e teve por resultado o fechamento das cortes de justiça e dos portos. A impotência do governo real ficou evidente a todos.

A reação dos colonos apanhou os britânicos de surpresa. A Lei do Selo provocara pouco debate no Parlamento, onde Grenville a apresentou para uma Casa dos Comuns quase vazia. Apenas um orador, Isaac Barré, havia questionado sua equidade e conveniência com seriedade. Quando os ministros destacaram o papel benevolente da Grã-Bretanha na fundação das colônias, ele explodiu: "Elas foram implantadas por seu zelo e preocupação? Não, sua opressão as implantou na América", em referência ao êxodo dos puritanos para a Nova Inglaterra e à partida de outros grupos migrantes. Sua oratória, entretanto, não surtiu qualquer efeito sobre a Câmara dos Comuns, onde a lei foi aprovada por 245 votos a 49.[7]

---

7. Citado em: MORGAN, E.S.; MORGAN, H.M. *The Stamp Act Crisis*: Prologue to Revolution. Chapel Hill, 1962, p. 93.

Para felicidade dos colonos, ocorrera uma mudança no ministério à época em que as notícias acerca dos protestos contra a Lei do Selo chegaram a Londres. O novo governo do marquês de Rockingham tinha fortes ligações com as classes mercantis, que lamentavam os prejuízos a seus negócios em uma época de recessão pós-guerra. Dessa forma, os novos ministros optaram por revogar a Lei do Selo. Entretanto, todos os partidos em Londres estavam de acordo quanto à constitucionalidade da lei, independentemente da opinião dos colonos. A soberania parlamentar era o princípio que sustentava o acordo constitucional de 1688-1689 na época em que o rei William III livrara a Inglaterra da tirania de Jaime II. Em consequência, antes da revogação da medida de Grenville foi aprovada uma Lei Declaratória, reafirmando a soberania do Parlamento sobre as colônias "em toda e qualquer circunstância ou questão".

A Festa do Chá em Boston: Congresso versus Parlamento

Do outro lado do Atlântico, a maioria dos americanos acreditava que a revogação da Lei do Selo tivesse restaurado o antigo relacionamento benéfico. Eles presumiram que a Lei Declaratória fosse apenas um expediente para manter a dignidade e o prestígio da Grã-Bretanha. Contudo, como já observamos, esse não era o caso. Como resultado, outro embate não tardaria a ocorrer. O ministério ainda precisava de receita para pagar os custos da defesa e do governo da América, ao passo que a maior parte dos britânicos acreditava que uma afirmação mais enérgica da soberania do Parlamento era necessária. Uma das figuras que compartilhava dessa visão era Charles Townshend, o chanceler do Erário, que assumira o cargo em 1766, depois do colapso do ministério de Rockingham. Ele havia percebido que a maioria dos americanos estava pronta para aceitar a Lei do Açúcar porque ela parecia regular o comércio em vez de aumentar a arrecadação. Além disso, era um tributo antes externo que interno, o que deixava aos consumidores a opção de comprar artigos cuja produção era local, sobre os quais não incidia o encargo. Dessa maneira, Townshend propôs a criação de uma nova série de tributos sobre a importação de chá, vidro, pigmentos à base de chumbo e papel. No entanto, ele aproveitou-se da nova lei para tornar ainda mais rigorosa a atuação da máquina administrativa e, assim, fortalecer o sistema mercantilista, dando poderes adicionais ao serviço alfandegário e às cortes do vice-almirantado. Por fim, anunciou que a receita assim obtida seria usada para o pagamento de funcionários reais, em especial governadores e juízes, que antes eram dependentes das assembleias provinciais no que respeitava a seus vencimentos.

Se Townshend acreditava que havia contornado perfeitamente as dificuldades provocadas pelas medidas anteriores de Grenville, sua ilusão logo se desfez. Dar aos tributos a falsa aparência de medida mercantilista não demoveu os "patriotas", como começavam a ser chamados os oponentes de tais medidas. A lei tinha o claro propósito de aumentar a arrecadação, não regular o comércio, e era, portanto, tão passível de objeção quanto a Lei do Selo. O fortalecimento das cortes do vice-almirantado também levantou uma vez mais a questão do julgamento por júri. Finalmente, o pagamento de funcionários reais pela coroa parecia uma tentativa de sustentar um governo despótico, retirando do povo qualquer responsabilidade a ser exercitada por meio de suas assembleias provinciais.

Conquanto a violência tenha sido menos disseminada, a oposição foi, em alguns aspectos, mais insidiosa nesse episódio. Mais uma vez, a iniciativa partiu de Boston. Seus líderes propuseram, na época, um boicote intercolonial aos produtos britânicos manufaturados como meio de exercer pressão econômica sobre o ministério. A ação foi implementada em todas as principais cidades americanas, embora com resultados diversos. Entretanto, a realização do boicote em Boston e a intimidação dos oficiais públicos locais levaram ao envio de tropas para sua proteção. O remédio mostrou-se pior que a doença, visto que a população, agora, dirigia sua revolta contra os soldados, o que resultou no "Massacre de Boston", em março de 1770, quando cinco habitantes foram mortos durante um protesto do lado de fora da Casa da Alfândega.

Em um esforço para acalmar a situação, Hutchinson, agora governador de Massachusetts, concordou em retirar as tropas da cidade. Nessa medida conciliatória, recebeu o apoio do ministério em Londres, onde o novo ministro do Tesouro do rei, lorde North, revogou todos os encargos criados por Townshend, exceto aquele que pesava sobre o chá, com o intuito de assegurar o princípio do direito do Parlamento de criar impostos. Todavia, a iniciativa de North foi inútil. Os patriotas de todas as colônias já estavam convencidos de que havia uma conspiração ministerial de longo prazo para privá-los de sua liberdade. Assim, a Casa dos Representantes de Massachusetts criou um comitê de correspondência para monitorar as ações do ministério e informar qualquer ameaça à liberdade dos habitantes. De forma ainda mais nefasta, as outras províncias formaram comitês intercoloniais de correspondência para observar, do mesmo modo, a ameaça comum representada pelo Reino Unido. Ocorreram, também, incidentes esporádicos de violência. O mais conhecido deles foi a apreensão do navio alfandegário real *Gaspée* pelos patriotas de Rhode Island. Houve diversos disparos durante o episódio e um oficial foi ferido. Em seguida, o navio foi depois queimado. Todas as tentativas de apanhar os culpados mostraram-se infrutíferas.

Com esse clima, bastava uma simples fagulha que fosse deflagrado um conflito maior, o que ocorreu inadvertidamente quando North tentou conceder uma ajuda financeira à Companhia das Índias Orientais, uma das mais importantes instituições comerciais da Grã-Bretanha. A fim de aliviar a situação financeira da companhia, North aprovou uma lei parlamentar que autorizava a companhia a exportar chá diretamente para a América, em vez de fazê-lo via Reino Unido, como antes, e onde era cobrado um encargo alfandegário adicional. O efeito da medida foi tornar o chá mais barato, apesar de a taxação de Townshend ainda estar em vigor. Para os patriotas, a medida de North soou como um plano astuto para induzir os colonos a tomarem chá reconhecendo assim o direito do Parlamento de criar tributos. Isso era algo que os patriotas de Boston, liderados por Samuel Adams, estavam determinados a impedir. Quando Hutchinson negou a permissão para que os navios da Companhia das Índias retornassem sem descarregar suas mercadorias, dezenas de patriotas, disfarçados de índios Mohawk, abordaram os navios e atiraram a carga de chá na baía.

O ataque aos navios de chá, em Boston, não foi necessariamente o pior ato de violência perpetrado pelos patriotas desde 1765. Entretanto, foi a gota d'água para o governo britânico. Administrações sucessivas haviam tentado agir de forma conciliatória em face dos protestos coloniais. Agora, uma medida que teria beneficiado o consumidor comum fora usada para justificar outro ato de rebeldia. Ficou claro que a conciliação não estava funcionando. Embora a violência tivesse sido dirigida contra uma companhia particular e não contra funcionários reais, tratava-se de uma instituição na qual muitos membros da elite britânica tinham interesse financeiro. A violência indicava que Massachusetts, em particular, estava degringolando em anarquia por meio das ações de um pequeno grupo de homens execráveis, que tentavam solapar o apreço da população pelo rei e pela pátria mãe.[8] Era chegado o momento de dar um exemplo antes que as colônias entrassem em colapso, com todas

---

8. GRUBER, I.P. "The American Revolution as a Conspiracy: The British View". *William and Mary Quarterly*, v. 26, 1969, p. 364-371.

as consequências prejudiciais ao sistema mercantilista e ao bem-estar do império.

Desse modo, o Ministério introduziu uma série de medidas para remediar essa situação, deixando claro para as colônias qual seria seu destino caso seguissem o exemplo de Massachusetts.[9] Primeiro, por conta da Festa do Chá, a colônia de Boston seria punida com o fechamento de seus portos até que se pagasse uma indenização à Companhia das Índias Orientais, bem como seria ocupada, em caráter temporário, por vários regimentos de tropas regulares. Contudo, a medida ministerial mais importante foi o Estatuto do Governo de Massachusetts, que visava remodelar as instituições políticas da província. Aos olhos dos britânicos, dentre os muitos aspectos inconvenientes da legislação existente, o pior era o direito de que gozava a câmara baixa de nomear o conselho, o que deixava os governadores politicamente isolados. Agora, o governador teria o poder exclusivo de nomear os conselheiros. Além disso, os poderes das assembleias populares de eleitores sofreriam sérias restrições. Adams usara tais reuniões em Boston com o fito de criar oposição, em especial quando a assembleia provincial não estava reunida. No futuro, as cidades poderiam realizar assembleias somente uma vez por ano para eleição de agentes públicos, salvo se tivessem autorização do governador.

Duas outras medidas que afetavam as colônias foram aprovadas pelo ministro North, nessa mesma época. A primeira foi uma lei permitindo que funcionários reais acusados de qualquer infração menor fossem julgados em outra colônia, ou mesmo enviados para a Grã-Bretanha, a fim de assegurar um julgamento justo. A segunda foi uma lei que conferia à província de Quebec um conselho legislativo, na esperança de que isso pudesse apaziguar os habitantes locais quanto à mudança na soberania. A introdução de tal instituição naquele momento foi pura coincidência. Contudo, a lei também estendia o território da província para além das Montanhas Allegheny, prejudicando assim as reivindicações das províncias de língua inglesa por aquela região. Isso contrariou muitos proprietários de terras e especuladores influentes.

Todas essas medidas tiveram o mais irrestrito apoio político no Parlamento, mesmo dos Whig Rockingham, de oposição. Como observou lorde Dartmouth, secretário de Estado para assuntos norte-americanos: "A autoridade constitucional deste reino sobre suas colônias deve ser mantida e suas leis obedecidas em todo o Império", pois "se o povo da América se opõe, afirma, na verdade, que não fará mais parte do

---

9. THOMAS, P.D.G. *Lord North*. London, 1976, p. 76.

Império Britânico".¹⁰ A mensagem recebida, na época, foi a de que uma dura reprimenda colocaria as colônias recalcitrantes na linha. O recém-nomeado governador de Massachusetts, general Gage, bem espelhou essa impressão ao assegurar a George III: "Eles serão leões enquanto nós seremos os cordeiros". Contudo, "se formos realmente determinados, não há dúvidas de que eles se mostrarão muito mansos".¹¹ A única voz que aconselhou cautela foi a do antigo governador da Flórida Ocidental, George Johnstone, advertindo que o provável resultado seria "uma aliança confederativa geral para resistir ao poder" da Grã-Bretanha.¹²

Logo restou claro que Johnstone tinha razão. Para os habitantes de Massachusetts e de outras colônias, as leis eram simplesmente "intoleráveis". O fechamento do porto de Boston foi uma punição desproporcional ao ataque ocorrido e ameaçava levar toda a população à ruína. Ainda pior, a Lei do Governo de Massachusetts invalidou os direitos políticos do povo da província, intimidando-os com um governo arbitrário e uma condição de certa escravidão. A administração da justiça também era inaceitável, uma vez que permitia que funcionários corruptos escapassem da aplicação das leis, dando ensejo a toda espécie de má administração. Por fim, a Lei de Quebec parecia ter sido feita para acalmar os canadenses franceses como uma medida preparatória de usá-los no cerceamento das liberdades de seus vizinhos de língua inglesa.

Os patriotas de Boston responderam com a formação de uma "Liga e Aliança Solene" para impedir o consumo de mercadorias britânicas.¹³ Mas, obviamente, era necessária uma ação mais ampla, e o partido patriota de Massachusetts logo fez um apelo às demais colônias para a realização de um congresso, em setembro, na Filadélfia. Não tardou para que a proposta fosse aceita. Embora as regiões da Nova Inglaterra, Meio-Atlântico e porções superior e inferior do sul tivessem estruturas religiosas, econômicas e sociais diferentes, estava evidente a todas que a represália a Massachusetts poderia lhes ser estendida caso postulassem seus direitos. Apenas a Geórgia deixou de enviar uma delegação, o que era reflexo de sua escassa população e da situação de exposição de sua fronteira. O resultado na Filadélfia foi uma sólida declaração, pelo congresso, dos direitos do povo norte-americano e uma negação da soberania parlamentar. Dali em diante, o vínculo com o Reino Unido seria por intermédio da coroa, conquanto o Parlamento ainda pudesse

---
10. Dartmouth para Gage, 3 de junho de 1774. In: CARTER, v. 2, p. 165-166.
11. Jorge III para North, 4 de fevereiro de 1774. In: FORTESCUE, v. 3, p. 59.
12. *Dictionary of National Biography*.
13. BROWN, R.D. *Revolutionary Politics in Massachusetts*: *The Boston Committee of Correspondence and the Towns, 1772-1774*. Cambridge, Mass., 1970, p. 185-199.

legislar, a título de cortesia, sobre a regulação do comércio e determinados assuntos de interesse comum.

A fim de assegurar a aceitação desses termos, o Congresso propôs um boicote aos produtos britânicos em todo o continente, posto em prática por meio de uma Associação Continental. Esperava-se que tal boicote tivesse um impacto econômico suficiente para forçar o ministério britânico a aceitar seus termos. Entretanto, o Congresso também adotou as resoluções do condado Suffolk em Massachusetts, que autorizava o povo a defender suas liberdades com a formação de seu próprio governo de fato.[14] A assembleia de Massachusetts, agora intitulada "congresso", deveria colocar a colônia em Estado de defesa, pelo qual tributos deveriam ser cobrados e a milícia, preparada.

Na realidade, o Congresso Continental estava tão equivocado quanto o ministério sobre o que era politicamente aceitável para o outro lado. Os britânicos acreditavam que quaisquer outras concessões seriam desastrosas para o império. Persistia a crença de que a grande maioria da população colonial era leal à pátria mãe e estava sendo influenciada por uma minoria nociva. Foi esse pensamento que levou o ministério a ordenar, no dia 27 de janeiro de 1775, que o general Thomas Gage, agora governador de Massachusetts, fizesse uma demonstração do poderio militar britânico, prendendo os líderes patriotas em Massachusetts e impondo a lei marcial. Para ajudá-lo a executar essas ordens, o ministério despachou, ao mesmo tempo, mais 4 mil soldados.[15] Por mais desprezível que fosse a oposição, era sensato preparar-se.

Gage, ao deixar a Inglaterra, estava otimista quanto à imposição das Leis Intoleráveis. No entanto, logo ao assumir seu cargo, testemunhou o colapso do governo real em toda a Massachusetts. A maioria daqueles que aceitaram assentos no novo conselho havia sido forçada a abandonar ou renunciar a seus postos, ao passo que as cortes de justiça haviam parado de operar, pois júris não podiam ser convocados. Ele agora reconhecia que o governo não estava lidando com a "turba de Boston, mas com os senhores de propriedades alodiais e os fazendeiros do país".[16] Da mesma forma, o desafio não se limitava a Massachusetts.

---

14. FISCHER, D.H. *Paul Revere's Ride*. New York, 1994. As resoluções foram o resultado da convenção do condado de Suffolk, que, na realidade, não passou de uma reconstituição do encontro da cidade de Boston, realizada para afastar as cláusulas da Lei de Governo de Massachusetts.
15. Dartmouth para Gage, 27 de janeiro de 1775. In: CARTER, v. 2, p. 179-181.
16. Gage para Dartmouth, 2 de setembro de 1774. In: CARTER, v. 1, p. 369-372. Ibid., 12 de setembro, p. 374. Para um relato mais detalhado do colapso da autoridade real em Massachusetts, veja: BREEN, T. H. *American Insurgents, American Patriots: The Revolution of the People*. New York, 2010.

Desde a reunião do Congresso Continental, na Filadélfia, os oficiais patriotas estavam assumindo o controle em todos os lugares, atuando sob a autoridade daquele congresso e das respectivas assembleias, agora transformadas em congressos provinciais.

Talvez o que pareceu mais ameaçador para Gage tenha sido o tratamento dispensado àqueles ainda leais à coroa. Após a instituição da Associação Continental, comitês locais foram formados com o intuito de impor o boicote aos produtos ingleses e, para tanto, inspecionavam propriedades e exigiam que todos fizessem um juramento de apoiar a causa. Aqueles que se recusavam a fazê-lo tinham seus nomes publicados, o que os tornava alvo de hostilidade pública e atos de violência, sendo o mais popular deles recobrir a pessoa de piche e penas. Tal foi o destino das "famílias dos deuses do rio", que viviam às margens do Rio Connecticut e dominavam a política e a economia do oeste de Massachusetts. As famílias Williams e Worthington demoraram a se aliar à causa patriota. Elas logo descobriram as consequências de sua resistência quando uma multidão trancou Israel Williams dentro de um defumadouro por dois dias, até que ele percebesse o equívoco de sua conduta.[17] Não é de surpreender que a maioria dos legalistas logo cedesse ao que lhes era exigido.

Gage, por sua vez, ficou confinado a Boston, a não ser por patrulhas ocasionais, enquanto a milícia provincial praticava abertamente, em todos os lugares, suas manobras em preparação às hostilidades. Isso incluía a formação de companhias de elite de soldados de reserva, que prestavam o compromisso de entrar em ação a qualquer momento.[18] A situação era tão temerária que Gage chegou a sugerir a suspensão dos Atos Coercitivos. A única alternativa foi o envio de mais 20 mil homens, "já que um pequeno contingente mais encoraja do que amedronta a resistência". Contudo, ele ainda acreditava que "se um contingente militar respeitável" fosse colocado em campo e os líderes mais perigosos fossem detidos, o governo sairia vitorioso.[19]

O primeiro disparo: Lexington e Concord

A proposta de Gage de suspender os Atos Coercitivos foi rejeitada com indignação em Londres, onde o ministério preparou mais uma medida punitiva, restringindo o comércio da Nova Inglaterra.[20] Não obstante,

---

17. NOBLES, G. *Divisions Throughout the Whole: Politics and Society in Hampshire County Massachusetts, 1760-1775.* 1983, p. 167-177.
18. GROSS, R. *The Minutemen and their World.* New York, 1976, p. 59-60.
19. Gage para Dartmouth, 30 de outubro de 1774. In: CARTER, v. l, p. 383.
20. WARD, C. *The War of the Revolution.* ALDEN, J.R. (Ed.). New York, 1952, v. 1, p. 22.

ela compeliu North a apresentar um plano de conciliação com a promessa de que, caso os colonos concordassem com uma arrecadação adequada para os governos provinciais, o Parlamento se absteria de lhes exigir tributos. Como mais um gesto conciliador, garantiu que os impostos arrecadados por força da regulação do comércio seriam aplicados exclusivamente na América. Porém, seus colegas, ao mesmo tempo, decidiram despachar três oficiais veteranos: o major general William Howe, o major general Henry Clinton e o major general John Burgoyne, a fim de reforçar a resolução de Gage.[21] Durante a maior parte de sua carreira militar, Gage ficou na América do Norte, onde se estabeleceu logo após o início da Guerra Franco-Indígena e, em pouco tempo, contraiu matrimônio com a filha de uma das famílias mais importantes de Nova York. Parecia que seu longo tempo de residência ali tinha corrompido sua capacidade de ver o que era necessário.

Para infelicidade de North, seu plano de conciliação fracassou por conta dos eventos que se sucederam na América. Na metade do mês de abril, Gage recebeu instruções de Dartmouth para que tomasse providências a fim de solucionar o impasse. Nesse sentido, na noite de 18 de abril de 1775, ele deu ordens para que um contingente de 800 granadeiros e oficiais de infantaria ligeira, sob o comando do coronel Francis Smith, marchassem para Concord, onde se acreditava existir um estoque de armas e munição.[22] Pensava-se que diversos líderes patriotas de Massachusetts também se encontrassem na área. A expectativa era de que o destacamento alcançasse seu alvo sem ser notado. Entretanto, os preparativos para atravessar o Rio Charles foram percebidos logo e Paul Revere, um dos líderes patriotas de Boston, deu o alerta. De qualquer forma, as tropas estavam bem próximas de seu objetivo quando alcançaram o povoado de Lexington, às 9 horas, onde se depararam com 90 soldados reserva reunidos no bosque adjacente à estrada. Smith ordenou de imediato que o grupo se dispersasse, não desejando ter uma força hostil em seu flanco enquanto marchava em direção a Concord. Os soldados provincianos começavam, então, a debandar quando disparos foram ouvidos, o que incitou os britânicos a responderem ao fogo, matando vários milicianos. Mais tarde, houve muito debate acerca de quem fora o responsável por abrir fogo. Em um contexto mais amplo, isso é irrelevante, uma vez que ambos os lados estavam determinados a impor seu ponto de vista pela força, se necessário.[23]

---

21. Dartmouth para Gage, 22 de fevereiro de 1775. In: CARTER, v. 2, p. 184-185.
22. Gage para Dartmouth, 22 de abril de 1775. In: CARTER, v. l, p. 396.
23. Essa era a opinião de Gage, registrada em uma carta subsequente a Dartmouth, 15 de outubro de 1775. In: CARTER, v. l, p. 422.

Os britânicos seguiram, então, para Concord, mas, ao chegarem, descobriram que os líderes patriotas haviam desaparecido junto com os armamentos. Contudo, ao realizarem suas buscas, os soldados incendiaram vários edifícios, o que deu ensejo a outro tiroteio. Dessa feita, a milícia era mais numerosa e estava pronta para resistir, depois das mortes em Lexington. Por volta de meio-dia, Smith ordenou a retirada. No entanto, ele logo descobriu que, embora a milícia retrocedesse diante de seus soldados durante o combate frente a frente, ela ainda podia infligir consideráveis danos com a atuação individual de seus membros, disparando do alto de sebes, muros e construções. Por volta das 15 horas, o contingente de Smith estava à beira do colapso e foi salvo apenas com a chegada de mais 2 mil homens equipados com canhões, sob o comando de lorde Percy. Prudentemente, Smith requisitara essa força ao perceber que o planejado ataque a Concord havia sido descoberto. Com esses reforços, os britânicos alcançaram, enfim, o Rio Charles, onde puderam embarcar de volta para Boston. Sofreram 273 baixas, incluindo 73 mortos, três vezes mais que o número de habitantes da Nova Inglaterra que haviam morrido anteriormente.[24]

A incursão a Concord acabou por ter um custo inesperadamente alto para a Grã-Bretanha. Percy admitiu: "Jamais acreditei (...) que eles pudessem atacar as tropas do rei, ou que tivessem a perseverança que vi neles, ontem".[25] Todavia, ainda mais caras foram as consequências. Em vez de se desmantelar, a milícia da Nova Inglaterra afluía de todas as direções. O Congresso de Massachusetts já havia planejado a formação de um exército de Observação. Agora, aprovava sua expansão para 30 mil homens, em conjunto com outras províncias da Nova Inglaterra. Em poucos dias, as forças combinadas somavam 20 mil homens, o que permitiu a realização de um cerco a Boston. Em todos os lugares, os patriotas locais armavam-se e armazevam munição e outras provisões, prontas para uso. E o conflito não se restringiu à Nova Inglaterra, uma vez que todas as províncias começaram a expulsar os oficiais reais britânicos e a se preparar para as hostilidades.[26] Em junho, Gage estimou que, para suprimir a rebelião, seriam necessários pelo menos 15 mil homens em Boston e outros 10 mil em Nova York, com um terceiro corpo de 7 mil homens avançando a partir do Canadá.[27]

---

24. FERLING, J. *Almost a Miracle: The American Victory in the War of Independence.* New York, 2007, p. 30-33.
25. Citado em: WARD, C. *The War of the Revolution.* v. 1, p. 50-51.
26. Gage para Dartmouth, 13 de maio de 1775. In: CARTER, v. 1, p. 397-398. Ibid., 25 de maio de 1775, p. 401.
27. Gage para North, 12 de junho de 1775. In: FORTESCUE, v. 3, p. 214-215.

Enquanto isso, o Congresso Continental, por coincidência, reunira-se na Filadélfia para considerar o progresso de sua oposição às Leis Intoleráveis, e logo assumiu o comando dos acontecimentos em Boston e da condução da guerra. Primeiro, sancionou, em 14 de junho de 1775, a criação de unidades voluntárias da Pensilvânia, Maryland e Virgínia, para fortalecer o exército da Nova Inglaterra.[28] Em seguida, nomeou George Washington à posição de comandante-chefe. A essa altura, Washington participava do Congresso como delegado da Virgínia, embora o fizesse trajando o uniforme de coronel da milícia do condado de Fairfax, a fim de lembrar a seus colegas sua experiência durante a Guerra Franco-Indígena, na qual primeiro serviu como ajudante de ordens do general Edward Braddock e, mais tarde, comandou um regimento virginiano.[29] Sua designação, na verdade, foi sugerida pelos delegados da Nova Inglaterra, com o intuito de garantir o apoio da Virgínia e das outras províncias. No entanto, foi um sinal de que todas as colônias estavam prontas para aderir ao que era, agora, uma guerra contra a Grã-Bretanha.

O Congresso deu ordens a Washington, no dia 20 de junho de 1775, para que assumisse o comando das forças em Boston e usasse "todos os métodos" a seu alcance "para aniquilar ou fazer prisioneiras todas as pessoas" que estivessem, então, "de armas em punho contra o bravo povo das colônias unidas". Muito dependeria de seu "prudente e exclusivo gerenciamento", conquanto devesse consultar seu "conselho de guerra para organizar e dispor de tal exército da maneira mais adequada".[30] Essa seria uma empreitada um tanto difícil e laboriosa, que exigiria sorte, habilidade e paciência. O próprio Washington admitiu que suas "habilidades e experiência militar" poderiam "não estar à altura" da tarefa, já que os prognósticos não se mostravam promissores.[31]

---

28. MIDDLEKAUF, R. *The Glorious Cause: The American Revolution, 1763-1789.* New York, 1982, p. 281.
29. FERLING, J. *Almost a Miracle*, p. 39-40. LENGEL, E.G. *General George Washington: A Military Life.* New York, 2005.
30. Instruções do Congresso, 22 de junho de 1775. WP/RWS, v. 1, p. 21-22.
31. Discurso ao Congresso Continental, 16 de junho de 1775. WP/RWS, v. 1, p. 1.

CAPÍTULO 2

A Eclosão da Guerra, 1775

PROSPECTOS E PERSPECTIVAS DOS COMBATENTES

Para a maioria dos observadores britânicos e europeus, a oposição dos colonos parecia prometer poucas chances de êxito. O Reino Unido estava no auge de seu poder depois da Guerra dos Sete Anos e da derrota da França e da Espanha. Além disso, tinha uma população de quase 8 milhões de habitantes, a maior marinha mercante do mundo, a indústria mais adiantada e um sistema de crédito que causava inveja ao restante da Europa. Durante a última guerra, a marinha mobilizara quase cem encouraçados [navios de guerra de grande porte e poderosa artilharia, protegidos por forte couraça] de 60 a cem canhões e o dobro desse número de fragatas e embarcações menores, tripuladas, ao todo, por 85 mil marinheiros.[32]

O poderio militar crescera de forma quase tão impressionante, apesar da tradição britânica de ter apenas um pequeno exército permanente. Próximo ao fim da Guerra dos Sete Anos, o exército havia alcançado uma força de 120 mil homens, organizados em 95 regimentos de infantaria e 20 de cavalaria. Além disso, a Grã-Bretanha empregara uma tropa substancial de mercenários na Alemanha, em apoio a Jorge II e Jorge III, enquanto príncipes do Sacro Império Romano-Germânico de Hanôver, que dispunham do poder de eleger o imperador.[33] Por fim, é preciso mencionar os fabulosos recursos do sistema financeiro britânico

---
32. MIDDLETON, R. *The Bells of Victory: The Pitt-Newcastle Ministry and the Conduct of the Seven Years War, 1757-1762*. Cambridge, 1985, p. 150.
33. MIDDLETON, R. *The Bells of Victory*, p. 204.

para sustentar toda essa potência naval e militar. O Banco da Inglaterra e os financistas do centro comercial e financeiro de Londres conseguiam levantar milhões de libras esterlinas a juros baixos, os quais o Parlamento custeava por meio de tributação de longo prazo.

Se comparados, os recursos coloniais pareciam muito restritos. A população das colônias continentais mal atingia 3 milhões de pessoas, das quais 600 mil eram escravos de origem africana. Além disso, uma proporção considerável de habitantes brancos fora da Nova Inglaterra era fortemente legalista. Outro motivo de preocupação era a falta de precedentes de uma rebelião bem-sucedida empreendida pelos súditos de uma monarquia europeia. O exemplo mais recente era o da Holanda contra a Espanha, 200 anos antes, mas ele parecia ser de pouca relevância no momento.

Não obstante, os patriotas decidiram perseverar em sua causa. Se a história recente da Europa era fonte de pouca inspiração, a da Grécia e da Roma Antigas mostravam-lhes como poucos homens honrados e determinados enfrentaram reveses que pareciam intransponíveis. Ainda, os patriotas tinham consciência de que o exército britânico estava longe de ser invencível ou numeroso o suficiente para reconquistar um território que se estendia por quase 2.500 quilômetros, desde a Geórgia até New Hampshire. Muitos ainda se lembravam do desastre que ocorreu a Braddock nas margens do Rio Monongahela em 1775, quando ignorou, de forma imprudente, os avisos coloniais acerca da inadequação de táticas comuns contra os franceses e seus aliados indígenas. Eventos subsequentes durante a Guerra de Pontiac não mudaram essas opiniões.

Assim, os patriotas acreditavam que poderiam levar a melhor sobre os casacos vermelhos [como eram chamados os soldados britânicos], a quem costumavam desprezar como mercenários que haviam vendido seus serviços a um ministério corrupto. As milícias, ao contrário, eram formadas por homens livres, que lutavam por suas fazendas e famílias. A eles não faltariam perícia e tampouco coragem para a batalha, uma vez que quase todos estavam acostumados a viver com armas de fogo em uma sociedade de fronteira, como ficou claro durante os eventos em Lexington e Concord. A causa das colônias era justa, seus homens e mulheres, firmes, e sua população, virtuosa. Só poderia haver um resultado: a vitória. Entretanto, ainda não se pensava em independência, visto que a maioria dos colonos desejava uma reconciliação que lhes permitisse governarem a si mesmos, mas que os mantivesse vinculados, de maneira simbólica, à pátria mãe.

O único motivo de preocupação era a falta de unidade por causa das diferenças étnicas, religiosas e de situação econômica entre as colônias. Daí ter John Adams observado, quando participou do primeiro Congresso Continental, em setembro de 1774: "A Filadélfia, com todo o seu comércio, riqueza e regularidade, não é Boston. Os costumes de nosso povo são muito melhores, seus modos são mais polidos e agradáveis; eles são ingleses mais puros" e foram agraciados com um espírito mais elevado, leis mais sensatas, uma religião superior e melhor educação.[34] Mas, enquanto Adams depreciava os habitantes da Pensilvânia, John Rutledge, da Carolina do Sul, criticava, da mesma forma, os habitantes da Nova Inglaterra, por causa de sua "influência exacerbada no Conselho (...) suas artimanhas inferiores e aqueles princípios niveladores que os homens sem caráter e sem fortuna tendem a possuir".[35] Ainda, se as diferenças entre as colônias da Nova Inglaterra e as colônias centrais eram tais como Adams descreveu, elas eram ainda mais evidentes quando comparadas às colônias do sul, cujas economias dependiam da produção agrícola de venda imediata, como tabaco, arroz e anileiras, para a qual era necessária uma grande força escrava.

Dessa forma, as Treze Colônias praticamente não tinham a tradição de cooperação intercolonial. As colônias da Nova Inglaterra haviam atuado de forma coletiva ao longo do século XVII, mas contatos mais abrangentes não haviam sido realizados até a Conferência de Albany de 1754, ocasião em que encontraram representantes de Nova York, Pensilvânia e Maryland para discutir a defesa das fronteiras contra o ataque franco-indígena. Foi durante essas discussões que Benjamin Franklin formulou um plano para a união colonial. Porém, os resultados foram nulos, já que as assembleias provinciais temiam que tal sistema federativo pudesse diminuir sua própria importância. Onze anos mais tarde, nove colônias reuniram-se em Nova York para o Congresso da Lei do Selo, oferecendo uma mostra temporária de unidade. Foi apenas em setembro de 1774 que 12 das 13 colônias formaram uma frente unida contra a Grã-Bretanha, no primeiro Congresso Continental. As discussões, à época, revelaram diferenças significativas entre as intransigentes colônias da Nova Inglaterra, que queriam total autonomia de governo para cada colônia, e aqueles das colônias centrais, que desejavam uma abordagem mais conciliadora, exemplificada pelo plano de união de

---

34. BUTTERFIELD, L.H. (Ed.). *The Adams Papers*: *Diary and Autobiography of John Adams*. Cambridge, Mass., 1962, v. 2, p. 150.
35. Edward Rutledge para John Jay, 29 de junho de 1776. BURNETT, E.C. (Ed.) *Letters of Members of the Continental Congress*. Washington, 1921, v. 1, p. 517-518.

Joseph Galloway, pelo qual o Congresso se associaria ao Parlamento Britânico.[36]

Entretanto, a necessidade de cooperar era mais poderosa do que o desejo de depreciar o outro, pois, como observou Franklin, os patriotas cairiam separados caso não agissem em conjunto. Assim, reconheceu-se que eram precisos maiores preparativos depois dos acontecimentos em Lexington e Concord, mesmo que a reconciliação fosse o resultado final. Dessa forma, o Congresso requisitou que cada província fornecesse homens, de acordo com uma cota baseada em sua população. De início, os alistamentos teriam a duração de oito meses, pois se acreditava que a crise seria curta. Contudo, ainda seria necessário dinheiro para implementar esses planos, e o Congresso começou a vender notas de crédito e emitir moeda.[37]

Nesse ínterim, do outro lado do Atlântico, os britânicos chegavam a conclusões totalmente opostas às dos patriotas. Para os primeiros, era inconcebível que os americanos quisessem ou tivessem condições de se separar do império. A maioria dos habitantes das colônias era de origem britânica, o que dificultava a compreensão da violência dos patriotas. A Constituição Britânica era a mais branda do mundo e oferecia aos colonos os maiores benefícios econômicos. Bastava que se observasse o aumento fenomenal da população, que dobrava a cada 25 anos, e a crescente prosperidade das colônias continentais. As leis britânicas haviam transformado alguns assentamentos isolados em sociedades prósperas, todas protegidas pelo Estado de direito. Seria de um egoísmo injusto se os americanos se separassem depois de tudo o que a Grã-Bretanha fizera para defendê-los. De acordo com o comentário de um oficial: "A independência norte-americana seria (...) a ferida mais profunda e vergonhosa que a Grã-Bretanha poderia receber".[38] Isso significaria a perda de "3 milhões de súditos para seu monarca, seus comerciantes e fabricantes (...) transações comerciais de importação e exportação que atingiam a cifra de 4 milhões anuais", que poderia ainda somar mais "cerca de 5 milhões das Índias Ocidentais". A Grã-Bretanha também perderia "a soberania sobre um país que supria suas esquadras [com] provisões navais em abundância e um celeiro infindável de intrépidos marinheiros". Em resumo, a separação das colônias selaria o fim da grandeza da Grã-Bretanha, inclusive de sua capacidade de funcionar

---
36. MIDDLEKAUF, R. *The Glorious Cause: The American Revolution, 1763-1789*. New York, 1982, p. 245-252.
37. Ibid., p. 281.
38. Citado em: MACKESY, P. *The War for America, 1775-1783*. Cambridge, Mass., 1964, p. 37.

como "o árbitro da Europa".³⁹ As únicas beneficiadas seriam a França e a Espanha.

A segunda razão para se adotar uma política dura contra as colônias era a crença britânica de que seu êxito militar era certo. As colônias não tinham sequer um terço da população da Grã-Bretanha, bem como nenhuma tradição de serviço militar ou naval regular. Até a última guerra, as colônias haviam contado com suas milícias eventuais para a defesa contra os indígenas. As forças voluntárias arregimentadas entre 1755 e 1763 serviram, em geral, como unidades de apoio e raramente atuaram com distinção quando convocadas para a batalha. Isso não era de surpreender, uma vez que costumavam ser reunidas na primavera e dispensadas no outono. Assim, não eram o tipo de unidade capaz de sobrepujar um exército europeu profissional, treinado por muitos anos para atuar em rigorosa formação.⁴⁰ Por isso, os oficiais militares que haviam servido na América costumavam desdenhar da habilidade militar colonial. James Murray falou pela maioria ao afirmar que os "norte-americanos são uma gente efeminada, muito desqualificada e impaciente para a guerra".⁴¹ Todos compartilhavam da opinião de Jorge III de que "quando aqueles rebeldes receberem um golpe vigoroso, hão de se render".⁴² Logo, não seria necessária uma ampla mobilização das forças armadas. O único acréscimo ao exército, no início de 1775, foi o recrutamento de outros 4.383 homens para fortalecer os 12 regimentos já existentes.⁴³

A estratégia do governo britânico, àquela altura, baseava-se na presunção de que a antiga ordem seria restaurada assim que o exército prendesse os líderes da conspiração.⁴⁴ Tudo o que se precisava era de uma limitada ação de monitoramento. Os ministros não faziam ideia de que um povo "numeroso e armado" estava pronto para lutar por seus direitos e liberdades. A resistência por parte de pessoas comuns era uma mera rebelião que só podia terminar em sua sujeição, uma vez que não tinham recursos, nem intelecto, tampouco a liderança para uma luta prolongada em defesa de uma causa legítima. Apenas monarcas e aristocratas podiam tomar as grandes decisões, como quando Luís XV cedeu o Canadá a fim de encerrar a Guerra dos Sete Anos. Os camponeses

---

39. *Clinton's Narrative*, In: CAR, p. 10.
40. BRUMWELL, S. *Redcoats: The British Soldier and War in the Americas, 1755-1763*. Cambridge, 2002, p. 99-136.
41. Citado em: SYRETT, D. *The Royal Navy in American Waters, 1775-1783*. Aldershot, 1989, p. 33.
42. Jorge III para Sandwich, 1º de julho de 1775. In: SANDWICH, v. 1, p. 63.
43. Estimativas para o aumento das forças de Sua Majestade. In: CJ, v. 35, p. 114.
44. Dartmouth para Gage, 27 de janeiro de 1775. In: CARTER, v. 2, p. 178-183.

e burgueses do Canadá não foram consultados. Quanto à derrota dos homens de Gage na estrada para Concord, o evento foi atribuído a um direcionamento inadequado e falta de sorte.

A terceira razão para a adoção dessa conduta ministerial rígida em relação à América, naquela época, foi a situação aparentemente pacífica da Europa. Em 1770, Choiseul fora destituído por Luís XV e substituído por um ministro mais pacífico, que abandonou o programa de rearmamento naval. De fato, em 1772, a França até considerara uma reaproximação com a Grã-Bretanha, movida pelo desejo de equilibrar os poderes europeus centrais, Áustria, Prússia e Rússia. Esses três Estados haviam implementado a primeira divisão da Polônia, enquanto a Áustria e a Rússia também ameaçavam as províncias balcânicas turcas, ambas áreas nas quais a França tinha interesse. O Reino Unido, ao contrário, não tinha tal preocupação. Dessa forma, as conversas foram infrutíferas, uma vez que o governo de North acreditava que a Grã-Bretanha não precisava de aliados, por causa de sua localização em uma ilha e do Estado conturbado do continente.[45] Qualquer interferência da Europa nos problemas coloniais britânicos poderia ser descartada, o que significava que o país estava livre para esmagar a rebelião da maneira que achasse mais apropriada.

Mesmo diante das notícias de Lexington e Concord, não houve uma reavaliação da política ministerial. Confiante, Dartmouth disse a Gage que, com a chegada dos cinco regimentos adicionais, "logo deveremos ouvir que não estarás mais confinado na cidade de Boston, [e] que os rebeldes que a cercavam foram dispersados, suas obras, destruídas, e um canal de comunicação, aberto com o país".[46] No entanto, para assegurar a cooperação das colônias, era preciso que a marinha aplicasse a Lei de Restrição da Nova Inglaterra com maior rigor. Agora, a esquadra deveria "realizar tais operações nas costas marítimas dos quatro governos da Nova Inglaterra", pois parecia ser "mais eficiente para suprimir a rebelião, em conjunto com as forças terrestres de Sua Majestade". Isso incluía a apreensão de todas as embarcações, exceto as pertencentes a pessoas capazes de "provar sua adesão e obediência à constituição". Pequenas flotilhas também operariam em torno de Nova York, da baía do Delaware, do Chesapeake e de Charleston para evitar

---

45. Para informações acerca do cenário diplomático da Europa nessa época, veja: SCOTT, H.M. *British Foreign Policy in the Age of the American Revolution*. Oxford, 1990, p. 160-206.
46. Dartmouth para Gage, 1º de julho de 1775. In: CARTER, v. 2, p. 199-201.

que suprimentos militares chegassem até as forças de Washington, em Boston.[47] Tudo voltaria ao normal em breve.

Bunker Hill e o cerco de Boston

O que o ministério não percebeu foi que os eventos de Lexington e Concord haviam provocado um colapso total do governo britânico em toda a América do Norte. O único local onde ainda restava alguma aparência de autoridade real era Nova York. Ali funcionava um temerário sistema dual. O governador permanecia no cargo, com o suporte dos navios de guerra e oficiais da Marinha Real, enquanto a assembleia, atuando como um Congresso Provincial, exercia grande influência fora da cidade. Contudo, em outras colônias, os governadores e demais funcionários não tinham tal apoio. Quando chegavam notícias de hostilidades, a fuga para o navio de guerra mais próximo era a opção mais comum, visto que os representantes da coroa não dispunham de meios para reunir e organizar os legalistas. Como o governador Martin, da Carolina do Norte, comentou de uma fragata no Rio Cape Fear, todas as tentativas de entrar em contato com os partidários do interior foram frustradas pelos comitês da Associação. Aqueles que tentavam alcançá-lo foram "interceptados (...) revistados, detidos, torturados e despojados de quaisquer papéis". Caso Martin tivesse recebido armas e munição seis semanas antes, poderia ter feito algo eficiente. Agora era perigoso demais conclamar os "súditos leais ao rei" em face da "crescente e disseminada revolta que havia, na verdade, engajado metade do país para lutar a seu lado, por meio do terror ou da persuasão".

Enquanto isso, a chegada de Howe, Clinton e Burgoyne a Boston encorajou Gage a despender novos esforços com o fito de reafirmar a autoridade britânica. Como Burgoyne comentou, era absurdo que "10 mil camponeses" pudessem "manter 5 mil soldados das tropas do rei presos" lá dentro.[48] O plano inicial de Gage era tomar Dorchester Heights, vigiando Boston a partir do sul como primeiro passo para um ataque aos quartéis-generais rebeldes em Cambridge. Entretanto, na manhã de 17 de junho, descobriu que os patriotas estavam se entrincheirando em Bunker Hill, do lado oposto, de modo a colocar tanto a cidade quanto os navios da Marinha Real ao alcance de canhões. Diante disso, ele resolveu dar uma resposta imediata, antes que os rebeldes tivessem tempo de completar as trincheiras. O ataque seria feito por uma força de elite de 2 mil soldados regulares sob o comando de Howe, que liderara

---
47. Dartmouth para o almirantado, 1º de julho de 1775. In: DDAR, v. 11, p. 23.
48. WARD, C. *The War of the Revolution*. New York, 1952. v. 1, p. 73.

a infantaria ligeira e escalara os *Heights* [alturas] de Abraham em 1759, antes da batalha de Quebec.

Infelizmente, tais preparativos foram concluídos apenas às 14 horas, dando aos sentinelas a oportunidade de descobrir o que estava para acontecer. O plano de Howe era avançar em uma ampla linha enquanto a infantaria ligeira cercava as trincheiras patriotas pela esquerda. Esperava-se apenas uma pequena resistência dos habitantes da Nova Inglaterra enquanto os regulares avançavam em disposição compacta para seu primeiro alvo, Breeds Hill, na expectativa de tomar o local onde se posicionavam os patriotas com uma única saraivada de mosquetes. Contudo, os colonos estavam bem entrincheirados e sob o hábil comando de Artemis Ward, Israel Putnam e o dr. Joseph Warren. Os britânicos também tiveram seu avanço obstruído por numerosas cercas de estacas. Foram necessários três ataques, o terceiro com baionetas fixas, para que os patriotas, enfim, fossem retirados de suas posições. No fim do dia, 226 casacos vermelhos estavam mortos e outros 800 feridos, dos quais 300 foram hospitalizados. Entre as baixas havia 92 oficiais, "um saldo aterrador" nas palavras de Howe.[49] As perdas dos patriotas, por sua vez, foram de 140 mortos e 271 feridos.

Essas foram baixas com as quais os britânicos não puderam arcar, como Gage logo reconheceu.[50] Todavia, ainda mais importante era que o conflito demonstrara "que os rebeldes não são aquela turba desprezível que muitos acreditavam ser". Eles haviam mostrado extraordinária tenacidade, resultado de "um espírito militar" aliado a "um grau incomum de devoção e entusiasmo". Tampouco eram ingênuos em termos táticos, pois "onde quer que encontrem cobertura, fazem um bom posicionamento", algo que a região lhes oferecia naturalmente. Assim, "a tomada deste país (...) só poderá ser empreendida com tempo e perseverança, bem como exércitos fortes que ataquem em diversas frentes".[51] Era uma análise bastante lúcida, e mais um aviso ao ministério britânico de esmagar a rebelião não seria uma simples ação de monitoramento.

Duas semanas mais tarde, Washington chegou para assumir o comando. Ao contrário de muitos habitantes da Nova Inglaterra, ele não se impressionou com o que viu de seus quartéis em Cambridge, perto de

---

49. Howe para lorde Howe, 22 de junho de 1775. In: HMC, Stopford-Sackville, v. 2, p. 3-5. Howe para Germain, 22 de junho de 1775. In: FORTESCUE, v. 3, p. 220-224. Para um relato patriota da batalha, veja: WARD, C. *The War of the Revolution: A Military History of the American Revolution*. v.1, p. 73-98. A habilidade do exército britânico no uso da baioneta é discutida em: MACKESY. P. *The War for America*, p. 77-78.
50. Gage para Barrington, 26 de junho de 1775. In: CARTER, v. 2, p. 686.
51. Gage para Dartmouth, 25 de junho de 1775. In: CARTER, v. 1, p. 406-407.

Boston. Como comentou um antigo regular, o problema era que "os soldados rasos são todos generais, mas não soldados".[52] Assim, Washington percebeu que dispunha de um "exército de provincianos submetidos a um tímido comando, disciplina ou ordem".[53] Isso o levou a advertir seus homens, em seu segundo conjunto de ordens gerais, de que, a menos que "estrita disciplina seja observada e a devida subordinação se conservasse", a gloriosa causa "terminaria necessariamente em frustração e desonra vergonhosas". Porém, a disciplina só poderia se fortalecer caso os homens superassem seus preconceitos. Assim, cada homem deveria se lembrar de que, agora, era um soldado "das Províncias Unidas da América". Isso exigia que "todas as distinções das colônias fossem deixadas de lado, de modo que um único e mesmo espírito pudesse animar o conjunto". Era necessária uma nova identidade continental.[54]

Washington tinha razão em ser escrupuloso acerca dessas questões, uma vez que apenas a disciplina poderia assegurar o sucesso contra a Grã-Bretanha. Até a batalha de Bunker Hill, acreditava-se que o fervor da média dos norte-americanos sobrepujaria a carência de treinamento.[55] Os patriotas, portanto, não precisavam praticar marchas em formação, como os exércitos europeus. No entanto, logo que a excitação de ter mandado os britânicos de volta a Boston havia arrefecido, muitos soldados acharam insuportáveis as dificuldades e o tédio da vida no campo de batalha e pediram para voltar para casa. A resposta invariável de Washington a esses pedidos era que aqueles "engajados na nobre causa da liberdade jamais deveriam pensar em se retirar de campo enquanto o inimigo está ao alcance da vista".[56] Infelizmente, seus apelos costumavam ser ignorados, o que levava muitos a desertar.

Outro grande problema enfrentado por Washington quando assumiu o comando era a insuficiência numérica. Ele calculava que seriam necessários 22 mil homens para a manutenção do perímetro ao redor de Boston.[57] Contudo, como disse a seu camarada da Virgínia, Richard Henry Lee, o exército reunia apenas 16 mil homens e estava, portanto, "em situação extremamente perigosa". Washington tinha plena consciência de que o controle britânico sobre os rios e costas marítimas lhes dava a possibilidade de atacar o lugar que bem entendessem.

---

52. ROYSTER, C. *A Revolutionary People at War: The Continental Army and American Character, 1775-1783*. New York, 1979, p. 122.
53. Washington para Samuel Washington, 20 de julho de 1775. In: WP/RWS, v. 1, p. 134-136.
54. Ordens gerais, 4 de julho de 1775. In: WP/RWS, v. 1, p. 54.
55. ROYSTER, C. *A Revolutionary People at War*, p. 99.
56. Ordens gerais, 18 de julho de 1775. In: WP/RWS, v. 1, p. 128.
57. Conselho de Guerra, 9 de julho de 1775. In: WP/RWS, v.1, p. 79-81.

Washington, ao contrário, tinha de permanecer estacionado, enquanto "remodelava" seu exército na presença do "inimigo do qual esperamos um ataque a qualquer momento".[58] Entretanto, na terceira semana de julho, ele parecia mais confiante. A disciplina aumentava, assim como as defesas patriotas. Ele acreditava que, se conseguisse manter sua posição pelas próximas semanas, poderia vencer a guerra, pois "se o inimigo não é capaz de entrar no país, ele bem poderia (...) voltar para casa". Assim, confinar os britânicos em Boston "é o principal objetivo que temos em vista, na verdade, o único".[59]

Mas havia ainda muito a ser feito. O exército, até então, não tinha uniformes e dispunha de pouco dinheiro. Em lugar dos uniformes, Washington sugeriu o uso de camisas de caça, a fim de conferir aos homens alguma espécie de identidade e elevar o moral.[60] Isso, porém, não resolveu o problema de distinguir os soldados comuns dos oficiais comissionados. O próprio Washington foi barrado por sentinelas. Para tanto, ele criou uma série de cocares [insígnias ou ornamentos feitos de fitas e colocados nos chapéus] e cintos coloridos para que fossem usados pelos oficiais de campo, enquanto os oficiais não comissionados deveriam usar uma listra comum no ombro direito.[61] Todavia, mais preocupante era a escassez de pólvora, visto que cada regimento possuía quantidade suficiente apenas para nove disparos por homem. Assim, quando Washington ocupou uma colina próxima de Charleston Neck, no fim de agosto, ele foi incapaz de tirar proveito de sua vantagem.[62] Felizmente, o abastecimento de suprimentos melhorou com a designação de Joseph Trumbull para general intendente. Trumbull, comerciante por profissão, era filho do governador de Connecticut e já havia demonstrado sua aptidão em assegurar suprimentos para os regimentos daquela província.[63] Não obstante, Washington mantinha uma atitude bastante crítica quanto aos habitantes da Nova Inglaterra. "De forma geral, seus oficiais são do gênero mais indiferente de pessoas." Era provável que esses homens "lutassem muito bem, se adequadamente comandados", embora fossem "pessoas extremamente sujas e desagradáveis".[64] Ele confessou a Ricahrd Henry Lee: "Minha vida não tem

---
58. Washington para Lee, 10 de julho de 1775. In: WP/RWS, v. 1, p. 99.
59. Washington para Samuel Washington, 20 de julho de 1775. In: WP/RWS, v. 1, p. 135-136.
60. Washington para Jonathan Trumbull, 4 de agosto de 1775. In: WP/RWS, v. 1, p. 244.
61. Ordens gerais, 23 de julho de 1775. In: WP/RWS, v. 1, p. 158-159. Ibid., 24 de julho de 1775, p. 163.
62. Washington para Hancock, 4-5 de agosto de 1775. In: WP/RWS, v. 1, p. 227. Washington para R. H. Lee, 29 de agosto de 1775. In: WP/RWS, v. 1, p. 374.
63. Washington para Hancock, 10 de julho de 1775. In: WP/RWS, v. 1, p. 88.
64. Washington para Lund Washington, 20 de agosto de 1775. In: WP/RWS, v. 1, p. 335-336.

sido nada (...) além de uma sucessão de aborrecimentos e cansaço", pelos quais receberia poucos agradecimentos, em especial por se recusar a tolerar quaisquer "irregularidades" ou "abusos públicos".[65] Ser o comandante-chefe era uma tarefa singularmente ingrata.

Uma questão que veio à tona nessas primeiras semanas foi o tratamento dos prisioneiros. Em uma carta para Gage, de 11 de agosto de 1775, Washington reclamava que seus oficiais estavam sendo presos "como criminosos comuns, sem se levar em conta os direitos da humanidade" ou seus postos. Caso tais condições persistissem, Washington teria de dispensar o mesmo tratamento aos oficiais britânicos capturados.[66] Gage respondeu que aqueles que estavam sob custódia haviam sido bem tratados, embora, "pelas leis do país", devessem ser enforcados e, então, levantou a questão dos legalistas, súditos leais do rei, que estavam sendo obrigados a trabalhar como escravos para conseguir comida.[67] O tratamento dos prisioneiros era um assunto delicado para ambos os lados. Para os britânicos, os patriotas eram rebeldes que haviam perdido o direito à vida. Os patriotas, por outro lado, viam seus compatriotas como legítimos prisioneiros de guerra, a ser tratados de acordo com as leis das nações. Para a sorte de Washington, sua ameaça de infligir a mesma punição aos oficiais britânicos capturados revelou-se uma arma poderosa para intimidar os ingleses, apesar da bravata de Gage de que seus homens suportariam qualquer punição que estivesse de acordo com "os direitos do Estado, as leis do país, [e] o espírito da Constituição".[68]

O Congresso estende o conflito: Canadá

Apesar da expectativa de Washington de que a contenção dos britânicos em Boston fosse suficiente para vencer a luta, os patriotas reconheceram a conveniência de assegurar o apoio mais amplo possível para garantir o êxito de sua causa. Foi por esse motivo que se realizou uma aproximação dos povos norte-americanos nativos. A maioria dos patriotas era avessa ao emprego dos índios em batalha por causa de sua conhecida barbaridade. Entretanto, eles tinham plena consciência de que os britânicos não seriam tão escrupulosos. Desse modo, foram

---
65. Washington para R.H. Lee, 29 de agosto de 1775. In: WP/RWS, v. 1, p. 375.
66. Washington para Gage, 11 de agosto de 1775. In: WP/RWS, v. 1, p. 289-290.
67. Gage para Washington, 13 de agosto de 1775. In: WP/RWS, v. 1, p. 301-302. Washington ignorou o tratamento mais amplo dispensado aos legalistas pelos patriotas, afirmando tão somente que os oficiais britânicos e os legalistas sob sua custódia haviam sido tratados de forma adequada, 19 de agosto de 1775. In: WP/RWS, v. 1, p. 326-327.
68. Washington para Gage, 13 de agosto de 1775. In: WP/RWS, v.1, p. 302.

enviados emissários para as seis nações iroquesas em agosto de 1775, sugerindo que elas permanecessem neutras naquela que era uma guerra de homens brancos. Logo depois, abordagens semelhantes foram feitas às nações de Ohio e do oeste, em Forte Pitt. A maior parte anuiu à ideia. As seis nações, em particular, esperavam tirar vantagem das divisões entre os povos brancos, tal como fizeram quando a França tinha o domínio do Canadá.[69]

No fim de maio de 1775, o Congresso também decidiu convidar os canadenses a se unirem a eles na luta para defender sua "liberdade comum".[70] O apelo foi insidioso, uma vez que os patriotas tinham pouca simpatia por seus vizinhos católicos de língua francesa. Contudo, reconhecia-se a fragilidade militar dos britânicos em Quebec, onde dispunham de poucos soldados para controlar uma população potencialmente hostil. De fato, o governador-geral, *sir* Guy Carleton, tinha apenas 600 regulares após enviar dois regimentos para Boston. Sua fraqueza foi ressaltada pela tomada, no início de maio de 1775, do Forte Ticonderoga, no Lago Champlain, por um contingente de guerrilheiros da parte ocidental de New Hampshire, sob o comando de Ethan Allen e um pequeno corpo de milicianos de Massachusetts, comandados por Benedict Arnold.[71] A facilidade da empreitada levou Allen e Arnold a exortar a conveniência de um ataque ao próprio Canadá, já que isso tornaria o controle dos índios menos dificultoso. Isso também fecharia as portas a uma invasão britânica de Nova York pelo Lago Champlain. Portanto, em 27 de junho, o Congresso deu aval para a realização de um ataque preventivo contra Montreal, com um contingente de tropas da Nova Inglaterra e de Nova York, sob o comando do general Philip Schuyler. Entretanto, Schuyler deveria prosseguir somente se a operação não fosse "desagradável demais para os canadenses".[72]

Enquanto planejava novos empreendimentos militares, o partido moderado no Congresso, liderado por John Dickinson, insistia em um último apelo a Jorge III. Esse documento, conhecido como a Petição do Ramo de Oliveira, asseverava que o rei deveria lembrar-se da contribuição das colônias durante a guerra anterior, a qual ajudara a elevar a Grã-Bretanha a "um poder tão extraordinário como o mundo jamais

---

69. GRAYMONT, B. *The Iroquois in the American Revolution.* Syracuse, 1972, p. 71-80. Para outras informações sobre o envolvimento dos indígenas, veja o Capítulo 8.
70. Correspondência oficial do Congresso Continental aos habitantes do Canadá, 29 de maio de 1775. COMMAGER, H.S. *Documents of American History.* New York, 1963, v. 1, p. 91-92.
71. WARD, C. *The War of the Revolution.* ALDEN, J.R. (Ed.) New York, 1952, v.1, p. 64-69.
72. Hancock para Washington, 28 de junho de 1775. In: WP/RWS, v. 1, p. 42-43.

conheceu". Tudo o que era necessário para a restauração da harmonia seria a revogação dos perniciosos estatutos aprovados pelo Parlamento desde 1763.[73]

Os britânicos, porém, não estavam dispostos a uma conciliação. A Petição do Ramo de Oliveira não foi sequer lida pelo rei ou pelos ministros. A opinião predominante em Londres, depois das notícias de Bunker Hill, era de que apenas a força seria capaz de trazer os norte-americanos à razão.[74] Assim, o ministério britânico emitiu uma proclamação, em 23 de agosto de 1775, que declarava que as 13 colônias estavam em estado de rebelião, a qual todos os súditos, em qualquer lugar, tinham o dever de ajudar a debelar. O máximo que o ministério consideraria era a nomeação de comissários "para conceder perdões e indenizações, gerais ou particulares, (...) para as pessoas que entendessem merecedoras". Quando um número suficiente tivesse se rendido, os oficiais da coroa deveriam "restaurar em tal província ou colônia (...) o livre exercício das transações comerciais e o direito à mesma proteção, como se tal província ou colônia nunca tivesse se revoltado".[75]

Não obstante, antes que qualquer medida pudesse ser tentada, o ministério tinha, primeiro, de expandir o exército e a marinha. No início de 1775, as forças armadas para tempos de paz contavam com 30 mil homens, dos quais 9 mil estavam na América e nas Índias Ocidentais, 4.300 em Gibraltar e Minorca, e os restantes 17.500, no Reino Unido.[76] Outros 7 mil homens estavam no contingente irlandês, que era separado dos demais. Esse era um número muito pequeno se comparado aos contingentes das maiores potências europeias, mas considerado suficiente em tempos de paz, dada a condição insular da Grã-Bretanha e sua poderosa marinha. Restava claro, agora, que era inadequado para a tarefa de sufocar uma rebelião de grande porte. Como North informou a Jorge III quando da comunicação dos eventos de Bunker Hill, o conflito "atingiu proporção tal que deve ser tratado como uma guerra externa, e todos os expedientes que seriam empreendidos nesse último caso" devem ser adotados.[77] Entretanto, a expansão do exército, em particular, seria uma questão de tempo. O país tinha uma longa tradição de hostilidade

---

73. Petição do Congresso Continental ao Rei, 18 de julho de 1775. In: DDAR, v. 11, p. 40-42.
74. Jorge III para North, 18 de agosto de 1775. In: FORTESCUE, v. 3, p. 247-248.
75. Proclamação Real para a Supressão da Rebelião e Insurreição, 23 de agosto de 1775. In: *English Historical Documents*, v. 9. JENSEN, M. (Ed.) *American Colonial Documents to 1776*. London, 1955, p. 850-851.
76. Estimativa dos custos. In: CJ, v. 35, p. 35-36.
77. North para Jorge III, 26 de julho de 1775. In: FORTESCUE, v. 3, p. 234.

contra exércitos permanentes desde o tempo de Oliver Cromwell, o que significava que o recrutamento teria de ser por alistamento voluntário. O alistamento compulsório era aceitável apenas se o país estivesse sob ameaça de invasão e, nesse caso, somente por um período limitado e para dada classe de pessoas.

O primeiro método de expandir o exército foi o recrutamento dos regimentos existentes, dos quais havia 78 em 1775. Um segundo batalhão poderia, então, ser agregado a alguns regimentos, de forma a dobrar seu tamanho. Por fim, seria possível a criação de novos regimentos, embora o rei fosse relutante a isso, uma vez que interesses de benefícios adquiridos dificultariam sua dispensa. Para infelicidade do ministério, o aquecimento da economia em 1775 fazia com que os recrutas fossem raros. Como resultado, em setembro de 1775, o exército ainda contava com apenas 32.700 homens, o que levou lorde Barrington, secretário de guerra, a declarar, quando foi informado do plano de colocar em campo um exército de 20 mil homens, em 1776, que "tal número não poderia ser fornecido nem obtido".[78] Em auxílio, o rei concordou com o reposicionamento de cinco regimentos hanoverianos de Gibraltar e Minorca, que deveriam deixar suas guarnições britânicas a fim de servir na América.[79] Contudo, estava claro que nenhuma operação militar de monta seria possível antes da primavera de 1776, e mesmo esse cronograma estaria incerto caso a França entrasse no conflito.

A lenta expansão do exército britânico significava que, pelos oito meses seguintes, os patriotas estariam livres para prosseguir com suas operações militares ao redor de Boston e no Canadá. Como Schuyler não estava bem de saúde, grande parte da responsabilidade por essas empreitadas recaiu sobre Richard Montgomery, filho de um baronete irlandês que fora comissionado capitão no exército regular durante a Guerra Franco-Indígena. Depois disso, permaneceu na América para se tornar fazendeiro e, como Gage, casou-se com alguém de uma das mais importantes famílias Whig de Nova York. Montgomery deixou Albany no dia 25 de agosto com 1.700 milícias de Nova York e Connecticut, enquanto Schuyler complementou a retaguarda com outros 300 homens. O primeiro alvo de Montgomery era St. Johns, no Rio Richelieu, onde Carleton havia reunido seus regulares para bloquear a rota para o Rio St. Lawrence. Entretanto, o avanço inicial mostrou-se prematuro, visto que

---

78. Estimativa para aumento das forças de Sua Majestade. In: CJ, v. 35, p. 114. Barrington para Dartmouth, 31 de julho de 1775. In: DDAR, v. 11, p. 59.
79. Jorge III para North, 4 de agosto de 1775. In: FORTESCUE, v. 3, p. 239. Memorando de Jorge III, 5 de agosto de 1775. In: FORTESCUE, v. 3, p. 240.

Schuyler e Montgomery não tinham artilharia. Dessa forma, os dois comandantes recuaram para a Isle Aux Noix, para esperar suprimentos de Ticonderoga.[80]

O plano de invadir o Canadá pelo Lago George já havia sido traçado antes que Washington assumisse seu posto em Boston. Ele era completamente favorável ao esquema, mas acreditava que seu sucesso seria mais certo se fosse realizado um segundo ataque contra Quebec.[81] Isso levou Washington a considerar a ideia de Arnold de invadir o Canadá pelo Maine. Arnold, como tantos outros oficiais do exército revolucionário, não tinha treinamento militar formal, conquanto tivesse servido junto às forças provinciais durante a guerra anterior. Ele era comerciante por profissão, vindo de uma próspera família de Connecticut. Quando as relações com a Grã-Bretanha degringolaram, ele organizou sua própria companhia de soldados reserva e, ao receber as notícias de Lexington e de Concord, levou sua unidade para Boston. Foi então que sua perspicácia e habilidades organizacionais chamaram a atenção de Washington. As ordens de Arnold, expedidas em 14 de setembro de 1775, eram para que se avançasse sobre Quebec pelo Rio Kennebec com um destacamento do exército de Washington. Assim como Montgomery, ele deveria acalmar os canadenses sempre que possível e até abandonar a empreitada, caso eles se mostrassem hostis. Da mesma forma, deveria apaziguar os indígenas, "convencendo-os de que viemos (...) não como ladrões ou para lhes fazer guerra, mas como amigos e defensores de suas liberdades, bem como das nossas". Quando alcançasse o St. Lawrence, Arnold entraria em contato com Schuyler, colocando-se sob o comando daquele general. Era necessário que se observasse a mais estrita disciplina o tempo todo.[82]

Arnold levou consigo algumas companhias de carabineiros da Virgínia e da Pensilvânia que haviam sido recrutadas logo depois de Bunker Hill como parte da iniciativa do congresso de demonstrar apoio à insurreição ao redor de Boston. O rifle era desconhecido na Nova Inglaterra, tendo sido introduzido nas colônias centrais por imigrantes alemães, no início do século XVIII.[83] Os recém-chegados agradaram a população local com sua façanha de atirar em sentinelas britânicas a longa distância, embora Washington fosse menos lisonjeiro quanto ao destacamento da Pensilvânia, sugerindo que eles "não sabem mais sobre um rifle do que meu cavalo, recém-importado da Irlanda".[84] O rifle, como

---
80. Schuyler para Washington, 20 de setembro de 1775. In: WP/RWS, v. 2, p. 17-21.
81. Washington para Schuyler, 20 de agosto de 1775. In: WP/RWS, v. 1, p. 331-332.
82. Instruções ao Coronel Arnold, 14 de setembro de 1775. In: WP/RWS, v. 1, p. 457-459.
83. WOOD, W.J. *Battles of the Revolutionary War, 1775-1781*. New York, 1995, p. xxvi-xxvii.
84. Washington para Samuel Washington, 30 de setembro de 1775. In: WP/RWS, v. 2, p. 73.

acontece com a maioria das armas, apresentava vantagens e desvantagens. Era muito mais preciso que o mosquete tradicional e dispunha do dobro do alcance. Por outro lado, levava duas vezes mais tempo para ser recarregado. A arma também não tinha acoplamento para baioneta, o que a tornava menos útil em combates corpo a corpo. No entanto, o conhecimento que os carabineiros tinham das áreas inabitadas tornava-os bastante adequados para o tipo de missão de reconhecimento e às escaramuças que Arnold teria de enfrentar até chegar a Quebec.[85] Com o intuito de proporcionar uma aparência de ordem, Washington designou Daniel Morgan, da Virgínia, antigo condutor de carroças e guarda de fronteira, para comandar os carabineiros, com a responsabilidade de liderar a guarda avançada.

Washington também ponderou suas opções em relação a Boston. No fim de agosto, ele se posicionara próximo a Charleston "para provocar uma ação geral" do tipo que se mostrou tão propícia em Bunker Hill. Os britânicos, porém, haviam respondido, de seus navios, com meros tiros de canhão. Tal passividade contra um "inimigo que fingiam desprezar" intrigava Washington. Por que eles não "avançaram e puseram um fim ao combate de uma vez"? Isso o encorajou a considerar a realização de um ataque organizado por ele mesmo. Uma incursão bem-sucedida em Boston evitaria a necessidade de um longo cerco durante o inverno, com todo o respectivo custo de manutenção das tropas. Também diminuiria o perigo de não dispor de um exército quando os atuais alistamentos expirassem em 1º de janeiro. Contudo, para frustração de Washington, seus oficiais de campo deliberaram de outra maneira quando ele convocou um conselho de guerra em 11 de setembro de 1775.[86]

Um dos motivos de sua cautela era a contínua falta de suprimentos. A América podia produzir a maior parte do que precisavam, inclusive canhões, mas salitre para a produção de pólvora era outra questão. Por sorte, era possível contrabandear suprimentos da Europa, onde muitos mercadores holandeses e franceses estavam prontos a comercializá-lo por um bom preço. Oportunidades semelhantes existiam nas Índias Ocidentais. As colônias unidas, por certo, não dispunham de uma marinha no início do conflito, inclusive pela falta de recursos para a construção de navios de guerra capazes de fazer frente aos da Marinha Real. No entanto, os portos da Nova Inglaterra tinham uma longa tradição de equipar navios corsários em guerras anteriores contra a França e a

---

85. HIGGINBOTHAM, D. *Daniel Morgan: Revolutionary Rifleman*. Chapel Hill, 1961, p. 27-28.
86. Conselho de Guerra, 11 de setembro de 1775. In: WP/RWS, v. 1, p. 450-451.

Espanha e havia muitos mercadores dispostos, agora, a armar seus navios para pilhar as embarcações britânicas. Quase todos eram escunas, o que lhes permitia ser mais velozes que os enormes navios de guerra do inimigo. A primeira dessas embarcações foi posta ao mar pouco depois de Lexington e Concord, começando logo a fazer capturas.

O sucesso desses primeiros cruzadores levou o Congresso a remunerar alguns deles. Entre os primeiros estava o *Hannah*, que Washington posicionou de modo a evitar a chegada de suprimentos a Boston, o que era parte de seu plano para forçar os britânicos a deixar a cidade.[87] Suas expectativas foram parcialmente concretizadas em novembro de 1775 com a captura do navio de armazenamento de artilharia, o *Nancy,* que Washington descreveu como um "exemplo da bondade divina", em virtude da escassez de munição de suas próprias tropas.[88] Isso encorajou o Congresso a autorizar a construção de quatro fragatas, o verdadeiro início da Marinha Norte-Americana. Infelizmente, a indisciplina nos novos navios mostrou-se um problema tão grave quanto o que ocorria entre as forças terrestres.[89] Porém, já no início de 1776, o comandante da estação da Marinha Real, almirante Shuldham, reconhecia a velocidade com que os rebeldes preparavam seus navios e seu êxito na captura de navios de suprimento britânicos.[90]

Como os britânicos continuassem a negar os direitos da América, restou evidente que teriam de ser tomadas medidas para manter a posição das forças de Washington para além de 1º de janeiro de 1776. Inicialmente, em setembro de 1775, Washington levantou a questão com John Hancock, presidente do Congresso, que sugeriu que ele primeiro consultasse seus oficiais.[91] Os principais tópicos eram o número de homens necessários, a duração de seu alistamento e os meios pelos quais se poderia tornar o exército mais profissional. Quando os oficiais se reuniram, concordaram, por unanimidade, com um exército de pelo menos 20.300 homens que compreendesse 26 regimentos de 728 oficiais e homens, cada um organizado em oito companhias. A duração do serviço seria de um ano, com possibilidade de dispensa antecipada caso as hostilidades cessassem. Mas escravos afro-americanos não deveriam ser empregados, por maior que fosse a escassez de recrutas. A

---

87. Washington para o capitão Broughton, 2 de setembro de 1775. In: WP/RWS, v. 1, p. 98-400.
88. Washington para Reed, 30 de novembro de 1775. In: WP/RWS, v. 2, p. 463-464.
89. Hancock para Washington, 14 de junho de 1776. In: WP/RWS, v. 4, p. 525-556.
90. Shuldham para Sandwich, 13 de janeiro de 1776. In: SANDWICH, v. 1, p. 104.
91. Washington para Hancock, 21 de setembro de 1775. In: WP/RWS, v. 2, p. 24-25. Hancock para Washington, 25 de setembro de 1775. In: WP/RWS, v. 2, p. 48-50.

maioria do conselho também vetou o recrutamento de negros livres.[92] Essas decisões foram devidamente acatadas pelo Congresso, com a condição adicional de que Washington pudesse convocar as milícias da Nova Inglaterra, na hipótese de alistamento de um número insuficiente de homens para o serviço.[93]

Outra decisão do Congresso pela qual Washington ficou muito grato foi a de que o exército não deveria tentar defender toda e qualquer cidade e vila, visto que isso afetaria o "andamento daqueles planos maiores, que foram adotados para a segurança comum". Do mesmo modo, o Congresso decidira que "cada província deveria contar com sua própria força interna" contra "incursões" menores. Atuar de outra forma "separaria o exército em um número de pequenos destacamentos, que se desgastariam em infrutíferas marchas e contramarchas no encalço de um inimigo cujo transporte naval" permitia que "mantivessem toda a costa em constante alarme".[94] Isso era algo que tinha de ser evitado.

Infelizmente, os acontecimentos no norte não eram tão propícios quanto os patriotas esperavam. O plano de invadir o Canadá era arriscado naquela época do ano. As forças de Arnold tinham de atravessar quase 500 quilômetros de ambientes inóspitos, como florestas, montanhas, rios e lagos. Ao longo dessa odisseia, 400 de seus 1.100 homens ficaram doentes ou desertaram. A certa altura, viram-se obrigados a comer mocassins [calçado feito de couro cru, sem sola dura ou salto, típico dos índios norte-americanos] cozidos, enquanto os mosquetes se transformaram em muletas para aqueles que sofriam de ulcerações derivadas de congelamento. Os soldados pareciam-se cada vez mais com "animais anfíbios, pois passavam grande parte do tempo sob a água".[95] Quando Arnold se aproximava das áreas desabitadas, alguns fazendeiros franceses forneciam alimentos. Entretanto, poucos deles se alistavam, apesar da proclamação de Washington, que os convidava a se unirem aos patriotas "em uma união indissolúvel" a fim de assegurar "as bênçãos de um governo livre".[96] Fazer parte de um Estado de língua inglesa não era mais atraente do que se incorporar a outro.

Arnold alcançou, enfim, o lado sul do St. Lawrence, perto de Quebec, em 5 de novembro, logo no início do inverno, com sua tropa, então,

---

92. Conselho de Guerra, 8 de outubro de 1775. In: WP/RWS, v. 2, p. 123-124.
93. Thomas Lynch para Washington, 13 de novembro de 1775. In: WP/RWS, v. 2, p. 365-367.
94. Washington para o brigadeiro Wooster, 2 de setembro de 1775. In: WP/RWS, v. 1, p. 407.
95. Arnold para Washington, 13 de outubro de 1775. In: WP/RWS, v. 2, p. 155-156.
96. Comunicação oficial aos habitantes do Canadá, cerca de 14 de setembro de 1775. In: WP/RWS, v. 1, p. 461-462.

reduzida a 600 homens. Apesar disso, logrou atravessar o rio em 14 de novembro, após ter preparado várias escadas de escalada. Entretanto, sem artilharia, era pequena a possibilidade de atacar Quebec, com suas altas muralhas de pedra. Dessa forma, Arnold deu início a uma manobra para isolar a cidade, a fim de esgotar os recursos da guarnição e levá-la à rendição. Contudo, até isso foi demais para seus homens enfraquecidos e, poucos dias depois, ele recuou até Point aux Trembles para aguardar a chegada de Montgomery.[97]

Ao sul, Montgomery experimentava dificuldades semelhantes. De início, ele considerou a tomada de St. Johns impossível até que capturasse o posto menor de Chambly, na retaguarda. Isso não apenas cortou a linha britânica de fornecimento de suprimentos para Montreal como também propiciou a Montgomery um estoque de artilharia e pólvora que lhe permitiu erguer uma bateria [peças de artilharia colocadas em justaposição para ação combinada na descarga da munição] voltada, do alto, para St. Johns. Por fim, no dia 2 de novembro, a guarnição de 500 homens se rendeu, após um cerco de 55 dias. A perda de St. Johns foi um grave abalo para os britânicos, uma vez que deixou Montreal indefesa na ausência da ajuda canadense. Carleton partiu depressa, descendo o St. Lawrence em direção a Quebec com seu remanescente de 150 homens, escapando por pouco de ser capturado pelas patrulhas de Montgomery depois que seu navio encalhou próximo a Sorrel, o que o forçou a completar sua viagem em um baleeiro aberto, disfarçado como um camponês canadense.[98]

Montgomery estava, agora, livre para se reunir a Arnold, o que se deu em 2 de dezembro de 1775. Os prognósticos não eram animadores. Poucos canadenses haviam aderido à "causa da liberdade". Além disso, ambas as forças patriotas estavam bastante reduzidas pelas deserções que se seguiram ao término do prazo de alistamento de seus homens e mal somavam, juntas, mil homens. No entanto, os dois comandantes determinaram a continuidade da empreitada com um ataque à cidade na véspera do Ano-Novo. Visto que não dispunham de artilharia para penetrar as defesas, resolveram utilizar escadas de escalada. O plano era que as forças de Arnold subissem pelas muralhas ao norte e leste da cidade enquanto Montgomery cruzasse o lado sul ao longo do rio. Com a ajuda de uma tempestade de neve, o destacamento de Arnold conseguiu

---

97. Arnold para Washington, 8 de novembro de 1775. In: WP/RWS, v. 2, p. 326. Ibid., 20 de novembro de 1775, p. 403-404.
98. Carleton para Dartmouth, 20 de novembro de 1775. In: DDAR, v. 11, p. 185-186. Schuyler para Washington, 28 de novembro de 1775. In: WP/RWS, v. 2, p. 453-454. WARD, C. *The War of Revolution*, v. 1, p. 150-162.

entrar na parte baixa da cidade, liderado pelo notável Morgan. Contudo, acabaram sendo repelidos, perdendo cem homens, entre mortos e feridos, e 400, que foram feitos prisioneiros. Arnold sofreu um ferimento na perna, ao passo que Morgan ficou entre os capturados. Montgomery teve ainda menos sorte, sendo alvejado na cabeça enquanto procurava uma entrada para a cidade. Apesar disso, Arnold agarrou-se com tenacidade à esperança de receber reforços.[99]

Nesse meio-tempo, o Congresso ampliava suas atividades para além dos campos de batalha. Em novembro de 1775, formou-se um comitê secreto para "trocar correspondências com nossos amigos na Grã-Bretanha, Irlanda e outras partes do mundo". Entre os primeiros estavam os Whig Rockingham, enquanto na Irlanda havia um crescente grupo de patriotas desiludidos com a condição de subordinação do parlamento de Dublin. Todavia, mais importante era a necessidade de se estabelecer vínculos com a França. A França ainda era a nação mais populosa e poderosa da Europa, apesar de suas derrotas na guerra anterior. Sua intervenção poderia, obviamente, mudar o curso da luta.[100]

Contatos informais já haviam sido feitos em Londres, no verão de 1775, entre Arthur Lee, um agricultor da Virgínia, e Pierre Augustan, barão de Beaumarchais, o dramaturgo francês autor de *O Barbeiro de Sevilha*.[101] Porém, embora simpáticos, os emissários franceses deixaram claro que a França pouco poderia fazer até que o Congresso tivesse cortado todos os laços com a Grã-Bretanha. Em todo caso, os patriotas estavam inseguros quanto a uma aliança formal, temerosos de que os franceses pudessem se tornar seus novos senhores coloniais. Na melhor das hipóteses, Luís XVI exigiria a devolução do Canadá como preço pela ajuda francesa. Assim, o Congresso sugeriu um acordo sobre comércio em vez de uma aliança formal.[102] Seria suficiente que a França prestasse assistência material, desde que os patriotas pudessem, então, lutar suas próprias batalhas.

Essa resposta tímida agradou os franceses, uma vez que evitaria um rompimento ostensivo com a Grã-Bretanha até que os patriotas demonstrassem a extensão de seu comprometimento com a indepen-

---

99. Carleton para Howe, 12 de janeiro de 1776. In: DDAR, v. 12, p. 41. HIGGINBOTHAM, D. *Daniel Morgan*, p. 43-50. Arnold para Washington, 14 de janeiro de 1776. In: WP/RWS, v. 3, p. 81-83.
100. MIDDLEKAUF, R. *The Glorious Cause*, p. 398.
101. POTTS, L.W. *Arthur Lee: A Virtuous Revolutionary*. Baton Rouge, 1981, p. 151-153.
102. DULL, J.R. *A Diplomatic History of the American Revolution*. New Haven, 1985, p. 53-54.

dência. Às primeiras notícias sobre as hostilidades, em julho de 1775, o ministro do exterior francês, conde de Vergennes, enviara Julien de Bonvouloir, antigo oficial do exército, para observar a situação e dizer a seus interlocutores que a França não tinha ambições territoriais relativas à América do Norte.[103] Seguiram-se outros contatos discretos, em especial de dois comerciantes, Pierre Penet e Emanuel de Pliarne, que fizeram sua primeira reunião com o Comitê Secreto no início de janeiro de 1776. Nessa ocasião prometeram estabelecer "uma sucursal de comércio com capacidade para suprir todas as necessidades" das forças dos patriotas.[104] As mercadorias seriam pagas com a venda de produção americana.

Os primeiros contatos foram encorajadores o suficiente para que o Congresso despachasse seu primeiro enviado para a França, Silas Deane.[105] O momento mostrou-se propício, pois, em maio de 1776, o Conselho de Estado Francês, liderado por Vergennes, determinou que o país deveria se preparar para um papel mais ativo na luta. Eles resolveram retomar o antigo plano de Choiseul de reverter os termos do Tratado de Paz de Paris ao ajudar os rebeldes a desmantelar o império norte-americano da Grã-Bretanha. Primeiro, concordou em conceder 1 milhão de livres [moeda francesa da época] para o fornecimento de armas às forças patriotas. O carregamento delas deveria ser organizado por Beaumarchais por intermédio de uma corporação portuguesa fictícia, Rodrique Hortalez e Companhia, de modo a ocultar qualquer envolvimento oficial da França. Depois, Luís XVI informou ao Conselho que persuadiria seu tio, Carlos III da Espanha, a oferecer semelhante ajuda financeira velada. Entretanto, mais importante foi que o Conselho concordou em retomar a expansão da Marinha Francesa, para fazer frente à Grã-Bretanha. Essa responsabilidade foi atribuída ao recém-nomeado ministro da marinha, Antoine Sartine.[106] Sob sua direção, os gastos logo aumentaram para mais de 100 milhões de livres, cifra quatro vezes maior do que a investida nos últimos anos do reinado de Luís XV.[107]

---

103. MURPHY, O.T. *Charles Gravier, Comte de Vergennes: French Diplomacy in the Age of Revolution, 1719-1787*. Albany, 1988, p. 234.
104. Pliarne para Washington, 16 de janeiro de 1776. In: WP/RWS, v. 3, p. 69-70.
105. BEMIS, S.F. *The Diplomacy of the American Revolution*. Bloomington, 1961, p. 34-35.
106. MURPHY, O.T. *Vergennes*, p. 234-239. DULL, J. *The French Navy and American Independence: A Study of Arms and Diplomacy, 1774-1787*. Princeton, 1975, p. 47-48.
107. MURPHY, O.T. *Vergennes*, p. 245. DULL, J. *The French Navy*, p. 49-56.

A REVOLUÇÃO POLÍTICA: A AMÉRICA DECLARA SUA INDEPENDÊNCIA

A decisão da França de oferecer auxílio velado ocasionou importantes desdobramentos na América. Depois dos eventos em Lexington e Concord, todas as províncias haviam estabelecido governos de fato para atuar até que se desse uma solução para as disputas com a Grã-Bretanha. Como William Drayton observou sobre a Carolina do Sul, "erigiu-se um novo governo. O Congresso (provincial) é o legislativo, o Conselho de Segurança é o poder executivo, o Comitê Geral" é uma corte superior, ao passo que "os comitês distritais e paroquiais [funcionam] como cortes locais".[108] Outras medidas também foram tomadas a fim de lidar com aqueles que permaneciam leais à coroa. Qualquer um que persistisse abertamente em sua lealdade estava, agora, sujeito a pesadas multas e períodos na prisão. Como Washington comentou com o governador de Connecticut, em novembro de 1775: "Por que se deve tolerar que pessoas que estão dilapidando os recursos vitais de seu país fiquem à solta, quando sabemos que farão, contra nós, todo tipo de perversidade a seu alcance?".[109] O Congresso provincial aproveitou a insinuação para aprovar uma lei que autorizava a apreensão (embora ainda não o confisco) de propriedades dos legalistas. Aqueles que fossem pegos prestando auxílio aos britânicos estavam, agora, sujeitos a até três anos de prisão.[110]

Contudo, até o início de 1776, a maior parte dos patriotas ainda não tinha desejo ostensivo pela independência ou por um governo republicano, embora alguns membros do Congresso começassem a acreditar que esse resultado seria provável. A maioria das classes políticas e mesmo grande parte da população continuava temerosa do que aconteceria caso as colônias se separassem da pátria mãe. Seus medos baseavam-se em considerações tanto ideológicas quanto práticas. Entre as últimas estava a questão da possibilidade de as colônias conseguirem sobreviver sem o comércio e a proteção da Grã-Bretanha, já que França e Espanha poderiam ver a desintegração do império como uma oportunidade para reaver suas antigas colônias.

Havia, igualmente, considerações ideológicas. Os norte-americanos instruídos estavam familiarizados com a ideia de que o governo surgira

---
108. W.H. Drayton para W. Drayton, 4 de julho de 1775. In: DDAR, v. 11, p. 36.
109. Washington para Trumbull, 15 de novembro de 1775. In: WP/RWS, v. 2, p. 379.
110. Governador Trumbull para Washington, 1º de janeiro de 1776. In: WP/RWS, v. 3, p. 7-9.

como um contrato com o povo para evitar as desvantagens de viver em um estado de natureza. Muitos temiam que a quebra do contrato com a Grã-Bretanha levasse à destruição da sociedade civil. Conquanto John Locke e outros filósofos iluministas argumentassem que o estado de natureza era benéfico, não havia certeza de que esse seria o caso. O filósofo Thomas Hobbes, do século XVII, argumentara, também de forma convincente, que um estado de natureza levaria à anarquia e ao exercício do comando pelo mais forte. Tal prospecto era um poderoso óbice, visto que poucos acreditavam que as pessoas comuns fossem capazes de governar a si mesmas. Havia receios semelhantes acerca do Republicanismo, que desaparecera como forma de governo após a instauração do Império Romano, 1.800 anos antes.[111]

No entanto, os acontecimentos começavam a conduzir até os moderados em direção à independência e à criação de uma república. Em 17 de outubro de 1775, a cidade de Falmouth (atual Portland Maine) foi bombardeada por uma força britânica, depois que os habitantes se recusaram a entregar suas munições e os líderes rebeldes.[112] O ataque foi o resultado de instruções da Inglaterra, logo após as notícias de Lexington e Concord, para que "sejam tomadas todas as medidas necessárias para suprimir, pelos meios mais vigorosos, por terra e por mar, essa rebelião descabida".[113] Igualmente estarrecedora para a sensibilidade dos patriotas foi a proclamação de lorde Dunmore, governador da Virgínia, em novembro de 1775, pela qual oferecia a liberdade a qualquer escravo do sexo masculino cujo senhor tivesse aderido à rebelião. O anúncio de Dunmore foi, na verdade, uma estratégia hipócrita para intimidar os agricultores. O apelo, não obstante, mostrou-se contraproducente, já que parecia encorajar os escravos a matar seus senhores e tomar suas propriedades.[114] Da mesma forma, notícias de que o ministério estava recrutando mercenários alemães e, até russos, provocaram revolta. As pessoas também alimentavam suspeitas quanto à intenção da Grã-Bretanha de se valer dos canadenses franceses e dos índios. Aparentemente, a pátria mãe considerava a perpetração de um infanticídio o pior crime que qualquer genitor poderia cometer.

---

111. BAILYN, B. *The Ideological Origins of the American Revolution*. Cambridge, Mass., 1967. WOOD, G.S. *The Creation of the American Republic, 1776-1787*. Chapel Hill, 1969. MAIER, P. *American Scripture*: *How America Declared its Independence from Britain*. New York, 1997.
112. SYRETT, D. *The Royal Navy in American Waters*, p. 7-8. Comitê de segurança de Portsmouth para Washington, 19 de outubro de 1775. In: WP/RWS, v. 2, p. 206-207.
113. Dartmouth para o almirantado, 1º de julho de 1775. In: DDAR, v. 11, p. 23.
114. MIDDLEKAUF, R. *The Glorious Cause*, p. 316.

Foi em meio a essa crise crescente que surgiu um panfleto intitulado *Common Sense* [Bom Senso], que acabava com as dúvidas e o abatimento que haviam aturdido os líderes patriotas no início de 1776. O autor Thomas Paine era imigrado recém-chegado da Inglaterra. Paine argumentava que a monarquia britânica não devia sua autoridade a um pacto com o povo nem gozava da bênção divina. Ela fora estabelecida pelos normandos por meio de conquista. A história também mostrava que os reis sempre traziam miséria a seus povos, não um bom governo. Quanto aos perigos que ameaçavam a sociedade norte-americana, uma vez separada da Grã-Bretanha, eles eram um tanto exagerados. As pessoas comuns eram sensatas demais para lançar o país no caos. Em todo caso, a reconciliação era impossível depois dos eventos de 19 de abril de 1775. A independência, ao contrário, traria inúmeros benefícios. Era possível que a França entrasse na guerra como uma aliada e toda a Europa estaria desejosa de abrir seus postos para o comércio norte-americano. Em casa, a América tinha uma perspectiva brilhante que encampava todo um continente. Eles deveriam agarrar a oportunidade e romper com a Grã-Bretanha.[115]

Se a liderança patriota tinha alguma dúvida quanto à sensatez desse conselho, ela foi extirpada pelo curso da guerra em Boston. Desde Bunker Hill, o exército de Gage permanecera confinado à cidade, para desgosto dos britânicos de ambos os lados do Atlântico. O problema era a localização de Boston. Já no início do verão de 1775 se reconhecia que a cidade era inadequada para operações militares, cercada como estava por uma paisagem tão montanhosa. O posicionamento do exército em Nova York, onde havia considerável apoio legalista, seria mais proveitoso.[116] Entretanto, embora prudente, em termos táticos, tal decisão era surpreendente de um ponto de vista político e estratégico, uma vez que Boston era o centro da rebelião. Contudo, ninguém reconhecia a contradição de evacuar Boston ao mesmo tempo em que se planejava sua retomada a partir de Nova York ou Rhode Island. A única certeza era de que Gage não deveria implementar o plano, visto que suas inaptidões como comandante eram, agora, óbvias demais para ser ignoradas. Assim, ele deveria voltar para a Inglaterra, deixando Howe no comando.[117]

No fim das contas, os britânicos descobriram que teriam de permanecer em Boston por mais um tempo, pois não dispunham de embarcações

---

115. PAINE, T. *Common Sense*. Philadelphia, 1776.
116. Dartmouth para Howe, 5 de setembro de 1775. In: DDAR, v. 11, p. 90.
117. Dartmouth para Gage, 2 de agosto de 1775. In: CARTER, v. 2, p. 202-203.

suficientes para evacuar os soldados e os refugiados legalistas. Howe não ficou muito alarmado com esse prospecto. Ele acreditava que o exército de Washington não contava com a disciplina e os equipamentos necessários para perturbá-lo e, provavelmente, se dissolveria quando o prazo de alistamento de seus homens expirasse no Ano-Novo. Sua principal preocupação era a disponibilidade de suprimentos para alimentar e aquecer o exército e seus dependentes durante o inverno.[118]

Howe tinha razão ao supor que Washington enfrentava dificuldades para manter seu exército reunido, já que muitos soldados estavam se recusando ao realistamento na nova formação militar, que deveria começar em 1º de janeiro de 1776. À medida que o exército se dissolvia, Washington, obrigatoriamente, teve de requisitar aos governos da Nova Inglaterra a convocação de suas milícias.[119] Ele também renovou a sugestão de recrutamento dos afro-americanos libertos. Muitas pessoas de cor estavam ansiosas por se alistar, as quais poderiam, por outro lado, aderir aos britânicos.[120] Por sorte, o número de alistamentos crescia à medida que se aproximava a data da nova formação. Outra surpresa agradável para Washington foi a qualidade das milícias, quando elas chegaram.[121] Porém, a impossibilidade de criar um exército profissional, composto por homens que servissem por pelo menos três anos, fora a causa da condição grotesca com que se defrontava agora. Não havia paralelo na história da situação de um comandante que tivesse, simultaneamente, de "dispensar um exército e recrutar outro".[122] Isso tornava ainda mais surpreendente o fato de Howe não ter se aproveitado da fraqueza do exército. Washington só podia presumir que o comandante britânico recebera ordens de aguardar reforços da Europa.[123]

A passividade de Howe levou Washington a propor um ataque patriota a Boston em janeiro, para se antecipar à chegada de tais reforços. Entretanto, seus oficiais mais graduados acreditavam que o exército estava fraco demais para tarefa tão desafiadora, a menos que as províncias da Nova Inglaterra fornecessem outros 13 regimentos de milícia.[124] Apesar dessa rejeição, Washington repetiu sua proposta em meados de fevereiro de 1776. Dessa vez, os oficiais concordaram que o exército deveria ocupar Dorchester Hill, na esperança de que isso levasse os britânicos

---
118. Howe para Dartmouth, 9 de outubro de 1775. In: DDAR, v. 11, p. 138-140.
119. Washington para Hancock, 28 de novembro de 1775. In: WP/RWS, v. 2, p. 444-446.
120. Washington para Hancock, 31 de dezembro de 1775. In: WP/RWS, v. 2, p. 622-624.
121. Washington para Hancock, 18 de dezembro de 1775, In: WP/RWS, v. 2, p. 573-575.
122. Washington para Hancock, 4 de janeiro de 1776. In: WP/RWS, v. 2, p. 622-624.
123. Washington para Hancock, 9 de fevereiro de 1776. In: WP/RWS, v. 3, p. 274.
124. Conselho de Guerra, 16 de janeiro de 1776. In: WP/RWS, v. 3, p. 103.

a fazer outro ataque imprudente como o de Bunker Hill, o que poderia facilitar um contra-ataque patriota à cidade.[125] Um dos motivos para essa atitude mais assertiva foi que o exército dispunha, agora, de artilharia suficiente para a realização de um cerco efetivo. No mês de novembro anterior, Washington enviara seu oficial sênior de artilharia, coronel Henry Knox, para trazer, de Ticonderoga para Boston, artigos de artilharia que haviam sido capturados.[126] Depois de esforços heróicos, Knox conseguiu transportar 44 canhões, 14 morteiros e um obus, chegando a seu destino no fim de janeiro de 1776.[127] Os patriotas poderiam, agora, lançar um bombardeio ofensivo contra as posições britânicas.

Assim, na noite de 4 de março, as forças de Washington ocuparam as colinas de Dorchester e construíram defesas temporárias com feixes de madeira, uma vez que o chão estava congelado demais para que se cavassem trincheiras. Na manhã seguinte, tudo já estava preparado.[128] A notícia de que os patriotas estavam prestes a posicionar sua artilharia foi uma descoberta perturbadora para Howe. Boston estava, agora, ao alcance das armas dos patriotas, assim como estavam os navios da Marinha Real, que não conseguiam revidar devido à baixa trajetória dos projéteis de seus canhões. A princípio, Howe considerou um ataque, mas depois ponderou que isso poderia levar a outro episódio como o de Bunker Hill. Qualquer ação seria duplamente inútil, dada sua intenção de evacuar Boston em pouco tempo.[129] Desse modo, ele abandonou o plano, para grande desapontamento de Washington, que tinha 4 mil homens em Roxbury, prontos para um contra-ataque do outro lado do istmo de Boston.[130]

Embora Howe preferisse ir para Nova York, ele percebeu que tinha provisões insuficientes para fazê-lo. Assim, resolveu recuar para Halifax a fim de reorganizar seu comando e aguardar os reforços e provisões que estavam sendo reunidos na Europa.[131] Nesse meio-tempo, ocorreu uma trégua não oficial, após um apelo feito pelos magistrados de Boston para que a cidade fosse poupada de maiores danos. Os britânicos concordaram em não incendiar os prédios públicos, contanto que os patriotas cessassem fogo.[132] Tropas e refugiados, então, acorreram aos navios

---

125. Conselho de Guerra, 16 de fevereiro de 1776. In: WP/RWS, v. 3, p. 320-322. Plano de ataque a Boston, 18-25 de fevereiro de 1776, ibid., p. 332-333.
126. Washington para Knox, 16 de novembro de 1775. In: WP/RWS, v. 2, p. 384-385.
127. Inventário de artilharia, 17 de dezembro de 1775. In: WP/RWS, v. 2, p. 565-566.
128. Washington para Reed, 7 de março de 1776. In: WP/RWS, v. 3, p. 369.
129. Howe para Germain, 21 de março de 1776. In: DDAR, v. 12, p. 81-84.
130. Washington para Hancock, 7-9 de março de 1776. In: WP/RWS, v. 3, p. 420-425.
131. Howe para Germain, 21 de março de 1776. In: DDAR, v. 12, p. 83.
132. Washington para Reed, 9 de março de 1776. In: WP/RWS, v. 3, p. 376.

de guerra e outros transportes disponíveis, disputando um lugar. Em 17 de março, os últimos soldados abandonaram o porto, deixando mais de cem canhões e outros itens militares, que Howe não tivera tempo de destruir.[133] A cidade, que fora, por tantas vezes, o centro da resistência patriota, estava enfim livre. Isso foi motivo de celebração para os patriotas e um estímulo para a crescente demanda pela independência. Para a maioria dos britânicos, a evacuação era um "ato de desonra". Como o duque de Manchester observou, de forma mordaz: "O exército que foi enviado para subjugar a província da Baía de Massachusetts foi arrancado da capital".[134] Foi um final degradante.

Qualquer dúvida que os patriotas tivessem quanto à independência também foi afastada por acontecimentos fora do campo de batalha. O ministério britânico aprovara uma Lei de Proibição, em dezembro de 1775, que impunha uma interdição total dos portos de todas as 13 colônias. O Congresso, então, respondeu, no início de abril de 1776, com a abertura dos portos da América para os navios de todas as nações, exceto os da Grã-Bretanha. Isso provocou, de um único golpe, uma reviravolta em todo o sistema mercantilista. E não parou por aí. Seis dias depois, a Carolina do Norte fez o primeiro apelo pela independência.[135] Contudo, antes de debater um tema tão grave, o Congresso decidiu que as províncias deveriam, antes, se tornar Estados soberanos por meio da adoção de novas constituições "mais aptas a propiciar a segurança e a felicidade de seus cidadãos, em particular, e da América, em geral". A maioria adaptou seus antigos sistemas de governo, substituindo o governador real por uma pessoa designada pela assembleia. O conselho provincial, por sua vez, transformou-se em senado ou câmara alta. O aspecto mais revolucionário das novas constituições foi a adoção, em diversos Estados, de uma declaração de direitos. Em contraste à carta inglesa de 1689, os novos artigos enfatizavam os direitos do indivíduo, em vez daqueles da legislatura. Porém, não foram concedidos direitos às mulheres, aos afro-americanos ou aos índios. O direito de voto tampouco lhes foi estendido. Apenas os homens das classes de proprietários foram beneficiados.[136]

Depois de ter encorajado as colônias a reformar suas constituições, o Congresso designou, então, um comitê para analisar a questão da

---

133. MIDDLEKAUF, R. *The Glorious Cause*, p. 308-311.
134. Citação em: WALLACE, W.M. *Appeal to Arms: A Military History of the American Revolution*. New York, 1951, p. 66.
135. MIDDLEKAUF, R. *The Glorious Cause*, p. 315-316, 322.
136. MORRIS, R.B. (Ed.) *Sources and Documents Illustrating the American Revolution, 1764-1788*. New York, 1965, p. 148.

independência. A declaração efetiva foi esboçada por Thomas Jefferson, um dos delegados da Virgínia. Sob sua orientação, ela começava com um curto prólogo que declarava o direito inalienável de um povo à "vida, à liberdade e à busca da felicidade". Uma vez que isso fora negado por Jorge III, o contrato fundamental entre o rei e seu povo estava quebrado, o que deixava os habitantes livres para realizar novos arranjos. O documento foi formalmente aprovado pelo Congresso em 2 de julho e publicado dois dias depois.[137]

De forma simultânea, outro comitê preparava um "plano de confederação". Isso era uma necessidade urgente, visto que o Congresso de então não tinha autoridade formal para conduzir a guerra. De fato, muitos patriotas acreditavam que esse acordo era essencial antes que se promovesse o rompimento com a Grã-Bretanha. Entretanto, o velho ciúme entre as colônias continuava forte, em especial entre os Estados menores, que temiam a dominação por parte de Massachusetts, Pensilvânia e Virgínia. Outros também tinham receio da criação de um novo governo central. O Artigo 2º do documento afirmava, assim, que os Estados estavam tão somente entrando em uma "liga de amizade (...) para a defesa comum, para a garantia de suas liberdades e para seu bem-estar mútuo e geral". Cada Estado, portanto, conservaria "sua soberania, liberdade e independência, e cada poder, jurisdição e direito que não é (...) expressamente delegado aos Estados Unidos, reunidos em Congresso". Entre os poderes delegados estavam o direito de fazer guerra, declarar paz, negociar tratados, manter um exército e uma marinha, cunhar moeda, regular os assuntos indígenas e estabelecer um serviço postal. Todavia, o Congresso não tinha direito de criar e coletar tributos, conquanto pudesse tomar empréstimos e emitir moeda corrente. Outra fragilidade era a ausência de um poder judiciário. Sem um sistema de cortes e tribunais, não conseguiria impor suas decisões, o que implicava que cada Estado poderia ignorar as exigências do Congresso impunemente.[138]

Impossibilitado de tributar, o Congresso tinha de lançar mão do antigo sistema de requisição, conforme praticado pelos britânicos durante a Guerra dos Sete Anos. Infelizmente, isso criava outro problema: o de como a contribuição de cada Estado deveria ser calculada, se suas cotas seriam baseadas nas terras ou na população. Os Estados do norte defendiam a tributação por população, na crença de que os escravos deveriam ser incluídos como produtores de riquezas. Os Estados sulinos, por essa razão, insistiam no valor das terras como base para

---

137. MAIER, P. *American Scripture*, p. 97-153.
138. Ibid., p. 178-186.

qualquer avaliação. Assim, não se havia chegado a um acordo formal de uma confederação à época da declaração de independência. Só em 1777 chegou-se ao consenso de que a tributação se daria sobre o valor das terras. Mesmo assim, os artigos não foram oficialmente aceitos por conta do surgimento uma nova disputa acerca da propriedade dos territórios do oeste. Maryland não tinha terras além das Montanhas Allegheny, o que deu causa a novos temores de dominação por parte da Virgínia.[139] Dessa maneira, recusou-se a assinar o acordo até que tais terras fossem doadas no interesse de toda a confederação. O desacordo foi uma infelicidade, visto que as forças que o ministério britânico vinha reunindo nos últimos seis meses enfim se aproximavam prontas para compelir os patriotas a retomar sua aliança.

---

139. MIDDLEKAUF, R. *The Glorious Cause*, p. 603-605.

CAPÍTULO 3

A Grã-Bretanha Reafirma sua Autoridade, 1776

Os fatores da identidade de patriotas e legalistas

Historiadores de ambos os lados do Atlântico costumam retratar a Guerra da Independência como um conflito entre duas nações, subestimando o fato de que ela também foi uma guerra entre dois grupos de norte-americanos: os patriotas e os legalistas. Gerações mais antigas de historiadores tendiam, ainda, a abordar o conflito como uma luta entre o bem e o mal, entre os honestos proprietários alodiais da América e os corruptos dependentes da coroa. Portanto, a resolução de se tornar patriota ou legalista era uma decisão de princípios ou de interesses próprios. Os norte-americanos poderiam defender e apoiar os direitos daqueles que nasceram livres ou os privilégios opressivos da coroa. Na terminologia dura dos Whigs e patriotas, eles deviam optar pela liberdade ou pela escravidão.[140]

Na realidade, os fatores que determinavam as identidades de legalistas e patriotas eram mais complexos. Muito dependia das afiliações religiosas e etnia de uma região, em vez de se vincular a noções abstratas de direitos individuais ou princípios constitucionais. Na Nova Inglaterra, a religião era um fator-chave. As colônias da Nova Inglaterra

---

140. Veja, por exemplo, MORGAN, E.S. *The Birth of the Republic*, *1763-1789*. Chicago, 1956.

estabeleceram-se no século XVII como Estados puritanos com governo autônomo e se submeteram, com relutância, à coroa inglesa apenas no reinado de Jaime II. Essa atitude de "Estado autônomo" persistiu até boa parte do século XVIII, incitada por temores em relação à Igreja anglicana, que muitos habitantes da Nova Inglaterra ainda acreditavam ser equivalente ao catolicismo romano. Tais fatores fizeram da Nova Inglaterra a mais patriota de todas as regiões, unanimidade que era corroborada, de maneira irônica, pela homogeneidade da população, cuja ascendência era quase que inteiramente inglesa. Assim, o apoio à causa legalista na Nova Inglaterra limitava-se a oficiais britânicos e grupos minoritários, como os anglicanos e quakers, que recorriam à coroa para proteção contra a maioria dominante.[141]

Os Estados centrais, em contrapartida, apresentavam maior diversidade étnica e religiosa, o que afetava as filiações a patriotas e legalistas de formas bastante diferentes. Em Nova York e Nova Jersey, os principais grupos eram os episcopais ingleses, os presbiterianos escoceses, os calvinistas holandeses e os congregacionalistas da Nova Inglaterra. Os episcopais tinham uma inclinação natural a apoiar a causa britânica, uma vez que o rei era o líder temporal daquela Igreja. Por outro lado, os presbiterianos escoceses e os congregacionalistas da Nova Inglaterra aderiam maciçamente aos patriotas, em virtude de sua oposição histórica à coroa no século XVII e aversão pela Igreja Episcopal, como a Igreja anglicana costumava ser chamada.[142]

Na Pensilvânia existia uma situação semelhante. Os grupos étnicos e religiosos dominantes eram os quakers ingleses e galeses, os irlandeses descendentes de escoceses presbiterianos e as Igrejas alemãs Luterana e Calvinista. Os quakers eram, em regra leais, ainda que somente por um desejo de proteger suas posições contra os recém-chegados, embora seu pacifismo os tornasse de pouca utilidade para a coroa quando a guerra começou. Os irlandeses descendentes de escoceses, por outro lado, eram fundamentalmente patriotas por causa de sua experiência na Irlanda, onde sofreram a perseguição religiosa por parte da Igreja anglicana e exploração econômica nas mãos dos proprietários de terras. Os alemães, por sua vez, eram em sua maioria neutros, já que não tinham familiaridade com as regras políticas dos povos de língua inglesa. Isso era especialmente verdadeiro em relação às minorias dunkers e mennonites que, como os quakers, eram adeptos da não violência.[143]

---

141. NELSON, W.H. *The American Tory*. Oxford, 1961.
142. RANLET, P. *The New York Loyalists*. Knoxville, 1986.
143. HUTSON, J.H. *Pennsylvania Politics, 1746-1770: The Movement for Royal Government and its Consequences*. Princeton, 1972.

Semelhante mosaico étnico e religioso existia nas colônias do sul. A região de preamar em Maryland, na Virgínia e nas duas Carolinas eram habitadas, em grande parte, por pessoas de origem inglesa. Elas também adotavam a crença religiosa anglicana, o que deveria tê-las tornado fortemente legalistas. Entretanto, a área de preamar era dominada pela elite agrícola, que temia ter muito a perder caso os britânicos impusessem suas medidas. A propriedade vinha antes da religião em sua lista de prioridades. Isso se mostrou particularmente verdadeiro depois que Dunmore ofereceu liberdade aos escravos da Virgínia caso se unissem aos britânicos. A independência, portanto, parecia mais adequada para assegurar suas riquezas e poder.[144]

No entanto, as áreas interioranas do sul apresentavam uma composição muito diversa. Assim como a Pensilvânia, fora intensamente colonizada por alemães e irlandeses de origem escocesa. Porém, exceto na Virgínia, o interior alheou-se, aos poucos, da região de preamar, por força da recusa desta última em permitir que fossem representadas nas assembleias provinciais ou em estabelecer governos locais efetivos. Essa conjuntura levou à formação, na década de 1760, de grupos de justiceiros conhecidos como os reguladores, assim chamados por desejarem um sistema de governo local regulamentado e igualitário. Os ânimos ficaram tão exaltados no interior da Carolina do Norte, em 1771, que o governador Tryon teve de reprimir uma rebelião de grandes proporções com a ajuda da elite agrícola. Dissensões similares afligiam a Carolina do Sul, conquanto as disputas, ali, acabavam por ser resolvidas sem derramamento de sangue. Entretanto, os patriotas em Charleston estavam tão alarmados com as afiliações do interior, em 1775, que enviaram dois importantes ministros dissidentes, William Tennant e Oliver Hart, para garantir apoio à sua causa.[145]

Logo em seguida, John Adams estimou que um terço da população colonial apoiava os patriotas, um terço era legalista e um terço dela era neutra. Na verdade, é provável que os legalistas somassem cerca de um quinto da população, ao passo que os patriotas eram quase três vezes mais numerosos, dependendo da região. Os 20% restantes estavam distantes demais ou eram indiferentes e, assim, estavam prontos para se acomodar em qualquer um dos lados que estivesse vencendo.

---

144. TATE, T.W. "The Coming of the Revolution in Virginia: Britain's Challenge to Virginia's Ruling Class, 1763-1776". *William and Mary Quarterly*, v. 19, 1962, p. 323-343.
145. KLEIN, R.N. *Unification of a Slave State: The Rise of the Planter Class in the South Carolina Backcountry, 1760-1808*. Chapel Hill, 1999, p. 82-83.

A melhor organização e a superioridade numérica dos patriotas permitiram que tomassem o controle das 13 colônias, valendo-se da máquina do governo para esmagar seus oponentes. Nesse ponto, a demora dos britânicos em mobilizar suas forças e de enviar reforços mostrou-se fatal. Enquanto os soldados regulares estavam confinados a Boston, os legalistas de todas as demais localidades estavam desarmados ou eram forçados ao exílio. Não obstante, a notícia de que muitos legalistas ofereciam-se para servir à causa encorajou os oficiais reais a propor várias medidas para retomar a iniciativa. Entre os mais veementes estava William Campbell, da Carolina do Sul, que garantiu que, se Gage enviasse tropas, os reguladores do interior se levantariam, o que acarretaria a rápida subjugação das Carolinas e da Geórgia.[146]

Infelizmente, a escassez de homens fez com que Howe, sucessor de Gage, se sentisse incapaz de ajudar os legalistas antes de novembro de 1775, quando enviou 300 soldados ao governador Dunmore para verificar aqueles clamores. Poucos se apresentaram quando ele desembarcou em Norfolk, mais tarde, naquele mês, com exceção de alguns escravos, em resposta à sua oferta de liberdade. Sem esmorecer, Dunmore arremeteu com seus soldados quando soube que os patriotas estavam reunindo suas forças em Great Bridge, a alguns quilômetros de Norfolk. O ataque de 9 de dezembro de 1775 foi mal planejado e os homens de Dunmore foram derrotados ao tentarem atravessar um passadiço. Dunmore tentou, então, retomar sua autoridade no dia 1º de janeiro de 1776, bombardeando Norfolk a partir de um navio de guerra, o que serviu apenas para dar certeza aos patriotas de que seus inimigos pretendiam destruir suas vidas e propriedades.[147] Esse foi outro exemplo da incapacidade britânica de vencer a propaganda da guerra. Foi, da mesma forma, uma demonstração de que as afirmações de apoio dos legalistas eram exageradas.

Uma sequência semelhante de eventos aconteceu nas Carolinas. A proposta inicial era o envio de auxílio à região do Cape Fear, onde um número de escoceses de Highland havia se estabelecido depois da dispersão de seus regimentos em 1763. De acordo com o governador Martin, os escoceses receberiam apoio imediato dos fazendeiros do interior, cuja maioria era de antigos reguladores.[148] O ministério em Londres demonstrou interesse dessa vez, visto que já era claro, no

---
146. Campbell para Dartmouth, 19 de setembro de 1775. In: DDAR, v. 11, p. 116-118.
147. Dunmore para Dartmouth, 6 de dezembro de 1775-18 de fevereiro de 1776. In: DDAR, v. 12, p. 57-68.
148. SMITH, P.H. *Loyalists and Redcoats: A Study in British Revolutionary Policy*. Chapel Hill, 1964, p. 19.

outono de 1775, que seria necessária a ajuda dos legalistas para o restabelecimento da autoridade real. Assim, Howe deveria enviar Clinton, com um batalhão de Boston, para avaliar a veracidade das afirmações de Martin.[149] Contudo, como continuavam a chegar relatos de apoio legalista no sul, o ministério decidiu posicionar parte do exército que estava sendo reunido à época para a ofensiva em Nova York.[150] Portanto, uma força-tarefa de cinco regimentos recebeu ordens de embarcar no mês de dezembro de 1775, em Cork, rumo a Cape Fear, onde se esperava que recebesse o auxílio dos escoceses. Tão logo a autoridade real tivesse sido restaurada, uma milícia adequada deveria ser recrutada dentre os habitantes leais, a fim de manter a ordem. Clinton e o comandante naval, *sir* Peter Parker, poderiam, então, repetir o processo, caso considerassem conveniente. Entretanto, se o apoio à coroa não fosse obtido, a expedição deveria se limitar a estabelecer um "posto respeitável, onde os oficiais e funcionários do governo pudessem encontrar proteção". A flotilha deveria, em seguida, retornar a Nova York e se unir a Howe para a ofensiva principal.[151]

Por infelicidade, muitos atrasos ocorreram por causa da demora do almirantado em reunir os meios de transporte necessários e às péssimas condições climáticas. Em consequência, a flotilha Cork só conseguiu partir em 12 de fevereiro de 1776 e se dispersou duas vezes por causa de tempestades, de forma que as tropas só chegaram a Cape Fear no início de maio.[152] Porém, já era tarde demais para salvar os legalistas da Carolina do Norte. Os escoceses haviam se reunido no fim de janeiro de 1776, sob o comando do coronel Donald McLeod, e marchado em direção a Wilmington, no Rio Cape Fear, na expectativa de encontrar um exército britânico e um grupo de reguladores, mas, em vez disso, encontraram um contingente superior das milícias da Carolina do Norte, em Moore's Creek Bridge, pouco mais de 30 quilômetros a noroeste de Wilmington. Ali, em 27 de fevereiro de 1776, McLeod arriscou um ataque malsucedido por uma estreita ponte de tábua. Como resultado, sua tropa foi repelida com facilidade. Não houve nem sinal dos 5 mil reguladores que foram prometidos.[153]

---

149. Dartmouth para Martin, 15 de setembro de 1775. In: DDAR, v. 11, p. 106-107.
150. North para Jorge III, 15 de outubro de 1775. In: FORTESCUE, v. 3, p. 265-268.
151. Dartmouth para Howe, 22 de outubro de 1775. In: DDAR, v. 11, p. 158-161. Germain para Clinton, 9 de dezembro de 1775. In: DDAR, v. 11, p. 208-210.
152. SYRETT, D. *The Royal Navy in American Waters, 1775-1783*. Aldershot, 1989, p. 35-36.
153. Narrativa dos procedimentos dos legalistas na Carolina do Norte, 25 de abril de 1776. In: DDAR, v. 12, p. 112-113.

As notícias sobre a derrota dos escoceses convenceram Clinton e Parker de que Cape Fear não era mais um ponto adequado para a concentração dos legalistas do interior. Os dois homens decidiram procurar um posto alternativo "onde os súditos e oficiais do rei que estivessem sendo perseguidos pudessem encontrar um refúgio" até que a ordem fosse restaurada.[154] Clinton preferia a parte mais baixa de Chesapeake ou Albemarle Sound, uma área adjacente. Parker, no entanto, preferia a área de Charleston, talvez sob influência do governador Campbell. Assim, dois oficiais foram enviados para fazer o reconhecimento dessa última região e retornaram com a informação de que a fortaleza rebelde na Ilha de Sullivan, que protegia a entrada para o porto, tinha uma defesa deficiente. Dessa forma, Clinton e Parker decidiram-se por aquele local, na crença de que a Ilha de Sullivan não apenas serviria como refúgio para os legalistas, mas que poderia, também, levar à queda da própria Charleston. No mínimo, ofereceria uma base de onde seria possível dar início a um novo ataque.[155]

A flotilha chegou à entrada da baía de Charleston no dia 1º de junho de 1776. Entretanto, os relatos sobre o apoio legalista mostraram-se ainda mais infundados do que os relativos à Carolina do Norte. Além disso, a captura do Forte Moultrie, na ponta sul da Ilha de Sullivan, foi ainda mais difícil do que o esperado. O plano exigia que as tropas de Clinton aportassem em uma ilha adjacente antes de atravessar, na maré baixa, a área que permitia se aproximar do Forte Moultrie pela retaguarda. Infelizmente, Clinton deixou de aferir a profundidade do canal que separava as ilhas, confiando nas afirmações de navegadores locais de que a água não seria um obstáculo. O local revelou-se fundo demais, mesmo na maré baixa, quando as tropas se reuniram, em 16 de junho. Como a expedição dispunha de poucas embarcações de desembarque, a marinha teve de tomar o forte inimigo sozinha. Parker empreendeu essa tentativa em 28 de junho, mas apenas conseguiu que três de seus navios fossem danificados por disparos dos defensores, o que o forçou a abandonar a empreitada. A expedição, então, retornou a Nova York sem nenhuma conquista.[156]

Dessa maneira, a resistência legalista fora extinta em quase todos os lugares antes que os britânicos organizassem sua principal invasão, 15 meses depois do irromper da luta. A ineficiência dos legalistas apenas reforçou o preconceito britânico de que eles tinham pouca serventia

---

154. *Clinton's Narrative*. In: CAR, p. 27. SMITH, P.H., *Loyalists and Redcoats*, p. 25.
155. Clinton para Germain, 8 de julho de 1776. In: CAR, p. 373-376.
156. Parker para o secretário do almirantado, 9 de julho de 1776. In: CAR, p. 376-378.

militar. Estaria mais do que na hora de organizá-los, uma vez que o exército regular tivesse subjugado os rebeldes. O governador Tryon era o único que alegava a necessidade de dar "emprego e proteção para a já tão afetada parcela de súditos de Sua Majestade". Mesmo em Nova York, onde os amigos do rei eram relativamente numerosos, eles consideravam que sua situação "se tornava cada dia mais penosa e angustiante", por causa do assédio de "comitês, congressos e soldados reserva, perpetrado contra suas pessoas e propriedades". Tryon argumentava que era necessária "uma pessoa notável e distinta" para dar voz e direção ao esforço legalista.[157] Suas sugestões foram ignoradas.

De certa forma, os militares britânicos tinham razão em não contar com os legalistas, dada sua ideologia passiva. Os legalistas conheciam seu lugar e esperavam ser resgatados, uma vez que colonos não tomavam iniciativas políticas nem decisões. Sua passividade era ainda maior por constituírem uma minoria. As minorias, em especial aquelas não dotadas de autoconfiança, tinham a expectativa de ser salvas pelos outros. Mas, enquanto aguardavam, a América foi perdida.

Os dois lados se preparam

O fracasso dos legalistas em provocar um maior impacto estava intimamente ligado à atitude dos britânicos de subestimar a rebelião e sua necessidade de expandir as forças armadas. Como vimos, nenhuma movimentação importante foi feita até que as notícias sobre Bunker Hill chegassem à Grã-Bretanha, no início de agosto de 1775, quando se reconheceu que Gage estava correto acerca da necessidade de um exército mais substancial para restabelecer a ordem.[158] Quaisquer dúvidas a esse respeito foram extirpadas por Howe, no início de janeiro de 1776, ao enfatizar que um exército de campo de 20 mil homens era absolutamente necessário, desconsideradas as tropas que avançavam do Canadá, caso se decidisse realizar operações ofensivas. O exército rebelde não deveria mais "ser menosprezado, pois contava com muitos soldados europeus" e "com jovens homens de coragem do país, que são extremamente diligentes e dedicados à sua profissão militar".[159]

Era evidente que a criação de uma força tal seria demorada, em razão dos complexos métodos de recrutamento e da hostilidade ao

---

157. Tryon para Dartmouth, 3 de janeiro de 1776. In: DDAR, v. 12, p. 31-32.
158. Dartmouth para Gage, 2 de agosto de 1775. In: DDAR, v. 11, p. 62-63.
159. Howe para Dartmouth, 16 de janeiro de 1776. In: DDAR, v. 12, p. 44-47. Não está claro que evidências levaram Howe a alegar que europeus estavam servindo com o exército patriota naquela época.

serviço militar obrigatório. Entre agosto e dezembro de 1775, apenas 17.750 homens foram recrutados, elevando o poderio total do exército no país e no exterior a apenas 50 mil homens.[160] Foi por essa razão que, em setembro de 1775, o ministério deu início a negociações para a contratação de 20 mil soldados de infantaria russos. Contudo, Catarina, a Grande, não tinha interesse em dilapidar seu exército por uma causa que poderia não lhe trazer grandes vantagens.[161] Desse modo, os ministros recorreram ao expediente de contratar tropas alemãs, como na guerra anterior. Vários príncipes alemães cediam periodicamente, sob remuneração, suas forças militares, como uma fonte de receita. Quem as contratava tinha a vantagem de que as tropas eram inteiramente treinadas de acordo com a disciplina do muito admirado exército prussiano de Frederico, o Grande. Portanto, acordos para a contratação de 18 mil soldados de Brunswick e Hesse foram então assinados em janeiro de 1776. As consequências da contratação de mercenários não foram levadas em conta.

No início de fevereiro de 1776, os planos do ministério começavam, enfim, a tomar forma, quando, então, 12 mil soldados de Hesse, 3.500 escoceses e mil guardas de elite deveriam se unir a Howe, em reforço para a ofensiva em Nova York.[162] Outros oito regimentos britânicos, no total de 5 mil homens, mais um número semelhante vindo de Brunswick (sob o comando de Burgoyne) deveriam acabar com o cerco a Carleton, em Quebec, como primeiro passo para uma invasão das colônias do norte pelo Lago Champlain.[163] Juntos, Howe e Carleton teriam 35 mil homens em seus respectivos exércitos de campo.

Seis meses foram necessários para reunir essa força e muito ainda restava por fazer: por exemplo, seu transporte para cruzar o Atlântico e sua manutenção, uma vez em seu destino. No entanto, os britânicos possuíam considerável experiência logística em fazer guerra do outro lado do Atlântico. Durante a Guerra Franco-Indígena, eles organizaram e empreenderam ataques marítimos contra Louisburg e Quebec, os quais envolveram milhares de homens. Os britânicos também empreenderam várias operações anfíbias contra a costa francesa.[164] Porém,

---

160. Estimativas para 1776. In: CJ, v. 35, p. 414-415. Ibid., estimativa de aumentos, p. 471.
161. Dartmouth para Howe, 5 de setembro de 1775. In: DDAR, v. 11, p. 100. Jorge III para North, 3 de novembro de 1775. In: FORTESCUE, v. 3, p. 275-276.
162. Germain para Howe, 5 de janeiro de 1776. In: DDAR, v. 12, p. 33-36. Ibid., 28 de março de 1776, p. 93-96.
163. Germain para Carleton, 17 de fevereiro de 1776. In: DDAR, v. 12, p. 56-57.
164. MIDDLETON, R. "The Coastal Expeditions to France, 1757-1758". *Journal of the Society for Army Historical Research*, v. 71, 1993, p. 74-92. Veja também: SYRETT, D. *Shipping and Military Power in the Seven Years War: The Sails of Victory*. Exeter, 2008.

o volume que precisava ser embarcado agora era maior do que qualquer outro feito antes, compreendendo cerca de 70 mil toneladas de carga, três vezes mais do que na guerra anterior. Havia ainda outras diferenças cruciais, como os comandantes britânicos viriam a descobrir. Embora as expedições de Jeffery Amherst e James Wolfe para Louisburg e Quebec, em 1758 e 1759, tivessem sido autossuficientes, elas ainda tinham acesso a recursos de colônias próximas. Por óbvio, esse não seria o caso dessa vez. Até que a ordem fosse restabelecida, 120 mil toneladas de carga ou 500 navios seriam necessários para transportar e alimentar os dois exércitos e a esquadra.[165]

A responsabilidade pela execução desses planos recaiu, em especial, sobre o secretário de Estado para a América, lorde George Germain, que substituíra o menos combativo Dartmouth em novembro de 1775. Germain era dotado de experiência militar, tendo comandado as tropas britânicas na Alemanha durante a guerra anterior. Entretanto, ele nunca havia estado na América e sua compreensão do continente, assim como a de todos os ministros, era limitada. Além disso, Germain representava um risco potencial em seu país, pois sua carreira anterior terminara em ruína após uma corte marcial, que enfrentou por deixar de obedecer ordens durante a batalha de Minden, em 1759. Por certo, os oponentes na Casa dos Comuns tirariam proveito de sua covardia inerente, caso a situação piorasse.[166] Mas, no momento, sua habilidade oratória era um recurso valioso no Parlamento, embora sua conduta fria e arrogante não agradasse à maioria de seus colegas.[167]

Ao contrário de Pitt na guerra anterior, Germain concedeu a Howe e a Carleton considerável amplitude para a execução de suas ordens. Germain entendia que sua tarefa era organizar os meios, deixando aos comandantes a decisão de como usá-los da melhor forma possível. Como ele disse a Carleton no início de 1776: "Essas operações devem ser deixadas a seu julgamento e critério, pois seria bastante inadequado, a tamanha distância, dar qualquer ordem assertiva". Tudo era deixado a cargo do "conhecimento e experiência militares" dos comandantes.[168] Contudo, os contornos da campanha já haviam sido esboçados

---

165. MACKESY, P. *The War for America, 1775-1783*. Cambridge, Mass., 1964, p. 64-65. Para uma análise detalhada, veja: SYRETT, D. *Shipping and the American War, 1775-1783*. London, 1970.
166. MACKESY, P. *The Coward of Minden: The Affair of Lord George Sackville*. London, 1979.
167. BROWN, G.S. *The American Secretary: The Colonial Policy of Lord George Germain, 1775-1778*. Ann Arbor, 1963, p. 24, 38-41.
168. MACKESY, P. *The War for America*, p. 60.

por Howe em cartas anteriores para Dartmouth. O principal exército sob seu comando deveria ocupar Nova York antes de "iniciar uma comunicação" com Carleton, que avançava a partir do Canadá. Quando os dois exércitos fizessem contato, poderiam agir em conjunto ou "tomar rotas separadas para a província de Massachusetts Bay, conforme o surgimento de certas circunstâncias". O centro da rebelião deveria, então, ser esmagado.[169]

Uma vez que a Marinha Real teria um importante papel em prestar apoio ao exército nos primeiros estágios da campanha, o ministério decidiu designar o irmão mais velho de Howe, Richard Lord Howe, para comandar as forças navais na América. Essa foi uma excelente notícia para Howe, que tinha grande confiança na "experiência" de seu irmão em "guerras conjuntas". Richard Howe comandara as forças navais durante as expedições costeiras à França em 1758, pelo que recebeu muitos elogios de seus colegas militares. Suas ordens obstariam todo o comércio marítimo, conforme definido pela Lei de Proibição, ao mesmo tempo em que ele cooperaria com o exército "na mais vigorosa execução de tais medidas" que eram essenciais para acabar com a revolta. Isso incluía ataques a portos americanos, destruição de propriedades rebeldes e prestação de auxílio aos legalistas.[170]

Por fim, os irmãos Howe deveriam agir como comissários de paz. Essa parte de suas incumbências surgiu com North, como parte de seu plano de reconciliação de 1775. Os outros ministros estavam menos entusiasmados com a ideia, mas concordaram, contanto que ela não interferisse no prosseguimento da guerra. A finalidade dessa tarefa era "induzir uma submissão tal" que fosse compatível "com a justa (...) dependência" das colônias. A fim de alcançar esse objetivo, os comissários poderiam "expedir proclamações (...) com a promessa de perdão gratuito (...) para qualquer pessoa ou pessoas" que, dentro de certo lapso de tempo "retornassem à sua condição de lealdade", excetuando-se, sempre, aqueles que não fossem merecedores da clemência do rei. Para aumentar as chances de submissão, aos comissários era dado suspender a Lei de Proibição e reabrir portos ou costas, embora apenas depois que todos os congressos ilegais tivessem sido dissolvidos e os grupos armados, debandados. Então, caso uma província concordasse em contribuir, de forma satisfatória, para um fundo de defesa comum e para as despesas

---

169. Howe para Dartmouth, 9 de outubro de 1775. In: DDAR, v. 11, p. 138-140. Howe para Dartmouth, 26 de novembro de 1775. In: DDAR, v. 11, p. 191-192.
170. GRUBER, I.D. *The Howe Brothers and the American Revolution*. New York, 1972, p. 79. Para informações acerca das experiências prévias de Howe na condução de operações anfíbias, veja: MIDDLETON, R. *British Coastal Expeditions*, p. 74-92.

de um governo civil, o Parlamento deixaria de arrecadar quaisquer tributos, salvo aqueles para regulação do comércio.[171]

Os colegas de North tinham razão em se mostrar céticos quanto à missão de paz, visto que a submissão era a última possibilidade cotejada pela mente de Washington após a evacuação que os britânicos empreenderam em Boston. Mesmo antes desse acontecimento, ele percebera que Nova York seria o provável cenário de futuras operações, graças à sua posição estratégica entre a Nova Inglaterra e as outras colônias ao sul. Isso o preocupara o suficiente no início de janeiro de 1776, a ponto de enviar Charles Lee, um antigo oficial do exército regular, para proteger a cidade com a ajuda da vizinha Connecticut.[172] Quando ficou clara a intenção dos britânicos de evacuar Boston, Washington despachou outros seis regimentos, para o caso de Howe navegar para lá, em vez de rumar para Halifax.[173] Então, no início de abril, ele mesmo partiu para Nova York, reconhecendo que Boston estava, enfim, segura.

Washington chegou a Nova York em 13 de abril de 1776. Embora Lee tivesse começado a cavar trincheiras, ainda havia muito por fazer. Mesmo em meados do mês de maio, Washington mal dispunha de 10 mil homens para defender uma cidade que parecia indefensável, cercada como era por rios navegáveis e enseadas. Ademais, as tropas sob seu comando estavam longe de ser os profissionais que ele esperava após a decisão de criar um novo exército para 1776. Portanto, ele teria de lutar na defensiva, pois tinha plena consciência de que a causa patriota dependia de sua habilidade de manter o exército continental de pé. Uma derrota, agora, significaria não apenas a perda da cidade de Nova York e do controle do Rio Hudson, mas a separação da Nova Inglaterra do restante da confederação.[174]

Nesse aspecto, o desvio de recursos para o Canadá não foi favorável a Washington. Embora Montgomery e Arnold tivessem sido repelidos, o Congresso estava determinado a perseverar em sua tentativa de arrancar aquele país do domínio britânico. Uma vez que Washington não dispunha de tropas sobressalentes, o Congresso criou, em janeiro de 1776, três regimentos adicionais para reforçar o exército ali.[175] Entretanto, no fim de março, o Congresso decidiu que o Canadá ainda era

---

171. Instruções aos comissários para a restauração da paz na América, 6 de maio de 1776. In: DDAR, v. 12, p. 120-125.
172. Instruções para Charles Lee, 8 de janeiro de 1776. In: WP/RWS, v. 3, p. 53-54.
173. Ordens para o coronel Mifflin, 24 de março de 1776. In: WP/RWS, v. 3, p. 527-528. Washington para Stirling, 27 de março de 1776. In: WP/RWS, v. 3, p. 553-554.
174. MIDDLEKAUF, R. *The Glorious Cause*, p. 333.
175. Hancock para Washington, 20 de janeiro de 1776. In: WP/RWS, v. 3, p. 154-155.

tão importante que Washington deveria enviar para lá quatro de seus próprios batalhões, seguidos de outros seis destacamentos, dali a quatro semanas.[176]

O enfraquecimento do exército de Washington teria sido aceitável caso existisse um prospecto razoável de êxito. Infelizmente, o exército do Norte ainda era insuficiente para tomar Quebec e a situação piorou ainda mais com a chegada dos primeiros navios de reforços britânicos. Isso obrigou os patriotas a abandonar seus canhões em uma retirada precipitada para o Rio Sorrel, a fim de evitar que ficassem isolados.[177] Porém, a chegada das tropas adicionais no início de junho de 1776 determinou que John Sullivan, o novo comandante, atacasse o posto britânico em Trois-Rivières para encorajar o apoio canadense.[178] Ele tomou essa decisão sem ter conhecimento de que Carleton recebera um reforço maciço de Burgoyne. Em consequência, a ofensiva de Sullivan resultou em um novo recuo, desta vez pelo Lago Champlain, descendo até Crown Point.[179] A capacidade de resistência de Sullivan foi prejudicada por um grave surto de varíola que acometeu seu exército. Além disso, o moral estava baixo, de acordo com Schuyler, por causa de um "ciúme tacanho e destrutivo (...) entre as tropas" que emergiu em Connecticut e Nova York.[180] A invasão do Canadá se revelara um fracasso muito caro, o qual a causa da independência mal podia suportar, em virtude da ameaça a Nova York.

Nesse período, Washington havia fixado, em junho de 1776, seu acampamento principal em Long Island, onde formou uma linha defensiva ao longo dos elevados de Brooklyn Heights. Dali, ele poderia cooperar com as tropas que estavam em Manhattan, enquanto mantinha a estrada para a Nova Inglaterra aberta em Kingsbridge. Essa era uma área enorme para se defender com um exército que ainda contava apenas com 14 mil homens preparados para servir. Alguns postos ficavam a quase 25 quilômetros de distância. A única esperança de Washington era de que as várias milícias viessem em seu auxílio quando o inimigo

---

176. Hancock para Washington, 25 de março de 1776. In: WP/RWS, v. 3, p. 532-533. Ibid., 23 de abril de 1776. In: WP/RWS, v. 4, p. 114-115.
177. Thomas para Washington, 8 de maio de 1776. In: WP/RWS, v. 4, p. 231-232. Carleton para Germain, 14 de maio de 1776. In: DDAR, v. 12, p. 137-138.
178. Sullivan para Washington, 5 de junho de 1776. In: WP/RWS, v. 4, p. 440-443.
179. Sullivan para Washington, 12 de junho de 1776. In: WP/RWS, v. 4, p. 465-467. Carleton para Germain, 20 de junho de 1776. In: DDAR, v. 12, p. 152-153. Sullivan para Washington, 24 de junho de 1776. In: WP/RWS, v. 5, p. 92-93. Ibid., 2 de julho de 1776. In: WP/RWS, v. 5, p. 186-187.
180. Schuyler para Washington, 12 de julho de 1776. In: WP/RWS, v. 5, p. 286-288, 92-93.

aparecesse.[181] No entanto, os prognósticos não eram promissores. O Congresso Provincial de Nova York afirmou, sem rodeios, que pouco poderia fazer, dada a hostilidade generalizada de seus habitantes e a situação desguarnecida de sua costa.[182]

Por outro lado, a postura defensiva de Washington era adequada a seu exército, uma vez que ele ainda não tinha treino suficiente para enfrentar um exército regular em combate aberto. A guerra no século XVIII exigia que as tropas fossem capazes de marchar em uma coluna ou linha, de modo a volver para a direita ou à esquerda, conforme necessário. Precisavam, também, ter a possibilidade de carregar suas armas de modo sincronizado, para garantir o efeito máximo.[183] Tal coordenação só poderia ser alcançada com exercícios prolongados, o que não era possível para homens cujo tempo de alistamento fosse curto. Entretanto, havia outros atributos imprescindíveis para um exército bem disciplinado. Os homens necessitavam de uniformes adequados em vez de simples camisas de caça. Também precisavam de mosquetes equipados com baionetas, não de armas para caçar aves e pequenos animais. Enfim, era imperativo que fossem disciplinados para executar qualquer ordem, por mais desagradável que fosse. A atitude displicente quanto à disciplina foi demonstrada por alguns regimentos de cavalaria miliciana de Connecticut, que se recusaram a ficar de guarda ou cavar trincheiras, alegando que só poderiam prestar serviços quando montados em seus cavalos. Apesar da escassez de suas tropas, Washington os dispensou de imediato, para evitar que se abrisse um precedente.[184]

Por fim, a coesão do exército de Washington, assim como acontecia a Schuyler, era ameaçada pelos ciúmes regionais entre as diferentes unidades. Como Washington destacou em suas ordens gerais de 1º de agosto de 1776, o exército deveria evitar essas disputas, visto que só serviriam para "prejudicar a causa na qual estamos engajados". Os homens deveriam se lembrar de que "a honra e o êxito do exército" dependiam "da harmonia e do consenso". Uma vez que "as províncias" lutavam contra um "inimigo comum (...) todas as diferenças" tinham de ser "apaziguadas em nome de um povo norte-americano".[185]

A falta de disciplina significava que uma guerra de movimento era impraticável naquele momento. Portanto, as tropas continuaram a

---
181. Washington para Hancock, 8 de agosto de 1776. In: WP/RWS, v. 5, p. 625-628.
182. Convenção de Nova York para Washington, 9 de agosto de 1776. In: WP/RWS, v. 5, p. 652-654.
183. ROGERS, H.C.B. *The British Army of the Eighteenth Century*. London, 1977, p. 66-81.
184. Washington para Hancock, 17 de julho de 1776. In: WP/RWS, v. 5, p. 356.
185. Ordens gerais, 1º de agosto de 1776. In: WP/RWS, v. 5, p. 534.

reforçar as defesas, conquanto Washington recomendasse a seus oficiais que não negligenciassem o exercício de seus homens na arte da manobra. A pá não poderia substituir completamente o mosquete. Contudo, o estado de espírito permanecia surpreendentemente elevado e foi revigorado pela notícia, recebida em 9 de julho, de que o Congresso declarara independentes os Estados norte-americanos.[186] A informação de que Clinton e Parker haviam sido repelidos em Charleston também corroborou o sentimento geral, pois demonstrava o que um pequeno número de tropas recém-criadas era capazes de fazer contra o poderio do exército e da marinha da Grã-Bretanha.[187] Isso se verificou uma vez que os britânicos estavam, só agora, prontos para dar início a suas operações ao redor de Nova York.

A invasão de Nova York pelos britânicos

Desde a evacuação de Boston, Howe preparava suas forças em Halifax para uma campanha a ser realizada em Nova York. Ele relatou a Germain, em 17 de junho de 1776, que seu plano era começar "aportando em Long Island". Caso "o inimigo partisse para a batalha em campo aberto", Howe "não iria recusá-la", visto que todos os seus prognósticos eram de êxito, dado o calibre de suas tropas. Assim que os reforços chegassem, ele poderia então dividir seu contingente para completar a sujeição dos rebeldes. Sua única preocupação era que ele teria de receber ordens de Carleton, o oficial maior, tão logo os dois exércitos se encontrassem no Hudson.[188]

No final das contas, após tomar conhecimento de seu interior montanhoso e ser informado da força do exército de Washington, Howe abandonou seu plano de aportar diretamente em Long Island.[189] Em vez disso, ele ocupou Staten Island no fim de junho, onde começou a entrincheirar suas tropas enquanto aguardava os reforços do ministério, que viriam da Alemanha, da Inglaterra e da Irlanda. A demora também permitiu que ele fizesse o reconhecimento do interior da região. Howe fora alertado de que os patriotas haviam obstruído o Rio North, como era conhecida a parte mais baixa do Hudson. Entretanto, em 12 de julho, a marinha conseguiu fazer com que dois navios atravessassem as unidades de artilharia em Fort Washington, na metade do caminho para Manhattan, rio acima. Isso abriu a possibilidade de se alcançar a cidade

---
186. Ordens gerais, 9 de julho de 1776. In: WP/RWS, v. 5, p. 245-247.
187. Ordens gerais, 21 de julho de 1776. In: WP/RWS, v. 5, p. 411-412.
188. Howe para Germain, 7 de junho de 1776. In: DDAR, v. 12, p. 145-147.
189. Howe para Germain, 7 de julho de 1776. In: DDAR, v. 12, p. 157-159.

pela retaguarda, o que facilitaria a interceptação dos suprimentos de Washington.[190]

Para infelicidade de Howe, seus reforços ainda não haviam chegado. Clinton e Parker retornaram de Charleston apenas em 1º de agosto, enquanto os 1.100 guardas e a primeira divisão das tropas originárias de Hesse, que somavam 7 mil homens, chegaram, enfim, no dia 12 de agosto. Faltava a chegada da segunda divisão de Hesse, de 5 mil homens. Porém, o cronograma de Howe era regido por outro fator. Até meados de agosto, os regimentos careciam de equipamentos de campo, o que Howe considerava essencial para operações terrestres. Como resultado, passaram-se seis semanas até que ele estivesse pronto para avançar com seus 25 mil soldados.[191]

Contudo, a lentidão dos atos de Howe tem intrigado os historiadores. As forças de Washington não eram poderosas e somavam apenas 23 mil homens em 19 de agosto, dos quais quase metade eram milicianos.[192] A perda da oportunidade de explorar essa fraqueza levou a insinuações de que os irmãos Howe eram simpáticos à causa patriota.[193] Eles, sem dúvida, ficaram tocados pela reação das colônias à morte de seu irmão mais velho, lorde Augustus Howe, em Ticonderoga, em 1758, a qual levou a Assembleia a aprovar a concessão de dinheiro para a construção de uma estátua na Abadia de Westminster. Essa empatia ajuda a explicar a presteza de Richard Howe em iniciar negociações informais com Benjamin Franklin durante o inverno de 1774, como parte das tentativas conciliatórias de North. Por certo, ambos os irmãos Howe pareciam não partilhar do preconceito típico da maioria dos britânicos com relação aos colonos, reconhecendo que aquela era uma guerra civil, não uma revolta de camponeses. Foi por essa razão que Richard Howe insistiu em uma proposta de paz que fosse expressa em linguagem "amena, porém firme" para induzir as colônias a "depor suas armas e retomar suas atividades".[194]

Entretanto, os irmãos Howe não teriam sabotado suas operações em campo, já que ambos eram soldados profissionais. Os patriotas ainda eram rebeldes e traidores que tinham de ser subjugados. Pouco antes

---

190. Howe para Shuldham, 7 de julho de 1776. In: SANDWICH, v. 1, p. 143. Shuldham para Howe, 11 de julho de 1776. In: SANDWICH, v. 1, p. 144-145. Howe para Germain, 6 de agosto de 1776. In: DDAR, v. 12, p. 177-179.
191. MACKESY, P. *The War for America*, p. 86.
192. Washington para Lund Washington, 19 de agosto de 1776. In: WP/RWS, v. 6, p. 82-83.
193. GRUBER, I.D. *The Howe Brothers*, p. 351-365. Um dos primeiros historiadores a adotar essa visão foi o legalista STEDMAN, C. *The History of the Origin, Progress and Termination of the American War*. London, 1794, p. 198-199.
194. Howe to Germain, 26 de março de 1776, In: HMC, Stopford-Sackville, v. 2, p. 25 -26.

de sua designação, lorde Howe disse ao Parlamento que "caso recebesse tal ordem, era seu dever obedecer e ele não poderia se recusar a servir".[195] O máximo que se pode dizer é que os irmãos Howe podem ter retardado suas operações naquela ocasião na crença de que a causa patriota estava prestes a desmoronar. Como comentou um oficial, era correto "tratar nossos inimigos como se, um dia, eles pudessem se tornar nossos amigos".[196]

Enquanto aguardavam os últimos elementos de sua armada, os irmãos Howe emitiram sua primeira proclamação como comissários de paz, na qual prometiam perdão a todos quantos estivessem dispostos a jurar lealdade a Jorge III e reconhecer a soberania do Parlamento. Aqueles que auxiliassem na restauração do governo legítimo seriam recompensados. A proclamação tinha o duplo propósito de encorajar os legalistas e, ao mesmo tempo, dar aos rebeldes um motivo para trégua. Era também uma oposição oportuna à declaração de independência, que fora anunciada dez dias antes.[197] Os comissários remeteram uma cópia para Washington, mas ele se recusou a recebê-la, pois não estava endereçada a ele como "general do exército americano".[198] Washington, ao passo que insistia em sua posição beligerante, como convinha ao comandante de um Estado independente, era, tecnicamente, um rebelde aos olhos britânicos. De qualquer forma, esse gesto estouvado foi em vão, uma vez que os patriotas já haviam feito sua escolha. Como Franklin informou aos dois comissários em uma carta particular, a independência era a única opção, devido a "barbaridade e crueldade injustificadas" da Grã-Bretanha contra "cidades indefesas". Os britânicos tinham não apenas "incitado massacres por escravos rebeldes e índios", mas, igualmente, trazido "mercenários estrangeiros para inundar nossos assentamentos com sangue". Não surpreende que esses "ferimentos atrozes" acabaram por extinguir "qualquer fagulha remanescente de afeição pela pátria mãe".[199]

Howe, enfim, deu início a suas operações ao cruzar o estreito até Long Island no dia 22 de agosto, com 15 mil homens. Seu plano era tomar os elevados Brooklyn Heights como preparação de um ataque a Manhattan. Depois disso, ele propôs forçar a passagem pelo Rio Hudson a fim de facilitar um encontro com o exército do

---

195. Citado em: SYRETT, D. *Admiral Lord Howe: A Biography*. Annapolis, MD, 2006, p. 42.
196. MACKESY, P. *The War for America*, p. 24.
197. SYRETT, D. *Admiral Lord Howe*, p. 51.
198. Washington para Hancock, 14 de julho de 1776. In: WP/RWS, v. 5, p. 304-307. Comissários de paz para Germain, 11 de agosto de 1776. In: DDAR, v. 12, p. 182-183.
199. Citado em: SYRETT, D. *Admiral Lord Howe*, p. 52.

norte, contanto que pudesse obter transporte suficiente para passar pelas unidades de artilharia dos patriotas. Seu avanço o levou a Guana Heights, onde Washington posicionara, tardiamente, seu exército, no intuito de tirar o máximo proveito do solo elevado. Sua expectativa era de que os britânicos fizessem outro ataque frontal, como em Bunker Hill. Infelizmente, Washington negligenciou a segurança adequada de seu flanco esquerdo, em Jamaica Pass.[200] Isso permitiu que, na manhã de 27 de agosto de 1776, Howe se aproximasse com a ala direita de seu exército a partir do lado leste, ameaçando as linhas patriotas ao redor de Brooklyn, e recuasse, cruzando o Rio East. As alas central e esquerda do exército de Howe empreenderam, então, um ataque frontal, forçando o restante das tropas de Washington, comandadas pelos generais Stirling e Sullivan, a retroceder na direção do rio. Para sorte de Washington, Howe não logrou aproveitar sua vantagem atacando as trincheiras ao redor da própria cidade de Brooklyn. Como disse a Germain em 3 de setembro, ele refreara suas forças, embora estivesse à beira da vitória, "pois era evidente que as linhas teriam sido nossas a um custo muito baixo por meio de abordagens regulares" sem arriscar "a perda que poderia ter sido sofrida no ataque".[201] Essa devia ter sido uma das muitas oportunidades que um comandante mais ousado poderia ter explorado. As perdas patriotas foram em torno de 800, entre mortos, feridos e capturados; dentre esses últimos, estavam Stirling e Sullivan.[202]

A sorte, então, sorriu para Washington uma segunda vez quando ventos contrários impediram que a Marinha Real adentrasse no Rio East. Por prudência, os irmãos Howe deveriam ter posicionado navios antes da batalha. Embora embarcações maiores tivessem sido afundadas no canal principal, navios de guerra menores teriam navegado nas águas mais rasas do lado do rio que se voltava para Long Island. Isso teria, então, assegurado a captura de Washington naquela cilada.[203] Foi mais uma oportunidade perdida de destruir o exército patriota, da qual Washington tirou total proveito ao transportar seus homens pelo Rio Easter na noite de 29 de agosto de 1776, levando-os de volta à segurança momentânea de Nova York. Os britânicos descobriram sua partida apenas na madrugada do dia seguinte.[204]

---

200. LENGEL, E.G. *General George Washington: A Military Life*. New York, 2005, p. 141-145.
201. Howe para Germain, 3 de setembro de 1776. In: DDAR, v. 12, p. 216-218.
202. Washington para Hancock, 31 de agosto de 1776. In: WP/RWS, v. 6, p. 117-118.
203. Citado em: CONWAY, S. *American Independence*, p. 217.
204. Howe para Germain, 3 de setembro de 1776. In: DDAR, v. 12, p. 216-218.

Não obstante, a situação do exército continental era aterradora por conta do aumento de deserções e de doenças, o que era sempre sinal de moral baixo. No início de setembro, Washington mal dispunha de 9 mil homens, desconsideradas as milícias, cuja confiabilidade era motivo de sérias dúvidas.[205] Essas forças eram de uma patética inadequação para a defesa de Manhattan. Mas entregar a cidade sem batalha seria um golpe atroz contra a disposição patriota. Sua rendição também proporcionaria aos britânicos um centro e uma base navais para os alojamentos de inverno. Por outro lado, ficar e lutar colocaria o exército continental em uma espécie de armadilha, visto que Manhattan era cercada de água.[206] Washington desejava queimar a cidade antes de abandoná-la, mas essa era uma decisão política a ser tomada pelo Congresso. Após muita reflexão, os membros apenas concordaram que Nova York não deveria ser incendiada, o que deixou a Washington a decisão de tomá-la ou de abandoná-la.[207]

Antes de tomar uma resolusão final, Washington buscou o conselho de seus comandantes superiores. Ele ressaltou o perigo de serem cercados em Manhattan. A questão era como lidar com a ameaça. Todos reconheciam que o exército deveria agir de forma defensiva, fazendo uma "guerra de postos" baseada no princípio de que "devemos, em todas as ocasiões, evitar uma ação geral (...) a menos que sejamos compelidos pela necessidade". Entretanto, a maioria do Conselho ainda queria manter o domínio da cidade, de modo a instigar Howe a outro ataque ao estilo de Bunker Hill. Os britânicos ainda precisavam navegar o Rio Harlem, no extremo norte de Manhattan, o que deixava Kingsbridge aberta como rota de fuga, em caso de derrota.[208]

Contudo, a decisão foi logo revertida quando o conselho percebeu que os britânicos pretendiam cercar Manhattan antes de atacar a cidade. Em 11 de setembro, inúmeros navios surgiram na confluência dos rios North e Harlem, ao passo que outro grupo entrava por Hell Gate, o canal traiçoeiro que leva ao Rio Harlem em sua extremidade oriental.[209] Assim, Washington convocou novamente seu Conselho em data de 12 de setembro, quando se decidiu pela evacuação da cidade, transferindo a maior parte do exército para Harlem Heights. Ao mesmo tempo, uma segunda divisão ocupou Kingsbridge para proteger a rota de fuga do

---

205. Washington para Abraham Yates, 30 de agosto de 1776. In: WP/RWS, v. 6, p. 170-171.
206. Washington para Hancock, 2 de setembro de 1776. In: WP/RWS, v. 6, p. 199-200.
207. Hancock para Washington, 3 de setembro de 1776. In: WP/RWS, v. 6, p. 207.
208. Washington para Hancock, 8 de setembro de 1776. In: WP/RWS, v. 6, p. 248-252.
209. Washington para Hancock, 11 de setembro de 1776. In: WP/RWS, v. 6, p. 280-281.

exército caso os britânicos aportassem em Manhattan para cercar os flancos das novas posições.[210]

Nesse meio-tempo, Howe considerava suas opções, na crença de que a rebelião deveria entrar em colapso em breve. Esse otimismo, sem dúvida, explicava a prontidão de lorde Howe em enviar uma mensagem ao Congresso, na qual sugeria conversações, com a indicação de que os comissários tinham poderes muito mais amplos do que a mera concessão de perdões. O resultado foi uma reunião entre Howe, de um lado, e Edward Rutledge, John Adams e Benjamin Franklin, de outro, no dia 11 de setembro de 1776. A conferência em Staten Island começou com um jantar. No entanto, apesar da troca de gentilezas, as discussões logo chegaram a um impasse. Howe deixou claro que não havia a possibilidade de entabular um tratado com o Congresso. Os enviados responderam que poderiam negociar apenas como delegados de Estados livres e independentes, qualquer que fosse a situação militar. Eles, então, ressaltaram para Howe os benefícios que tal relacionamento traria aos britânicos. Mas Howe não havia sido autorizado a considerar aquela proposta.[211] O abismo entre os dois lados continuava tão grande como antes.

Dessa forma, *sir* William deu início aos preparativos para outro ataque anfíbio, dessa vez contra Manhattan. Primeiro, ele fez com que três navios subissem o Rio North a fim de distrair a atenção inimiga antes de aportar seu exército principal em Kips Bay, no Rio East. As tropas enfrentaram apenas uma resistência temporária em 15 de setembro, embora as forças patriotas ao longo das margens estivessem protegidas por trincheiras. Os primeiros disparos de canhão vindos dos navios foram suficientes para colocar os homens em fuga. Por sorte, o local ficava próximo da nova posição em Harlem Heights, onde Washington pôde reorganizar suas fileiras. Entretanto, as forças que permaneceram na cidade corriam sério risco de ficar cercadas.[212]

Porém, quando Howe estava pronto para marchar em direção ao Rio North, passando por Manhattan, a guarnição havia se juntado a Washington, embora à custa de seus equipamentos, suprimentos e artilharia. Howe, que dispunha de apenas 12 mil homens em seu principal exército de campo, parecia hesitar na execução dessa manobra por continuar à espera da segunda divisão de Hesse. Parte de suas forças havia sido dividida pela necessidade de auxiliar os legalistas na tomada do

---

210. Conselho de Guerra, 12 de setembro de 1776. In: WP/RWS, v. 6, p. 288-289.
211. Visconde Howe para Germain, 20 de setembro de 1776. In: DDAR, v. 12, p. 225-227.
212. Washington para Hancock, 16 de setembro de 1776. In: WP/RWS, v. 6, p. 315.

Forte George, na cidade de Nova York.²¹³ Sua cautela mostrou-se, talvez, justificada quando um pequeno destacamento da infantaria ligeira britânica foi quase capturado, depois de fazer o reconhecimento das posições de Washington em Harlem. Isso foi um incentivo oportuno ao ânimo do exército patriota depois da evacuação de Nova York e dos eventos em Kips Bay.²¹⁴

Não obstante, a situação dos patriotas era cada vez mais desesperadora, como Washington explicou a Hancock. Ele se referia não apenas a suas atuais dificuldades, mas à própria permanência futura daquela situação, uma vez que, em três meses, estaria "às vésperas de outra dissolução", semelhante à de dezembro de 1775. Melhores condições de serviço deveriam ser oferecidas para que se pudesse recrutar o exército, pois os apelos ao patriotismo eram fúteis quando todos eram movidos por interesses próprios. Os homens não se realistariam "ao descobrir que os outros homens e os companheiros em suas cidades estavam recebendo 20, 30 dólares ou mais por alguns meses de serviço" na milícia. Na visão de Washington, "nada além de uma boa recompensa pode atraí-los" para "a continuidade da guerra". Desse modo, todos deveriam receber, no mínimo, 30 dólares ao se alistar, um novo traje a cada ano e cem a 150 acres de terra ao final do serviço. Com tais incentivos, seria possível reunir um exército capaz de derrotar o inimigo.²¹⁵

Contudo, para levar isso a efeito, era necessário que o Congresso superasse seu "ciúme de um exército permanente", uma vez que "são remotos os males que podem advir dele". Fato era que uma milícia jamais seria um substituto à altura de um exército profissional. "Homens que são apenas retirados dos cenários tranquilos da vida doméstica, não habituados ao estrépito das armas, totalmente desconhecedores de qualquer tipo de habilidade militar (...) ao enfrentarem tropas regularmente treinadas, disciplinadas e constituídas (...) tornam-se tímidos e prontos para fugir de suas próprias sombras." Fazer com que esses homens alcancem "um grau adequado de subordinação não é trabalho de um dia, um mês, ou mesmo um ano". A realidade era que as milícias "não se consideram sujeitas às" regras da guerra. O efeito de sua insubordinação era minar a disposição de espírito daqueles que eram subordinados. No entanto, a criação de uma força militar efetiva implicava que as regras da guerra também deveriam ser reforçadas quanto à disciplina. "Pelas

---

213. Procedimentos do exército em Nova York, setembro de 1776. In: SANDWICH, v. 1. p. 156-159.
214. Washington para Hancock, 18 de setembro de 1776. In: WP/RWS, v. 6, p. 331.
215. Washington para Hancock, 25 de setembro de 1776. In: WP/RWS, v. 6, p. 394-400.

ofensas mais atrozes, um homem não recebe mais que 39 chibatadas, e estas, talvez, (por conivência do oficial que deveria aplicá-las) sejam aplicadas de tal maneira que se tornem antes um esporte do que um castigo." A consequência era que os soldados frequentemente desertavam em grupos de 30 a 40 por vez e, em todos os lugares, roubavam os moradores e incendiavam suas casas, para esconder seus crimes.[216] Isso contrastava de forma brutal com a conduta dos britânicos que, até então, haviam atuado com respeito à população civil e suas propriedades.[217]

Quando Washington terminou sua carta para Hancock, o Congresso já havia reconhecido a necessidade de uma força mais profissional e, em 16 de setembro de 1776, votou para a criação de um exército de 88 batalhões, totalizando 66 mil homens, que seriam convocados de acordo com a população de cada Estado. Os homens serviriam por todo o tempo de duração da guerra e receberiam um prêmio de 20 dólares ao se alistarem e cem acres de terra ao serem dispensados.[218] Entretanto, até que essas resoluções fossem implementadas, Washington teria, novamente, de contar com as milícias para apoiá-lo até o Ano-Novo.[219]

Enquanto isso, Howe ocupava-se de assegurar sua posição na cidade de Nova York antes de fazer outro movimento contra Washington. Ele já estava convencido de que seria necessária mais uma campanha. A segunda divisão de Hesse ainda não havia chegado e parecia que ele não podia "depender da aproximação do general Carleton". Da perspectiva de Howe, os patriotas ainda representavam um exército formidável quando entrincheirado em solo favorável, apesar de seus recentes contratempos. A melhor maneira de superar esses obstáculos sem perdas inaceitáveis era contornar o flanco do inimigo. Mas isso apresentava "inúmeras dificuldades", uma delas, a escassez de equipamentos terrestres e de homens para operá-los. Para sanar essa dificuldade, Howe propôs o reposicionamento de "oito ou dez linhas de navios de combate com homens excedentes para a tripulação dos barcos". Porém, também seriam necessários homens para preencher as fileiras regimentais, uma vez que os legalistas relutavam em se alistar, por causa da severidade da disciplina regular.[220]

A organização das defesas da cidade de Nova York fez com que Howe não estivesse pronto para avançar contra Washington antes do fim de setembro, quando, mais uma vez, sua cautela entrou em ação. O exér-

---
216. Ibid., p. 398-400.
217. Ordens gerais, 19 de setembro de 1776. In: WP/RWS, v. 6, p. 340-341.
218. Hancock para Washington, 24 de setembro de 1776. In: WP/RWS, v. 6, p. 388-390.
219. Washington para Hancock, 4 de outubro de 1776. In: WP/RWS, v. 6, p. 463-466.
220. Howe para Germain, 25 de setembro de 1776. In: DDAR, v. 12, p. 232.

cito patriota tinha 14.759 homens aptos para o combate e outros 3.427 sob comandos independentes.[221] Todavia, em vez de realizar um ataque frontal a Washington em Harlem Heights, Howe decidiu flanqueá-lo, aportando no lado oriental de Westchester County, entre Throgs Neck e New Rochelle. Isso permitiria que ele se aproximasse dos patriotas pela retaguarda, reduzindo assim a possibilidade de perda de homens.

Desse modo, o exército embarcou no dia 12 de outubro e aportou, enfim, seis dias depois, em Pell's Point. A demora no desembarque deu a Washington tempo suficiente para mover parte maciça de seu exército para White Plains, deixando o general Nathanael Greene em Fort Washington, no lado oeste de Manhattan, com 3 mil homens para disputar a passagem do Hudson.[222] White Plains oferecia excelentes posições defensivas a partir das quais se poderia enfrentar Howe. Consequentemente, quando Howe chegou, em 25 de outubro, encontrou as forças de Washington muito bem organizadas. Não obstante, ele decidiu forçar uma batalha ao atacar a ala direita dos patriotas em Chatterton's Hill. A posição foi conquistada em 28 de outubro, mas Howe, outra vez, deixou de atestar sua vantagem. Isso permitiu que Washington se retirasse para outra linha defensiva em North Castle, onde aguardou outro ataque britânico.[223]

Para sua surpresa, não houve qualquer ataque. Em vez disso, recebeu informações de que Howe estava recuando em direção a Kingsbridge e ao Rio North. Isso sugeria que ele planejava invadir Nova Jersey ou atacar Forte Washington.[224] Diante dessas incertezas, o Conselho de Washington determinou, em 6 de novembro, a separação do exército em três divisões. Charles Lee, com o maior contingente, permaneceria em White Plains enquanto Washington atravessava o Rio North com outros 4 mil homens para reforçar a defesa de Fort Lee, no lado do Rio onde ficava Nova Jersey. Outros 3 mil guarneceriam os fortes de Highland, comandando o acesso aos locais mais acima do Rio Hudson.[225] De forma inesperada, o Conselho deixou de ordenar a evacuação simultânea de Forte Washington, agora isolado em Manhattan. Washington, pessoalmente, queria abandonar o forte, visto que suas armas e as do Forte Lee não

---

221. Washington para Lund Washington, 30 de setembro de 1776. In: WP/RWS, v. 6, p. 441.
222. Conselho de Guerra, 16 de outubro de 1776. In: WP/RWS, v. 6, p. 564-565.
223. Harrison para Hancock, 29 de outubro de 1776. In: WP/RWS, v. 7, p. 49. Washington para Hancock, 6 de novembro de 1776. In: WP/RWS, v. 7, p. 96. Howe para Germain, 30 de novembro de 1776. In: DDAR, v. 12, p. 258-264.
224. Washington para Greene, 7 de novembro de 1776. In: WP/RWS, v. 7, p. 107.
225. Conselho de Guerra, 6 de novembro de 1776. In: WP/RWS, v. 7, p. 92. Washington para Hancock, 6 de novembro de 1776. In: WP/RWS, v. 7, p. 96. Veja também Washington para Lee, 10 de novembro de 1776. In: WP/RWS, v. 7, p. 113-115.

haviam impedido que a Marinha Real subisse o Rio Hudson.[226] Entretanto, a decisão de manter o forte fora tomada "por um conselho repleto de oficiais generais", em resposta a uma "resolução do Congresso (...) de que o canal do rio" deveria ser defendido.[227] Assim, Washington não pôde fazer nada além de alertar Greene: "Como é você quem está no local, deixo-lhe a incumbência de dar as ordens para a evacuação de Monte Washington como julgar melhor".[228]

Greene respondeu, em tom tranquilizador, que a guarnição não estava sob risco iminente, uma vez que podia ser transportada com eficiência, de balsa, pelo Hudson até o Forte Lee. O comandante, coronel Robert Magaw, também acreditava que era capaz de manter sua posição até o fim de dezembro.[229] Essa se mostrou uma declaração imprudente, visto que Magaw tinha de defender não apenas Forte Washington, mas um perímetro que se estendia entre os rios Hudson e Harlem, com um contingente bem reduzido. Além disso, a maioria das defesas consistia de trincheiras rasas. Essa era uma oportunidade que até Howe poderia aproveitar, em especial agora que a segunda divisão de Hesse enfim chegara, após uma jornada de 21 semanas. No dia 16 de novembro, ele atacou com seu exército principal, capturando quase toda a guarnição de 3 mil homens, após uma rápida batalha. Entre os despojos havia enorme quantidade de artilharia e outras provisões, que o exército continental não estava em condições de perder.[230] Alguns oficiais britânicos menores entenderam que essa ocasião deveria servir de exemplo. As regras europeias de guerra conferiam aos vencedores o direito de executar, a espada, os vencidos, caso não atendessem as ordens iniciais de rendição. Esse rigor "teria provocado tamanho pânico que o Congresso jamais teria condições de convocar outro exército".[231]

Um motivo de celebração para Washington, nessa época, foi a notícia de que Carleton desistira de seu avanço a partir do Canadá.[232] Apesar da chegada de Burgoyne no início de junho, ele e Carleton não conseguiram capturar os patriotas que recuavam antes que chegassem a Lago Champlain, onde Arnold havia reunido uma flotilha para disputar a passagem pelo lago. Como resultado, Carleton teve de construir seus

---

226. Washington para Hancock, 9 de outubro de 1776. In: WP/RWS, v. 6, p. 507.
227. Washington para Augustine Washington, 19 de novembro de 1776. In: WP/RWS, v. 7, p. 103-104.
228. Washington para Greene, 8 de novembro de 1776. In: WP/RWS, v. 7, p. 115-116.
229. Greene para Washington, 9 de novembro de 1776. In: WP/RWS, v. 7, p. 119-120.
230. Howe para Germain, 30 de novembro de 1776. In: DDAR, v. 12, p. 261-263.
231. Citado em: WALLACE, W.M. *Appeal to Arms*, p. 122.
232. Arnold para Washington, 6 de novembro de 1776. In: WP/RWS, v. 7, p. 93.

próprios equipamentos e armamento para recuperar a superioridade naval. Por fim, foi construída uma esquadra de tamanho considerável.[233] Mas, embora a flotilha de Arnold tivesse sido destruída no dia 13 de outubro, o período de campanha estava efetivamente no fim.[234] Como as condições climáticas piorassem a cada dia, ele resolveu voltar a St. Johns em vez de arriscar um cerco.[235]

Entretanto, não haveria trégua para as próprias tropas de Washington, pois a captura de Forte Washington levou Howe a tentar outro avanço sobre Nova Jersey. Em 20 de novembro, o major general Charles conde Cornwallis, um dos oficiais mais graduados de Howe, cruzou o Rio Hudson com 4 mil soldados regulares a fim de encurralar as forças patriotas em Forte Lee. Felizmente, Greene conseguiu retirar-se a tempo de se unir a Washington perto de Hackensack, para que não houvesse uma repetição dos eventos em Forte Washington.[236] Porém, quaisquer expectativas de enfrentar Cornwallis desapareceram quando 2 mil homens de milícias de Maryland e Nova Jersey debandaram ao término de seus períodos de serviço. As unidades de Nova Jersey estavam particularmente ansiosas para voltar a suas famílias, agora que os britânicos se aproximavam. Washington também foi prejudicado pela recusa de Lee, em White Plains, de ir em seu auxílio, conquanto estivesse claro que os britânicos dirigiam antes sua atenção à Filadélfia do que à comunicação com a Nova Inglaterra.[237] De fato, Lee estava desafiando a autoridade de Washington de maneira ostensiva ao argumentar que generais em comando "avulso" "não podem demasiada amplitude".[238]

Nessa situação, a Washington só restava recuar uma vez mais, depois de fazer inúmeros apelos infrutíferos às milícias. Seu plano era alcançar o Rio Delaware antes dos britânicos, de modo que pudesse usá-lo como um escudo para proteger a Filadélfia enquanto reconstruía seu exército. Sua rota levou-o primeiro a Newark e, em seguida, a Brunswick. Ambos os lugares foram evacuados tão logo a guarda britânica entrasse pelo

---

233. Carleton para Germain, 28 de setembro de 1776. In: DDAR, v. 12, p. 232-234.
234. Carleton para Germain, 14 de outubro de 1776. In: DDAR, v. 12, p. 237. Capitão Charles Douglas para Philip Stephens, 21 de outubro de 1776. In: DDAR, v. 12, p. 237.
235. MACKESY, P. *The War for America*, p. 96.
236. Washington para Hancock, 21 de novembro de 1776. In: WP/RWS, v. 7, p. 182-183.
237. Washington para Lee, 21 de novembro de 1776. In: WP/RWS, v. 7, p. 193-194.
238. Lee para Washington, 30 de novembro de 1776. In: WP/RWS, v. 7, p. 235. A questão da insubordinação de Lee é discutida por John W. Shy, "Charles Lee: The Soldier as Radical". In: BILLIAS, G.N. (Ed.) *George Washington's Generals and Opponents: Their Exploits and Leadership.* New York, 1994, p. 22-48.

outro lado.[239] Para felicidade de Washington, Howe, então, ordenou que Cornwallis se detivesse em Brunswick, visto que seu "intento não ia além (...) [da] tomada da porção leste de Nova Jersey". Vários dias se passaram antes que Howe percebesse a "vantagem que poderia ser obtida caso prosseguisse até Delaware e a possibilidade de alcançar a Filadélfia". Assim, ele se uniu a Cornwallis em 6 de dezembro, com substancial reforço para continuar a perseguição pessoalmente.[240]

Mais uma vez, Howe pagou o preço por seu estilo procrastinatório em guerra, posto que a ordem para que Cornwallis parassse possibilitara a Washington o transporte de suas forças e suprimentos, via balsa, para uma posição de relativa segurança na Pensilvânia. Assim, quando da chegada de Howe a Trenton, em 8 de dezembro, ele descobriu que Washington não só cruzara o rio, mas que levara todos os barcos consigo.[241] Howe teria de construir novas embarcações a fim de continuar a perseguição, o que não era pouco prático, em razão das péssimas condições climáticas e da falta de ferramentas.

Depois de poucos dias, Howe decidiu enviar seus homens para alojamentos de inverno em uma linha de postos entre o Hudson e o Delaware. O tempo estava muito frio, o que aumentava a possibilidade de que o exército de Washington seguisse o exemplo da milícia de Nova Jersey e debandasse. Alojar-se em acampamentos de inverno era prática normal entre os exércitos profissionais europeus, quando as condições climáticas tornavam impraticáveis a movimentação de grandes números de homens e suprimentos. Howe admitiu a Germain que sua cadeia de postos era "extensa demais", mas que ele fora "induzido a ocupar Burlington para dar cobertura ao condado de Monmouth", onde havia muitos habitantes leais. Além disso, a provável "submissão do interior ao sul" e "o poderio das tropas colocadas nos postos avançados" levaram Howe a concluir que "estariam em total segurança".[242]

O aparente colapso dos patriotas fez com que lorde Howe emitisse outra proclamação na qual concedia o perdão a todos aqueles que retomassem sua lealdade dentro dos próximos 60 dias. A oferta era abrangente, apesar "da delinquência atroz de alguns líderes e insufladores da guerra".[243] O sucesso, dessa vez, foi palpável. Dentro de três

---
239. Washington para Hancock, 30 de novembro de 1776. In: WP/RWS, v. 7, p. 232-233. Ibid., 1º de dezembro de 1776, p. 243-244.
240. Howe para Germain, 20 de dezembro de 1776. In: DDAR, v. 12, p. 266-268.
241. Washington para o brigadeiro Maxwell, 8 de dezembro de 1776. In: WP/RWS, v. 7, p. 278-279.
242. Howe para Germain, 20 de dezembro de 1776. In: DDAR, v. 12, p. 266-268.
243. Comissários de paz, 30 de novembro de 1776. In: DDAR, v. 12, p. 257.

semanas, quase toda a Nova Jersey fizera os juramentos, enquanto "várias pessoas de posses" na Pensilvânia haviam sinalizado sua disposição de se submeter, embora o exército ainda não tivesse entrado naquela província.[244] O mesmo espírito conciliador também o instigou a emitir novas instruções para a implementação da Lei de Proibição. No futuro, os navios de guerra que efetivavam o bloqueio deveriam apreender somente aquelas embarcações que faziam contrabando ou a exportação e importação de mercadorias. As atividades de subsistência, como a pesca, seriam permitidas. Além disso, os oficiais deveriam cultivar uma "comunicação amigável" com os habitantes, uma vez que Howe acreditava ser esta a melhor maneira de libertá-los "dos preconceitos de que haviam sido imbuídos".[245]

O estabelecimento dos postos em Nova Jersey não foi o fim da campanha de Howe. Ele, agora, se sentia fortalecido o suficiente para enviar Clinton com 7 mil homens para ocupar Rhode Island. A marinha desejava uma base ali, visto que os rios em torno de Nova York costumavam congelar no inverno, tornando os navios da marinha vulneráveis a ataques. O ancoradouro de Newport, por outro lado, era bem protegido e não estava sujeito a congelamento, além de proporcionar uma localização conveniente para empreender o bloqueio da costa sul da Nova Inglaterra. Por fim, a posse de Rhode Island ofereceria uma espécie de trampolim para a reconquista de Massachussets. Clinton concluiu sua missão em 8 de dezembro, com pouco derramamento de sangue, encurralando diversas fragatas continentais, comandadas pelo comodoro Hopkins, em Providence.[246] Essa foi outra indicação de que a rebelião estava a ponto de se esfacelar.

TRENTON E PRINCETON:
A CAUSA PATRIOTA RESGATADA

Parecia que Howe estava correto em sua opinião de que o exército de Washington estava prestes a se dissolver. Ele contava, agora, com quase 3 mil homens e os alistamentos de metade deles terminariam em breve. Washington ainda esperava que Lee se juntasse a ele, mas sua autoridade era tão precária que ele só podia pedir que seus subordinados aquiescessem.[247] Ele disse a um parente que, a menos que se aumentasse o exército

---

244. Comissários de paz, 22 de dezembro de 1776. In: DDAR, v. 12, p. 274-275. GRUBER, I.D., *The Howe Brothers*, p. 146-147.
245. Visconde Howe para Parker, 22 de dezembro de 1776. In: DDAR, v. 12, p. 271-272.
246. *Clinton's Narrative*, In: CAR, p. 57-58.
247. Washington para Lee, 10 de dezembro de 1776. In: WP/RWS, v. 7, p. 288-289.

rapidamente, "o jogo logo estaria terminado".[248] Ele foi igualmente franco com o governador de Connecticut, dizendo-lhe que, quando os alistamentos expirassem, disporia de apenas poucos regimentos sulistas enfraquecidos para proteger a Filadélfia. Restara evidente que Howe esperava somente que o gelo ganhasse mais espessura para cruzar o Delaware e invadir a Pensilvânia.[249] Antecipando-se a isso, Washington enviou sua correspondência e outros papéis incriminadores para um local bastante remoto no interior da Virgínia, visto que pouco se poderia fazer para impedir que os britânicos marchassem para a Filadélfia e fossem além.[250] Outros partilhavam dessa opinião, inclusive John Dickinson, autor da Petição do Ramo de Oliveira. Ele se retirara para sua fazenda em Delaware a fim de aguardar uma negociação de paz, avisando, ao mesmo tempo, seu irmão, um oficial graduado da milícia, para se livrar de qualquer moeda corrente continental.[251]

Paine, entretanto, não se desesperou. Antes, produziu outro panfleto eloquente, que recebeu o título apropriado "A Crise", no qual escreveu as imortais palavras: "Esses são os tempos que põem as almas dos homens em provação". Ele lembrou a seus leitores que "o soldado do verão e o patriota do sol brilhante" poderiam desertar, mas aqueles que cumprissem seu dever receberiam "o amor e a gratidão de [cada] homem e mulher". Os patriotas não deveriam olvidar que "a tirania, assim como o inferno, não é derrotada com facilidade". O consolo era que "quanto mais árduo o conflito, mais glorioso o triunfo".[252] O discurso de Winston Churchill, que prometia "sangue, labuta, lágrimas e suor", dirigido ao povo britânico em 1940, foi uma resposta similar a uma situação de emergência desesperada.

Entre aqueles ainda determinados a cumprir seu dever estava o próprio Washington. O problema era como e onde agir, uma vez que, a cada dia, aumentava o perigo de que o exército se dissolvesse, deixando a Filadélfia e uma grande faixa do país sob domínio britânico. Foi nessa conjuntura que Joseph Reed, auxiliar geral de Washington, informou que algumas milícias de Nova Jersey planejavam atacar os postos britânicos entre Bordentown e Burlington. Poderia Washington "organizar

---

248. Washington para Samuel Washington, 18 de dezembro de 1776. In: WP/RWS, v. 7, p. 369-371.
249. Washington para Trumbull, 21 de dezembro de 1776. In: WP/RWS, v. 7, p. 406-408.
250. Washington para Lund Washington, 17 de dezembro de 1776. In: WP/RWS, v. 7, p. 291.
251. Conselho de Segurança da Pensilvânia para Washington, 17 de dezembro de 1776. In: WP/RWS, v. 7, p. 363-364.
252. Citado em: WARD, C. *The War of the Revolution*. ALDEN, J.R. (Ed.) New York, 1952. v. 1, p. 287.

uma armadilha ou algo mais em Trenton ou nos arredores"? Reed continuou: "Caso pudéssemos tomar Nova Jersey outra vez, ou qualquer parte considerável dela, os efeitos seriam melhores do que se nunca a tivéssemos deixado". Todas as notícias indicavam que os britânicos haviam se retirado para alojamentos de inverno e não estavam prestes a atacar os patriotas.[253]

Esse era o estímulo de que Washington precisava. Assim, na noite de Natal, ele embarcou parte substancial de suas tropas remanescentes para atacar três regimentos de Hesse em Trenton, usando os mesmos barcos com os quais havia recuado. O comandante de Hesse, John Rall, participara da captura de Forte Washington e nutria grande desprezo por seus oponentes. Dessa forma, havia tomado poucas precauções enquanto seus homens comemoravam o Natal. Em consequência, os patriotas chegaram a Trenton sem ser notados, às 8 horas do dia 26 de dezembro, com 2.400 homens apoiados por artilharia. No intervalo de uma hora, mil soldados de Hesse foram capturados com pouca resistência. O êxito teria sido ainda maior, mas dois destacamentos não conseguiram atravessar o rio por causa do gelo, o que permitiu que os soldados de Hesse remanescentes escapassem. Entretanto, Washington estava bastante satisfeito ao recuar, com prudência, naquela mesma noite, cruzando o Delaware com seus prisioneiros.[254] Dois dias depois, um agradecido Congresso concedeu-lhe poderes ditatoriais por seis meses, inclusive autoridade para arregimentar tropas, designar oficiais abaixo da patente de brigadeiro e confiscar dos habitantes qualquer coisa que ele quisesse "para uso do exército".[255]

O sucesso em Trenton e a autoridade adicional concedida pelo Congresso encorajaram Washington, como era natural, a considerar outro ataque. Vários fatores pareciam favorecer isso naquele momento. O primeiro era a descoberta de que os britânicos haviam abandonado todos os seus postos na parte sul de Nova Jersey.[256] O segundo era que o exército, agora, fora reforçado pela divisão de Lee, embora sem seu comandante, que se deixou capturar, de forma imprudente, depois de se alojar fora de seu acampamento. Outras unidades também chegavam, inclusive um contingente substancial de milícias da Pensilvânia. Dessa maneira, Washington sentiu-se forte o suficiente para retornar a Trenton na véspera do Ano-Novo, com a finalidade de fazer com que os britânicos

---

253. Reed para Washington, 22 de dezembro de 1776. In: WP/RWS, v. 7, p. 414-416.
254. Washington para Hancock, 27 de dezembro de 1776. In: WP/RWS, v. 7, p. 454-456. Para um relato completo, veja: FISCHER, D.H. *Washington's Crossing*. New York, 2004.
255. Hancock para Washington, 27 de dezembro de 1776. In: WP/RWS, v. 7, p. 461-462.
256. Cadwalader para Washington, 27 de dezembro de 1776. In: WP/RWS, v. 7, p. 451-452.

recuassem para Brunswick, liberando, assim, a maior parte de Nova Jersey.[257] Porém, antes de atravessar o rio, ele usou, pela primeira vez, seus novos poderes para oferecer dez dólares àqueles cujo alistamento estava próximo de expirar, caso estendessem seu serviço por mais um mês. Quase todos aceitaram.[258]

Washington, contudo, interpretara erroneamente as intenções britânicas em um ponto crucial. Howe havia recuado suas guarnições do Rio Delaware a fim de concentrar suas forças para um contra-ataque sob a liderança de Cornwallis, com o objetivo de encurralar Washington. Em 1º de janeiro, Cornwallis estava pronto para prosseguir com cerca de 7 mil homens escolhidos a dedo e um grande comboio de artilharia. Por volta das 16 horas de 2 de janeiro de 1777, ele havia aparentemente alcançado seu objetivo, visto que o exército de Washington ainda estava nos arredores de Trenton, separado de seus barcos, que estavam rio acima. Alguns oficiais graduados sugeriram um ataque imediato, temendo que Washington pudesse voltar a cruzar o rio durante a noite. Entretanto, Cornwallis não desejava empreender uma ação tão perto do anoitecer, em especial após sua guarda avançada não ter logrado desalojar os patriotas da cobertura defensiva de Assunpink Creek. Ele comentou: "Temos a velha raposa em segurança agora. Iremos até lá e a capturaremos pela manhã".[259]

No entanto, em vez de tentar atravessar o Delaware novamente, Washington fez uma marcha noturna inesperada por uma estrada secundária para Princeton. Logo após o amanhecer, ele surpreendeu a retaguarda britânica de três regimentos, sob o comando do coronel Mawhood, e fez 200 prisioneiros.[260] Foi mais uma injeção de ânimo. Washington, por um instante, cogitou em continuar até Brunswick. Mas, como explicou ao Congresso, "o estado de esgotamento de nossas próprias tropas (muitos dos soldados estavam sem descanso há duas noites e um dia) e o perigo de perder a vantagem conquistada por ambicionar demais, levou-me, a conselho de meus oficiais, a desistir da tentativa".[261] Assim, partiu para Morristown, onde já havia estabelecido um acampamento fortificado. Cornwallis não o seguiu, preocupado demais com a segurança de Brunswick. Desse modo, Washington logrou realizar sua retirada sem maiores dificuldades.

---

257. Washington para Heath, 28 de dezembro de 1776. In: WP/RWS, v. 7, p. 468.
258. Washington para Morris, 31 de dezembro de 1776. In: WP/RWS, v. 7, p. 497.
259. WICKWIRE, F.; WICKWIRE, M. *Cornwallis and the War of Independence*. London, 1971, p. 95. Cornwallis apreciava caçar raposas, ibid., p. 30.
260. Howe para Germain, 5 de janeiro de 1777, New York. In: DDAR, v. 14, p. 27-28.
261. Washington para Hancock, 5 de janeiro de 1776. In: WP/RWS, v. 7, p. 519-523.

Morristown era um local admirável, protegido por uma cadeia de colinas, pântanos e rios. Também bem posicionada para a observação dos movimentos dos britânicos, caso avançassem para a Filadélfia ou se movimentassem para o norte, em direção à Nova Inglaterra. Porém, o mais importante, talvez, fosse que permitiria ao exército que se recuperasse. O número de homens estava em torno de 3.500, pois as unidades continuavam a voltar para casa, conforme expiravam os prazos de alistamento. Aqueles que permaneceram estavam exaustos e precisavam descansar: era a hora de se recolher a alojamentos de inverno.

Esses fatores não foram percebidos de imediato pelos britânicos, que ainda temiam por seus postos remanescentes em Nova Jersey. Dessa forma, Howe deu ordens para que as várias guarnições recuassem rumo a Nova York. Em 6 de janeiro de 1777, os britânicos estavam confinados às cidades de Amboy e de Brunswick, sem nenhum outro resultado de seus esforços desde a captura do Forte Lee. "A infeliz e inoportuna derrota em Trenton", Howe informou a Germain, "foi um retrocesso maior ainda do que imaginamos a princípio, dado o encorajamento que deu aos rebeldes". Um grande grupo de milícias da Nova Inglaterra chegara até a ameaçar o posto britânico em Kingsbridge, conclamando, com insolência, os defensores a se render.[262]

Contudo, além da perda de território, os britânicos desperdiçaram algo ainda mais importante, a confiança dos legalistas de Nova Jersey. Eles haviam sido submetidos a vigilância e intimidação por 18 meses, durante os quais os patriotas estabeleceram sua autoridade em todos os níveis. Entretanto, eles deram as boas-vindas ao retorno dos britânicos em novembro de 1776, na esperança de que a antiga ordem fosse restaurada. A retirada britânica de Trenton deixou-os em um dilema cruel, depois de uma proclamação de Washington. Eles poderiam reafirmar sua lealdade aos Estados Unidos ou retirar-se para as linhas britânicas dentro de 30 dias.[263] Nesse último caso, só poderiam levar consigo alguns objetos pessoais e, como inimigos dos Estados norte-americanos, estariam sujeitos ao confisco de suas propriedades. Não obstante, mesmo aqueles que reafirmaram sua cidadania ainda estavam expostos à perseguição de grupos patriotas e magistrados locais. Poucos cometeriam o erro de acolher os britânicos outra vez, como Howe descobriu ao voltar a Nova Jersey por um curto período, em junho de 1777. Os britânicos não conseguiram perceber

---

262. Howe para Germain, 20 de janeiro de 1777. In: DDAR, v. 14, p. 33.
263. Proclamação relativa às pessoas que juraram fidelidade à Grã-Bretanha, 25 de janeiro de 1777. In: WP/RWS, v. 8, p. 154-155.

que não havia substituto para a posse permanente, caso quisessem manter o coração e a mente da população.

Houve outra consequência após a retirada dos britânicos para Nova York. O avanço sobre Nova Jersey permitira-lhes, pela primeira vez, assegurar provisões vindas da população local. Essa alternativa, agora, não existia mais. Dali em diante, para obter alimento e provisões, o exército, mais uma vez, teria de depender de uma cadeia de abastecimento que se estendia por quase 5 mil quilômetros, cruzando o Atlântico, o que se constituiria em um enorme fardo aos recursos da nação. Esse seria um dos inúmeros fatores que minaram as chances da Grã-Bretanha de reconquistar suas colônias.[264]

Trenton e Princeton, ao contrário, resgataram a reputação de Washington, até mesmo na França, onde suas manobras foram bastante elogiadas. Tornava-se claro que a causa patriota estava longe de terminar. De fato, a tentativa britânica de reaver as colônias surtiu poucos resultados, fosse em termos políticos ou militares. O exército rebelde ainda existia enquanto todas as 13 colônias permaneciam sob o controle patriota.

---

264. BOWLER, A. *Logistics and the Failure of the British Army in America, 1775-1783*. Princeton, 1975, p. 47-48. SYRETT, D. *Shipping*, p. 123-124.

CAPÍTULO 4

As Guinadas Imprevisíveis da Guerra, 1777

Os britânicos planejam uma nova ofensiva

O revés em Nova Jersey foi, em grande parte, ignorado em Londres quando o ministério se reuniu para analisar a situação. Eles continuavam a presumir que as colônias retomariam sua lealdade assim que seus líderes perniciosos tivessem sido afastados. Entretanto, perceberam que a campanha de 1776 não tivera pleno êxito. Portanto, seria necessário mais um esforço para completar o colapso do Congresso e restaurar a autoridade real. Como em 1776, Germain acreditava que os generais deveriam decidir como tais objetivos deveriam ser alcançados.

A proposta inicial de Howe era que Clinton primeiro tomasse Providence com 10 mil homens e só então avançasse para Boston. Um segundo exército de 10 mil homens, sob o comando de Howe, deveria, simultaneamente, subir o Rio Hudson a fim de isolar a Nova Inglaterra, enquanto 8 mil soldados confinariam Washington à parte leste de Nova Jersey. Uma vez que a Nova Inglaterra tivesse sido subjugada, Howe atacaria então a Filadélfia, depois do que um avanço sobre a Virgínia se tornaria possível, deixando a tomada das duas Carolinas e da Geórgia para o inverno seguinte. Tratava-se de um projeto ambicioso, embora estivesse em total coerência com o desejo de Howe de "terminar a guerra em um ano, por um esforço extensivo e vigoroso das armas de Sua Majestade". O plano, porém, exigiria mais 15 mil homens. Caso os métodos de recrutamento na Grã-Bretanha fossem insuficientes para atender tal demanda, Howe sugeriu novas abordagens à Rússia e aos principados da Alemanha para a contratação de mais tropas.[265]

---
265. Howe para Germain, 30 de novembro de 1776. In: DDAR, v. 12, p. 264-266.

Howe arquitetou esses planos antes da retirada de Washington pelo Delaware. A velocidade do avanço britânico e a disposição da população para reafirmar sua lealdade levaram-no a alterar suas impressões. Em uma segunda comunicação, enviada rapidamente em 20 de dezembro de 1776, ele dizia a Germain que um avanço pelo Delaware seria mais decisivo para pôr um fim à rebelião. A Filadélfia era a capital dos rebeldes e Washington estava determinado a protegê-la, o que o forçaria combater em uma batalha direcionada. A tomada da cidade também prometia aumentar o apoio à coroa. A decisão, no entanto, tinha sérias implicações para as demais partes do plano anterior de Howe. Ele precisaria de, no mínimo, 10 mil homens para essa operação, o que deixaria apenas 9 mil para os outros serviços, a menos que sua solicitação de um contingente adicional de 15 mil homens fosse atendida. A invasão simultânea da Nova Inglaterra, portanto, teria de esperar, já que seriam necessários 2 mil homens para guarnecer Rhode Island e outros 4 mil, em Nova York. Isso deixava apenas 3 mil homens para "atuar na defesa da parte baixa do Rio Hudson (...) a fim de facilitar, em certa medida, a aproximação do exército vindo do Canadá". Howe não disse o que o exército canadense faria quando de sua chegada a Albany, exceto que suas "operações subsequentes (...) dependerão do estado de coisas naquele momento".[266]

Como Howe suspeitava, seu pedido de 15 mil homens não foi bem recebido em Londres, quando sua primeira carta chegou, no início de janeiro de 1777. Na oportunidade em que foram apresentadas as estimativas ao Parlamento, não se esperava que a força total do exército para o ano que se iniciava excedesse 60 mil homens.[267] O melhor que Germain pôde prometer foram mais 6 mil soldados alemães, bem como 1.800 recrutas para os regimentos britânicos. Caso fossem necessários mais homens, Howe deveria recrutar mais provincianos. De qualquer forma, Germain acreditava que Howe ainda teria um exército de campo de 35 mil homens, mais do que suficiente para as tarefas delineadas em sua carta de 30 de novembro de 1776, especialmente em vista do estado "bastante enfraquecido e deprimente" do inimigo.[268]

Enquanto cuidava dos arranjos de Howe, Germain completava, ao mesmo tempo, os detalhes relativos ao exército no Canadá. Como o oficial mais graduado na América do Norte, Carleton era a escolha óbvia para o comando. Porém Germain, em sua esfera pessoal, não gostava de Carleton e já havia feito uma tentativa de limitar as responsabilida-

---

266. Howe para Germain, 20 de dezembro de 1776. In: DDAR, v. 12, p. 268-269.
267. Estimativas para o ano 1777. In: CJ, v. 36, p. 22-23.
268. Germain para Howe, 14 de janeiro de 1777. In: DDAR, v. 14, p. 31-33.

des militares de seu desafeto.[269] Qualquer motivação para restabelecer aquela autoridade foi descartada pela convicção de Germain de que Carleton provocara o final frustrante da campanha de 1776, por causa de sua impossibilidade de chegar a Albany. Essa visão era endossada por Burgoyne. Impaciente com a demora e acreditando claramente que poderia fazer melhor, Burgoyne retornara à Inglaterra no fim de 1776 para buscar, ele mesmo, o comando. É provável que ele soubesse que Germain detestava Carleton e que Howe tinha ciúmes da graduação do militar, condição que faria dele comandante geral caso houvesse a junção dos dois exércitos. Desse modo, foi fácil para Burgoyne incitar ainda maior reprovação à cautela indevida de Carleton, fornecendo a Germain uma desculpa para lhe tirar suas responsabilidades.[270] Durante a campanha seguinte, Carleton deveria se dedicar a seus deveres como governador e deixar a condução das operações militares a cargo de Burgoyne.[271]

Não faltava habilidade a Burgoyne. Seus soldados chamavam-no "cavalheiro Johnny" por causa de suas maneiras impecáveis e da disciplina equilibrada. Também demonstrara habilidades táticas e organizacionais na Guerra dos Sete Anos, enquanto servia em Portugal.[272] Burgoyne apresentava, agora, um documento datado de 18 de fevereiro de 1777, o qual continha suas ideias para o posicionamento das tropas no Canadá. Em primeiro lugar, o exército principal, de 11 mil homens, deveria navegar pelo Lago Champlain até Ticonderoga, enquanto uma força composta por índios e legalistas, sob o comando do coronel St. Leger, avançaria até Forte Stanwix, descendo o Vale Mohawk, com o fito de desviar a atenção. Uma vez em Ticonderoga, o exército principal teria duas opções. Se o "único objetivo do exército canadense fosse empreender a junção com Howe", ele deveria "tomar imediatamente o Lago George (...) por ser a rota mais rápida e cômoda para Albany". Desse ponto, poderia abrir um canal de comunicação com Nova York ou permanecer no Rio Hudson, enquanto Howe agia "com todo o seu contingente em direção ao sul".

Contudo, caso a intenção não fosse uma simples junção em Albany, a segunda opção de Burgoyne era que o exército do norte marchasse em direção ao leste, a partir de Ticonderoga, para se unir a Clinton, no sul

---

269. Germain para Carleton, 22 de agosto de 1776. In: DDAR, v. 12, p. 187-188.
270. Até Jorge III sabia que Germain não gostava de Carleton, Jorge III para North, 13 de dezembro de 1776. In: FORTESCUE, v. 3, p. 406. Veja também: BROWN, G.S. *The American Secretary: The Colonial Policy of Lord George Germain, 1775-1778*. Ann Arbor, 1963, p. 88-93.
271. Germain para Carleton, 26 de março de 1777. In: DDAR, v. 14, p. 53-54.
272. HARGREAVES, R.J. *General John Burgoyne*. Newark, 1983, p. 64-71.

da Nova Inglaterra. "Se a junção entre o exército do Canadá e as tropas de Rhode Island se concretizasse sobre o [Rio] Connecticut, não é uma expectativa por demais otimista que todas as províncias da Nova Inglaterra sejam tomadas."[273] Entretanto, se o ministério desaprovasse ambas as propostas, Burgoyne poderia navegar de Quebec a Nova York para uma operação conjunta com Howe. Porém, ele tinha dúvidas de que "qualquer expedição marítima pudesse ser tão avassaladora para o inimigo, ou tão eficiente para acabar com a guerra, do que uma invasão a partir do Canadá [via] Ticonderoga".[274]

Ao fazer essas propostas, Burgoyne pode ter se inspirado no exemplo de Wolfe, que foi agraciado com um comando independente semelhante em 1759, em Quebec. Todavia, o plano de Burgoyne era diferente em um aspecto fundamental. Wolfe tinha a possibilidade de requisitar a Marinha Real para evacuar sua força, caso um cerco se mostrasse difícil demais. Burgoyne não disporia de tal privilégio nas florestas e lagos do norte de Nova York. Ele estaria sozinho, a menos que Howe ou os legalistas viessem em seu auxílio, com um número de homens sem precedentes. Mesmo quando ele alcançou o Hudson, não havia certeza de que a Marinha Real poderia apoiá-lo. Os patriotas tinham vários fortes ao longo de Highlands, concentrados em maior número ao longo do Hudson para evitar o acesso, e ainda não havia sido feita nenhuma tentativa de avaliar a potência desses obstáculos. Entretanto, os perigos de seu isolamento e das dificuldades de navegação no Hudson foram ignorados. Amherst, o conquistador do Canadá em 1760, que poderia ter recomendado cautela, estava de relações cortadas com Jorge III.[275] Estava pronto o cenário para o que viria a ser um importante golpe nas esperanças britânicas de restabelecer seu império na América do Norte.

Cinco dias após o recebimento das "reflexões" de Burgoyne, chegou a segunda comunicação de Howe, datada de 20 de dezembro, com seu plano de se concentrar na Filadélfia em vez de fazê-lo no Rio Hudson. Isso deveria ter servido de alerta para Germain de que a campanha estava perdendo coesão. Mas, em lugar de ordenar que Howe focasse em seu primeiro plano de avançar pelo Hudson, ele tão somente comentou, em sua resposta de 3 de março de 1777, que "o rei aprova sem reservas sua proposta de desvio do plano anteriormente sugerido". A única crítica que Germain fez às novas propostas de Howe foi a falta de

---

273. "Thoughts for Conducting the War from the Side of Canada", 28 de fevereiro de 1777. In: DDAR, v. 14, p. 41-46.
274. Ibid., p. 46.
275. LONG, J.C. *Lord Jeffery Amherst: A Soldier of the King.* New York, 1933, p. 200-241.

qualquer medida preparatória de um "novo desvio pelas costas da Baía de Massachussets e em New Hampshire" a fim de desviar os recursos do exército continental.[276]

Uma vez que Howe descartara a possibilidade de qualquer ofensiva vinda de Rhode Island, a segunda proposta de Burgoyne para uma investida na direção do Rio Connecticut foi descartada. Em lugar dela, Germain aceitou a primeira sugestão de um avanço de 8 mil soldados regulares, 2 mil canadenses e mil indígenas via Ticonderoga rumo a Albany, que ele acreditava ter o condão de ajudar a separar a Nova Inglaterra das colônias centrais. Assim, as ordens que Burgoyne recebeu foram para "passar o Lago Champlain e, a partir daí, empregando todo o vigor das forças sob seu comando, prosseguir com a expedição completa até Albany", onde deveria "colocar-se sob o comando de *sir* Willam Howe". Do mesmo modo, St. Leger deveria "prosseguir (...) descendo o Rio Mohawk" para uma junção em Albany. Contudo, até sua chegada lá, era preciso que ambos os comandantes "agissem de acordo com as exigências", adotando as melhores medidas "para impressionar os rebeldes e trazê-los de volta à obediência". Mas "jamais deveriam perder de vista que a pretendida junção com *sir* William Howe era seu objetivo principal".[277]

A ênfase com que Germain falou a Burgoyne e Carleton da necessidade de uma junção em Albany é extraordinária, já que acabou por não mencionar esse ponto essencial em suas ordens para Howe, dadas em 3 de março de 1777. Em seguida, ele enviou uma cópia das instruções de Carleton quanto ao deslocamento de Burgoyne, mas ignorou o assunto em diversas cartas posteriores. Foi apenas no dia 18 de maio que ele voltou a levantar esse tópico, depois de receber uma carta de Howe, datada de 2 de abril, em que explicitava seus planos. Nela, simplesmente agradeceu a decisão de Howe de ir para a Filadélfia, acrescentando um alerta de que "tudo quanto pense há de ser executado o mais breve possível para que você coopere com o exército que recebeu ordens de prosseguir a partir do Canadá".[278] Ao que tudo indica, Germain tinha expectativas de que Howe derrotaria Washington e capturaria a Filadélfia antes do final de junho, permitindo que ele retornasse a Nova York para avançar, subindo o Hudson. Além da evidente falta de conhecimento geográfico de Germain, sua inaptidão para estabelecer uma sequência

---

276. Germain para Howe, 3 de março de 1777. In: DDAR, v. 14, p. 47-49.
277. Germain para Carleton, 26 de março de 1777. In: DDAR, v. 14, p. 53-56.
278. Germain para Howe, 18 de maio de 1777. In: DDAR, v. 14, p. 84-85. BROWN. *American Secretary*, p. 113.

clara para a coordenação dos dois exércitos explica, mais do que qualquer coisa, o desastre que se seguiu.[279]

Nesse ínterim, Washington se preparava para outra campanha defensiva, uma vez que, sem o auxílio da Europa, ele não tinha condições de evitar que a Grã-Bretanha continuasse com as tentativas de restabelecer sua autoridade. Entretanto, em um aspecto, a guerra defensiva era adequada a Washington. À exceção dos enclaves britânicos em Nova York, Rhode Island e Nova Jersey, os patriotas controlavam todos os 13 Estados e gozavam uma independência *de facto*, se não *de jure*. Quanto mais essa situação se delongasse, maior seria sua legitimidade entre a população. Portanto, eles tinham tão somente de esperar, em posições de sua escolha, pelo ataque dos britânicos, algo que deveriam fazer se quisessem que sua causa fosse vitoriosa. Nesse meio-tempo, se Washington lograsse negar forragem aos cavalos britânicos, alimento para suas tropas e recrutas para suas fileiras já diminuídas, ele ainda tinha chances de expulsá-los do continente sem necessidade de uma batalha, graças à sua longa linha de abastecimento ao longo do Atlântico.[280] O resultado, como um oficial britânico comentou, com pesar, foi um constante esforço para obtenção de forragem, o que "manteve o exército em interminável dificuldade durante todo o inverno" e custou "mais homens do que a última campanha".[281]

Além disso, o empenho de Washington devotava-se à criação do novo exército continental, que havia sido autorizado pelo Congresso em setembro de 1776. O problema era que o Congresso não dispunha de dinheiro para cumprir suas promessas e, assim, era incapaz de angariar a receita necessária por meio de tributação. Portanto, tudo dependia dos Estados. Para encorajá-los, Washington ressaltou que, se os Estados completassem seus alistamentos, ele não teria de convocar suas milícias com tanta frequência, o que, por certo, seria uma bênção para os fazendeiros e artesãos.[282] Não obstante, o progresso era lento, pois os novos recrutas mal compensavam as perdas causadas pelas deserções. Outra preocupação era a necessidade de vacinar as tropas recém-convocadas contra a varíola, um processo que exigia quarentena de várias semanas.[283]

---

279. Mais tarde, surgiu uma história de que Germain havia escrito uma carta para Howe com relação aos planos de Burgoyne, mas se esquecera de assiná-la e de postá-la: BROWN. *American Secretary*, p. 108-112.
280. Washington para Sullivan, 3 de fevereiro de 1777. In: WP/RWS, v. 8, p. 237. Washington para Hancock, 4 de fevereiro de 1777. In: WP/RWS, v. 8, p. 249-250.
281. Citado em: BOWLER, A. *Logistics and the Failure of the British Army in America, 1775-1783*. Princeton, 1975, p. 69.
282. Circular para os Estados da Nova Inglaterra, 24 de janeiro de 1777. In: WP/RWS, v. 8, p. 134-135.
283. Washington para Hancock, 4 de fevereiro de 1777. In: WP/RWS, v. 8, p. 249-252.

Em meados de março de 1777, Washington tinha apenas 3.500 homens em Morristown, dos quais mil compunham milícias cujos alistamentos estavam prestes a expirar.[284] De fato, por dois meses, ele enfrentou a possibilidade de não dispor de exército algum. Apesar disso, Howe permaneceu inativo, responsabilizando o excesso de neve e as péssimas estradas pelo fracasso de sua incursão a Nova Jersey.[285] À exceção das viagens para obtenção de forragem, a única operação realizada por Howe antes de junho foi um ataque anfíbio à cidade de Danbury, em Connecticut, para apreender alguns suprimentos do exército continental.[286] Washington só poderia atribuir essa inatividade à escassez de carroças e cavalos. Qualquer que fosse a causa, a passividade de Howe foi muito benéfica à causa patriota.[287]

Contudo, a situação foi demasiado frustrante para Washington, uma vez que estava convencido de que, com um exército disciplinado e bem pago, poderia expulsar os britânicos de Nova Jersey e, talvez, de Nova York também.[288] As possibilidades de preparar tal exército continuavam remotas, dada a disposição dos Estados de recrutar suas próprias milícias, em vez de preencher as fileiras do exército continental. Como Washington disse ao governador de Massachusetts, isso equivalia a uma política de enfraquecimento "das mãos do continente pela ideia equivocada de fortalecimento das suas próprias mãos". O governador deveria refletir que, com apenas "um pequeno exército continental em campo", seria impossível "observar os movimentos do inimigo e enfrentá-lo no lugar para onde ele, na realidade, dirigia suas operações".[289]

Sob tais circunstâncias, Washington teve de requisitar, mais uma vez, os serviços das milícias, visto que, em meados de maio de 1777, ele ainda contava com apenas 8.188 homens em Morristown, organizados em cinco divisões ou dez brigadas. O poderio das tropas também deixava muito a desejar.[290] No entanto, seus equipamentos começavam a melhorar, após a chegada de dois navios franceses em março de 1777, com 23 mil mosquetes e baionetas, a primeira carga substancial da Hortalez e Company. Um terceiro navio, o *Amphitrite*, chegou logo em seguida,

---

284. Retorno das forças norte-americanas em Nova Jersey, 15 de março de 1777. In: WP/RWS, v. 8, p. 576.
285. Howe para Germain, 2 de abril de 1777. In: DDAR, v. 14, p. 65.
286. Howe para Germain, 24 de abril de 1777. In: DDAR, v. 14, p. 72-73.
287. Washington para Hancock, 26 de janeiro de 1777. In: WP/RWS, v. 8, p. 160-162. Washington para John Washington, 24 de fevereiro de 1777. In: WP/RWS, v. 8, p. 439-440.
288. Washington para Augustine Washington, 12 de abril de 1777. In: WP/RWS, v. 9, p. 144.
289. Washington para James Warren, 23 de maio de 1777. In: WP/RWS, v. 9, p. 512-513.
290. Washington para Hancock, 12 de maio de 1777. In: WP/RWS, v. 9, p. 394-395. Ibid., 21 de maio de 1777, p. 491-493.

carregado com armas de campo feitas de latão, mosquetes, pederneiras e roupas.²⁹¹ A época da utilização de espingardas de caça como armas de guerra havia, enfim, terminado para os patriotas.

O *Amphitrite* trouxe, também, um contingente de oficiais franceses. A maioria viera por recomendação de Silas Deane, em Paris, que pouco conhecia as credenciais dos militares recém-chegados ou sua falta de conhecimento do idioma inglês. Ele também negligenciou o fato de que a concessão de poderes e responsabilidades a tais pessoas provocava ressentimento entre os oficiais existentes. A tensão foi mais intensa na artilharia. Mas Washington não podia fazer nada além de pedir que o Congresso agisse de forma cautelosa, limitando os comissionamentos a cargos inferiores à patente de tenente, a menos que os candidatos falassem inglês.²⁹²

Howe vai para a Filadélfia

Inicialmente, Howe pretendia marchar até a Filadélfia atravessando Nova Jersey, enquanto uma força subsidiária subisse o Delaware.²⁹³ Entretanto, depois de saber que não receberia reforços substanciais, ele resolveu retirar suas guarnições de Nova Jersey e navegar, com todo o seu exército, para a Filadélfia, pelo Rio Delaware. Isso evitaria a necessidade de uma linha de postos para proteger sua comunicação com Nova York. Também significava que não teria de cruzar o Delaware, algo que causara tamanhas dificuldades em dezembro do ano anterior. Como antes, ele não considerou o efeito de abandonar os postos remanescentes de Nova Jersey, em Newark e Elizabethtown, embora tivesse agora mais de 2.500 legalistas servindo nas unidades provinciais.

Howe informou Germain de sua decisão de ir por mar no dia 2 de abril de 1777. Curiosamente, não fez qualquer referência acerca das consequências para o exército que avançava do Canadá.²⁹⁴ Todavia, em uma carta para Carleton, três dias depois, ele deixava claro que sabia do plano de Burgoyne, mas pouco poderia fazer para ajudar, uma vez que Howe dispunha de homens insuficientes "para destacar um contingente para agir Rio Hudson acima, no início da campanha, de acordo com as operações já determinadas". De todo modo, cooperação a ta-

---
291. Hancock para Washington, 26 de março de 1777. In: WP/RWS, v. 8, p. 637. Heath para Washington, 23 de abril de 1777. In: WP/RWS, v. 9, p. 244-245.
292. Washington para Hancock, 9 de maio de 1777. In: WP/RWS, v. 9, p. 371. Ibid., 6 de junho de 1777, p. 618-619.
293. Howe para Germain, 20 de janeiro de 1777. In: DDAR, v. 14, p. 33.
294. Howe para Germain, 2 de abril de 1777. In: DDAR, v. 14, p. 64-65.

manha distância seria difícil, já que Howe "estaria, provavelmente, na Pensilvânia quando aquele destacamento estiver pronto para avançar". Burgoyne deveria, assim, contar apenas com seus próprios recursos e julgamento quanto ao que "contribuísse da melhor forma possível para o avanço do serviço de Sua Majestade". O máximo que Howe poderia fazer era "manter um destacamento na parte mais baixa do Rio Hudson, suficiente para abrir a comunicação para o transporte de carga por Highlands (...) destacamento esse que deveria, mais tarde, agir em favor do exército do norte". Contudo, Howe não duvidava de que, uma vez conquistada Albany, Burgoyne descobriria que "os amigos do governo eram, naquela parte do país, tão numerosos e prontos a dar toda a ajuda e assistência" que "a tomada das partes mais rebeldes da província não se mostraria uma tarefa difícil".[295]

Tendo se eximido de qualquer obrigação de ajudar Burgoyne, Howe terminou os preparativos de sua própria campanha, após o recebimento de uma remessa final de equipamentos de campo e recrutas para os regimentos. No início de junho, tudo estava pronto. Entretanto, Howe demorou na evacuação de Nova Jersey. Um dos motivos foi a necessidade de garantir mais forragem, caso a esquadra de abastecimento vinda da Irlanda se atrasasse.[296] Porém, ele também desejava participar de uma batalha decisiva "onde ainda permanece a força principal do inimigo".[297] Howe ainda acreditava que a destruição do exército de Washington era o meio mais seguro de debelar a rebelião. Washington, por sua vez, ocupara um novo campo em Middlebrook, quase 13 quilômetros a oeste de Brunswick. Dali, ele conseguiria observar qualquer avanço de Howe sobre a Filadélfia ou o Rio Hudson, com o fito de empreender uma junção com Burgoyne. Sua nova posição, como aquela em Morristown, constituía "um forte terreno" e era bem protegido por montanhas e rios.[298]

Em 13 de junho de 1777, Howe partiu, tomando a estrada para a Filadélfia, na esperança de induzir Washington a abandonar sua segurança em Middlebrook. Washington, entretanto, recusou o combate. Ele lutaria apenas sob suas próprias condições, mesmo que isso significasse desistir da Filadélfia, pois, como disse a Arnold no dia 17 de junho, "enquanto tivermos uma força respeitável em campo, qualquer aquisição de território que consigam será precária e talvez até onero-

---

295. Howe para Carleton, 5 de abril de 1777. In: DDAR, v. 14, p. 66.
296. BOWLER, A. *Logistics*, p. 68-69.
297. Howe para Germain, 3 de junho de 1777. In: DDAR, v. 14, p. 102-103.
298. Washington para Augustine Washington, 1º de junho de 1777. In: WP/RWS, v. 9, p. 586-587. Ibid., 29 de junho de 1777. In: WP/RWS, v. 10, p. 149-150.

sa".²⁹⁹ Ele disse o mesmo a Reed, enfatizando que a tomada de território por Howe aumentava as chances de um erro estratégico. As pessoas estavam enganadas ao pensar que a luta era o único meio de se conduzir uma guerra. O essencial era manter "a principal finalidade em mente", a saber, a preservação do exército. Enquanto isso, suas redes de espiões e de reconhecimento, compostas pelos atiradores de Morgan, mantinham-no bem informado das manobras britânicas. Washington também estava feliz com o apoio dado pela milícia de Nova Jersey, cuja disposição para participar foi muito diferente daquela do ano anterior. Isso deve ter causado a Howe "um choque maior (...) do que qualquer outro evento ocorrido no curso dessa disputa".³⁰⁰

A impossibilidade de atrair Washington para a batalha levou Howe, por fim, a retomar "os principais objetivos da campanha" no fim de junho. Mas, enquanto esperava transporte em Amboy, ele soube que Washington avançava em sua direção. Howe reuniu, de imediato, uma força de tropas de elite, em 26 de junho, na esperança de cercar o exército patriota antes que pudesse retornar a suas trincheiras em Middlebrook. Mais uma vez, a estratégia mostrou-se malsucedida, embora uma das divisões de Washington tenha perdido alguns canhões antes de voltar às montanhas.³⁰¹ E então, em 30 de junho, Howe embarcou seu exército rumo a Staten Island, onde aconteceria o embarque principal. Aides notou que ele parecia "bastante desapontado" por não ter conseguido apanhar seu inimigo.³⁰²

Logo depois disso, Clinton retornou de sua licença na Inglaterra trazendo a carta de Germain de 18 de maio, "na confiança" de que Howe estaria pronto para cooperar com o exército do Canadá quando da conclusão de suas próprias operações.³⁰³ Obviamente, isso não seria possível, agora, caso Howe fosse para a Filadélfia, devido ao avanço da estação. No entanto, ele estava determinado a perseverar em seu plano atual, alegando, como justificativa, que Burgoyne não conseguiria fazer a junção a tempo, uma vez que ele provavelmente "se depararia com a necessidade de empregar toda a força de seu exército contra as tropas dos rebeldes que lhe faziam frente". Howe, então, começou um discurso veemente acerca das dificuldades que

---

299. Washington para Sullivan, 14 de junho de 1777. In: WP/RWS, v. 10, p. 41. Washington para Arnold, 17 de junho de 1777. In: WP/RWS, v. 10, p. 59.
300. Washington para Reed, 23 de junho de 1777. In: WP/RWS, v. 10, p. 113-114.
301. Washington para Hancock, 28 de junho de 1777. In: WP/RWS, v. 10, p. 137.
302. Howe para Germain, 5 de julho de 1777. In: DDAR, v. 14, p. 127-129. GRUBER, I.D. *The Howe Brothers and the American Revolution*. New York, 1972, p. 229.
303. Germain para Howe, 18 de maio de 1777. In: DDAR, v. 14, p. 84.

enfrentava. A guerra estava "agora em uma escala diferente, com relação aos poderes e força crescentes do inimigo, se comparados à campanha anterior". Os oficiais rebeldes estavam "muito melhores e o acréscimo de vários oficiais do serviço francês, bem como de uma artilharia bastante respeitável", os transformaram em adversários aterradores. Apenas reforços substanciais poderiam promover "a retomada das províncias do norte". Na verdade, "deveriam ser empregados três exércitos para tornar" a conquista "efetiva".[304] Ele já pedia desculpas para o caso de um revés.

Quaisquer dúvidas que Howe tivesse quanto a seguir até a Filadélfia desapareceram poucos dias depois, com a notícia de que Burgoyne conseguira avançar pelo Lago Champlain até Ticonderoga. Isso o convenceu de que o exército do norte poderia lidar com a situação, mesmo se Washington marchasse em direção ao norte, contra Burgoyne. O "poderio do exército do general Burgoyne é tamanho que não me deixa motivo para temer o acontecimento".[305] Portanto, seria seguro para ele partir para a Filadélfia. Germain estava prestes a colher os frutos de ter concedido tamanha discricionariedade a seus generais, em vez de lhes dar instruções precisas.

Contudo, para Washington, as intenções de Howe pareceram completamente desconcertantes quando 18 mil soldados começaram a embarcar em 150 embarcações com destino desconhecido. Era possível que estivessem subindo o Rio Hudson para se encontrar com Burgoyne ou, então, o embarque poderia ser um ardil para afastar Washington da Filadélfia. Da mesma forma, poderia ser o prenúncio de um ataque à Nova Inglaterra. Outro destino possível seria Charleston. Assim, Washington decidiu permanecer em Nova Jersey até que Howe mostrasse suas intenções. A partir de Middlebrook, ele poderia ir para o norte a fim de se reunir a Burgoyne, para o leste, com o intuito de ajudar a Nova Inglaterra, ou para o sul, visando defender a Filadélfia enquanto observava Nova York.[306] Esse foi um bom exemplo da visão estratégica e da perspicácia tática de Washington.

Como vimos, Howe tinha a expectativa de navegar para a Filadélfia pelo Rio Delaware, em vez de fazê-lo por Chesapeake, visto que o primeiro ficava mais próximo de Nova York, caso houvesse necessidade de reforçar as tropas no Hudson. Entretanto, ao chegar à foz do Delaware,

---

304. Howe para Germain, 7 de julho de 1777. In: DDAR, v. 14, p. 129-130.
305. Howe para Germain, 16 de julho de 1777. In: DDAR, v. 14, p. 145.
306. Washington para Putnam, 1º de julho de 1777. In: WP/RWS, v. 10, p. 165-166. Washington para Hancock, 2 de julho de 1777. In: WP/RWS, v. 10, p. 168-169. Washington para Heath, 4 de julho de 1777. In: WP/RWS, v. 10, p. 189.

Howe ficou preocupado com a possibilidade de Washington ter fortificado os prováveis locais de desembarque em Wilmington e Newcastle. Foi desencorajado, também, pela estreiteza do canal e pela presença de unidades flutuantes de artilharia e outros obstáculos. Desse modo, decidiu aproximar-se da Filadélfia por Chesapeake, a melhor rota para sua força anfíbia. Em consequência, a viagem da flotilha demorou mais quatro semanas para alcançar seu objetivo prévio, o Rio Elk, na parte alta da Baía Chesapeake.[307] Isso fez com que Howe começasse sua campanha apenas na última semana de agosto.

Havia ainda mais um inconveniente na escolha dessa rota. Após seis semanas no mar, durante o período mais quente do ano, seus homens precisavam de tempo para se recuperar. Ainda em piores condições encontravam-se os cavalos do exército. Ao partir, Howe encomendara ração para apenas três semanas. Não é de surpreender que a maioria dos cavalos estivesse morta ou inutilizável, o que privou Howe não só de sua cavalaria, mas também de seu fornecimento de suprimentos. Nessas circunstâncias, ele tinha de conseguir o que pudesse da população local. Até então, os suprimentos haviam sido obtidos em troca de dinheiro ou de nota promissória, resgatável no escritório do comissário ou do quartel-mestre-general. Contudo, dessa vez foi necessário o uso da força, em virtude "da disposição geral dos habitantes". Muitos haviam "empunhado armas e a grande maioria abandonara suas habitações, levando consigo seus rebanhos de gado e cavalos", a fim de evitar que caíssem nas mãos dos britânicos.[308] Não que as práticas dos exércitos patriotas fossem muito melhores, como Washington lembrou a seus homens, em mais um apelo para que cessassem os saques. "Reclamamos da crueldade e da barbárie de nosso inimigo", mas suas próprias depredações eram igualmente torpes. "Por que pegaram em armas, se não para defender a propriedade de seus conterrâneos?"[309]

A demora de Howe em Head of Elk deu a Washington tempo suficiente para alcançar Wilmington, na margem leste do Rio Brandywine, onde começou a entrincheirar seu exército. John Adams observou que as tropas continentais adotavam uma marcha irregular ao atravessar a Filadélfia, sem "que parecessem soldados".[310] Adams não tinha ex-

---

307. SYRETT, D. *Admiral Lord Howe: A Biography*. Annapolis, MD, 2006, p. 68-69. Ele, de fato, desembarcou quase dez quilômetros abaixo da nascente do Elk, Washington para Hancock, 27 de agosto de 1777. In: WP/RWS, v. 11, p. 78.
308. Howe para Germain, 30 de agosto de 1777. In: DDAR, v. 14, p. 181. MACKESY, P. *The War for America, 1775-1783*. Cambridge, Mass., 1964, p. 125.
309. Ordens Gerais, 4 de setembro de 1777. In: WP/RWS, v. 11, p. 142-143.
310. MIDDLEKAUF, R. *The Glorious Cause: The American Revolution, 1763-1789*. New

periência da vida militar, exceto a de observar os casacos vermelhos treinando em Boston Common. Mas suas observações revelavam com exatidão o fato de que ainda faltavam a disciplina e a autoconfiança de um exército verdadeiramente profissional às tropas de Washington. Apesar disso, Washington decidiu tentar outro ataque semelhante ao de Bunker Hill, sentindo que o Congresso esperava um comando de estilo mais agressivo.[311]

A determinação de Washington para competir com o avanço britânico deu a Howe outra oportunidade de fazer o que não havia conseguido desde que chegara à América. Os recursos de ambos os combatentes favoreciam de largo os ingleses, que contavam com 16.500 homens contra apenas 11 mil do lado patriota. A posição de Washington, no entanto, oferecia inúmeras vantagens. O Brandywine era um Rio volumoso, que só podia ser ultrapassado em alguns locais. No vau do Chad, o exército de Washington estava em ambos os lados da estrada para a Filadélfia, o que lhe permitia recuar para a cidade, caso fosse necessário. Não obstante, uma defesa estática fazia com que a iniciativa recaísse sobre Howe, o que aumentava o risco de sofrer um cerco, como em Brooklyn Heights. Washington estava ciente do perigo e, todos os dias, vigiava as estradas. Ele também tinha um grupo de tropas ligeiras "constantemente perto do inimigo (...) para lhes causar contratempos".[312] Porém, Washington, mais uma vez, deixou de analisar a situação referente aos vaus, rio acima.[313]

Howe não tardou em aproveitar a oportunidade. Enquanto as forças de Hesse, sob o comando do general Knyphausen, ameaçavam a frente de Washington, Howe e Cornwallis atravessaram o rio alguns quilômetros acima, em Jeffries Ford, que permanecia desguarnecido, exceto pela presença de algumas milícias. O tamanho da investida britânica foi informado com inexatidão, o que permitiu que Howe se aproximasse da posição de Washington antes que a real gravidade da situação se revelasse.[314] Em consequência, a ala direita do exército, comandada por Sullivan, teve de girar 90° para enfrentar essa ameaça inesperada. Nesse ponto, a batalha se generalizou, pois Knyphausen atacou o cen-

---

York, 1982, p. 385.
311. FERLING, J. *Almost a Miracle: The American Victory in the War of Independence.* New York, 2007, p. 146.
312. Washington para Hancock, 30 de agosto de 1777. In: WP/RWS, v. 11, p. 93. Ibid., 9 de setembro de 1777. In: WP/RWS, v. 11, p. 175.
313. WOOD, W.J. *Battles of the Revolutionary War, 1775-1781.* New York, 1995, p. 96.
314. Sullivan para Washington, 11 de setembro de 1777. In: WP/RWS, v. 11, p. 197-198. Ibid., 14 horas, p. 198.

tro de Washington pelo outro lado do Brandywine, enquanto Howe e Cornwallis fechavam a direita dos patriotas. A superioridade disciplinar e numérica dos britânicos e alemães não podia ser negada.[315] Contudo, a vitória não foi conquistada, uma vez que os patriotas ainda conseguiram recuar, graças à corajosa resistência da divisão de Greene. Entre os feridos estava o jovem marquês de Lafayette, que chegara recentemente à América a fim de lutar pela causa da liberdade.[316] Howe sofria, agora, as consequências de ter se aproximado da Filadélfia por mar, a saber, a perda de sua cavalaria, o que impediu uma perseguição mais vigorosa. Entretanto, ele responsabilizou a chegada da noite pela perda do ímpeto, dizendo a Germain que "o exército do inimigo escapou da destruição total" por falta de "uma hora a mais de luz do sol".[317] Os patriotas, então, empreenderam outro reagrupamento poucos quilômetro à frente, depois do qual Washington rumou para Chester antes de atravessar para um local de relativa segurança, às margens do Rio Schuylkill.[318] Mais uma vez, uma vitória total escapara das mãos de *sir* William Howe.

Pelas duas semanas seguintes, Howe e Washington engajaram-se em um jogo de gato e rato, pois Washington tentava proteger a Filadélfia sem arriscar uma batalha que não fosse em um campo de sua escolha. O Congresso, de novo, investiu-o de poderes especiais, de modo "que o exército pudesse ser abastecido de forma mais eficiente, com provisões e o que mais fosse necessário".[319] Enquanto isso, ele fez todo o possível para enfraquecer os flancos e a retaguarda de Howe. Porém, o perigo de dividir suas forças ficou logo evidente quando a brigada da Pensilvânia, sob o comando de Anthony Wayne, foi surpreendida por um destacamento comandado por lorde Grey, que deu uma demonstração clássica do uso da baioneta em combate corpo a corpo. Para garantir o silêncio, o comandante britânico ordenou que seus soldados se valessem apenas das baionetas. Isso permitiu surpresa total e resultou em uma baixa de 200 norte-americanos, entre mortos e capturados, na noite de 20 de setembro, sem que um só tiro fosse disparado no que veio a ser chamado de "Massacre de Paoli Tavern".[320] Em seguida, Howe

---

315. Howe para Germain, 10 de outubro de 1777. In: DDAR, v. 14, p. 203-209. Knyphausen para Germain, 21 de outubro de 1777. In: DDAR, v. 14, p. 238-241.
316. De início, Washington não sabia como lidar com Lafayette, vendo-o como um dos "inúmeros candidatos estrangeiros a um emprego". Washington para Benjamin Harrison, 19 de agosto de 1777. In: WP/RWS, v. 11, p. 4-5. Nos primeiros meses, Lafayette teve de aceitar um cargo na equipe de Washington, com o título honorário de major general.
317. Howe para Germain, 10 de outubro de 1777. In: DDAR, v. 14, p. 202-204.
318. Washington para Hancock, 11 de setembro de 1777. In: WP/RWS, v. 11, p. 200-201.
319. Hancock para Washington, 17 de setembro de 1777. In: WP/RWS, v. 11, p. 254.
320. Wayne para Washington, 21 de setembro de 1777. In: WP/RWS, v. 11, p. 286-287.

subiu o Rio Schuylkill, o que aparentemente ameaçaria os suprimentos de Washington em Reading. Isso não passou de um ardil, pois, durante a noite, Howe deu meia-volta, atravessando o Schuylkill sem enfrentar qualquer resistência. Tal ato o deixou entre Washington e a Filadélfia, local que Cornwallis invadiu no dia 26 de setembro de 1777.[321]

Embora um número considerável de habitantes tivesse dado as boas-vindas aos britânicos, poucos se apresentaram para receber o perdão recentemente oferecido, ou se alistar nas unidades provinciais. Além disso, os britânicos começaram a perceber que a tomada da Filadélfia não era semelhante à conquista de Londres ou Paris, visto que se tratava apenas da capital de uma província. O próprio Congresso se retirara para o menor conforto de Lancaster oito dias antes, onde continuou a funcionar como sempre. Esse foi outro exemplo da incapacidade dos britânicos de compreender a natureza do conflito em que estavam envolvidos. Além disso, a ocupação da Filadélfia ainda era muito precária, uma vez que os patriotas ainda dominavam o Forte Mifflin e o Forte Mercer, abaixo da cidade, o que impedia a entrega de suprimentos via Rio Delaware. Washington não tardou em tirar proveito da situação, fortalecendo as guarnições enquanto a milícia sabotava as linhas britânicas de comunicação.[322] Assim, Howe teve de dispor de uma força considerável para conquistar os fortes no Delaware, ao mesmo tempo em que mantinha uma guarnição respeitável na cidade. Como resultado, tinha apenas 9 mil homens em seu campo principal em Germantown, que ele, por negligência, deixou de entrincheirar.[323]

Esses desdobramentos levaram Washington a acreditar que Howe havia lhe oferecido outra oportunidade de uma batalha em termos favoráveis. Seu otimismo foi reforçado pela notícia de que a tentativa de invadir Nova York, empreendida por Burgoyne, havia sido suspensa.[324] O plano de Washington era marchar, durante a noite de 3 de outubro, em quatro colunas, de modo que suas tropas convergissem para a linha britânica à luz do dia. De início, tudo correu bem, visto que a aproximação patriota foi beneficiada pelo nevoeiro. Infelizmente, isso dificultou que se soubesse onde cada unidade estava localizada, o que fez com que duas brigadas atirassem uma contra a outra. Perdeu-se ainda mais tempo na tentativa de conquistar um ponto de defesa britânico em Chew

---
321. Conselho de Guerra, 23 de setembro de 1777. In: WP/RWS, v. 11, p. 294-296. Howe para Germain, 10 de outubro de 1777. In: DDAR, v. 14, p. 205-206.
322. Washington para coronel Arendt, 23 de setembro de 1777. In: WP/RWS, v. 11, p. 298.
323. Howe para Germain, 10 de outubro de 1777. In: DDAR, v. 14, p. 206-207.
324. Conselho de Guerra, 28 de setembro de 1777. In: WP/RWS, v. 11, p. 338-339. Ordens gerais, 28 de setembro de 1777. In: WP/RWS, v. 11, p. 337.

House. Isso permitiu que Howe fizesse um contra-ataque que obrigou os patriotas a retroceder, embora mantendo a formação. Washington, como muitos comandantes depois de um revés, responsabilizou primeiro as condições e, em seguida, seus homens, por cederem, em vez de admitir que seu plano tinha sido complexo demais.[325] No entanto, como ressaltou Wayne, a ação revelou que os britânicos poderiam ser derrotados em combate corpo a corpo. Da próxima vez, o resultado seria diferente.[326]

Para Howe, aquela fora uma fuga afortunada e ele, então, teve o cuidado de fortificar a cidade, colocando suas tropas dentro dela. Entretanto, o exército e a frota ainda tinham de abrir a navegação do Rio Delaware, pois, como comentou o comissário de Howe, Daniel Weir: "Todo o país a nosso redor está tomado pelo inimigo". Era difícil até assegurar novas provisões para os hospitais, visto ser impossível "avançar cem metros além de nossas linhas sem uma grande escolta".[327] Um ataque aos Fortes Mifflin e Mercer no dia 23 de outubro foi rechaçado, com a perda de 400 homens e de um navio de guerra de 64 armas. A tarefa foi completada só em meados do mês de novembro.[328] Depois de ter feito outra tentativa de atrair Washington para o noroeste da Filadélfia, Howe mandou seu exército para os quartéis de inverno, "pois não desejava expor mais suas tropas ao clima dessa estação inclemente".[329]

Para Washington, os eventos em Germantown foram outro golpe em suas esperanças de derrotar os britânicos. Parecia que a vitória, de novo, havia sido tomada de suas mãos, por causa do nevoeiro e da disciplina precária. Contudo, ele sentiu algum conforto com os rumores de uma vitória contra Burgoyne, no norte. O ano ainda poderia acabar de forma esplêndida para a causa patriota.

Burgoyne encontra seu rival: Saratoga

De início, o plano de Burgoyne para invadir Nova York pelo Lago Champlain ia relativamente bem após seu retorno ao Canadá, em maio de 1777. Em Quebec, um contingente de 3.700 regulares britânicos, 3 mil alemães de Brunswick, sob o comando do barão Von Riedesel, 650 canadenses e partidários do Tory e 400 indígenas das sete nações de St.

---

325. Washington para Hancock, 5 de outubro de 1777. In: WP/RWS, v. 11, p. 393. Howe para Germain, 10 de outubro de 1777. In: DDAR, v. 14, p. 207.
326. Wayne para Washington, 4 de outubro de 1777. In: WP/RWS, v. 11, p. 389-390.
327. Citado em: BOWLER, A. *Logistics*, p. 71.
328. Lorde Howe para Stephens, 25 de outubro de 1777. In: DDAR, v. 14, p. 243-246. Ibid., 23 de novembro de 1777. In: DDAR, v. 14, p. 257-261.
329. Howe para Germain, 13 de dezembro de 1777. In: DDAR, v. 14, p. 272-273.

Lawrence estavam à sua espera.³³⁰ Esse número era substancialmente menor do que aquele que requisitara, mas ele não reclamou, tamanha era sua confiança. Antes de dar início a seu trabalho, Burgoyne emitiu uma proclamação instando os habitantes a ser amigáveis com suas tropas, ou encarariam a fúria dos indígenas, ignorando que uma ameaça tal poderia ser contraproducente. Ele também lançou um tolo apelo para que os índios não fizessem mal aos civis. Como sugeriu um observador, isso equivalia a soltar os leões da coleção de animais selvagens do rei, pressupondo-se que não fariam mal aos outros animais.³³¹

Todavia, seus preparativos iniciais foram anormalmente sutis, sendo habilmente assessorados por Carleton, apesar do ressentimento desse último por ter sido preterido no comando. Depois de atender às solicitações de St. Leger, Burgoyne pôde partir para descer pelo Lago Champlain no dia 20 de junho, a fim de enfrentar seu primeiro teste, a fortaleza de Ticonderoga, base do exército patriota do norte, sob o comando do general St. Clair.³³² Oficialmente, St. Clair dispunha de 5 mil homens, mas, na realidade, seu contingente não passava de 3 mil, por causa das deserções e do fim dos períodos de alistamento. O próprio forte estava em péssimas condições e tinha uma longa linha de defesa externa. Havia ainda outro problema. Ticonderoga era cercada por três colinas: Monte Defiance, Monte Hope e Monte Independence. Apenas as duas últimas haviam sido fortificadas, em razão da escassez de homens, embora o Monte Defiance fosse considerado íngreme demais para a instalação de artilharia. Isso se mostrou um erro, pois os engenheiros de Burgoyne logo instalaram uma unidade de artilharia em 5 de julho, o que permitiu que ele supervisionasse tanto o forte quanto as aproximações pelo lago. St. Clair percebeceu, de imediato, que sua posição era insustentável. No dia 6 de julho, ele ordenou a retirada para Skenesborough, no extremo sul do Lago Champlain.³³³

Essa foi uma vitória preliminar muito animadora para Burgoyne. O único revés foi a recusa de Carleton em guarnecer Ticonderoga, visto que isso contrariava a ordem de Germain de restringir suas responsabilidades à província do Canadá.³³⁴ Em consequência, Burgoyne teve de deixar 900 de seus próprios homens para trás, o que consistiu em um

---

330. Burgoyne para Germain, 15 de maio de 1777. In: DDAR, v. 14, p. 78-79.
331. WARD, C. *The War of the Revolution: A Military History of the American Revolution*. ALDEN, J.R. (Ed.). New York, 1952, v. 1, p. 405.
332. Burgoyne para Germain, 22 de junho de 1777. In: DDAR, v. 14, p. 119-121.
333. Burgoyne para Germain, 11 de julho de 1777. In: DDAR, v. 14, p. 133-140. St. Clair para Washington, 17 de julho de 1777. In: WP/RWS, v. 10, p. 308-311.
334. Carleton para Germain, 16 de agosto de 1777. In: DDAR, v. 14, p. 160-161.

sério enfraquecimento de sua força. Entretanto, no momento, os patriotas estavam em fuga e os britânicos, em feroz perseguição. A guarda avançada de Burgoyne, comandada pelo general Simon Fraser, enfim alcançou a retaguarda de St. Claire ao pé do Lago Champlain, perto do recente assentamento de Hubbardton. O resultado foi uma cruenta luta na floresta em 7 de julho de 1777, na qual Fraser acabou por levar a melhor, embora apenas depois de ter se unido a Riedesel, que vinha do outro lado do lago.[335] No entanto, a maior parte da força de St. Claire escapou ao longo de Wood Creek rumo ao Forte Edward, por ambos os lados do Rio Hudson. Ali, reuniram-se a Schuyler, com sua reserva de apenas 700 homens. A escassez de tropas devia-se, em parte, ao fato de Washington ainda não ter certeza das intenções de Howe e, assim, temer um avanço britânico Rio Hudson acima, contra os fortes das montanhas.[336] Contudo, Schuyler também estava enfraquecido pelo desfalque da milícia da Nova Inglaterra, onde se suspeitava ser ele simpatizante da Grã-Bretanha. Dessa forma, decidiu abandonar o Forte Edward e o Forte George para concentrar suas forças em um lugar mais defensável: primeiro, perto de Saratoga e, depois, em Stillwater. Simultaneamente, ele recorreu a Washington, pedindo mais ajuda.[337]

Dessa vez, Washington respondeu com diversas iniciativas. Primeiro, pediu a Hancock que encarregasse Arnold dos soldados da Nova Inglaterra que serviam com Schuyler, por ser ele um oficial da região "em quem a milícia depositará uma grande confiança".[338] Depois, apelou para as milícias do oeste de Massachusetts e de New Hampshire, ressaltando que elas enfrentavam um inimigo "que, não satisfeito em contratar mercenários para destruir o país, agora trouxera selvagens, com a clara e expressa intenção de acrescentar o assassinato ao cenário de desolação".[339] Para tornar essa contribuição mais eficiente, ele, ao mesmo tempo, pediu a Benjamin Lincoln que mobilizasse a milícia na fronteira ocidental de New Hampshire, de onde poderiam ameaçar o flanco de Burgoyne. Por fim, concordou em despachar uma brigada de Highlands para se reunir a Schuyler.[340]

---

335. Burgoyne para Germain, 11 de julho de 1777. In: DDAR, v. 14, p. 137-138. St. Clair para Washington, 17 de julho de 1777. In: WP/RWS, v. 10, 308-311.
336. Washington para Schuyler, 16 de junho de 1777. In: WP/RWS, v. 10, p. 53. Ibid., 20 de junho de 1777. In: WP/RWS, v. 10, p. 90-91.
337. Schuyler para Washington, 10 de julho de 1777. In: WP/RWS, v. 10, 244-245. Ibid., 14 de julho de 1777. In: WP/RWS, v. 10, p. 279-280. Ibid., 4 de agosto de 1777. In: WP/RWS, v. 10, p. 506.
338. Washington para Hancock, 10 de julho de 1777. In: WP/RWS, v. 10, p. 240-241.
339. Washington para Schuyler, 24 de julho de 1777. In: WP/RWS, v. 10, p. 396-398.
340. Washington para Schuyler, 24 de julho de 1777. In: WP/RWS, v. 10, p. 396-398.

Enquanto isso, Burgoyne meditava acerca de seu próximo passo. A prudência sugeria que ele voltasse para Ticonderoga e levasse seus barcos para o Lago George, uma vez que havia uma ótima estrada desde Forte George, na outra extremidade daquele lago, até Forte Edward, no Rio Hudson. Entretanto, Burgoyne relutava em fazê-lo, pois pareceria uma retirada. Por outro lado, as dificuldades já encontradas na perseguição dos patriotas não poderiam ser ignoradas. Assim, ele decidiu continuar seu curso atual, ao longo de Wood Creek, enquanto despendia todos os esforços "em Ticonderoga para levar barcos, canhoneiras e embarcações de suprimentos para o Lago George". Essa poderia se tornar, então, para o exército, a principal rota de abastecimento ao Forte Edward, onde poderia ser feita "uma junção do todo".[341]

O avanço por Wood Creek revelou-se difícil, uma vez que St. Clair havia destruído todas as pontes e árvores caídas ao longo do caminho. Como resultado, afora a perda de três semanas, o exército chegou a Forte Edward, em 6 de agosto, em estado de exaustão, tendo consumido a maior parte de seus suprimentos e perdido a maioria de seus animais de tração. Além disso, os patriotas haviam afugentado todos os habitantes e seu gado, conquanto Burgoyne tivesse interpretado isso antes como "um ato de desespero e insensatez" do que como uma atitude sensata de necessidade militar. Um benefício que obtivera desse avanço via Wood Creek foi que os patriotas abandonaram Forte George e queimaram seus navios, abrindo, assim, caminho para o restante da artilharia e suprimentos de Burgoyne por essa rota. Isso era bom, já que Burgoyne recebera informações de que o inimigo estava se reunindo em Saratoga para um ataque.[342]

Alguns dias depois, Burgoyne recebeu uma cópia da carta de Howe para Germain, datada de 16 de julho de 1777, que confirmava que ele estava a caminho da Filadélfia, embora com a promessa de que deixaria tropas adicionais em Nova York, caso Washington avançasse contra ele, subindo o Rio Hudson.[343] Tal informação, contudo, não pareceu perturbar Burgoyne, visto que não fez menção a ela em sua resposta do dia 6 de agosto de 1777. Ele apenas informou Howe de que ainda estava trazendo sua artilharia, provisões e barcos do Lago George para ser usados no Rio Hudson e, portanto, era improvável que alcançasse Albany antes de 22 de agosto.[344]

---

341. Burgoyne para Germain, 11 de julho de 1777. In: DDAR, v. 14, p. 139.
342. Burgoyne to Germain, 30 de julho de 1777. In: DDAR, v. 14, p. 153-155.
343. Howe para Germain, 16 de julho de 1777. In: DDAR, v. 14, p. 145. GRUBER, I.D. *The Howe Brothers*, p. 234.
344. Burgoyne para Howe, 6 de agosto de 1777. In: DDAR, v. 14, p. 156.

Burgoyne, assim, retomou seu avanço para Albany poucos dias depois, motivado pela notícia de que St. Leger alacançara Forte Stanwix. Mas ele logo percebeu que mesmo a curta distância até Saratoga estava colocando um peso intolerável sobre sua cadeia de abastecimento, devido à falta de cavalos e à necessidade de proteger cada comboio. Isso o levou a considerar um meio alternativo de sustentar seu exército, enviando um destacamento até o Rio Connecticut, onde acreditava que haveria suprimentos abundantes de gado e de carroças. Se fosse verdade, isso permitiria que ele dispensasse a tão demorada cadeia de abastecimento via Lago George.[345]

O segundo motivo para essa incursão era garantir cavalos para os dragões de Riedesel, que haviam chegado ao Canadá sem suas montarias. Os dragões deveriam estar acompanhados de alguns partidários do Tory e indígenas, que totalizariam cerca de 800 homens, sob o comando do coronel Friedrich Baum. Burgoyne, sem dúvida, gostou da ideia, uma vez que isso se ajustava a seu entusiasmo anterior por um avanço sobre Connecticut. Ele também estava confiante de que havia muitos legalistas na região. As ordens de Baum eram, assim, para "conquistar os favores do povo (...) a fim de conseguir montarias para os dragões de Riedesel, completar as tropas [de legalistas] de Peter e obter grandes suprimentos de gado, cavalos e carroças". Baum, que não falava inglês, também deveria aprisionar qualquer pessoa que estivesse agindo "sob a orientação do Congresso, fosse civil ou militar".[346] Nesse meio-tempo, Burgoyne começou a construir uma ponte flutuante sobre o Rio Hudson, com o intuito de responder a qualquer movimento do exército de Schuyler em Stillwater.[347]

A expedição partiu em 11 de agosto e logo encontrou problemas. Burgoyne não sabia que, recentemente, uma jovem chamada Jane McCrea havia sido escalpelada de forma brutal pelos indígenas, perto de Forte Edward. Essa notícia provocara revolta nos assentamentos da Nova Inglaterra, a leste do Rio Hudson.[348] Em 15 de agosto, todo o contingente de Baum foi rapidamente cercado pela milícia de New Hampshire, sob o comando do brigadeiro John Stark, perto de Bennington. A situação piorou com a incapacidade de Baum para diferenciar aliados de inimigos, o que o levou a receber a milícia de Stark como aliados. Quando o tiroteio começou, os índios fugiram, assim como os parti-

---

345. Burgoyne para Germain, 20 de agosto de 1777. In: DDAR, v. 14, p. 163.
346. Citado em: WOOD. *Revolutionary Battles*, p. 144-145
347. Burgoyne para Germain, 20 de agosto de 1777. In: DDAR, v. 14, p. 164.
348. Arnold para Washington, 27 de julho de 1777. In: WP/RWS, v. 10, p. 433-434.

dários do Tory, deixando os dragões em uma luta desesperada, até que findasse sua munição. Um reforço de 600 soldados de Brunswick pouco pôde fazer. Nesse evento, Burgoyne perdeu 900 homens, dos quais não poderia prescindir. Ele também perdeu a maior parte dos indígenas que restara, os quais ficaram furiosos por não terem tido permissão para lutar a seu próprio modo depois do assassinato de Jane McCrea. Para a maioria dos guerreiros a guerra fazia pouco sentido, sem a oportunidade de vingar injustiças do passado, saquear despojos e fazer prisioneiros, para adoção ou para exigir resgate.[349]

Agora, Burgoyne tinha de tomar uma decisão crítica. Seu exército ainda estava relativamente intacto e tinha suprimentos suficientes, carruagens e barcos para voltar ao Lago George. E havia boas razões para fazê-lo, como ele admitiu a Germain em 20 de agosto. St. Leger ainda não tinha tomado o Forte Stanwix e havia poucos sinais de que os legalistas se uniriam a ele, ao passo que o inimigo poderia, a toda evidência, arregimentar uma milícia de 4 mil homens dos acampamentos do alto do Rio Connecticut. Ele também sabia que Howe fora para a Filadélfia e que Washington estava enviando reforços substanciais para a frente do norte. Clinton ainda não havia empreendido nenhuma tentativa de abrir a rota para Albany. Tudo indicava que o exército de Burgoyne corria o risco de ser interceptado. Ele admitiu: "Se eu tivesse liberdade de ação, pensaria ser meu dever aguardar nesta posição, (...) onde minha comunicação com o Lago George seria perfeitamente segura", até que algo "acontecesse para compelir meu movimento adiante". Entretanto, Burgoyne não acreditava ter essa liberdade, uma vez que suas instruções eram "explícitas, no sentido de 'forçar uma junção com *sir* William Howe'".[350] Por que, exatamente, ele resolveu interpretar suas ordens dessa maneira, não se sabe. Ele tinha a reputação de ser um jogador. Pode ser que também fosse prisioneiro de sua própria grandiloquência. Ele proclamara o que faria aos rebeldes caso não depusessem suas armas. Parar agora seria interpretado como covardia, o que minaria seu *status* no exército.

Assim, ele determinou-se a prosseguir para Albany, após ter reunido provisões para 25 dias e recebido alguns recrutas e companhias adicionais na rota para o Lago Champlain. Ele sabia que, tão logo atravessasse "o Rio Hudson e prosseguisse em direção a Albany, toda a segurança de comunicação com o Lago George acabaria". Contudo, ele não considerava a travessia como um ponto sem volta, visto que disse

---

349. Burgoyne para Germain, 20 de agosto de 1777. In: DDAR, v. 14, p. 162-165.
350. Burgoyne para Germain, 20 de agosto de 1777 (Particular). In: DDAR, v. 14, p. 166-167.

a Germain que ainda teria "a oportunidade de abrir o caminho de volta para Ticonderoga", contanto que não demorasse demais. Porém, "caso eu consiga forçar minha passagem para Albany e encontre essa região em condições de sustentar meu exército, não pensarei mais em retirada, mas, na pior das hipóteses, fortificarei a região e esperarei pelas operações de *sir* William Howe".[351]

Burgoyne poderia ter marchado em direção a seu objetivo pelo lado leste do Rio Hudson. Entretanto, Albany ficava na margem oeste, onde o rio era mais largo e suas margens, mais apropriadas para ser fortificadas. Atravessar o rio em Saratoga seria mais fácil, embora ele tivesse de construir uma nova ponte de barcos, visto que sua anterior estrutura flutuante fora destruída. Depois, a ponte teria de ser desmontada, pois os barcos eram necessários para transportar as provisões do exército, enquanto as tropas marchavam rio abaixo. Como resultado, Burgoyne só ficou pronto para começar seu avanço antes em 13 de setembro.

Até então, as forças de Burgoyne haviam visto pouco do exército patriota, que estava enfraquecido pela necessidade de enviar reforços para a defesa do Forte Stanwix.[352] Schuyler, em consequência, havia recuado uma segunda vez para a foz do Rio Mohawk. Mas seus dias como comandante estavam contados. Os habitantes da Nova Inglaterra há muito haviam perdido a confiança em Schuyler e suas credenciais ficaram ainda mais manchadas pela perda de Ticonderoga, que muitos atribuíram à traição.[353] Agora, as notícias desse fracasso fizeram com que o Congresso substituísse Schuyler e St. Clair por Horatio Gates e Arnold, que gozavam da confiança dos Estados da Nova Inglaterra.[354]

Gates era outro antigo oficial britânico que permanecera na América quando do fim da guerra anterior e aderira aos patriotas. Conquanto não se parecesse com um militar, revelou-se hábil administrador como ajudante geral de Washington. Sua designação foi muito benéfica, uma vez que Washington já havia reforçado seu comando com vários regimentos dos fortes de Highland. Entre os recém-chegados estavam Morgan e 300 carabineiros da Virgínia, que vieram para oferecer um "contrapeso aos índios", pois eram capazes de "combatê-los com o mesmo estilo de luta deles".[355] No início de setembro, Gates tinha

---
351. Burgoyne para Germain, 20 de agosto de 1777 (Particular). In: DDAR, v. 14, p. 167.
352. Schuyler para Washington, 13 de agosto de 1777. In: WP/RWS, v. 10, p. 606-607.
353. Trumbull para Washington, 25 de julho de 1777. In: WP/RWS, v. 10, p. 420-422.
354. Delegados do Congresso da Nova Inglaterra para Washington, 2 de agosto de 1777. In: WP/RWS, v. 10, p. 10.
355. Washington para o governador George Clinton, 16 de agosto de 1777. In: WP/RWS,

mais de 7 mil homens sob seu comando, em comparação aos 4.500 de Burgoyne. Ele se sentia, agora, forte o suficiente para retornar a Stillwater, onde Arnold estava fortificando uma região que dava vista para o Rio Hudson, conhecida como Bemis Heights.[356]

Notícias sobre tais movimentações levaram Burgoyne a retomar seu avanço, na crença de que os patriotas estavam prontos para lhe oferecer a chance de uma batalha decisiva. Seu plano em 19 de setembro de 1777 era um movimento lateral a fim de conquistar algum terreno elevado à esquerda do exército de Gate, como preparação de um ataque geral. Infelizmente, Fraser demorou tanto para executar a manobra que o centro e a ala esquerda do exército de Burgoyne foram incapazes de se posicionar de modo eficaz. Então, para surpresa dos britânicos, Arnold e Morgan arremeteram com a ala esquerda do exército patriota para enfrentar Fraser entre as árvores próximas a uma propriedade isolada chamada Fazenda de Freeman. Embora os britânicos conseguissem, por fim, o controle do campo central, só o obtiveram à custa de cerca de 530 homens, que foram vitimados, em especial, pelos atiradores de elite de Morgan que se postaram nas árvores. Entre os mortos estava Fraser. Igualmente desconcertante foi o fato de que as trincheiras patriotas nas elevações de Bemis não foram sequer testadas. A única consequência negativa para os patriotas foi uma irrupção de mordacidade depois que Arnold acusou Gates de não reconhecer a contribuição de seus homens. A resposta de Gates foi exonerar Arnold do comando que exercia.[357]

De maneira inacreditável, Burgoyne ainda não percebia todos os perigos de sua situação. Como explicou a Clinton em 27 de setembro, ele acreditava que conseguiria manter sua posição em Saratoga até a metade de outubro, contanto que fosse aberta uma via de comunicação com Nova York. Isso era essencial, pois ele agora compreendia que não lhe seria possível assegurar provisões suficientes em Albany para sustentar seu exército durante o inverno. Portanto, caso Clinton não tivesse certeza da possibilidade de navegação pelo Rio Hudson, Burgoyne teria de bater em retirada antes que o gelo fechasse os rios e lagos. Dessa forma, Clinton precisava dizer categoricamente "se ele deveria prosseguir até Albany ou empreender sua retirada para o Canadá".[358]

Enquanto esperava uma resposta, Burgoyne começou a fortificar sua posição para proteger seus barcos de provisões. No entanto, quan-

---
v. 10, p. 635-637.
356. WARD, C. *The War of the Revolution*, v. 2, p. 498.
357. HIGGINBOTHAM, D. *Daniel Morgan: Revolutionary Rifleman*. Chapel Hill, 1961, p. 70-71.
358. Burgoyne para Clinton, 27 de setembro de 1777. In: DDAR, v. 14, p. 190-191.

to mais aguardava, pior ficava sua situação. No fim de setembro, Gates dispunha de mais de 11 mil homens, todos cheios de entusiasmo por conta da batalha na Fazenda de Freeman. Grande número de milícias da Nova Inglaterra também estava do outro lado do rio e ameaçava a linha britânica de retirada. Mas isso não era tudo. Outro corpo da milícia da Nova Inglaterra quase recapturara Ticonderoga, destruindo, ao mesmo tempo, as cargas no local de desembarque próximo.[359] Como resultado, os britânicos não tinham mais o controle do Lago George e estavam verdadeiramente encurralados, a menos que pudessem atravessar as linhas em Bermis Heights ou fossem auxiliados por Clinton em Nova York.

Burgoyne reconheceu, enfim, a gravidade de sua situação apenas no início de outubro, quando decidiu fazer outra tentativa de atravessar as linhas patriotas. Primeiro, enviou uma grande porção de seu exército, no dia 7 de outubro, para um reconhecimento integral. Entretanto, não tinham ido longe quando Morgan e Arnold, esse último agindo contra as ordens de Gates, atacaram a coluna britânica pela frente, pelo flanco e pela retaguarda, o que obrigou Burgoyne a recuar para Saratoga. Sua perplexidade foi indicada pelo abandono dos doentes e pela perda de seis canhões. Outra indicação foi a destruição de seus barcos e equipamentos pela milícia que atirava da margem oposta. Tais suprimentos, como estavam guardados, seriam suficientes para apenas quatro ou cinco dias.[360]

De volta a Nova York, Clinton ponderava a respeito de como responder às mensagens de Burgoyne. Uma coisa era certa: ele não poderia indicar uma rota a Burgoyne, "sem ter recebido quaisquer instruções" de Howe "relativas ao exército do norte". Por certo, Burgoyne não supunha que Clinton pudesse chegar "a Albany com a pequena força" que ele tinha, então, em Nova York. Tudo o que ele podia fazer era atacar os fortes de Highland, conforme a sugestão de Burgoyne de que "mesmo a ameaça de um ataque seria útil".[361]

Porém, não haveria maneira de os britânicos escaparem, encurralados como estavam pelo Rio Hudson, embora Clinton tivesse conseguido capturar, em 6 de outubro, os dois principais postos de Highland, o Forte Montgomery e o Forte Constitution, que haviam sido desguar-

---

359. Brigadeiro Powell para Carleton, 18 de setembro de 1777. In: DDAR, v. 14, p. 185-186. Ibid., 23 de setembro de 1777, p. 187-189.
360. Burgoyne para Germain, 20 de outubro de 1777. In: DDAR, v. 14, p. 233.
361. Cópia das notas de Clinton em uma discussão com o capitão Campbell, 5 de outubro de 1777. In: DDAR, v. 14, p. 191-192.

necidos de suas tropas para fortalecer os exércitos de campo.³⁶² Isso permitiu que Clinton enviasse o general Vaughan com uma tropa de 3 mil homens Rio Hudson acima, até Kingston, local em que chegou no dia 15 de outubro. Contudo, ele ainda estava a mais de 72 quilômetros de Albany e todas as informações sobre a situação de Burgoyne sugeriam que era "impraticável dar-lhe mais qualquer assistência". Outra razão para retornar era a afirmação dos navegadores de que o rio não era navegável para navios de guerra depois de Kingston. Vaughan também notou o crescente número de rebeldes em ambos os lados do rio, à medida que este se estreitava em direção a Albany, o que tornava o avanço difícil e perigoso.³⁶³

Burgoyne considerou suas opções em um conselho de guerra no dia 12 de outubro. Ele sugeriu que o exército poderia tomar parte nos acontecimentos, levando seu auxílio; atacar as posições patriotas; recuar de forma ordenada em direção ao Rio Hudson, acima do Forte Edward; ou fugir durante a noite, deixando artilharia, equipamentos e provisões, na esperança de encontrar um vau sem defesas.³⁶⁴ Quase todas essas sugestões foram descartadas por se mostrarem inúteis, embora se tinha chegado a um acordo provisório quanto à retirada noturna. Porém, sentinelas relataram, na manhã seguinte, que o inimigo controlava todos os vaus e que também bloqueara a estrada de Forte Edward ao Lago George. ³⁶⁵Assim, em um segundo conselho de guerra, no dia 13 de outubro, Burgoyne apresentou o tema da rendição, indagando se "seria justificável que um exército de 3.500 combatentes, bem abastecidos de artilharia, se rendesse, à vista dos princípios da dignidade nacional e da honra militar". Todos os presentes concordaram que seria.³⁶⁶

Desse modo, mais tarde, naquele dia, Burgoyne engoliu seu orgulho e solicitou as condições. Gates estava mais do que pronto a aquiescer, temeroso de que Clinton ainda pudesse organizar um resgate. O resultado foi antes uma convenção do que uma rendição tradicional. Os britânicos e alemães deveriam gozar das honras de guerra, com o direito de retornar à Europa ou ser trocados por patriotas de igual patente, de forma a permitir que lutassem mais uma vez. Assim, em 16 de outubro, 5.800 oficiais e homens marcharam para depor suas armas. Entre os

---

362. Clinton para Howe, 9 de outubro de 1777. In: DDAR, v. 14, 197-199. G. Clinton para Washington, 20 de outubro de 1777. In: WP/RWS, v. 11, p. 560-562.
363. WILLCOX, W.B. *Portrait of a General: Sir Henry Clinton in the War of Independence*. New York, 1964, p. 183-188. *Clinton's Narrative*, In: CAR, p. 80.
364. Minutas de um Conselho de Guerra, 12 de outubro de 1777. In: DDAR, v. 14, p. 212-215.
365. Burgoyne para Germain, 20 de outubro de 1777. In: DDAR, v. 14, p. 234.
366. Minutas de um Conselho de Guerra, 13 de outubro de 1777. In: DDAR, v. 14, p. 214.

despojos estavam 27 peças de artilharia terrestre e vários milhares de mosquetes, um belo prêmio para as forças patriotas.[367]

As esperanças de Burgoyne de que seus homens pudessem retornar à batalha forma logo esmagadas, uma vez que o Congresso se recusou a aceitar a convenção. Quando os detalhes foram submetidos à apreciação, os membros perceberam, e com razão, que os termos eram lenientes demais e insistiram que os homens de Burgoyne fossem feitos prisioneiros de guerra. O único consolo para os britânicos foi que o adiantado da estação impedia qualquer invasão do Canadá. O oficial comandante em Ticonderoga, ao saber da rendição de Burgoyne, logo abandonou a fortaleza para concentrar as tropas remanescentes e as embarcações armadas em St. Johns. O controle temporário do Lago Champlain ao menos garantia que o Canadá estava a salvo.[368]

Mesmo assim, as consequências foram, de todo, prejudiciais. Burgoyne havia personificado a crença britânica de que poucos regimentos seriam suficientes para fazer com que a população voltasse à obediência. Isso se mostrou claramente falso. O prejuízo foi ainda maior, visto que a tomada da Filadélfia por Howe não se revelou ser o golpe que deveria ter sido no início da rebelião. Além disso, como demonstrou a batalha de Germantown, o exército de Washington ainda era uma ameaça, em especial enquanto o Delaware ainda precisava ser aberto. Foi por esse motivo que Howe deu ordens para que Clinton desguarnecesse os fortes de Highland e lhe enviasse cinco batalhões, a título de reforço. O controle do Rio Hudson fora um ponto-chave do plano britânico de recuperar a Nova Inglaterra. Agora, os outros pontos haviam sido descartados com imprudência por Howe ter se estendido até a Filadélfia.[369] A oportunidade não surgiria outra vez, uma vez que os patriotas não apenas reconstruíram seus postos existentes, mas iniciaram uma nova estrutura monumental em West Point, nos arredores dali.

Na Grã-Bretanha, Saratoga teve um impacto menor do que se poderia ter esperado. No máximo, o revés fortaleceu a determinação do país de não ser derrotado por oponentes tão desprezíveis, embora França e Espanha pudessem tentar se aproveitar das dificuldades enfrentadas pela Grã-Bretanha. O rei ainda falava em nome da maioria quando afirmou que "negociar" em termos de "independência jamais será possível".[370] Entretanto, o medo da intervenção da França e da

---

367. MIDDLEKAUF, R. *The Glorious Cause*, p. 384.
368. Powell para Germain, 8 de novembro de 1777. In: DDAR, v. 14, p. 253-254.
369. Howe para Germain, 21 de outubro de 1777. In: DDAR, v. 14, p. 238.
370. Jorge III para North, 13 de janeiro de 1778. In: FORTESCUE, v. 4, p. 14-15.

Espanha foi suficiente para persuadir os Whigs Rockingham a aceitar a independência em teoria.[371] Em consequência, o ministério enfrentaria um parlamento mais dividido.

Como é natural, a Grã-Bretanha exigiu respostas quanto a quem era o responsável por esse fiasco. Os generais foram rápidos em eximir a si mesmos. Burgoyne insistia que suas instruções exigiam que ele avançasse sobre Albany, quaisquer que fossem as circunstâncias. Se ele tivesse estacado em Forte Edward, "sua conduta teria se tornado indefensável por todas as classes (...) governo, exército e público". O resultado subsequente, portanto, não passava de "um infortúnio honroso", graças aos termos lenientes da convenção. Não obstante, uma falha ele reconheceu: enganara-se quanto à habilidade militar dos patriotas. Os continentais, em particular, fizeram-se inocentes quanto aos "pontos fundamentais da instituição militar, sobriedade, subordinação, regularidade e coragem".[372]

Do mesmo modo, Howe recusou-se a ser responsabilizado pelos eventos em Saratoga por causa de sua impossibilidade de avançar Rio Hudson acima. Ele "mencionara de forma assertiva" em sua "carta para *sir* Guy Carleton (...) que nenhuma assistência direta poderia ser dada pelo exército do sul". Burgoyne, portanto, não tinha do que reclamar.[373] Contudo, na inquirição parlamentar seguinte, Howe e Burgoyne preferiram responsabilizar Germain, em vez de culpar um ao outro. Howe argumentou que Germain não lhe dera instruções suficientes com relação ao exército do norte e que enviara reforços inadequados. Burgoyne, ao contrário, afirmou que Germain havia interferido demais, acusação essa que foi corroborada por Carleton.[374]

Na verdade, os três homens foram responsáveis pelo resultado da campanha. Germain não conseguiu assegurar que os dois exércitos fizessem parte de uma estratégia coordenada, com objetivos claros a ser atingidos. O fato de ter aceitado o plano de Burgoyne, tendo conhecimento de que Howe pretendia seguir na direção oposta, é difícil de compreender. Uma explicação é que, como a maioria dos britânicos, ele acreditava que o exército regular não poderia ser derrotado, quaisquer que fossem as circunstâncias. Os generais, portanto, poderiam tomar suas próprias decisões. Isso permitiu que Howe prosseguisse em sua campanha sem levar em conta os objetivos mais amplos da guerra. No

---

371. GORMAN, F. *The Rise of Party in England: The Rockingham Whigs, 1760-82*. London, 1975, p. 371-374, 386-388.
372. Burgoyne para Germain (particular), 20 de outubro de 1777. In: DDAR, v. 14, p. 236-237.
373. Howe para Germain, 22 de outubro de 1777. In: DDAR, v. 14, p. 241-243.
374. MACKESY, P. *The War for America*, p. 142.

entanto, a indiferença de Howe quanto ao progresso de Burgoyne foi particularmente voluntariosa, dada sua responsabilidade pelo exército do norte tão logo este alcançasse Albany. Por fim, Burgoyne estabeleceu objetivos não realistas e, então, agravou seus erros ainda mais ao distorcer suas ordens. A instrução para avançar rumo a Albany não significava que ele tivesse de destruir seu exército e transformar seus homens em prisioneiros de guerra.[375] Os generais costumam ter liberdade de ação para assegurar a preservação de suas tropas.

Um dos cortes imediatos foi o de William Howe, que pediu para ser dispensado de sua posição de comando quando soube da derrota de Burgoyne. Ele foi induzido a isso, de forma ostensiva, pela recusa do ministério em aceitar as recomendaçãos para sua promoção.[376] Porém, Howe, sem dúvida, percebeu que grande parte do opróbrio de Saratoga seria colocado sobre si. Em todo caso, sua partida não foi inoportuna. Por dois anos ele conduzira uma campanha excessivamente cautelosa, quando uma perseguição vigorosa a Washington poderia ter provocado o colapso da causa patriota. Se suas ações foram orientadas pelo desejo de reconciliação, a política não funcionou. Parece que faltava a Howe o instinto assassino, talvez porque carecesse de confiança. Ao encaminhar suas propostas de campanha para 1776, lorde Howe observou que seu irmão acreditava que o esquema "tem amplitude de ação maior do que ele se sente capaz de dirigir". Essencialmente, Howe era antes um bom oficial de exército do que comandante-chefe. Isso o tornava pouco preparado para os aspectos políticos da luta.[377]

Outro corte que quase se verificou foi o de Washington. Após os eventos de Saratoga, diversos congressistas e oficiais de alta patente começaram a acreditar que Gates era o homem certo para comandar o exército. Depois de dois anos e meio, Washington ainda não tivera vitórias.[378] O descontentamento era insuflado por Thomas Conway, antigo coronel da brigada irlandesa do exército francês, a quem Washington se negara a promover em outubro de 1777, por não ter antiguidade e habilidades superiores suficientes. Conway, então, usou de sua influência no Congresso para garantir um assento no Conselho de Guerra, o que

---

375. Essa foi uma observação feita por Germain a Jorge III, 15 de dezembro de 1777. In: FORTESCUE, v. 3, p. 514.
376. Howe para Germain, 22 de outubro de 1777. In: DDAR, v. 14, p. 243.
377. Lorde Howe para Germain, 25 de setembro de 1775, In: HMC, Stopford-Sackville Mss, v. 2, p. 9. A falta de confiança de William Howe também é discutida por GRUBER, I.D. *The Howe Brothers*, p. 57.
378. James Craik para Washington, 6 de janeiro de 1778. In: WP/RWS, v. 13, p. 160-161.

lhe daria mais possibilidades e ocasiões de causar problemas.[379] Entretanto, Gates não encorajou abertamente os descontentes e o assunto foi esquecido.[380] Contudo, o episódio Conway revelou que os patriotas não eram diferentes de seus equivalentes britânicos quando se tratava de patentes e do comando em campo. Depois de uma altercação, John Adams observou que os oficiais de alto e de baixo escalão "brigam feito cães e gatos (...) brigando por patentes e soldos como primatas disputando castanhas". Um espetáculo nada edificante para uma nação que proclamava virtude e simplicidade republicanas.[381]

O aspecto marítimo, 1775-1777

Enquanto o exército britânico trabalhava para reconquistar as colônias continentais, a Marinha Real também estava engajada em uma campanha complementar para dar fim à rebelião.

Na irrupção das hostilidades, em 1775, esperava-se que a esquadra britânica realizasse duas tarefas. A primeira era dar suporte às operações do exército ao longo da costa, auxiliando os oficiais da coroa e outros legalistas. A segunda era obstar o comércio patriota a fim de fazer com que os colonos se rendessem por pressão econômica. Alguns oficiais, Barrington em especial, acreditavam que um bloqueio da costa americana pudesse alcançar os objetivos do ministério sem necessidade de uma reconquista militar abrangente.[382] Assim, a esquadra recebeu ordens para apreender todas as cargas marítimas da Nova Inglaterra, a menos que seus proprietários fossem de comprovada lealdade.[383] Assim como a rebelião se alastrou, cresceu a necessidade de um bloqueio mais amplo, o que resultou na Lei Proibitória de dezembro de 1775, que impôs uma interdição a todo o comércio colonial e tornou todos os navios e cargueiros sujeitos ao confisco.

A primeira responsabilidade, que era a de dar apoio ao exército, foi executada relativamente bem no período de 1775 a 1777. Todavia, o mesmo não se podia dizer com relação ao bloqueio e interdição do comércio colonial. Isso se deveu, em parte, ao grande número de corsários patriotas que começou a operar logo depois de Lexington e Concord. Contudo, a principal razão foi a escassez de navios da Marinha

---

379. Washington para R.H. Lee, 16 de outubro de 1777. In: WP/RWS, v. 11, p. 529. Conway para Washington, 29 de dezembro 1777. In: WP/RWS, v. 13, p. 40-41.
380. FERLING, J. *Almost a Miracle*, p. 282-284.
381. Citado em: HIGGINBOTHAM, D. *Daniel Morgan*, p. 99.
382. MACKESY, P. *The War for America*, p. 38-39.
383. Dartmouth para o almirantado, 1º de julho de 1775. In: DDAR, v. 11, p. 23-24.

Britânica, mesmo quando o bloqueio se limitava à Nova Inglaterra. O almirantado calculou, no início de julho de 1775, que cerca de 50 fragatas e cruzadores seriam necessários para a execução dessas ordens.[384] No entanto, o ministério foi tão lento para mobilizar a marinha quanto o foi para expandir o exército. Como resultado, em outubro de 1775, o esquadrão norte-americano ainda contava com apenas 12 fragatas e 20 corvetas ou outras pequenas embarcações.[385] Isso era insuficiente, em especial quando tantos navios de guerra eram requisitados para apoiar Gage em Boston. A presença deficiente da marinha foi particularmente perceptível no sul, onde o governador Martin relatou, em agosto de 1775, que havia apenas uma corveta de oito canhões para obstar o comércio rebelde. Dessa maneira, suprimentos de guerra chegavam em grande quantidade às colônias em detrimento da causa real. Entretanto, todos os apelos de assistência feitos a Boston ficaram sem resposta.[386] Carregamentos rebeldes, em consequência, estavam livres para ir e vir, não apenas da Europa, mas também para as ilhas espanholas, holandesas e francesas nas Índias Ocidentais.

Em resposta, o almirantado propôs que se promovesse um acréscimo de 70 navios de guerra em águas americanas durante 1776. Isso permitiria que uma dúzia de navios fosse periodicamente reformada ou utilizada como comboio, deixando 60 para reforçar o bloqueio.[387] Porém, assim que o exército deu início a suas operações em Nova York, menos de dez cruzadores foram deixados para realizar a coibição do comércio entre Halifax e Long Island.[388] O Delaware e o Chesapeake eram ainda menos patrulhados. Como comentou um dos capitães do almirante Howe, a necessidade de atender ao exército implicava deixar os rebeldes no sul livres para exportar seu tabaco e grãos, com que pagavam por seus suprimentos de pólvora e outros itens.[389] Mesmo em novembro de 1776, apenas dois navios de guerra patrulhavam a entrada para o Delaware, com outros dois em Savannah e três em St. Augustine. Ainda mais alarmante foi o Chesapeake ter ficado desguarnecido depois que a única corveta que ali estava recebeu ordens de voltar a Nova York.[390] Em consequência, os patriotas nunca enfrentaram uma escassez

---

384. Memorando do almirante Palliser, julho de 1775. In: SANDWICH, v. 1, p. 64-66.
385. Disposição dos navios e embarcações de Sua Majestade na América do Norte, 9 de outubro de 1775. In: DDAR, v. 11, p. 141-142.
386. Martin para Dartmouth, 28 de agosto de 1775. In: DDAR, v. 11, p. 88-92.
387. Memorando do almirante Palliser, dezembro de 1775. In: SANDWICH, v. 1, p. 76-77.
388. MACKESY, P. *The War for America*, p. 100.
389. GRUBER, I.D. *The Howe Brothers*, p. 141.
390. Disposição dos navios de Sua Majestade na América do Norte, 5 de novembro de 1776. In: DDAR, v. 12, p. 244-246.

crítica de salitre nos dois primeiros anos da guerra, único item que não conseguiam produzir por si mesmos. Sem isso, a rebelião poderia ter desmoronado.

Outra consequência da exiguidade de navios da marinha foi a incapacidade desta de proteger os navios de suprimentos britânicos. A falha mais notória a esse respeito foi a captura do navio de artilharia *Nancy,* em novembro de 1775. Essa embarcação, além de não dispor de escolta, também carecia de um destacamento de fuzileiros navais e, assim, se tornou presa fácil para a escuna *Lee*, da Nova Inglaterra.[391] Essas e outras adversidades levaram o Conselho de Artilharia, em agosto de 1776, a requisitar que, no futuro, suas cargas fossem transportadas em fragatas de 44 canhões, da Marinha Real, ou em embarcações especialmente construídas, cujo projeto e armamentos fossem adequados.[392] Infelizmente, o pedido não foi incluído na lista de prioridades do almirantado. Como Sandwich explicou a Germain, os navios de 44 canhões eram necessários para outros serviços. De qualquer forma, tal realocação estaria "pervertendo-os" "de seu uso apropriado". Quanto à construção de embarcações adequadas, isso também era impossível, em virtude da carga de trabalho dos estaleiros reais. Se a artilharia quisesse proteger suas cargas, deveria seguir o exemplo do Tesouro, que estava contratando navios mercantes armados para transportar os víveres e mantimentos do exército para a América do Norte.[393] Diante de tal atitude, a artilharia, do mesmo modo, teve de fazer seus próprios arranjos, comprando alguns "velhos indianos" para transportar suas armas e munições.[394]

A artilharia não foi o único departamento a experimentar a falta de cooperação do almirantado. Em maio de 1776, dois transportes que carregavam quatro companhias de escoceses foram capturados no porto de Boston. O comandante local, almirante Shuldham, deixara um número insuficiente de navios de guerra para alertar os navios que se aproximavam de que a cidade havia sido evacuada.[395] O incidente levou Germain a perguntar a Sandwich por que não fora estabelecido um bloqueio mais eficiente na América.[396] Sandwich respondeu que era responsabilidade de lorde Howe prevenir tais incidentes. Por fim, Sandwich concordou

---

391. SYRETT, D. *The Royal Navy in American Waters, 1775-1783.* Aldershot, 1989, p. 6.
392. Townshend para Germain, 21 de agosto de 1776. In: DDAR, v. 12, p. 185-186.
393. Almirantado para Germain, 28 de agosto de 1776. In: DDAR, v. 12, p. 208-209.
394. Sandwich para Howe, 17 de outubro de 1776. In: SANDWICH, v. 1, p. 159-162.
395. Washington para Hancock, 16 de junho de 1776. In: WP/RWS, v. 5, p. 4. SYRETT, D. *Shipping and Military Power in the Seven Years War: The Sails of Victory.* Exeter, 2008, p. 183.
396. Germain para o almirantado, 16 de agosto de 1776. In: DDAR, v. 12, p. 184-185.

em despachar outras 12 fragatas, dizendo a Howe que ele deveria evitar que os cruzadores rebeldes provocassem "tamanho tumulto" no futuro. Não obstante, admitiu para Howe que, enquanto sua esquadra estivesse "atendendo as operações do exército, outros serviços deveriam, em certa medida, ceder espaço ao objetivo principal".[397] Era certo que isso mudaria tão logo o exército tivesse se estabelecido e assumido o controle das áreas costeiras.

Um dos motivos para falta de cooperação de Sandwich para com Germain e o Conselho de Artilharia foi que, desde o verão de 1776, os patriotas haviam começado a equipar corsários para operações na Europa. A primeira de tais embarcações foi o *Rover*, de Salem, que capturou vários navios mercantes na costa portuguesa, no final de agosto daquele ano. Logo apareceram outros nas áreas costeiras da própria Grã-Bretanha.[398] Eles foram capazes de fazer isso porque a marinha dispunha de apenas duas fragatas de 32 canhões, oito corvetas e nove veleiros para a proteção das águas britânicas e irlandesas.[399] A escassez de cruzadores devia-se, em parte, às demandas do serviço norte-americano, mas igualmente ao fato de a maioria do ministério se recusar a aceitar a necessidade de mobilização total, na crença de que a rebelião logo entraria em colapso.

Outra razão para o sucesso dos corsários foi a atitude benevolente da França, que lhes permitia descarregar seus prêmios nos portos franceses e obter novos suprimentos, sem ter de voltar a cruzar o Atlântico. O ministério de North fez protestos diplomáticos no sentido de solicitar o fim dessas infrações da neutralidade francesa. Entretanto, havia limites quanto ao que poderia ser feito, uma vez que os ministros britânicos estavam preocupados em não pressionar a França a estabelecer uma aliança ostensiva com os rebeldes. Em consequência, os corsários continuaram a navegar à vontade, de maneira a obrigar o almirantado a adotar um caro sistema de comboio para proteger o tão valioso comércio britânico com as Índias Orientais e Ocidentais. Isso, por sua vez, significava menos fragatas e corvetas para policiar o comércio comum em ambos os lados do Atlântico. Durante 1776, os corretores de seguros da Lloyds registraram a perda de não menos de 229 navios mercantes, a maioria deles nas costas comerciais desprotegidas.[400]

---

397. Sandwich para Howe, 17 de outubro de 1776. In: SANDWICH, v. 1, p. 160-164.
398. SYRETT, D. *The Royal Navy in European Waters During the American Revolutionary War*. Columbia, SC, 1998, p. 6.
399. Situação da esquadra, 20 de junho de 1776. In: FORTESCUE, v. 3, p. 378-380.
400. MAHAN, A.T. *The Major Operations of the Navies in the War of American Independence*. Boston, 1913, p. 61.

O fim das operações militares na América em dezembro de 1776 permitiu que Howe se concentrasse, uma vez mais, no reforço ao bloqueio, após o recebimento da carta de Germain. Durante os três meses seguintes, ele tinha dois esquadrões operando na costa americana, um de 14 fragatas, sob o comando do comodoro Peter Parker, com base em Rhode Island, e o outro de 16 fragatas, comandado pelo comodoro Hotham, com base no Chesapeake.[401] Contudo, o esquadrão de Rhode Island era constantemente desviado de suas funções para conseguir suprimentos e combustível para a guarnição de Newport, ao passo que Hotham foi importunado pela necessidade de enviar cinco de seus navios para Antígua, para recondicionamento. Nos três meses seguintes, Hotham fez apenas 25 interceptações, enquanto centenas de outros cargueiros rebeldes navegaram sem restrições.[402] O bloqueio também não afetou o esforço naval patriota, visto que poucos navios corsários estavam entre os capturados. O motivo, como reconheceu Howe, foi que os corsários eram rápidos demais e estavam mais familiarizados com a navegação do que os pesados navios da Marinha Real.[403]

Isso foi demonstrado de forma embaraçosa em maio de 1777, quando o comodoro Manley escapou de Boston na *Hancock* de 32 canhões, uma das novas fragatas do Congresso, para se reunir a diversas outras fragatas de Marblehead. Nessa emergência, a marinha tinha poucos navios disponíveis, conforme Howe informou ao almirantado quando este reclamou da fuga de Manley. Nenhum dos 29 navios de guerra que estavam, então, em Nova York puderam ser cedidos, por causa da necessidade de "cooperar com os movimentos, que se esperava do exército". A expedição de Manley culminou com a captura da fragata de 28 canhões da Marinha Real, denominada *Fox*, às margens de Newfoundland.[404] O almirantado ficou particularmente exasperado com esse incidente, acusando Howe de promover a dispersão desnecessária de seus navios menores. Ele deveria, a toda evidência, prestar mais atenção ao procurar os grandes cruzadores inimigos.[405] Porém, havia algo que ele precisava compreender. Nenhum outro navio poderia ser enviado da Grã-Bretanha. Os mares ao redor do Reino Unido "estavam

---

401. Howe para o comodoro Peter Parker, 22 de dezembro de 1776. In: DDAR, v. 12, p. 269-274.
402. Visconde Howe para Stephens, 31 de março de 1777. In: DDAR, v. 14, p. 56-61.
403. Howe para o almirantado, 5 de junho de 1777. In: DDAR, v. 14, p. 103-106.
404. SYRETT, D. *The Royal Navy in American Waters*, p. 71-72.
405. Palliser para Sandwich, 22 de julho de 1777. In: SANDWICH, v. 1, p. 233-235.

tão repletos de corsários e a demanda por comboios e cruzadores era tão intensa que não sabemos como atendê-la".[406]

Howe não recebeu bem essas críticas. Ele asseverou que era difícil saber o que os patriotas estavam fazendo em seus numerosos portos e rios e lembrou, então, ao Conselho: "Sempre interpretei que o primeiro objeto de minhas instruções é a cooperação com o exército nos serviços que o general deve cumprir". Infelizmente, "o progresso do exército" não foi suficiente para liberar "os navios de guerra da constante assistência". Os rebeldes ainda controlavam o interior "muitas léguas acima da entrada dos rios que levavam até lá", o que tornava o exército dependente da marinha para conseguir suas provisões. Nova York, Rhode Island e o Delaware eram todos "exemplos dessa necessidade". Assim "até que o exército seja competente para assegurar tal comunicação, a deficiência deve ser suprida pela esquadra". Por outro lado, Howe fizera o que estava a seu alcance com os navios remanescentes. Embora tivesse uma grande esquadra, ela ainda era insuficiente, dado o desgaste excessivo dos navios e tripulações e a necessidade de reformas e descanso a intervalos regulares. Entretanto, caso o Conselho estivesse em melhores condições de decidir como dirigir sua esquadra, deveria lhe dizer.[407]

A *Fox* foi logo recapturada quando duas fragatas britânicas, a *Flora*, de 32 canhões, comandada pelo capitão Brisbane, e a *Rainbow*, de 44 canhões, sob o comando de *sir* George Collier, encontraram, por acaso, Manley em Newfoundland. Enquanto Briscaine retomou a *Fox*, Collier perseguiu Manley em sua nau capitânia, a *Hancock*, forçando sua rendição.[408] Contudo, esse triunfo não teve o condão de fazer cessar o movimento de cargas dos rebeldes, embora Collier tivesse feito seu melhor no verão de 1777, em Halifax. Depois de destruir uma base rebelde em Machias, ele cruzou o Maine e New Hampshire, "indo algumas vezes aos portos do inimigo" para manter "as milícias e tropas em constante alerta", bem como para evitar que se "unissem ao exército rebelde, que se agrupava para enfrentar o general Burgoyne".[409] Não obstante, até mesmo Collier admitiu os efeitos contraproducentes desses ataques, que haviam criado tal "obstinação e rancor" entre a população local que levaria uma "geração" para se

---

406. Sandwich para Howe, 3 de agosto de 1777. In: SANDWICH, v. 1, p. 293-296.
407. Howe para Stephens, 10 de dezembro de 1777. In: DDAR, v. 14, p. 268-270.
408. Capitão Brisbane para Howe, 11 de julho de 1777. In: SANDWICH, v. 1, p. 299-300. Relatório de *sir* George Collier, 13 de julho de 1777. In: DDAR, v. 14, p. 142-145.
409. Collier para Germain, 16 de agosto de 1777. In: DDAR, v. 14, p. 160-161. Ibid., 11 de outubro de 1777, Halifax. In: DDAR, v. 14, p. 210-212.

fazer desaparecer.⁴¹⁰ Era por esse motivo que Howe desejava que seus capitães fossem tão conciliadores quanto possível.

No entanto, as atividades de Collier eram exatamente da espécie de guerra marítima que Germain desejava empreender. Ele acreditava que tal política inibiria os habitantes da Nova Inglaterra de se alistar no exército continental, ao mesmo tempo em que assegurava a destruição de suas bases de navios corsários. A realização do bloqueio seria, então, mais fácil, de modo a reduzir a necessidade de mais navios da Inglaterra.⁴¹¹ Contudo, ambos os irmãos Howe objetaram que tais atividades interferissem "materialmente nas operações mais importantes da campanha".⁴¹² No fim de agosto de 1777, metade dos 80 navios de guerra na América ainda auxiliava o exército.⁴¹³

Havia ainda outro fator por trás do fracasso do almirantado em instituir um bloqueio eficiente. Era a preocupação de Sandwich com relação às intenções da França.⁴¹⁴ Desde o verão de 1776, ele se mostrava cada vez mais apreensivo com a necessidade de construir a esquadra doméstica equipando os maiores navios da linha. Portanto, foi dada atenção insuficiente para o comissionamento de fragatas e corvetas. Um documento apresentado a Sandwich em 25 de agosto de 1777 revelava que ainda restavam apenas dez fragatas nas Ilhas Britânicas, embora outras onze entrariam em serviço até o final do ano. Mais 20 novos navios poderiam ser lançados ao mar nos próximos 18 meses, porém, esse número mal compensaria aqueles que precisavam de reparos. Nesse meio-tempo, 17 navios de linha tentavam desempenhar o duplo papel de escoltar o comércio e de interceptar os saqueadores dos navios mercantes, tarefas para as quais não eram adequados.⁴¹⁵

A insuficiência de fragatas e de cruzadores decorreu da anterior determinação de North para que se cortassem os gastos do governo, ao se tornar primeiro lorde do Tesouro, em 1770. A maioria das novas fragatas e corvetas era construída em estaleiros mercantes. Entretanto, em 1775, apenas o montante de 17.574 libras esterlinas foi aprovado pelos Comuns para essa construção.⁴¹⁶ Esse esfriamento da construção no setor mercante foi revertido apenas no fim de 1776, quando os Comuns

---

410. Collier para Sandwich, 9 de outubro 1777. In: SANDWICH, v. 1, p. 302-303.
411. Germain para Howe, 3 de março de 1777. In: DDAR, v. 14, p. 48.
412. Howe para Germain, 3 de junho de 1777. In: DDAR, v. 14, p. 102-103.
413. Disposição dos navios e embarcações de Sua Majestade na América do Norte, 28 de agosto de 1777. In: DDAR, v. 14, p. 175-180.
414. Sandwich para North, 21 de julho de 1776. In: SANDWICH, v. 1, p. 213-214.
415. Memorando de Palliser, 25 de agosto de 1777. In: SANDWICH, v. 1, p. 242-244.
416. Estimativa para construção e restauração, 20 de dezembro de 1774. In: CJ, v. 35, p. 56-57.

votaram a liberação de 169.261 libras esterlinas para o exercício de 1777, em adição às 254.547 libras esterlinas para os estaleiros reais.[417]

Com essa parcimônia em um momento tão inadequado, não surpreende que os corsários inimigos navegassem livremente ao redor das Ilhas Britânicas, como o almirante Palliser, colega mais próximo de Sandwich no almirantado, admitiu de pronto em setembro de 1777: "É, de fato, humilhante não termos nada apropriado para persegui-los", comentou com Sandwich. A única solução seria mais um aumento de construções novas, uma vez que as demandas da marinha se tornariam cada vez mais pesadas. "Os americanos estão aumentando as deles em um ritmo espantoso, além de contarem com seus inumeráveis pequenos navios corsários."[418] Do mesmo modo, os franceses empregavam seus esforços na construção de fragatas e navios de guerra. Apesar disso, a estimativa naval para 1778 era só um pouco maior do que a do ano de 1777. Aparentemente, Sandwich e North ainda acreditavam que a rebelião entraria em colapso antes que a França estivesse pronta para entrar na guerra. Nesse ínterim, as perdas da marinha mercante britânica continuavam a crescer, chegando a 331 embarcações no fim de 1777.[419]

Entretanto, quaisquer que fossem os problemas ao redor das Ilhas Britânicas, Sandwich acreditava que os fracassos do outro lado do Atlântico não eram de sua responsabilidade. Howe dispunha de 90 navios de guerra, o que eram embarcações mais que suficientes para coibir o comércio rebelde, destruir seus corsários e impedir que suprimentos chegassem ao exército de Washington. O motivo pelo qual nenhum desses objetivos foi atingido era o uso excessivo da esquadra em apoio ao exército. É preciso admitir que a extensão da região costeira tornava impossível o bloqueio total dos carregamentos rebeldes. No entanto, a esquadra deveria ter afligido os patriotas "infinitamente mais do que o fez até agora". A oportunidade de deixá-los "cansados da guerra" havia sido perdida.[420]

Com a tomada dos fortes do Delaware e o fim das operações militares, Howe pôde, mais uma vez, centrar suas ações no bloqueio da costa norte-americana. Desde o fim de novembro de 1777, ele tinha dois destacamentos substanciais, com base em Rhode Island e Halifax, para patrulhar as costas da Nova Inglaterra. Outros dois esquadrões deve-

---

417. Estimativa de construção de embarcações, 15 de novembro de 1776. In: CJ, v. 36, p. 37-39.
418. Palliser para Sandwich, 29 de setembro de 1777. In: SANDWICH, v. 1, p. 249.
419. MAHAN, A.T. *The Major Operations*, p. 61.
420. Ensaio sobre a guerra na América, 8 de dezembro de 1777. In: SANDWICH, v. 1, p. 327-334.

riam realizar as mesmas tarefas entre Nova York e o Delaware, enquanto um terceiro patrulhava o Chesapeake. Por infelicidade, isso deixou apenas cinco fragatas entre Cape Fear e St. Augustine para coibir a exportação de arroz, índigo e tabaco das Carolinas e da Geórgia.[421] Porém, mesmo nas áreas que tinham maior policiamento, o comércio rebelde continuava a florescer, beneficiado pelas complexidades e pela extensão da linha costeira. Como instrumento para enfraquecer a economia das colônias, a marinha revelou-se um fracasso. Além disso, sua capacidade de influenciar o fim da rebelião seria ainda mais reduzida, caso a França entrasse na guerra, como estava claramente tentada a fazer.

Nos primeiros três anos do conflito, o esforço militar e naval da Grã-Bretanha para recuperar suas colônias fora tremendamente ineficiente. Quando o mapa da América do Norte foi desfraldado no fim de 1777, a presença britânica estava confinada a três pequenos enclaves em Newport, Nova York e Filadélfia. Por outro lado, todos os 13 Estados permaneciam firmemente sob controle patriota. Esse não era um resultado considerável a se mostrar diante do esforço despendido em uma campanha contra um oponente que se supunha fraco. O ministério de North desperdiçara uma oportunidade única de impor sua vontade. E não teria outra chance como essa.

---

421. Disposição dos navios e embarcações de Sua Majestade na América do Norte, 9 de março de 1778. In: DDAR, v. 15, p. 63-66. Howe para Stephens, 16 de março de 1778. In: DDAR, v. 15, p. 702.

CAPÍTULO 5

A FRANÇA VAI EM AUXÍLIO DA AMÉRICA, 1778

A conexão francesa, 1775-1778

Os governos franceses de Luís XV e Luís XVI haviam acompanhado as crescentes tensões entre a Grã-Bretanha e suas colônias americanas desde a época da Lei do Selo e tinham a expectativa de que elas poderiam oferecer os meios de revogar o Tratado de Paris de 1763. Aos olhos franceses, o Reino Unido se tornara poderoso demais para que se pudesse assegurar o equilíbrio de poder e o bem da Europa. A separação entre as colônias continentais e a Grã-Bretanha ajudaria a corrigir esse desequilíbrio, visto que muito da riqueza e poder britânicos provinha daqueles territórios. Tal separação seria duplamente vantajosa se aquele comércio e aquela riqueza pudessem ser redirecionados para a França. A França seria, uma vez mais, a principal potência da Europa e o árbitro dos destinos do continente, posição que desfrutara até o humilhante Tratado de Paz de 1763.[422]

Entretanto, a França teve de agir com cautela quando da irrupção das hostilidades, em abril de 1775, como bem sabia Vergennes, seu ministro do exterior. As finanças francesas ainda estavam enfraquecidas e seu exército e marinha precisavam terminar de se recompor das derrotas da última guerra. Embora Choiseul tivesse aumentado muito os gastos navais da França na década de 1760, isso não teve continuidade após sua destituição, em 1770. Existiam, também, algumas reservas quanto a

---

422. DULL, J.R. *A Diplomatic History of the American Revolution*. New Haven, 1985, p. 57-59. MURPHY, O.T. *Charles Gravier, Comte de Vergennes: French Diplomacy in the Age of Revolution, 1719-1787*. Albany, 1982, p. 213.

apoiar uma rebelião contra a autoridade legal de um monarca reinante. De todo modo, a França não desejava reacender os receios europeus atacando Jorge III como príncipe eleitor de Hanôver. Nos últimos cem anos, o engrandecimento da França levara outras potências europeias a se unir contra ela, o que resultou em quatro dispendiosas guerras, das quais nenhuma carreou qualquer benefício para a França. Contudo, outra vantagem da restrição diplomática era que ela poderia encorajar aquelas mesmas potências europeias a ser mais benevolentes com a França. Áustria, Prússia e Rússia haviam se afastado em consequência da crescente arrogância da Grã-Bretanha, em especial com relação a assuntos marítimos. Cortejar essas nações seria uma maneira de assegurar o isolamento e a derrota da Grã-Bretanha.[423]

Desde o início, a França deixou claro aos patriotas que só poderia oferecer assistência formal caso eles rompessem todos os seus laços com a Grã-Bretanha. Os franceses temiam que seu antigo oponente, William Pitt, conde de Chatham, pudesse retornar ao ministério e buscar a reconciliação com os colonos, convidando-os a auxiliar em um ataque às possessões francesas no Caribe. Isso não era tão fantasioso quanto parecia. As lembranças das brutais guerras franco-indígenas ainda estavam vívidas na memória dos norte-americanos de língua inglesa, em especial entre os habitantes da Nova Inglaterra. Os dois povos também tinham pouco em comum em termos de instituições e valores, uma vez que a França era uma monarquia absolutista católica, ao passo que as colônias eram uma coleção de pequenos Estados protestantes.[424] Foi por essa razão que Vergennes enviara Bonvouloir para enfatizar que a França não tinha ambições territoriais na América do Norte. Ela não buscaria a devolução do Canadá.

De início, a postura francesa agradou os patriotas. Eles ainda estavam cautelosos quanto a qualquer aliança formal, temendo que a França pudesse tentar se tornar seu novo senhor colonial. Outros continuavam esperançosos de uma reconciliação com a pátria mãe. Contudo, em setembro de 1776, a situação militar havia se desgastado o suficiente para levar o Congresso a desejar a celebração de um tratado formal de comércio e amizade. A apresentação de suas propostas foi confiada a Franklin, que deveria unir-se a Lee e Deane em uma comissão tripartite. Mas, no momento, um reconhecimento formal era demasiado para

---

423. MURPHY, O.T. *Vergennes*, p. 215-216. DULL, J. *The French Navy and American Independence: A Study of Arms and Diplomacy, 1774-1787.* Princeton, 1975, p. 20-21.
424. DULL, J. *The French Navy*, p. 27. STINCHCOMBE, W.C. *The American Revolution and the French Alliance*. Syracuse, NY, 1969, p. 2.

os franceses. Essa atitude provocaria, com certeza, uma declaração de guerra para a qual a França ainda não estava preparada, visto que Sartine tinha muito trabalho a fazer antes que os vários esquadrões estivessem prontos para enfrentar a Marinha Real. Os patriotas, de qualquer forma, tinham de provar seu valor militar, uma vez que a chegada da missão naquele dezembro coincidiu com a notícia da retirada de Washington por Nova Jersey.[425] A França, portanto, continuou a restringir seu auxílio a munições e empréstimos para suprimentos essenciais. O máximo que os ministros aprovariam, antes das informações sobre Saratoga, era o fornecimento de fragatas para escoltar os navios de abastecimento no Atlântico.[426]

A neutralidade oficial não impediu que militares do exército francês oferecessem seus serviços, como foi o caso de Lafayette. Os franceses, como vimos, também permitiam que os navios corsários patriotas utilizassem seus portos, apesar dos protestos da Grã-Bretanha. Vergennes tentou assegurar ao embaixador britânico em Paris que seu país estava fazendo todo o possível para evitar tais violações de sua neutralidade e ressaltou o tratamento dispensado ao capitão Conyingham, um famoso corsário, que fora levado à prisão, em maio de 1777, depois de trazer proveitos de suas pilhagens para Dunquerque.[427] Entretanto, como Franklin disse ao Congresso, o ministério francês "professa, em segredo, sua verdadeira amizade, deseja sucesso à nossa causa, finge, tanto quanto possível, não ver os suprimentos que conseguimos aqui, de modo a não dar motivos de queixa à Inglaterra". Assim, Vergennes alcançava seu duplo objetivo de fornecer "auxílio essencial" aos Estados americanos e permitir que a França continuasse a "se preparar para a guerra".[428]

Tais preparativos eram essencialmente navais, visto que o exército permanente francês em tempos de paz contava com 170 mil homens, número mais do que suficiente para qualquer serviço, em especial diante da situação pacífica da Europa. No fim de 1777, os preparativos de Sartine estavam adiantados o bastante para que Vergennes começasse a considerar atos de hostilidade, agora que a resistência tenaz de Washington e a rendição de Burgoyne haviam provado o valor militar dos Estados Unidos. No entanto, o caminho para um entendimento formal não era

---

425. DULL, J.R. *A Diplomatic History*, p. 53-56. MURPHY, *Vergennes*, p. 242-243.
426. FERLING, J. *Almost a Miracle: The American Victory in the War of Independence*. New York, 2007, p. 199.
427. DULL, J.R. *A Diplomatic History*, p. 80-81.
428. Citado em: SYRETT, D. *The Royal Navy in American Waters, 1775-1783*. Aldershot, 1989, p. 65.

fácil. Os patriotas ainda se agarravam à ideia de que os franceses dariam assistência sem esperar nada além do acesso ao comércio da América em retribuição.[429] Os franceses, por sua vez, continuavam receosos de se expor à ira britânica. O ideal para eles seria conseguir o apoio da Espanha antes de fazer uma declaração aberta. As duas coroas estavam intimamente ligadas desde 1701, quando os Bourbon se tornaram a família governante em ambos os países. Tais laços foram fortalecidos em 1761 pela aliança familiar entre Luís XV e seu primo, Carlos III, que compromissava ambas as potências a ajudar uma à outra na hipótese de uma guerra contra o Reino Unido. Contudo, os espanhóis ainda careciam de tempo para completar seus preparativos militares e navais, pois também tinham uma disputa de fronteira a resolver com Portugal, na América do Sul.[430]

Portanto, os franceses teriam de prosseguir sozinhos por um tempo. Uma razão para não esperar mais foi a chegada, no início de janeiro de 1778, de um enviado britânico a Paris, com instruções para conversar com Franklin, Deane e Lee a respeito de uma possível reconciliação.[431] A ocasião não era de todo auspiciosa para Vergennes, diante do súbito surgimento de uma crise na Europa com relação aos planos de Hapsburg de trocar seu território nos Países Baixos pela Bavária. O arranjo aumentaria em muito o poder da Áustria no sul da Alemanha e foi visto, de imediato, pela Prússia como uma ameaça a si mesma. Esse era exatamente o gênero de questão dinástica que levou a França a inúmeros conflitos territoriais no passado, em detrimento de seus interesses marítimos. Entretanto, em conformidade com sua nova política de moderação em assuntos europeus, Vergennes resolveu não se envolver, embora a França fosse tecnicamente aliada da Áustria em um tratado de defesa. Tal postura, por sua vez, permitiria que a França destinasse seus recursos ao conflito contra a Grã-Bretanha.[432]

Essa foi uma mudança importantíssima na política externa tradicional da França em relação à Europa e indica o valor que Vergennes agora dava à rivalidade marítima com a Grã-Bretanha. O acordo franco-americano de 6 de fevereiro de 1778 afirmava que a finalidade "da presente aliança defensiva" era manter "a liberdade, a soberania e a

---

429. MIDDLEKAUF, R. *The Glorious Cause: The American Revolution, 1763-1789*. New York, 1982, p. 403-404.
430. DULL, J.R. *A Diplomatic History*, p. 70. BEMIS, S.F. *The Diplomacy of the American Revolution*. Bloomington, 1961, p. 55-56.
431. STOCKLEY, A. *Britain and France at the Birth of America: The European Powers and the Peace Negotiations of 1782-1783*. Exeter, 2001, p. 11-12.
432. MURPHY, O.T. *Vergennes*, p. 258-259, 291-309.

independência (...) dos chamados Estados Unidos". Nesses termos, cada parte concordava em fazer o máximo possível "para alcançar o objetivo proposto" por meio da coordenação de seus recursos militares e navais contra a Grã-Bretanha. Porém, a guerra não seria apenas defensiva. A França renunciou a qualquer pretensão na América do Norte, deixando a tomada do Canadá aos patriotas americanos, "o qual, em caso de êxito, deverá ser confederado ou dependente dos Estados Unidos". Por sua vez, a América reconheceria à França o direito de tomar as ilhas caribenhas britânicas. Ambas as partes também concordaram em não declarar a paz sem o "consentimento formal da outra". Por fim, um artigo secreto em separado reconhecia a necessidade de facilitar a entrada da Espanha na aliança, com a aceitação tácita de que a Flórida seria o preço de sua admissão.[433]

O novo tratado era singularmente generoso com os Estados Unidos. Ele comprometia, de forma efetiva, a França a lutar contra a Grã-Bretanha, com poucas garantias de algo em troca além das vantagens hipotéticas que adviriam da destruição do Império Britânico na América do Norte. É de se reconhecer que os franceses não estavam obrigados a intervir de maneira direta na guerra terrestre. A expectativa era de que a França continuasse a fornecer munições e dinheiro, de modo que os patriotas pudessem lutar sua própria guerra. Os franceses ainda temiam provocar hostilidades caso enviassem tropas para o continente, sentimento que tendia a ser reforçado pela arraigada aversão a exércitos permanentes.[434] Não obstante, os franceses enviariam uma esquadra à América do Norte a fim de destruir o esquadrão de Howe. O abastecimento do exército britânico seria, então, interrompido, o que forçaria sua rendição. Conrad Alexander Giraud, o novo ministro francês para os Estados Unidos, viajaria com a esquadra francesa.[435]

As opções de estratégia da Grã-Bretanha

A notícia da aliança franco-americana ainda não havia sido divulgada quando os ministros britânicos arquitetavam seus planos para 1778. Não obstante, tinham muito em que pensar. No fim de dezembro, receberam uma carta de William Howe, que alertava que não seria possível "um término vitorioso da guerra" sem grandes reforços. A derrota de Burgoyne não só dera novo impulso à causa patriota, mas também permitira que Gates fortalecesse o exército de Washington. Assim, se não

---
433. DULL, J.R. *A Diplomatic History*, p. 165-169.
434. KENNETT, L. *The French Forces in America, 1780-1783*. Westport, Conn., 1977, p. 6.
435. DULL, J. *The French Navy*, p. 109-112.

houvesse tropas adicionais a caminho, o exército ficaria restrito a seus três principais postos, em Nova York, Rhode Island e na Filadélfia. É claro que a evacuação de um deles tornaria possível que "uma tropa agisse na ofensiva". Contudo, isso teria um efeito adverso sobre os legalistas e seria "fortemente contrário aos interesses de Sua Majestade".[436]

Um grande reforço era impossível naquele momento. O exército regular contava, atualmente, com pouco mais de 60 mil homens, conquanto planos para aumentar seu poderio estivessem em andamento. Concordara-se com a criação de onze novos destacamentos, no total de 15 mil homens, depois de ofertas de "muitos nobres e cavalheiros muito influentes de algumas grandes cidades", como Londres, Manchester e Bristol. Entretanto, poucas dessas novas tropas estariam disponíveis para o exército de Howe na América do Norte, ou mesmo nenhuma delas.[437] Caso a França entrasse na guerra, as defesas da Grã-Bretanha teriam de ser fortalecidas, não apenas em casa, mas do outro lado do mar, nas Índias Ocidentais e em outros lugares. O ministério considerava a promulgação de uma lei para convocar "todas as pessoas fisicamente capazes, ociosas e desregradas" sem "algum tipo de negócio ou emprego lícitos". Porém, a história de tais medidas não era encorajadora, uma vez que os magistrados tendiam a impor o alistamento somente aos socialmente indesejáveis. A convocação universal ainda era incompatível com as liberdades da nação, qualquer que fosse a emergência.[438]

Apesar de tais dificuldades, o rei e todos os seus ministros concordaram que não se reconheceria a independência da América, pois acreditavam que isso reduziria a Grã-Bretanha à condição de uma potência medíocre. Todavia, algumas mudanças na condução da guerra norte-americana eram inevitáveis. Até mesmo Jorge III reconheceu isso quando disse a North que o exército poderia ter de agir defensivamente na próxima campanha, antes mantendo do que expandindo suas bases no Canadá, na Nova Escócia, na Flórida, em Rhode Island e em Nova York.[439] Ele pendeu para essa opinião após ser informado por Amherst de que uma guerra em terra não seria exequível depois da perda do exército de Burgoyne, uma vez que seriam necessários mais 40 mil

---
436. Howe para Germain, 30 de novembro de 1777. In: DDAR, v. 14, p. 264-265.
437. Germain para Clinton, 8 de março de 1778. In: DDAR, v. 15, p. 58. Ampliação do exército, 22 de Janeiro de 1778. In: CJ, v. 36, p. 597.
438. *Statutes at Large*, 18 Geo III, Capítulo 10. O projeto de lei recebeu a aprovação real em 28 de maio de 1778. In: CJ, v. 36, p. 997. Para informações sobre tentativas anteriores de convocar tropas por esses meios, veja: MIDDLETON, R. *The Bells of Victory: The Pitt-Newcastle Ministry and the Conduct of the Seven Years War, 1757-1762*. Cambridge, 1985, p. 25-26.
439. Jorge III para North, 4 de dezembro de 1777. In: FORTESCUE, v. 3, p. 500-501.

homens para corrigir a situação. Como antigo conquistador do Canadá, Amherst sabia do que estava falando. Uma "guerra no mar", portanto, era o "único plano sensato". Se a marinha impedisse "a chegada de suprimentos militares, roupas e outros artigos necessários vindos da Europa", isso, "por certo, os afligira e forçaria a aquiescer ao que a Grã-Bretanha pudesse decentemente consentir".[440]

Entretanto, como Sandwich apontara anteriormente, mesmo uma guerra marítima na América seria passível de objeções. A experiência dos três anos anteriores demonstrou que era necessário muito mais, caso a marinha quisesse realizar, ao mesmo tempo, um bloqueio efetivo e apoiar os desembarques anfíbios. Era preciso que o exército, primeiro, provesse a segurança desses portos "de forma que os navios do rei possam deles se utilizar a qualquer tempo e em todas as estações do ano" para "proporcionar abrigo e conforto a seus homens". Eles também deveriam ter "instalações adequadas para adernamento e reparos", pois, de outro modo, as embarcações se tornariam inservíveis, como acontecera com os navios de lorde Howe. Até então, apenas Halifax oferecia tais condições. Os locais mais adequados pareciam ser Newport, em Rhode Island, Nova York, Filadélfia e Port Royal, na Carolina do Sul. A inconveniência disso era que tais instalações ficariam muito caras, bem como exigiriam uma tal quantidade de homens que outras operações terrestres ficariam prejudicadas. O ministério também deveria se lembrar de que "nenhuma força seria de todo suficiente para executar o objetivo de bloquear todos os portos dos rebeldes e fazer cessar por completo a atividade dos corsários". "Ao longo de uma costa tão extensa, cheia de portos e enseadas, muitos navios conseguirão, apesar de todos os nossos esforços, entrar e sair, aproveitando-se de seu conhecimento da costa, da escuridão das noites longas, dos ventos e do clima favoráveis a seus intentos."[441] A sugestão de Amherst de uma guerra puramente marítima também não parecia ser a resposta.

Da mesma forma, era necessário decidir quem seria o substituto de *sir* William Howe. A escolha inicial dos ministros foi Amherst, por conta de seu êxito anterior durante a Guerra Franco-Indígena, mas ele logo declinou em virtude de sua opinião acerca da impraticabilidade de uma reconquista militar.[442] O ministério, assim, voltou-se para Clinton, o oficial de maior patente na América, depois de Amherst. Clinton estava

---

440. Jorge III para North, 13 de janeiro de 1778. In: FORTESCUE, v. 4, p. 14-15. Minuta do gabinete, 17 de janeiro de 1778. In: FORTESCUE, v. 4, p. 20-21.
441. Sandwich para North, 8 de dezembro de 1777. In: SANDWICH, v. 1, p. 327-332.
442. Jorge III para North, 15 de janeiro de 1778. In: FORTESCUE, v. 4, p. 14. LONG, J.C. *Lord Jeffery Amherst: A Soldier of the King.* New York, 1933, p. 237-241.

na América desde junho de 1775 e servira, anteriormente, na Europa, durante a Guerra dos Sete Anos. No entanto, de acordo com um contemporâneo do oficial, ele era "vaidoso" e "suscetível a adulação", o que fazia com que fosse facilmente "ludibriado por assistentes pessoais e favoritos". Ele era também indiferente a "todos os assuntos não militares", o que sugeria uma carência de perspicácia política.[443] Além disso, sua experiência na Alemanha não era a melhor preparação para a espécie de guerra que agora se empreendia. Contudo, demonstrara habilidade tática na tomada dos fortes de Highland e poderia se revelar o homem capaz de derrotar Washington em batalha.

As ordens para Clinton, datadas de 8 de março de 1778, começavam com uma reafirmação de Germain de que a opinião do ministério era que a maioria dos colonos desejava "gozar de seus direitos sob a constituição britânica". Portanto, esse não era o momento de "desacelerar quaisquer preparativos que foram julgados necessários para a continuidade da guerra." Porém, estava claro que "a guerra deveria ser conduzida de acordo com um plano diferente daquele com base no qual fora dirigida até agora". Dessa maneira, se Clinton não conseguisse "fazer com que o sr. Washington empreendesse uma ação geral e decisiva no início da campanha", ele deveria abandonar a ideia de "prosseguir em operações ofensivas por terra". Em vez disso, deveria cooperar com a marinha, como Amherst sugeriu, na realização de ataques às costas americanas, em especial na Nova Inglaterra, "com a finalidade de destruir todos os navios e embarcações, cais, provisões e materiais para a construção naval, de maneira a impedi-los de criar uma força naval ou continuar com as pilhagens contra o comércio deste reino". Se necessário, ele poderia evacuar a Filadélfia para facilitar essas operações.[444]

Entretanto, as ambições do ministério não paravam por aí, pois Germain desejava que Clinton enviasse uma expedição de inverno contra a Carolina do Sul e a Geórgia tão logo as operações no norte tivessem terminado. Aquelas colônias desempenharam um papel menor na rebelião, o que sugeria que o sentimento legalista poderia ser forte ali. Portanto, 2 mil homens deveriam ser suficientes para tomar a Geórgia, enquanto outros 5 mil bastariam para tomar Charleston. Germain afirmou que o rei dava muita importância às províncias do sul, uma vez que a reconquista delas devolveria à Grã-Bretanha um valioso ramo do comércio, ao mesmo tempo em que privaria os rebeldes "de seu crédito externo" e do principal meio de pagar seus suprimentos. Por

---

443. MACKESY, P. *The War for America, 1775-1783*. Cambridge, Mass., 1964, p. 213.
444. Germain para Clinton, 8 de março de 1778. In: DDAR, v. 15, p. 57-62.

fim, Germain lembrou a Clinton da necessidade de "incitar e agregar a si os habitantes já tão afetados". Germain ficara impressionado com o apoio dado a Washington pelas milícias dos Estados. Caso a mesma assistência pudesse ser angariada pela coroa, a rebelião poderia entrar em colapso rapidamente.[445]

Cinco dias depois de expedir tais ordens, o embaixador francês informou aos ministros britânicos acerca da aliança franco-americana. Isso ocasionou alguns problemas realmente graves. Nos conflitos anteriores, a França havia sido obrigada a dividir seus recursos entre uma guerra marítima e uma terrestre, por causa da necessidade de enfrentar seus inimigos europeus. Agora, a situação era inversa. A França não tinha inimigos declarados, ao passo que a Grã-Bretanha enfrentava toda uma Europa hostil. Os franceses, em consequência, poderiam dispensar sua completa atenção à guerra marítima. Eles poderiam enviar homens e navios para a América do Norte, ou, então, atacar as possessões britânicas nas Índias Ocidentais. O comércio e a navegação britânica estariam em perigo em todos os lugares, inclusive os comboios para a manutenção da guerra na América. Mesmo as operações costeiras do exército estariam em risco. Outros alvos incluíam a presença britânica na Índia e seus interesses no Mediterrâneo. Com um pouco mais de audácia, a França poderia até ameaçar uma invasão pelo canal inglês [English Channel], uma vez que nada além disso era tão passível de paralizar o país, o que fora demonstrado em 1756, quando a esquadra do almirante Byng foi impedida de navegar pelo Mediterrâneo para destruir o cerco de Minorca por conta de tais receios. E essas não eram todas as opções da França, visto que aquele país sempre poderia causar problema na Irlanda.[446] Ela também poderia ameaçar Hanôver, a quem a Grã-Bretanha era obrigada a ajudar. A única fraqueza da França eram suas finanças, que tornavam difícil que sustentasse uma guerra longa, apesar de ter mais que o dobro da população da Grã-Bretanha. Porém, esse problema seria mais do que compensado caso a Espanha entrasse no conflito com seu exército e marinha, ainda bastante consideráveis, e com a afluência de riquezas de suas colônias. No entanto, não importa o que a França fizesse, a guerra, dali em diante, seria tanto uma batalha marítima quanto militar. A independência americana, portanto, poderia ser decidida no canal inglês ou no Caribe tanto quanto nos campos de batalha de Nova York e de Nova Jersey.

---

445. Ibid., p. 57-61.
446. North para Jorge III, 30 de dezembro de 1777. In: FORTESCUE, v. 3, p. 530-531.

Foi esse cenário aterrador que levou lorde North a acreditar que a Grã-Bretanha estava em posição de "total desigualdade" para enfrentar uma guerra simultânea contra as colônias e a "Casa dos Bourbon". "A paz com a América e uma mudança no Ministério são os únicos passos que podem salvar este país", informou ele a Jorge III, em 25 de março de 1778.[447] A melhor forma de se fazer isso seria negociar com a oposição e convidar Chatham para o gabinete, visto que ele gozava do apreço dos colonos e tinha talento para ocupar a posição de ministro da Guerra, o que não era o caso de North. Mas, não importa quem fosse indicado, "deve ser o condutor e ditador das principais medidas do governo".[448] Jorge III, contudo, recusou a sugestão. Substituir servidores leais por membros da oposição seria desonroso e ele não tinha confiança em Chatham por causa de tentativas anteriores de "aceitar os serviços daquele homem pérfido".[449] Ele estava preparado para receber alguns indivíduos que concordassem em "vir em auxílio de meus atuais e eficientes ministros; mas, enquanto ao menos dez homens no reino permanecerem a meu lado, eu não me submeterei à servidão", referindo-se à imposição de um ministério liderado pela oposição. Se a nação fosse de opinião contrária, então "deverá ter outro rei".[450] Poucos dias depois, North concordou em permanecer até o fim do período parlamentar.[451] A única mudança, por enquanto, era a decisão de convidar Amherst para participar das reuniões do gabinete, como conselheiro militar.[452]

Qualquer que fosse a composição do ministério, era patente a necessidade de uma completa reconsideração acerca de como conduzir a guerra. Por ora, o rei sugeriu a abertura de negociações com Franklin, comentando o quanto "seria desejável terminar a guerra com aquele país", uma vez que isso permitiria que a Grã-Bretanha "vingasse a conduta insolente e desleal da França". Acima de tudo, a Grã-Bretanha teria, então, a possibilidade de atacar os franceses nas Índias Ocidentais, o que lhes desestabilizaria as finanças, visto que as ilhas produtoras de açúcar eram responsáveis pela a maior parte de receitas aduaneiras da França. Não obstante, a posse do Canadá, da Nova Escócia e da Flórida deveria ser mantida, uma vez que tais lugares seriam os meios "para garantir que (...) as colônias abandonadas" continuassem reverentes.[453]

---
447. North para Jorge III, 25 de março de 1778. In: FORTESCUE, v. 4, n. 2247.
448. North para Jorge III, 21 de março de 1778. In: FORTESCUE, v. 4, p. 70-72.
449. Jorge III para North, 16 de março de 1778. In: FORTESCUE, v. 4, p. 59-60.
450. Jorge III para North, 17 de março de 1778. In: FORTESCUE, v. 4, p. 65.
451. North para Jorge III, 30 de março de 1778. In: FORTESCUE, v. 4, p. 88.
452. Jorge III para North, 16 de março de 1778. In: FORTESCUE, v. 4, p. 62.
453. Jorge III para North, 26 de março de 1778. In: FORTESCUE, v. 4, p. 80. CONWAY, S. *The British Isles and the War of American Independence*. Oxford, 2003, p. 63.

As opiniões de Jorge III, como sempre, refletiam o que pensavam seus ministros. A posição deles foi resumida por Amherst em uma nota para Sandwich: "Como o combate na América é [agora] uma preocupação secundária, nosso principal objetivo deve ser afligir a França, bem como defender e assegurar nossas próprias possessões contra suas tentativas hostis".[454] Desse modo, as ordens para Clinton foram modificadas. Em lugar das expedições para as Carolinas e a Geórgia, Clinton deveria despachar 5 mil homens para Santa Lúcia, nas Ilhas Leeward. Reputava-se o porto de Santa Lúcia como o melhor das Índias Ocidentais, de maneira a propiciar uma base da qual se poderia atacar as ilhas açucareiras mais lucrativas da França, Martinica e Guadalupe. Contudo, também seriam necessários reforços na Flórida, para proteção contra um possível ataque espanhol contra St. Augustine e Pensacola. A Filadélfia, portanto, teria de ser evacuada. Além disso, se Clinton ainda sentisse que tinha tropas insuficientes para manter Nova York, deveria recuar para Rhode Island ou Halifax.[455]

A iminente entrada da França na guerra também implicava importantes consequências para a Marinha Real na América, uma vez que a defesa da pátria mãe era, agora, sua maior prioridade, como Sandwich não se cansava de repetir. Assim, lorde Howe deveria enviar 20 cruzadores de volta para ser posicionados ao redor das Ilhas Britânicas. Além disso, ele deveria destacar outras 13 embarcações para a expedição a Santa Lúcia, o que deixava apenas 37 navios de guerra na América do Norte.[456] Obviamente, os planos de uma guerra anfíbia foram seriamente enfraquecidos, ao passo que um bloqueio efetivo era quase impossível. O único consolo era que a Espanha ainda não declarara intenções hostis.

Enfim, o ministério reconheceu que uma proposta de paz aos colonos seria desejável, tanto para solapar a aliança com a França quanto para permitir que a Grã-Bretanha se concentrasse na guerra marítima. Assim, uma comissão chefiada por lorde Carlisle deveria negociar nos seguintes termos: a Grã-Bretanha se absteria de tributar as colônias internamente, deixando o Parlamento responsável pela regulação do

---

454. A opinião de Amherst sobre a mudança na guerra na América, [março de 1778]. In: SANDWICH, v. 1, p. 365.
455. Instruções secretas para *sir* Henry Clinton, 21 de março de 1778. In: DDAR, v. 15, p. 74-76.
456. Conselho de Sandwich acerca da mudança na guerra na América, março de 1778. In: SANDWICH, v. 1, p. 359-360. Minuta do Gabinete, 14 de março de 1778. In: SANDWICH, v. 1, p. 361. Situação da força militar na América do Norte, 15 de março de 1778. In: SANDWICH, v. 1, p. 362.

comércio do império. Na prática, as colônias retomariam o tipo de relacionamento de que desfrutavam em 1763, como haviam exigido anteriormente. A maior parte das outras reclamações listadas na Declaração de Independência também foram atendidas: a preservação das Cartas Coloniais, o fim dos julgamentos por traição na Inglaterra e a garantia de estabilidade aos juízes. E, conquanto a "soberania da pátria mãe" devesse ser formalmente preservada, os comissários poderiam incorporar algo parecido com um Congresso, no acordo final.[457] De fato, os britânicos estavam oferecendo uma condição de domínio parcial. O que o ministério não percebeu foi que era pouco provável que tais termos se mostrassem atrativos quando o exército estava, ao mesmo tempo, se retirando da Filadélfia e até de Nova York. Entretanto, Germain, por exemplo, continuou confiante, por vários meses, de que "um tratado será celebrado e nós estaremos livres para agir com toda a nossa força contra a França".[458] Era uma ilusão das mais ingênuas.

Preparativos navais na Europa

Embora a guerra entre Grã-Bretanha e França ainda não tivesse sido declarada, era evidente que ela estava prestes a acontecer, uma vez que o reconhecimento da independência norte-americana pela França constituía uma negação do sistema mercantilista da Grã-Bretanha e da integridade de seu império. Porém, qualquer abertura unilateral das hostilidades poderia prejudicar a posição britânica entre as outras potências europeias. O ideal era que a França assumisse o papel de agressor.

Ironicamente, o ministério francês queria, do mesmo modo, evitar a responsabilidade pelo início das hostilidades. Desde o verão de 1776, Sartine preparava dois grandes esquadrões, um deles em Brest, na costa atlântica, sob o comando do almirante D'Orvilliers, e o outro em Toulon, no Mediterrâneo, sob o comando do almirante D'Estaing. O plano francês era que o esquadrão de Toulon, composto por 11 navios de guerra, seis fragatas e 4 mil homens a bordo, partisse de imediato para a América. A esperança era que D'Estaing pudesse atravessar o Estreito de Gibraltar antes que as hostilidades começassem, visto que era essencial que ele desmantelasse a esquadra de Howe antes de empreender qualquer operação conjunta com Washington.[459] Assim, os comandantes navais franceses, onde quer que estivessem, deveriam

---
457. Instruções aos comissários para acalmar os tumultos na América do Norte, 12 de abril de 1778. In: DDAR, v. 15, p. 81-93.
458. Germain para Clinton, 5 de agosto de 1778. In: DDAR, v. 15, p. 177-178.
459. D'Estaing para Washington, 8 de julho de 1778. In: WP/RWS, v. 16, p. 38-39.

agir com cautela até que D'Estaign alcançasse a América. Para tanto, a principal esquadra em Brest foi colocada no mar para um exercício de treinamento com instruções de evitar hostilidades, a menos que provocadas. Todavia, as tropas, simultaneamente, se reuniriam ao longo das costas setentrionais da França, como se ameaçassem uma invasão. Isso deveria, então, compelir os britânicos, como em 1756, a manter uma grande esquadra no canal, impedindo, assim, o envio de qualquer ajuda a Howe pelo Atlântico.[460]

Os planos de Vergennes e seus colegas ainda eram desconhecidos quando a notícia da aliança franco-americana foi recebida em Londres. O temor inicial dos ministros britânicos era que as esquadras de Toulon e de Brest pudessem se combinar para prestar auxílio em uma invasão pelo canal. Entretanto, os ministros também estavam cientes de que um dos esquadrões franceses poderia atravessar o Atlântico para ajudar os patriotas ou atacar as ilhas britânicas nas Índias Ocidentais. O resultado foi incerteza e divisão consideráveis nas fileiras ministeriais. Sandwich desejava que a defesa do canal fosse a prioridade da marinha, a fim de evitar a invasão da pátria.[461] Germain, por outro lado, solicitava o fortalecimento da esquadra na América do Norte, visto que a destruição do esquadrão de Howe deixaria o exército perigosamente vulnerável. Ele sugeriu que, caso Sandwich não quisesse enviar mais navios à América, ele deveria posicionar um esquadrão em Gibraltar para evitar que D'Estaing deixasse o Mediterrâneo.[462]

De início, o Gabinete concordou com a ideia de Germain de marcar presença no Mediterrâneo. No entanto, Sandwich continuou a insistir que o almirantado não dispunha de navios suficientes para fazê-lo e, duas semanas depois, sua opinião prevaleceu.[463] Ele também mantinha sua oposição ao envio de mais embarcações para o outro lado do Atlântico. O máximo com que concordaria era a preparação de um esquadrão sob o comando do almirante Byron, composto de 13 navios de guerra, para serviço lá, uma vez que o destino de D'Estaing era desconhecido. Como Sandwich ressaltou a North, mesmo sem a assistência da Espanha, os esquadrões de Brest e Toulon perfaziam cerca de 40 navios de guerra.[464] O perigo era grande demais para liberar Byron. Apenas em 5 de junho de 1778 ficou claro que D'Estaing cruzara o Estreito de Gibraltar em direção à América do Norte, o que permitiu,

---
460. DULL, J. *The French Navy*, p. 110.
461. Opinião de lorde Sandwich, 4 de abril de 1778. In: SANDWICH, v. 2, p. 22-23.
462. Germain para North, 27 de abril de 1778. In: FORTESCUE, v. 4, p. 121.
463. Opinião de lorde Sandwich, 6 de abril de 1778. In: SANDWICH, v. 2, p. 23.
464. Sandwich para North, 7 de maio de 1778. In: SANDWICH, v. 2, p. 49-50.

assim, a partida de Byron com seus 13 navios de linha. Ele tinha ordens para seguir D'Estaing e trazê-lo para a batalha.[465]

Responsabilizar Sandwich por essa incapacidade de manter esquadrões simultaneamente no canal, no Mediterrâneo, nas Índias Ocidentais e na América do Norte é tradição entre os historiadores, que sugerem que ele teria permitido que a esquadra se desmantelasse após a guerra anterior. Entretanto, desde que se tornara primeiro lorde em 1770, instituíra um programa de construção e reparos, de modo que a marinha pudesse se equiparar às conquistas do almirantado de lorde Anson na guerra anterior. Isso incluía o suprimento de três anos de madeira para assegurar que os navios não se reduzissem a pedaços por terem sido construídos com madeira não amadurecida. Ele também retomou as construções em estaleiros comerciais que haviam cessado suas atividades depois da Guerra dos Sete Anos.[466] Porém, como vimos, ele não fora eximido de exigências do Tesouro por economia. No fim de 1772, North solicitou uma redução do número de navios de guerra em serviço de guarda, como parte de seu programa de corte do débito nacional. North acreditava que era seguro tomar essa medida por causa do Estado de tranquilidade da Europa e das recentes abordagens amistosas da França.[467] Sandwich respondera com cortes ao programa de construção, tanto nos estaleiros reais como nos comerciais.[468] Como resultado, nenhum navio de 74 canhões, o carro-chefe da esquadra de guerra, foi encomendado entre 1775 e 1777, sendo as novas construções limitadas às embarcações de 64 canhões.[469] A mesma frugalidade afetou a construção de novas fragatas.

Enquanto cresciam as dificuldades na América, Sandwich exortou, em várias ocasiões, que a marinha fosse disposta em uma adequada organização de guerra, em especial no início do verão de 1776, quando seus agentes relataram uma atividade crescente nos estaleiros navais franceses.[470] Dessa vez, North teve de admitir a necessidade de

---

465. Resumo das instruções ao almirante Byron, 1778. In: SANDWICH, v. 2, p. 374-376.
466. RODGER, N.A.M. *The Insatiable Earl: A Life of John Montagu, 4th Earl of Sandwich*. London, 1993, p. 137-140, 197. Estimativas para construção e manutenção, 1769, 1770. In: CJ, v. 32, p. 53, 634.
467. North para Sandwich, 5 de setembro de 1772. In: SANDWICH, v. 1, p. 19-23. SCOTT, H.M. *British Foreign Policy in the Age of the American Revolution*. Oxford, 1990, p. 166-167, 181-190.
468. Sandwich para North, 10 de setembro de 1772. In: SANDWICH, v. 1, p. 23-26.
469. BAUGH, D.A. "Why did Britain lose command of the sea during the war for America", in Jeremy Black e Philip Woodfine (Eds.), *The British Navy and the Use of Naval Power in the Eighteenth Century*. Leicester, 1988, p. 153-155.
470. RODGER, *Sandwich*, p. 235. SCOTT, H.M. *British Foreign Policy*, p. 235.

maior mobilização. A partir de outubro de 1776, houve um aumento uniforme do número de navios em atividade, assim como do uso do expediente de recrutamento forçado de homens para tripulá-los.[471] As construções nos estaleiros reais e comerciais também foram intensificadas, com o aumento de gastos de uma média de 280 mil libras esterlinas no período de paz do fim da década de 1760 para o montante de 423 mil libras esterlinas em 1777.[472] Contudo, era necessário ainda mais. Como Sandwich disse a North, em 1777: "Tenho como premissa que a Inglaterra deve, para sua própria segurança, ter uma força superior de prontidão em seu território para fazer frente a qualquer coisa que França e Espanha, juntas, tenham, por sua vez, de prontidão". Em outras palavras, a Grã-Bretanha precisava ser capaz de igualar um padrão de duas potências estabelecido por seus rivais. North, de novo, respondeu de forma assertiva ao concordar com um aumento no investimento total de mais de 5 milhões de libras esterlinas em relação às 2,1 milhões de 1774.[473] Como resultado, 41 navios de linha estavam prontos para o serviço doméstico em março de 1778 e mais 15 estavam "a caminho". Outros oito eram preparados para receber tripulação, enquanto nove já estavam na América e nas Índias Ocidentais.[474] Embora ainda se tivesse de completar muitas tripulações, lorde Hawke, o vencedor da Batalha de Quiberon Bay em 1759, afirmou que jamais se havia visto melhor esquadra no reino. Jorge III ficou igualmente impressionado depois de uma visita às docas reais.[475]

Infelizmente, França e Espanha aumentavam suas forças navais com velocidade ainda maior. Como resultado dos esforços de Sartine, a França dispunha agora de 33 navios de linha e 48 fragatas em águas europeias, ao passo que a Espanha tinha 32 navios de linha e oito fragatas. Isso significava que as potências Bourbon teriam 65 navios de guerra para atuação na Europa, em comparação à atual força da Marinha Real, de 41 embarcações.[476] Em guerras anteriores, ocorridas entre 1689-1713 e 1744-1748, a Grã-Bretanha contara com o apoio da Marinha

---

471. RODGER, *Sandwich*, p. 235. SCOTT, H.M. *British Foreign Policy*, p. 235.
472. Estimativa para construção e reparos para o serviço de 1769. In: CJ, v. 32, p. 53. Ibid., 1777. In: CJ, v. 36, p. 37-39.
473. Sandwich para North, 3 de agosto de 1777. In: SANDWICH, v. 1, p. 235-238. RODGER, N.A.M. *Command of the Ocean: A Naval History of Britain*, 1649-1815. New York, 2004, p. 644.
474. Situação da Atual Força Naval, 15 de março de 1778. In: FORTESCUE, v. 4, p. 54.
475. Jorge III para Sandwich, 14 de abril 1778. In: SANDWICH, v. 2, p. 24. Memorando de uma visita a Portsmouth, 2 de maio de 1778. In: FORTESCUE, v. 4, p. 126-130.
476. Sandwich para North, 6 de março de 1778. In: SANDWICH, v. 1, p. 349-352. DULL, J. *The French Navy*, p. 360.

Holandesa, ao passo que, na recente Guerra dos Sete Anos, ela fora capaz de esmagar a Marinha Francesa antes que a Espanha viesse em seu socorro. Dessa vez, a Marinha Real entrava em uma guerra sem a Holanda como aliada e enfrentava seus dois principais rivais, cujas esquadras foram bastante fortalecidas desde o conflito anterior.

A culpa por tal situação deve recair, em primeiro lugar, sobre North, por causa de seus pedidos anteriores de economia. Contudo, Sandwich também deve compartilhar dessa responsabilidade, por adotar a esquadra de Anson de 1759 como referência, em vez de tomar por base as atuais marinhas da França e da Espanha. O resultado foi uma deficiência de navios que o almirantado só conseguiu sanar depois da guerra, por causa do tempo necessário para a construção de tais embarcações.

A partida de Byron permitiu que o gabinete de North se concentrasse na defesa da Grã-Bretanha. A esquadra do canal, ou esquadrão ocidental, como costumava ser chamada, era a pedra angular estratégica da segurança da Grã-Bretanha. Ela não apenas era capaz de impedir uma invasão ao país pelo Canal como também era o principal meio de proteger os carregamentos que iam para e vinham das Índias Ocidentais, do Canadá, do Mediterrâneo e das Índias Orientais. Essa importante responsabilidade agora recaía sobre o almirante Augustus Keppel. Ele fora promovido a comandante de esquadra na guerra anterior, quando comandou o esquadrão naval durante a tomada da ilha francesa Belle-Ile, situada na costa ocidental da França, e servira como segundo comandante, no ano seguinte, no cerco de Havana. Em sua carreira, mostrou-se um comandante mais competente do que inspirado. Sua nomeação foi surpreendente, uma vez que ele era associado à oposição Whig. No entanto, seu tempo de serviço e ligações aristocráticas implicavam que ele não poderia ser ignorado para essa importante designação. Não era a primeira ocasião em que considerações de ordem política, em vez da habilidade, pesaram na escolha de Sandwich ao fazer uma nomeação para cargos superiores.

Uma vez escolhido o comandante, a próxima questão a decidir era onde posicionar o esquadrão de Keppel. Havia duas opções. Uma delas era empreender um rígido bloqueio em Brest para impedir que os franceses saíssem ao mar. A segunda era permitir que seus esquadrões emergissem, na esperança de apanhá-los antes que desaparecessem no Atlântico. Anson já havia tentado realizar um bloqueio rigoroso em Brest no ano de 1759, o que contribuíra diretamente para a vitória de Hawke em Quiberon Bay, acabando assim com a ameaça de invasão durante a guerra.[477] Entretanto, manter embarcações em uma posição

---

477. MIDDLETON, R. "British Naval Strategy, 1755-1762: The Western Squadron". *Mariner's Mirror*, *1989*. v. 75, p. 349-367.

tão exposta era árduo tanto para os navios quanto para as tripulações, de modo a exigir um rodízio frequente para mantê-los em condições de utilização. Era evidente que a marinha não dispunha, naquele momento, de navios suficientes para fazê-lo. Portanto, Sandwich optou pela segunda tática, de rondas periódicas, na esperança de apanhar a esquadra francesa em mar aberto, quando a maior experiência das embarcações britânicas se mostraria decisiva. O inconveniente era a dificuldade de encontrar os franceses, uma vez que se tivessem lançado ao mar.

As ordens iniciais para Keppel eram de escoltar um comboio com tropas e suprimentos para Gibraltar e Minorca, passando por Ushant. Depois disso, deveria navegar pelas costas de Brest, a fim de impedir uma junção dos esquadrões franceses e espanhóis, e, ao mesmo tempo, proteger os comboios britânicos à medida que entravam e saíam do canal. Contudo, Keppel não deveria precipitar hostilidades contra navios de guerra franceses isolados e tinha instruções para saudar os navios espanhóis de forma amigável, a menos que eles demonstrassem intenções hostis. Porém, caso os franceses ou os espanhóis aparecessem com contingentes maciços, ele deveria recuar para St. Helens e aguardar reforços.[478]

Keppel, enfim, lançou-se ao mar em 12 de junho com 20 navios de guerra, mas retornou depressa ao descobrir que os franceses em Brest não só dispunham de mais navios capitais, como também de um maior número de fragatas.[479] Não obstante, ele estava pronto para retornar no início de julho, com uma frota consideravelmente maior, composta por 29 navios de linha, acompanhados, dessa vez, por quatro fragatas de cascos de cobre, um novo método para proteger os fundos dos navios da ação dos cirrípedes [uma espécie de crustáceo], o que aumentava sobremaneira sua velocidade.[480] Suas ordens continuavam as mesmas, ou seja, navegar pela costa de Brest, conquanto pudesse estender sua posição até as Ilhas Scilly e Cape Lizard, para melhor proteger o comércio. Dessa vez, ele deveria atacar e capturar todas as embarcações francesas, quer navios de guerra ou mercantes, visto que a guerra tornara-se inevitável após a detenção de duas fragatas francesas, enviadas para espionar o esquadrão de Keppel.[481]

---

478. Resumo das ordens ao almirante Keppel, 25 de abril a 5 de junho de 1778. In: SANDWICH, v. 2, p. 369-374.
479. Keppel para Sandwich, 21 de junho de 1778. In: SANDWICH, v. 2, p. 98.
480. Keppel para Sandwich, 6 de julho de 1778. In: SANDWICH, v. 2, p. 109.
481. Resumo das ordens ao almirante Keppel, 1778. In: SANDWICH, v. 2, p. 372-373. SYRETT, D. *The Royal Navy in European Waters During the American Revolutionary War.* Columbia, SC, 1998, p. 38.

Nesse meio-tempo, a esquadra de Brest, comandada pelo almirante D'Orvilliers, também fora lançada ao mar, em 10 de julho, com 32 navios de linha. D'Orvilliers tinha ordens para navegar os portos e enseadas ocidentais por um mês. Contudo, ele não deveria buscar confrontos, uma vez que a guerra ainda não havia sido formalmente declarada. Ele também deveria evitar ser levado canal acima.[482] Porém, as duas esquadras não demoraram para avistar uma à outra, embora D'Orvilliers tenha se esforçado para evitar a batalha a fim de dar mais tempo para que sua tripulação se preparasse. Assim, ele se manteve em uma posição de vantagem com relação a Keppel por vários dias.[483] Entretanto, em 27 de julho, o vento mudou a favor de Keppel, o que permitiu que ele alcançasse a retaguarda francesa. D'Orvilliers, então, posicionou-se de forma a ter o vento a seu favor a fim de confrontar os britânicos, embora seu plano ainda fosse de lutar na defensiva. Desde o início do século XVIII, a doutrina naval francesa enfatizava a necessidade de evitar enfrentamento direto com as tripulações mais experientes e os robustos navios dos britânicos. A melhor forma de se fazer isso era atirar no cordame de seus oponentes, de modo que eles não conseguissem utilizar seus armamentos mais pesados e sua disciplina superior em espaços confinados. Mas os franceses tinham outras razões para adotar tais táticas. Em termos estratégicos, eles viam o poderio naval como meio de fortalecer suas colônias e comércio.[484] A defesa da França metropolitana não dependia, em última análise, da esquadra, mas do tamanho de seu exército. Exatamente o oposto, obviamente, era o caso da Grã-Bretanha, onde a Marinha Real era a principal linha de defesa. Assim, para os britânicos, a destruição da esquadra de um inimigo sempre precedia à proteção do comércio ou à realização de operações anfíbias.

Quando as duas esquadras passaram uma pela outra, em direções opostas, os franceses apontaram seus canhões para o cordame dos britânicos, enquanto navegavam a toda velocidade. Essa manobra custou mais baixas aos franceses, que perderam 730 marinheiros contra 400 britânicos, mas as avárias nos cordames de Keppel impediram-no de empreender uma perseguição. Isso permitiu que D'Orvilliers recuasse, valendo-se da escuridão da noite, deixando a Keppel a aparente vitória. No entanto, essa foi uma vitória inócua, uma vez que Keppel teve de

---

482. DULL, J. *The French Navy*, p. 119-120.
483. Keppel para Shuldham, 24 de julho de 1778. In: SANDWICH, v. 2, p. 127. Keppel para Sandwich, 29 de julho de 1778. In: SANDWICH, v. 2, p. 128.
484. RODGER, N.A.M. *Command of the Ocean*, p. 272-273.

retornar ao porto para reparar os mastros destruídos.[485] O verdadeiro beneficiado, portanto, foi D'Orvilliers, à medida que obstou as operações de Keppel, preservando ao mesmo tempo sua própria esquadra. Entretanto, o enfrentamento revelou que os franceses ainda eram incapazes de exercer o comando do canal, apesar do desbaratamento da esquadra de Keppel. Não haveria qualquer invasão naquele ano, tampouco seriam interrompidas as linhas de comunicação com a América do Norte. Por outro lado, a Marinha Real não conseguira infligir um golpe decisivo contra a França, que ainda não contava com o auxílio da Espanha. As consequências disso se tornariam claras dentro de 12 meses.

A batalha de Ushant teve outra consequência, qual seja, o irromper de divergências entre os oficiais superiores da Marinha Real, envolvendo Keppel e o comandante de sua divisão de retaguarda, o vice-almirante Palliser. A disputa foi influenciada por considerações políticas em virtude das ligações de Keppel com os Whigs Rockingham. Palliser, ao contrário, era membro do Conselho de Almirantes e protegido de Sandwich. Não obstante, as relações entre ambos os comandantes haviam sido amigáveis antes da batalha. Porém, ao retornar para Portsmouth, Palliser descobriu que estava sendo anonimamente acusado de não ter empreendido uma batalha decisiva, uma vez que não teria dado apoio à vanguarda e ao centro da esquadra. Palliser logo solicitou que Keppel refutasse essas insinuações. Quando Keppel se recusou, Palliser públicou sua própria versão da batalha e, em seguida, tomou a atitude insólita de exigir que Keppel enfrentasse uma corte marcial por má conduta e negligência do dever. Keppel não teve dificuldades em refutar tais acusações e levou a corte a concluir que elas eram "maliciosas e infundadas".[486] Em consequência, Palliser teve de requerer uma corte marcial para limpar o próprio nome. Ele também foi absolvido, mas com apoio menos ostensivo, e foi repreendido por não ter mantido Keppel informado do estado de sua esquadra durante a batalha.[487]

O resultado final desses procedimentos foi a divisão da esquadra em linhas políticas e pessoais, com o consequente prejuízo à sua disposição de espírito e eficiência. Mesmo dois anos mais tarde, *sir* George Rodney comentou como "a infeliz desavença entre Mr. Keppel e *sir* Hugh Palliser quase arruinou a Marinha", com relação à disciplina e

---

485. Keppel para Sandwich, 29 de julho de 1778. In: SANDWICH, v. 2, p. 128-129. Palliser para Sandwich, 31 de julho de 1778. Ibid, p. 129-132.
486. Jackson para Sandwich, 10 de fevereiro de 1779. In: FORTESCUE, v. 4, p. 269-270.
487. SYRETT, D. *Royal Navy in European Waters*, p. 55-57. RODGER. *Sandwich*, p. 249.

presteza dos oficiais na execução de ordens.[488] O episódio revelou o perigo de se fazer nomeações antes com bases políticas do que pelo mérito, como o secretário do Tesouro, John Robinson, advertira Sandwich no ano anterior. "Cada comando [precisa] ser preenchido com homens da mais vasta experiência em serviço e dotados de habilidade." Agir de outra forma apenas aumentava o perigo de fracasso operacional e subsequentes retaliações. Para Sandwich, uma maneira de desestimular retaliações era insistir que a maioria das nomeações para patentes mais graduadas da esquadra fosse feita por todo o gabinete. Isso, então, evitaria acusações de favoritismo, algo de que Sandwich era claramente culpado.[489]

Enquanto os oficiais superiores altercavam entre si, as tarefas mais corriqueiras da esquadra continuavam a sofrer com a exiguidade de navios. Muito antes de Ushant, Sandwich reconheceu que "nossa deficiência de fragatas é uma infelicidade irreparável, uma vez que nosso comércio fica demasiado exposto em virtude da escassez de comboios e cruzadores".[490] Isso foi demonstrado em termos gráficos na primavera de 1778, quando o corsário norte-americano John Paul Jones realizou uma série de pilhagens ao redor das Ilhas Britânicas, durante as quais capturou uma corveta da Marinha Real, às margens de Belfast Lough.[491] Embora esses ataques fossem contratempos menos significativos, eles exerciam um impacto psicológico desproporcional ao prejuízo que causavam. A terra natal britânica estava sendo violada. Era um sintoma dos recursos inadequados da Marinha Real e de sua inabilidade de comandar os mares e determinar o resultado da guerra na América e em qualquer outro lugar.

Vale Forge e a estruturação de um novo exército

Enquanto uma guerra marítima enredava a Europa Ocidental, os exércitos na América do Norte se preparavam para voltar a campo após quatro meses nos quartéis de inverno.

Os homens de Howe haviam passado o inverno em relativo conforto. Como os britânicos costumavam pagar por sua própria subsistência, muitos fazendeiros dos arredores da Filadélfia estavam dispostos a fazer qualquer coisa para lhes atender às necessidades, em especial

---
488. Rodney para Sandwich, 16 de fevereiro de 1780. In: SANDWICH, v. 3, p. 201.
489. Robinson para Sandwich, 18 de agosto de 1777. In: SANDWICH, v. 1, p. 238-240.
490. Estado da força em território pátrio, março de 1778. In: SANDWICH, v. 2, p. 21.
491. FERLING, J. *Almost a Miracle*, p. 372-373.

depois que Howe abriu um mercado para eles na cidade.[492] O exército de Washington, ao contrário, tinha poucos desses benefícios em Vale Forge, pouco mais de 30 quilômetros a oeste. Washington escolhera esse local por causa de sua posição defensável. Infelizmente, o lugar não se mostrou um bom abrigo e oferecia acesso restrito a suprimentos sem dinheiro, conforme Washington informou a Henry Laurens, o novo presidente do Congresso, pouco depois de sua chegada. As tropas deveriam "ter provisões para dois dias" em caso de "algum chamado repentino" para interceptar grupos inimigos à procura de mantimentos. Era raro que tais provisões estivessem disponíveis, o que os impossibilitava de realizar aquela tarefa vital. Além disso, não havia sabão para lavar, nem vinagre para fumigar os alojamentos. As roupas também estavam em falta, "poucos homens tinham mais de uma camisa (...) e alguns não tinham uma sequer". A insuficiência de calçados era outra dificuldade. Por fim, a escassez de cobertores obrigava muitos homens a "passar a noite sentados ao redor de fogueiras, em vez de descansar confortavelmente de uma forma natural e corriqueira". O resultado era que 3 mil homens estavam "despreparados para o serviço por estarem descalços ou nus".

Todas essas deficiências, observou Washington de forma sarcástica, eram fruto da suposição superficial do Congresso de que "um exército inferior" poderia confinar outro mais forte "em todos os aspectos [melhores] apontados". Assim, a menos que o Congresso agisse sem demora, os prospectos para a campanha vindoura estariam severamente prejudicados. Ele disse a Laurens: "Temos não mais que três meses para tomar uma grande quantidade de providências. Se deixarmos esse tempo escapar, ou se o desperdiçarmos, enfrentaremos as mesmas dificuldades durante toda a próxima campanha". O exército era como um relógio. Se uma parte funcionasse mal, o restante também não funcionaria.[493]

A pior falha do Congresso era sua incapacidade de cumprir as promessas relativas a alimentos e roupas. Alimentar o exército era responsabilidade de Trumbull, o general intendente. Sua tarefa mostrara-se relativamente fácil durante o cerco de Boston, uma vez que o crédito do Congresso era bom, ao passo que o exército, composto em sua maior parte, por milícias da Nova Inglaterra, estava entre amigos, dispostos a suprir suas necessidades. Dali em diante, os problemas se agravaram depressa, ainda mais por conta de o exército estar operando em várias

---
492. BOWLER, A. *Logistics and the Failure of the British Army in America, 1775-1783*. Princeton, 1975, p. 72.
493. Washington para Laurens, 23 de dezembro de 1777, impresso em: PADOVER, S.K. *The Washington Papers*: *Basic Selections from the Public and Private Writings of George Washington*. New York, 1955, p. 155-157.

divisões, o que dificultava que Trumbull mantivesse contato.[494] Ele também estava frustrado com sua falta de autoridade após a decisão do Congresso de impor uma inspeção mais rigorosa a fim de evitar o peculato. Em julho de 1777, Trumbull ameaçava exonerar-se. Desesperado, Washington alertou Hancock de que "caso nada fosse feito para ajudar Mr. Trumbull imediatamente, o exército debandaria".[495] Isso fez com que o Congresso enviasse seu comitê de guerra para avaliar os problemas, o que deu a Washington a oportunidade de enfatizar o que era necessário para garantir uma campanha bem-sucedida.[496] Apesar dessa iniciativa, o Congresso ainda não tomou providências.

Como resultado, no início de fevereiro de 1778, o exército continental enfrentava a fome, com poucas perspectivas de melhora na situação, visto que os Estados de Nova Jersey, Pensilvânia, Maryland e Delaware pareciam exauridos. A alimentação normal dos homens era composta por carne, pão, manteiga, sal e rum. Contudo, por vários dias, os soldados não tiveram carne nem pão, o que os obrigou a sobreviver de biscoitos feitos de farinha e água.[497] Alguns oficiais exortaram Washington a buscar mantimentos à maneira europeia. Entretanto, ele acreditava que viver de pilhagens solaparia os princípios da revolução e, assim, preferiu apelar mais uma vez para os Estados vizinhos.[498] Mas algumas requisições forçadas eram inevitáveis e Washington só podia instruir seus oficiais a subtrair gêneros alimentícios de forma a causar o menor prejuízo possível, oferecendo recibo para eventuais pagamentos.[499]

Infelizmente, esses recibos não tinham valor algum, uma vez que o Congresso só podia pagar pelos gêneros com sua moeda, que se depreciava rapidamente. Em retaliação, os fazendeiros escondiam seus rebanhos nos bosques e pântanos. Outros, especialmente em Bucks County, usavam atalhos para chegar ao mercado de Howe. O exército fazia o possível para coibir esse comércio, em grande parte realizado

---

494. Washington para Trumbull, 18 de fevereiro de 1777. In: WP/RWS, v. 8, p. 366. Ibid., 12 de maio de 1777. In: WP/RWS, v. 9, p. 407. Trumbull para Washington, 9 de julho de 1777. In:WP/RWS, v. 10, p. 236.
495. Trumbull para Washington, 19 de julho de 1777. In: WP/RWS, v. 10, p. 342-343. Washington para Hancock, 9 de julho de 1777. In: WP/RWS, v. 10, p. 234-235.
496. Washington ao Comitê do Congresso, 19 de julho de 1777. In: WP/RWS, v. 10, p. 332-336.
497. Washington para Robert Hooper et al., 15 de fevereiro de 1778. In: WP/RWS, v. 13, p. 549. MIDDLEKAUF, R. *The Glorious Cause*, p. 413.
498. Circular aos governadores de Nova Jersey, etc., 19 de fevereiro de 1778. In: WP/RWS, v. 13, p. 589.
499. Washington para Wayne, 9 de fevereiro de 1778. In: WP/RWS, v. 13, p. 492-493.

pelas mulheres.⁵⁰⁰ No entanto, essa interceptação em nada otimizava a disponibilidade de provisões para o exército continental, como os oficiais de uma brigada já haviam relatado anteriormente, ao tentarem comprar bebida para tratar feridas e elevar o moral. Em sete ocasiões, o preço subira 50% com relação à sua última oferta. A menos que fosse tomada alguma medida para protegê-los de tamanha inflação, eles seriam obrigados a deixar o serviço.⁵⁰¹

A única resposta do Congresso a tais problemas foi a formação de outro comitê, em janeiro de 1778, para assegurar maior controle sobre o exército. Diligente, Washington escreveu um longo relatório do que era necessário para que as tropas estivessem preparadas para realizar seus objetivos. Entre as mudanças necessárias estava o fornecimento de provisões adequadas para os oficiais, recrutamento efetivo dos regimentos, um inspetor geral para assegurar um treinamento padrão, um superintendente marcial para supervisionar a disciplina, um departamento de intendência e um intendente eficientes e uma revisão dos regulamentos de guerra para permitir punições mais severas, desde cem chicotadas até a morte por enforcamento.⁵⁰²

Na realidade, o próprio Congresso precisava ser reformado, como Washington confidenciou a seletos correspondentes. Uma vulnerabilidade crítica era sua incapacidade de tomar decisões, até porque os Estados deixavam de enviar delegados dentre "os mais habilidosos de nosso meio". Todavia, tudo correria com mais tranquilidade caso o Congresso deixasse de lado seu preconceito de que "exércitos permanentes são perigosos para um Estado". Esses temores podem ser legítimos em sociedades nas quais os soldados tinham poucos laços com os cidadãos comuns, sendo tão somente "mercenários e interesseiros". Contudo, isso não se dava na América, onde as tropas tinham "todas as ligações e os interesses dos cidadãos", inclusive a propriedade. Era essencial que o Congresso e o exército fossem considerados "como um único povo, engajado em uma causa". Agir de outra maneira equivalia a prejudicar o moral e conduzia exatamente àquilo que o Congresso tentava evitar, a supressão da liberdade.⁵⁰³

---

500. Washington para o brigadeiro Lacey, 23 de janeiro de 1778. In: WP/RWS, v. 13, p. 323. Ibid., p. 351, Lacey para Washington, 26 de janeiro de 1778.
501. Oficiais da brigada do general Wayne para Washington, 15 de agosto de 1777. In: WP/RWS, v. 10, p. 631-632.
502. Washington para o Comitê Continental do Congresso, 29 de janeiro de 1778. In: WP/RWS, v. 13, p. 376-404.
503. Washington para John Banister, 21 de abril de 1778. In: WP/RWS, v. 14, p. 573-579.

Apesar do protesto de Washington, poucas mudanças ocorreriam. Mesmo seu pedido pela designação de Nathanael Greene como intendente geral demorou três meses para ser analisado.[504] Como era de se esperar, o exército continuou a decair, como Washington confidenciou a um dos oficiais superiores, no fim de março de 1778. "A morte e a deserção nos privaram de muitos homens valorosos desde que chegamos a esta terra. Além disso, encontramos todo o tipo de adversidades que o frio, a umidade, a fome e a falta de roupas foram capazes de provocar." Em tais circunstâncias, foi incrível "que tenhamos conseguido impedir que os soldados se enredassem em motins ou desertassem".[505] O mesmo descontentamento se aplicava aos oficiais. Ao longo de 1778, mais de 200 haviam se exonerado do serviço. Muitos outros foram mantidos apenas com grandes dificuldades.[506]

Entretanto, os meses em Vale Forge não foram de todo desperdiçados. O inverno de 1777 foi a primeira ocasião em que o exército não se desmantelou quando expiraram os alistamentos de um ano. Isso propiciou mais tempo de preparação para o campo. Washington sempre acreditou que a disciplina e a ordem eram fundamentais para o êxito. As milícias poderiam suprimir os partidários do Tory e manter a população obediente, mas não estavam aptos a capturar áreas metropolitanas fortificadas como Nova York, Newport e Filadélfia. Apenas um exército de campo adequadamente organizado poderia fazê-lo.

Portanto, Washington ficou muito satisfeito quando, no fim de fevereiro de 1778, recebeu a oferta dos serviços de um antigo oficial do exército de Frederico, o Grande, barão von Steuben. Um dos principais problemas do exército de Washington era a falta de regularidade em seus métodos de treinamento. Isso se dava, em especial, com as manobras de marchas terrestres, essenciais para a movimentação de grandes grupos de homens no campo de batalha.[507] Como Steuben observou, mais tarde: "Com relação à disciplina militar, posso dizer com segurança que tal não existe". Cada oficial "tinha um sistema próprio, um de acordo com o estilo inglês, outro conforme o estilo prussiano ou, ainda, o francês".[508] Steuben, agora, se oferecia para treinar os homens de Washington no estilo padrão da Prússia, adotado pelo melhor exército da Europa. Ele também serviria sem patente ou pagamento, enquanto demonstrasse seus talentos.

---
504. Ordens gerais, 24 de março de 1778. In: WP/RWS, v. 14, p. 285-286.
505. Washington para Cadwalader, 20 de março de 1778. In: WP/RWS, v. 14, p. 234-235.
506. Washington para Laurens, 28 de março de 1778. In: WP/RWS, v. 14, p. 292-294.
507. Washington para McDougall, 23 de maio de 1777. In: WP/RWS, v. 9, p. 506-507.
508. Citado em: WARD, C. *The War of the Revolution*. New York, 1952, v. 2, p. 551.

Washington logo aceitou a oferta e propôs um sistema de inspetores assistentes para ajudar na implementação.[509] Primeiro, Steuben treinou a guarda de Washington, a fim de mostrar aos inspetores assistentes como um grupo de homens deveria colocar munição em seus mosquetes e usar suas baionetas de maneira uniforme. Ele, então, providenciou para que seus métodos fossem escritos na forma de um manual, a ser distribuído para todo o exército.[510] Steuben enfatizou, desde o início, que os oficiais deveriam treinar seus homens, em vez de deixar a tarefa para os sargentos. Porém, o próprio Steuben percebeu que teria de modificar seus métodos de ensino. Em uma carta a um amigo, ele comentou como, na Prússia, Áustria e França, "você diz a um soldado, faça isso, e ele o faz". Na América, Steuben era obrigado a dizer, "este é o motivo pelo qual você deve fazer isso" antes que um soldado acatasse.[511] É claro que Washington vinha explicando os rudimentos da vida militar desde que chegara a Boston, em junho de 1775, ao perceber que um recruta mediano exigia mais tempo de indução à vida militar do que aqueles dos exércitos da Europa.

A introdução do sistema não se deu sem alguma hostilidade. As queixas eram de que Steuben exorbitava de seus poderes, "sendo preconceituoso demais quanto aos oficiais americanos por lhes desconhecer as habilidades".[512] O sentimento de que muitos estrangeiros estavam sendo promovidos em detrimento dos talentos locais estava sempre à espreita. Foi por esse motivo que Washington limitou a atuação de Steuben a seus deveres enquanto inspetor geral em vez de deixá-lo agir como oficial de campo.[513] Entretanto, ele permaneceu firme em sua postura de que não deveria haver desvios do novo sistema, visto que "quaisquer alterações lançariam o exército, mais uma vez, naquele estado de insubordinação e confusão do qual está se esforçando para sair".[514] Porém, as hostilidades contra os oficiais estrangeiros fizeram com que o plano para uma inspetoria fosse confirmado pelo Congresso apenas em abril de 1779.[515]

Após sobreviver ao inverno, a principal tarefa agora era recrutar as fileiras. A pedido de Washington, essa função fora subtraída às mãos de seus oficiais e transformada em responsabilidade dos Estados. O poderio conjectural do exército deveria ser de 66 mil homens, mas, no

---

509. Washington para Smallwood, 1º de maio de 1778. In: WP/RWS, v. 15, p. 7-8.
510. Washington para Laurens, 30 de abril de 1778. In: WP/RWS, v. 14, p. 681-682. Ibid., 22 de julho de 1778. In: WP/RWS, v. 16, p. 129.
511. MIDDLEKAUF, R. *The Glorious Cause*, p. 419.
512. Varnum para Washington, 5 de maio de 1778. In: WP/RWS, v. 15, p. 54-55.
513. Washington para Laurens, 24 de julho de 1778. In: WP/RWS, v. 16, p. 150-152.
514. Ordens Gerais, 4 de maio de 1778. In: WP/RWS, v. 15, p. 27-28.
515. Ordens Gerais, 27 de abril de 1779. In: WGW, v. 14, p. 445-446.

fim de março de 1778, os Estados ainda não haviam determinado como atingir suas cotas.[516] A maioria estava inclinada a adotar um sistema de alistamento voluntário. O problema, como observou um correspondente, era que "os homens não enfrentarão privações e perigos apenas para amargar a fome, a nudez e receber um tratamento de desprezo e negligência". A única alternativa era o alistamento das milícias. Contudo, isso também apresentava muitas desvantagens, uma vez que a maioria dos Estados permitia que os melhores saíssem para pagar por substitutos, o que costumava produzir recrutas de qualidade inferior.[517] No início de maio, o exército ainda dispunha de apenas 11 mil homens em Vale Forge, com outros 1.400 em Wilmington e 1.800 no Rio Hudson.[518] Para sorte de Washington, Howe não se sentia apto a atacar em virtude da insuficiência de "pastagem verde" para seus animais de carga.[519] Não obstante, era provável que se fizesse outra campanha defensiva, até que a França viesse em socorro da América.

Clinton: recuo e corte de gastos

O treinamento e o recrutamento do exército de Washington estavam longe de terminar quando, em 30 de abril, chegou a notícia de que a França havia assinado um tratado de defesa mútua.[520] Toda a posição estratégica mudou, assim, de um só golpe, pois ficou evidente que a Grã-Bretanha teria de reduzir seus esforços na América, a menos que pudesse aumentar suas forças armadas de forma miraculosa. Washington estava eufórico o suficiente para consultar seu Conselho acerca da conveniência de um ataque antecipado à Filadélfia ou Nova York, a fim de acelerar a retirada britânica. Contudo, apesar dessa perspectiva positiva, seus oficiais ainda acreditavam que seria melhor permanecer na defensiva até que se apresentasse uma oportunidade mais favorável.[521] Tal resposta parece ter aborrecido Washington, visto que, logo em seguida, pediu a opinião de seus oficiais por escrito, em vez de em conselho aberto, argumentando que "posso compreender tudo com calma e agir com mais sigilo", em contraposição a decisões determinadas por "uma maioria de votos e conhecidas por grande número" de pessoas.[522]

---

516. Washington para o general Armstrong, 27 de março de 1778. In: WP/RWS, v. 14, p. 326-328.
517. B. Dandridge para Washington, 12 de abril de 1778. In: WP/RWS, v. 14, p. 484-486.
518. Conselho de Guerra, 8 de maio de 1778. In: WP/RWS, v. 15, p. 79-81.
519. Howe para Germain, 19 de abril de 1778. In: DDAR, v. 15, p. 103.
520. Washington para Smallwood, 30 de abril de 1778. In: WP/RWS, v. 14, p. 684-685.
521. Conselho de guerra, 8 e 9 de maio de 1778. In: WP/RWS, v. 15, p. 79-86.
522. Washington para St. Clair, 4 de outubro de 1779. In: WGW, v. 16, p. 402-403.

A oportunidade para a ação não demoraria a surgir, pois, em meados de maio, foi recebida a informação de que os britânicos estavam se preparando para evacuar a Filadélfia. Imediatamente, Washington deu ordens para que Lafayette, com sua guarda avançada, observasse os movimentos britânicos. Porém, a manobra quase terminou em desastre quando Clinton antecipou-se ao movimento dos patriotas e preparou uma emboscada. Apenas o lento avanço de uma das divisões permitiu que Lafayette recuasse, ileso, para Vale Forge.[523] A cautela do Conselho de Washington fez-se justificada em tais circunstâncias.

Enquanto isso, Clinton tentava encontrar um equilíbrio entre o cumprimento das ordens de Germain para a evacuação da Filadélfia ao mesmo tempo em que enviava 8 mil homens para a Flórida e as Índias Ocidentais. Logo ficou evidente que não seria possível fazer ambas as coisas de uma vez, visto que a marinha não tinha navios suficientes para transportar o restante do exército para Nova York, sem falar no transporte da expedição para Santa Lúcia.[524] Dessa forma, ele decidiu executar suas ordens por etapas, retirando-se primeiro para Nova York antes de despachar a expedição para as Índias Ocidentais. Mesmo assim, nem todos conseguiriam viajar pelas águas, por causa da escassez de navios. O plano final de Clinton era que os 3 mil legalistas viajassem por mar enquanto o núcleo de seu exército, cerca de 10 mil homens, marcharia por Nova Jersey, passando por Allentown e Brunswick.[525]

Para os legalistas, a evacuação da Filadélfia foi um golpe amargo, que se tornou ainda difícil de engolir pelo conselho dos irmãos Howe de que fizessem as pazes com os rebeldes. Sua "situação deplorável" foi bem ilustrada por Joseph Galloway, que, "despojado de uma fortuna de 70 mil libras esterlinas", estava, "agora, condenado a vagar pela terra como Caim, sem lar e sem propriedades".[526] A maioria dos legalistas que ainda desejava partir optou por Nova York, abandonando suas posses para salvar suas vidas. No entanto, antes de partir, ainda sofreram a humilhação de assistir a um elaborado baile de máscaras, para celebrar a partida do general Howe como se fosse a de um herói conquistador.[527]

Os legalistas não eram os únicos contrariados pela evacuação iminente da Filadélfia. A comissão de paz de Carlisle chegou no dia 8 de

---

523. Washington para Lafayette, 18 de maio de 1778. In: WP/RWS, v. 15, p. 151-152. Washington para Laurens, 24 de maio de 1778, Ibid., p. 210-211.
524. Clinton para Germain, 23 de maio de 1778. In: DDAR, v. 15, p. 126.
525. Clinton para Germain, 5 de junho de 1778. In: DDAR, v. 15, p. 132-133.
526. Citado em: WARD, C. *The War of Revolution*, p. 568.
527. GRUBER, I.D. *The Howe Brothers and the American Revolution*. New York, 1972, p. 298-299.

junho sem obter conhecimento do que estava para acontecer. Eles criticaram de imediato o abandono da Filadélfia, classificando-o como "uma retirada desastrosa, mal planejada e irrefletida, altamente desonrosa às insígnias de Sua Majestade e muito prejudicial aos interesses de seus domínios".[528] Em muitos Estados, aproximava-se o término do prazo para que a população optasse entre fazer os votos finais de lealdade ou sofrer o banimento e o confisco de suas propriedades. Em consequência, "muitos dos habitantes mais influentes" aceitaram o conselho dos irmãos Howe, "ao perceber que seriam privados da proteção das forças do rei".[529] Os comissários, portanto, não se surpreenderam quando o Congresso rejeitou suas propostas de paz. "O Tratado de Aliança com a França, a evacuação da Filadélfia, o abandono de toda a costa da América, deixada aberta para receber suprimentos estrangeiros, a entrada livre das pilhagens" e o "prospecto de mais ajuda da Europa" entusiasmara tanto os rebeldes que não se poderia esperar outra resposta.[530]

Clinton deixou, enfim, a Filadélfia em 18 de junho de 1778. Embora ele tentasse manter suas tropas reunidas, sua marcha foi dificultada por um comboio de bagagens de quase 20 quilômetros, no qual se carregava tudo, desde os pertences pessoais dos oficiais até forjas de ferro. No início, Clinton protegeu o comboio marchando ao longo de duas estradas paralelas. Todavia, depois de chegar a Allentown, ele teve de escolher entre a estrada para o litoral, em Sandy Hook, ou aquela para o Rio Hudson, próxima a Staten Island. Ele optou por Sandy Hook. Então, colocou as tropas alemãs, sob o comando de Knyphausen, à frente e deixou Cornwallis com 6 mil homens, a nata da infantaria britânica, para proteger a retaguarda, visto que o plano era lançar um contra-ataque caso Washington se aproximasse demais.[531]

Aproximar-se dos britânicos era exatamente o que Washington pretendia depois de deixar Vale Forge, em 19 de junho, pegando uma rota mais para o norte, ao longo de Delaware. A menor quantidade de bagagem permitiu que, em poucos dias, ele alcançasse os britânicos perto de Monmouth Court House, onde Clinton havia parado para que seus homens descansassem depois de marchar durante todo o dia, sob o intenso calor do verão. A maioria dos oficiais de Washington ainda

---

528. Comissários para acalmar os tumultos para Germain, 15 de junho de 1778. In: DDAR, v. 15, p. 142.
529. Comissários para acalmar os tumultos para Germain, 15 de junho de 1778. In: DDAR, v. 15, p. 140-142.
530. Comissários para acalmar os tumultos para Germain, 5 de julho de 1778. In: DDAR, v. 15, p. 159.
531. Clinton para Germain, 5 de julho de 1778. In: DDAR, v. 15, p. 159-163.

aconselhava cautela quanto a investir contra os britânicos durante o recuo. Entretanto, os instintos de Washington lhe diziam para atacar, dada a maior disciplina do exército continental e as dificuldades de Clinton para proteger seu comboio de bagagens. No final, chegou-se a um consenso. Lafayette comandaria um destacamento reforçado para assediar os flancos e a retaguarda do inimigo, enquanto Washington, com o exército principal, seguiria logo atrás, pronto para dar cobertura.[532]

Entre os que aconselhavam cautela estava Charles Lee, que havia voltado ao exército recentemente, após uma troca de oficiais. A prisão não diminuíra seu descontentamento com Washington, tampouco seu desejo de ser seu sucessor. Ele agora exigia o comando das tropas de Lafayette, embora tivesse, a princípio, declinado da designação por ser tão somente uma "tarefa adequada para um jovem general voluntário". Como Lee era o segundo oficial de maior patente, Washington foi obrigado a concordar.[533]

Em 28 de junho de 1778, Lee começou a implementar suas ordens para acossar a retaguarda britânica. Seu avanço, contudo, exigia uma marcha difícil sobre três ravinas [depressão no solo, resultante da ação erosiva de águas de escoamento]. Clinton logo viu nisso uma oportunidade de atrair o exército patriota para uma batalha em campo favorável. Lee, ao ver que as fileiras britânicas avançavam, ordenou uma retirada imediata. Porém, ele não conseguiu comunicar sua intenção a Wayne, à sua esquerda. Como resultado, muitas unidades entrelaçaram-se, o que provocou considerável confusão até que os homens conseguiram retornar ao pico da primeira ravina, onde Washington organizou uma defesa provisória.[534] Clinton, então, tentou contornar os flancos patriotas, mas sem sucesso. A essa altura, ambos os exércitos estavam exaustos demais para continuar a batalha. Desse modo, Clinton conseguiu retomar sua retirada para Sandy Hook, onde chegou em 1º de julho de 1778.[535] Cinco dias depois, todo o seu exército havia sido transportado, de balsa, para Nova York.

Washington nunca perdoou Lee por arruinar o que ele acreditava ter sido uma oportunidade de ouro para atacar Clinton. Ele o acusou, de forma implícita, de desobedecer às suas ordens com teimosia ao se

---

532. Conselho de Guerra, 24 de junho de 1778. In: WP/RWS, v. 15, p. 520-521. Washington para Lafayette, 25 de junho de 1778, Ibid., p. 539.
533. Lee para Washington, 15 de junho de 1778. In: WP/RWS, v. 15, p. 403. Lee para Washington, 25 de junho 1778. In: WP/RWS, v. 15, p. 541-542. Washington para Lafayette, 26 de junho de 1778. In: WP/RWS, v. 15, p. 555.
534. Washington para Laurens, 1º de julho de 1778. In: WP/RWS, v. 16, p. 2-6.
535. Clinton para Germain, 5 de julho de 1778. In: DDAR, v. 15, p. 159-162.

retirar prematuramente e repetiu a acusação quando Lee solicitou uma corte marcial para limpar seu nome.[536] Washington não costumava ser vingativo. Ele deve ter agido assim em razão do desacato anterior de Lee, durante a retirada via Nova Jersey, em dezembro de 1776. Lee, por fim, conseguiu sua corte marcial, mas foi considerado culpado de três pormenores técnicos e suspenso do comando por 12 meses. Na realidade, sua carreira terminou quando o Congresso confirmou a decisão da corte.[537] Os historiadores têm se dividido quanto à sua culpa, embora Clinton acreditasse que Lee tivera motivos para recuar, diante do avanço da elite das tropas britânicas em sua direção.[538]

A chegada de Clinton a Nova York mostrou-se oportuna, uma vez que, poucos dias depois, D'Estaing apareceu nos arredores de Sandy Hook, com seus 12 navios de linha e instruções para planejar operações com Washington.[539] Howe dispunha de apenas seis navios de guerra em Nova York até a chegada de Byron. Tudo o que Howe podia fazer era formar uma linha defensiva dentro do porto e torcer para que D'Estaing considerasse os bancos de areia que obstruem o canal principal difíceis demais para transpor.[540]

Isso, de fato, aconteceu. Embora Washington tivesse recrutado navegadores para auxiliar os navios de guerra franceses, D'Estaing não gostou de ter de forçar sua entrada no porto, passando por Howe. Após 11 dias de buscas infrutíferas por um canal alternativo, D'Estaing decidiu navegar para Rhode Island, onde Sullivan, com um contingente de continentais e milícias da Nova Inglaterra, vigiava a guarnição britânica em Newport.[541] Washington aceitou prontamente o novo objetivo e enviou duas divisões, sob o comando de Lafayette e Greene, para servir de reforço a Sullivan, enquanto este posicionava o restante do exército em White Plans, a fim de ameaçar Nova York.[542] Clinton ficou bastante

---

536. Lee para Washington, 30 de junho de 1778. In: WP/RWS, v. 15, p. 594. Washington para Lee, 30 de junho de 1778. In: WP/RWS, v. 15, p. 595.
537. Washington para Laurens, 16 de agosto de 1778. In: WP/RWS, v. 16, p. 318-319. Ordens gerais, 22 de dezembro de 1778. In: WP/RWS, v. 18, p. 486-488.
538. *Clinton's Narrative*. In: CAR, p. 95. Defesa do general Lee em sua corte marcial, 9 de agosto de 1778. In: CAR, p. 388-390.
539. D'Estaing para Washington, 8 de julho de 1778. In: WP/RWS, v. 16, p. 38-39.
540. Almirante Howe para Stephens, 6 de julho de 1778. In: DDAR, v. 15, p. 163-164. SYRETT, D. *The Royal Navy in American Waters*, p. 97-99.
541. Washington para Sullivan, 17 de julho de 1778. In: WP/RWS, v. 16, p. 92-93. Alexander Hamilton para Washington, 20 de julho de 1778. In: WP/RWS, v. 16, p. 109.
542. Washington para D'Estaing, 22 de julho de 1778. In: WP/RWS, v. 16, p. 125. Conselho de Guerra, 25 de julho de 1778. In: WP/RWS, v. 16, p. 160-164. Washington para Lafayette, 27 de julho de 1778. In: WP/RWS, v. 16, p. 185-186.

perturbado com esses movimentos e chegou a considerar a evacuação temporária da cidade, seguindo para Halifax.[543]

As perspectivas dos aliados, no sentido de tomar Rhode Island, também pareciam boas, uma vez que a guarnição britânica compreendia pouco mais de 4 mil soldados, fuzileiros e marinheiros. O plano inicial era que D'Estaing se apoderasse dos três canais que separam Newport do continente, de modo que Sullivan pudesse atravessar a partir de seu acampamento em Tiverton. As tropas reunidas poderiam, então, realizar um cerco do forte inimigo.[544] Contudo, desde o início, as relações entre D'Estaing, um culto aristocrata, e Sullivan, filho de serviçais irlandeses, eram ruins. Essas diferenças sociais reforçaram o preconceito francês de que os habitantes locais não eram competentes nas artes da guerra. Certamente, os filhos de meros trabalhadores jamais poderiam se tornar generais.[545]

Porém, antes que os aliados pudessem implementar seu plano, Howe apareceu, depois de receber reforços de vários navios da esquadra de Byron. A viagem deste último não fora tranquila desde que deixou a Inglaterra, no início de junho. No meio do Atlântico, os navios de Byron foram dispersados e danificados por um furacão.[546] Depois de avaliar a força dos recém-chegados, D'Estaing logo saiu ao mar, tendo uma leve vantagem no tamanho de seus navios. Entretanto, as duas esquadras também foram dispersadas por uma tempestade antes que pudessem entrar em confronto. D'Estaing retornou, temporariamente, a Rhode Island, permitindo que Howe chegasse a Nova York.[547] Porém, após inspecionar seus navios, D'Estaing decidiu que sua esquadra estava danificada demais para continuar o cerco. Assim, ele partiu para Boston em busca de reparos, apesar dos protestos enfurecidos de Sullivan, em meio aos quais o comandante patriota fez alguns comentários desabonadores sobre os oficiais de D'Estaing.[548]

A retirada da esquadra francesa em 22 de agosto de 1778 fez com que Sullivan também tivesse de abandonar o cerco de Newport, conquanto ele tenha persistido por alguns dias, até que chegaram notícias de que uma força-tarefa britânica, comandada por Howe e Clinton,

---

543. Clinton para Germain, 27 de julho de 1778. In: DDAR, v. 15, p. 173-174.
544. Sullivan para D'Estaing, 24 de julho de 1778. In: WP/RWS, v. 16, p. 178-179. Coronel Laurens para Washington, 4 de agosto de 1778. In: WP/RWS, v. 16, p. 243-250.
545. MIDDLEKAUF, R. *The Glorious Cause*, p. 430-431.
546. SYRETT, D. *The Royal Navy in American Waters*, p. 101.
547. BONFILS, M. Le Comte de L. *Histoire de la Marine Française*. Paris, 1845, v. 3, p. 47-50.
548. Sullivan para Washington, 23 de agosto de 1778. In: WP/RWS, v. 16, p. 358. Lafayette para Washington, 25 de agosto de 1778. In: WP/RWS, v. 16, p. 369-374.

estava a caminho. Isso instigou a guarnição britânica a empreender, no dia 30 de agosto, um contra-ataque aos patriotas que se retiravam, mas não tiveram êxito.[549] Uma vez que sua "presa escapara", Clinton propôs, então, um ataque anfíbio a D'Estaing no porto de Boston, antes que os franceses pudessem reparar seus navios, porém Howe logo descartou a ideia, por ser impraticável. Ele preferia lutar uma batalha puramente naval com D'Estaing, sem a complicação de um exército adicional.[550] Não obstante, Washington estava preocupado o suficiente para transferir parte de seu exército para Danbury, no Rio Connecticut, caso tal tentativa fosse realizada.[551]

O primeiro teste da cooperação franco-americana não se mostrou produtivo e exigiu todas as habilidades diplomáticas de Washington e Lafayette para apaziguar os ânimos.[552] Por certo, as censuras de Sullivan não foram nada diplomáticas. No entanto, se D'Estaing tivesse ficado dentro da Baía de Narragansett quando da primeira aparição de Howe, ele teria, talvez, antecipado a situação ocorrida em Yorktown, em 1781, ocasião em que uma força conjunta franco-americana forçou a rendição do exército de Cornwallis.[553] Da mesma forma, caso Howe tivesse entrado na Baía de Narragansett em sua segunda aparição, em vez de ir para Boston, ele poderia ter encurralado o exército de Sullivan em Newport e antecipado a captura do exército de Lincoln, por Clinton, em Charleston.[554] Entretanto, a história contrária aos fatos não substitui o que aconteceu. O máximo que se pode dizer é que os eventos em Rhode Island representaram a perda de uma oportunidade para duas forças relativamente equilibradas.

O resgate da guarnição em Rhode Island foi o último ato do almirante Howe na América do Norte, que recebeu, em seguida, permissão para voltar à Inglaterra. D'Estaing também desejava deixar a Nova Inglaterra em busca de águas mais quentes, tão logo os reparos estivessem concluídos. Porém, isso levaria algumas semanas. Assim, Clinton aproveitou essa impossibilidade de D'Estaing para implementar a determinação

---

549. Greene para Washington, 28-31 de agosto de 1778. In: WP/RWS, v. 16, p. 396-398. Piggott para Clinton, 31 de agosto de 1778. In: DDAR, v. 15, p. 188-192.
550. WILLCOX, W.B. *Portrait of a General: Sir Henry Clinton in the War of Independence*. New York, 1964, p. 252-253. SYRETT, D. *Admiral Lord Howe: A Biography*. Annapolis, MD, 2006, p. 86-87.
551. Washington para Gates, 10 de setembro de 1778. In: WP/RWS, v. 16, p. 553-554.
552. Washington para Greene, 1º de setembro de 1778. In: WP/RWS, v. 16, p. 458-459. Washington para Lafayette, 1º de setembro. In: WP/RWS, v. 16, p. 460-461.
553. SYRETT, D. *Royal Navy in America Waters*, p. 104-105.
554. WILLCOX, W.B. *Portrait of a General*, p. 250. SYRETT, D. *The Royal Navy in American Waters*, p. 109-110.

de Germain para a realização de ataques costeiros. A primeira cidade a sofrer uma investida, no início de setembro, foi New Bedford, seguida de Martha's Vineyard, durante as quais um número de navios corsários, embarcações capturadas, estoques e construções foram destruídos. Clinton explicou essa depredação como um meio de convencer "essas pobres pessoas iludidas" do destino que as esperava, caso continuassem a resistir.[555] Poucos britânicos questionaram a sensatez de tal política, conquanto os comissários de paz ponderassem se tal devastação estaria "em consonância com a dignidade e a humanidade de uma grande nação". Questionou-se, também, a viabilidade de tal medida ao longo de um litoral tão extenso. O único resultado provável seria o permanente distanciamento da população.[556]

Havia pouco que Washington pudesse fazer para confrontar esses ataques além de recomendar a construção de defesas mais efetivas. Mas, como assinalou a Laurens, o controle britânico dessas "cidades enquanto temos um exército em campo lhes será de pouca valia", visto que só poderiam ser mantidas com uma forte guarnição.[557] Havia outras maneiras de atingir o inimigo. Poucas semanas antes, Washington pedira a seus oficiais que reconsiderassem os planos de uma invasão no Canadá. Eles responderam que tal projeto ainda oferecia benefícios consideráveis, inclusive o controle dos indígenas do norte, um comércio vantajoso e a abertura dos territórios ocidentais para assentamentos. Embora os britânicos controlassem os lagos Champlain e Ontário, existiam rotas alternativas que permitiriam que uma força invasora se associasse aos canadenses.[558]

Logo ficou evidente que não havia recursos para tal empreitada. Muitos soldados que se alistaram em 1776 estavam prestes a ter seu tempo de serviço encerrado e havia poucas perspectivas de reposição. O legislativo estadual da Virgínia agia como se a guerra já estivesse terminada, apesar de seus regimentos continentais carecerem de 2.731 homens para completar suas fileiras. Os legisladores prefeririam enviar homens para Kentucky, na esperança de estender o território do Estado, em vez de salvaguardar o que já possuíam.[559]

---

555. Citado em: WILLCOX, W.B. *Portrait of a General*, p. 251 [Clinton para um desconhecido, 21 de setembro de 1778].
556. Comissários para acalmar os tumultos para Germain, 21 de setembro de 1778. In: DDAR, v. 15, p. 203.
557. Washington para Laurens, 3 de outubro de 1778. In: WP/RWS, v. 17, p. 237-238.
558. Conselho de Oficiais para Washington, 10 de setembro de 1778. In: WP/RWS, v. 17, p. 550-551.
559. Coronel James Wood para Washington, 12 de novembro de 1778. In: WP/RWS, v. 18, p. 127-128.

Sem outras operações militares previstas para breve, Washington determinou que seus oficiais considerassem a questão dos quartéis de inverno.[560] Contudo, antes era necessário que fossem providenciadas roupas quentes, caso os homens fossem mantidos em serviço. As tropas ainda precisavam "desesperadamente" de cobertores, meias e calçados, o que significava que grande parte do exército não seria capaz de marchar em uma emergência.[561] A inflação também corroía a possibilidade de os oficiais e homens tornarem suas vidas mais confortáveis, envenenando "demasiado a disposição do exército". A menos que "algumas medidas possam ser concebidas e executadas rapidamente a fim de recuperar o crédito de nossa moeda, refrear a extorsão e punir os infratores", o Congresso "poderá ter de encerrar a guerra".[562]

Por certo existiram poucas oportunidades de uma ofensiva contra o Canadá, embora a necessidade de fazê-lo tenha ressurgido, depois de ataques indígenas aos assentamentos de Cherry Valley e Wyoming.[563] Apenas a entrada da Espanha no conflito, a derrota da Marinha Real ou a retirada dos britânicos, deixando Nova York e Rhode Island, poderia possibilitar essa empreitada. No momento, o máximo que se poderia cogitar era um ataque a Detroit ou Niagara.[564] Apesar da entrada da França na guerra, a iniciativa ainda parecia permanecer em mãos britânicas.

A Grã-Bretanha arrisca uma incursão na Geórgia

A chegada do esquadrão de Byron a Nova York e a incapacitação de D'Estaing implicavam que Clinton poderia, enfim, executar suas ordens de enviar uma força expedicionária para Santa Lúcia, nas Índias Ocidentais.[565] Não havia dúvidas de que seria necessária ajuda ali, dada a situação dispersa das possessões britânicas, espalhadas como eram, desde Leeward e as Ilhas Windward, a leste, até a Jamaica, a oeste. As ilhas também estavam vulneráveis por causa de sua pequena população branca e a enorme quantidade de escravos africanos. Muitos agricultores

---

560. Washington para os oficiais gerais, 14 de outubro de 1778. In: WP/RWS, v. 17, p. 373. Conselho de Guerra, 16 de outubro de 1778. In: WP/RWS, v. 17, p. 399-400.
561. Washington para Measam, 2 de outubro de 1778. In: WP/RWS, v. 17, p. 230. Washington para Measam, 28 de outubro de 1778. In: WP/RWS, v. 17, p. 617-618.
562. Washington para Morris, 4 de outubro de 1778. In: WP/RWS, v. 17, p. 253.
563. Veja o Capítulo 8, seção sobre "a devastação das tribos iroquesas".
564. Washington para Laurens, 11 de novembro de 1778. In: WP/RWS, v. 18, p. 94-106.
565. Clinton para Germain, 15 de setembro de 1778. In: DDAR, v. 15, p. 201.

acreditavam que a submissão à França era preferível a enfrentar uma rebelião de escravos.[566]

Para infelicidade de Clinton, a demora no envio da expedição permitira que os franceses que estavam na Martinica tomassem a ilha vizinha de Dominica. Assim, o sucesso britânico em Santa Lúcia significaria tão somente trocar uma ilha açucareira por outra de dimensões similares e não constituiria um golpe fatal contra o poder francês na área. Entretanto, a força-tarefa de Santa Lúcia, sob o comando do general Grant e do comodoro Hotham, finalmente deixou Nova York em 3 de novembro de 1778 e alcançou Carlisle Bay, em Barbados, no dia 10 de dezembro.[567] Ali, uniram-se à principal esquadra britânica, comandada pelo almirante Samuel Barrington. A flotilha, então, voltou-se na direção norte, chegando a Santa Lúcia três dias depois, para surpresa dos franceses. As tropas logo tomaram posse dos principais pontos da ilha, mas, em 9 de dezembro de 1778, seu avanço foi ameaçado pelo retorno de D'Estaing às Índias Ocidentais, com sua flotilha de 12 navios de guerra. Barrington, em contrapartida, tinha apenas sete dessas embarcações, embora a sorte viria a mudar quando Byron chegasse.[568] Infelizmente, "Jack tempo ruim", como era conhecido por seus homens, passara por outra tempestade enquanto esperava por D'Estaing para zarpar de Boston. Isso o forçou a realizar novos reparos em Nova York.[569]

Nessa crise, Barrington agiu como Howe fizera anteriormente, em Nova York. Ele posicionou sua esquadra dentro do principal ancoradouro, sob a proteção das armas do exército. D'Estaing, então, desembarcou sua força anfíbia de 4 mil homens para atacar a retaguarda britânica, em cooperação com a milícia da ilha. Suas tropas, entretanto, não conseguiram passar pelas linhas britânicas, mesmo depois de três ataques. D'Estaing foi tão desencorajado por esse malogro que ordenou um recuo para a Martinica em 29 de dezembro de 1778.[570] As ilhas britânicas das Índias Ocidentais, com exceção da Dominica, haviam escapado, por enquanto.

Ao mesmo tempo em que preparava a expedição para Santa Lúcia, Clinton considerou ainda suas instruções para fortalecer a Flórida. Porém, Germain retomara, agora, sua ideia anterior de realizar uma

---
566. MACKESY. P. *The War for America*, p. 225-228.
567. Ibid., p. 230-231.
568. Charles Stuart para Sandwich, 8 de janeiro de 1779. In: SANDWICH, v. 2, p. 344-346.
569. SYRETT, D. *The Navy in American Waters*, p. 114-115.
570. Stuart para Sandwich, 8 de janeiro a 3 de fevereiro de 1779. In: SANDWICH, v. 2, p. 343-362.

campanha na Geórgia e na Carolina do Sul. A neutralidade contínua da Espanha significava que a Flórida estava relativamente a salvo. Assim, Germain sugeriu a Clinton, em 5 de agosto de 1778, que o último deveria tentar um avanço contra a Geórgia, caso a atuação na Carolina do Sul parecesse demasiado difícil.[571] Passado o ceticismo inicial, Clinton assentiu. A força-tarefa não teria de ser muito grande e não enfraqueceria suas forças no norte, onde Washington ainda representava uma ameaça. Tal operação também ajudaria a assegurar aos legalistas que os britânicos não estavam abandonando as tentativas de recuperar a América.

Clinton recebeu suas instruções revisadas no fim de outubro de 1778 e providenciou, de imediato, o envio de 3 mil homens, sob o comando do coronel Archibald Campbell. As ordens de Campbell eram para "tomar posse de Savannah, na Geórgia, e, em seguida, adotar as medidas que fossem consideradas mais eficientes para a recuperação daquela província". A força de Campbell compreendia um regimento britânico, o 71º regimento de infantaria de Highland, dois regimentos de Hesse e quatro batalhões das províncias de Nova York e de Nova Jersey.[572] Pela primeira vez, os legalistas constituíram um elemento significativo em uma operação militar britânica.

A decisão de enviar tantos provincianos refletia o recente sucesso no recrutamento de 7 mil homens para a bandeira britânica.[573] Anteriormente, Germain havia sugerido que Clinton retirasse "de entre os rebeldes os europeus a seu serviço", referindo-se aos recentes imigrantes da Irlanda e da Alemanha.[574] Em resposta, Clinton optou pelos irlandeses, muitos dos quais, acreditava ele, não estavam integrados à maioria da população. O resultado foi a formação dos Voluntários da Irlanda, comandados por lorde Francis Rawdon, ele mesmo um nobre irlandês. Grande parte dos 380 recrutas eram desertores do exército de Washington, muitos deles seduzidos pelo prospecto de um perdão gratuito de crimes (exceto assassinato) cometidos na Irlanda. O alistamento no grupo Voluntários permitiria que eles retornassem para seu país de origem quando a guerra terminasse. Em outubro de 1778, Clinton informou que os Voluntários estavam se revelando um bom agrupamento de homens e que receberam até elogios de Cornwallis. De fato, Clinton desejava transformar a unidade em um regimento regular, visto que todos os oficiais de Rawdon tinham designações efetuadas pela coroa.[575]

---

571. Germain para Clinton, 5 de agosto de 1778. In: DDAR, v. 15, p. 177-178.
572. Clinton para Germain, 25 de outubro de 1778. In: DDAR, v. 15, p. 232.
573. FERLING, J. *Almost a Miracle*, p. 416.
574. Germain para Clinton, 8 de março de 1778. In: DDAR, v. 15, p. 60.
575. Clinton para Germain, 23 de outubro de 1778. In: DDAR, v. 15, p. 227-229.

A força-tarefa de Campbell lançou-se ao mar em 27 de novembro de 1778, chagando à costa de Savannah no fim do dia 23 de dezembro. A Geórgia era um Estado pequeno e suas defesas eram fracas, sendo a principal força composta por 700 continentais, sob o comando do general Robert Howe.[576] Tal contingente não parecia capaz de deter o progresso de Campbell, em especial quando este foi informado por um escravo de um caminho secreto por um pântano, à direita da posição de Howe. Depois de uma breve escaramuça em 29 de dezembro de 1778, os patriotas fugiram, deixando 400 dos seus homens, entre mortos, feridos e capturados.[577] Savannah era, outra vez, a capital de uma colônia leal. Campbell observou com orgulho que ele era "o primeiro oficial (...) a tirar uma lista e uma estrela da bandeira rebelde", uma referência à bandeira nacional que o Congresso adotara em junho de 1777. Um número de respeitáveis habitantes formava, agora, um corpo leal de dragões, que portavam rifles para patrulhar o interior, enquanto Campbell avançava Rio Savannah acima, até Ebenezer. Ali, ele poderia observar o exército patriota na Carolina do Sul, comandado por Benjamin Lincoln.[578] Charleston, a quarta maior cidade norte-americana, estava ao alcance de seus ataques.

Foi a essa altura que o general Augustine Prevost chegou da Flórida Oriental, com outros 2 mil homens, seguindo as ordens de Clinton para enviar reforços.[579] Prevost estava ansioso por manter o ímpeto militar e concordou de pronto com a proposta de Campbell de avançar, com mil homens, até Augusta, enquanto Prevost destruía o exército de Lincoln em Purrysberg, quase 25 quilômetros ao norte. Contudo, embora inúmeros legalistas tenham dado as boas-vindas a Prevost, ele logo descobriu que os pântanos e rios ao longo da costa eram difíceis de atravessar. Mais importante, as forças patriotas haviam recebido reforços consideráveis, no fim de dezembro, de unidades da Carolina do Norte e da Virgínia. Assim, por enquanto, Prevost achou aconselhável limitar-se à observação de Ebenezer.[580]

O avanço de Campbell pelo Rio Savannah, ao contrário, parecia ter tido mais sucesso. Ele encontrou pouca oposição no caminho para Augusta, onde a maior parte dos habitantes deu-lhe as boas-vindas em 30 de janeiro. O juramento de lealdade foi tomado, então, de cerca de 1.400 pessoas e 20 companhias de milícias, formadas para defender

---

576. Lincoln para Washington, 19 de dezembro de 1778. In: WP/RWS, v. 18, p. 466-467.
577. Campbell para Germain, 16 de janeiro de 1779. In: DDA, v. 17, p. 33-38. Lincoln para Washington, 5 de janeiro de 1779. In: WP/RWS, v. 18, p. 576-577.
578. Campbell para Germain, 16 de janeiro de 1779. In: DDAR, v. 17, p. 39-42.
579. Clinton para Germain, 25 de outubro de 1778. In: DDAR, v. 15, p. 232.
580. Prevost para Clinton, 14 de fevereiro de 1779. In: DDAR, v. 17, p. 65-67.

a população dos ataques rebeldes da Carolina do Sul.[581] Simultaneamente, patrulhas esquadrinhavam o interior, a fim de encorajar outros legalistas a se alistar. Também foram feitas tentativas de contato com os índios Creek, cujo apoio fora prometido repetidas vezes por John Stuart, o superintendente do sul.[582]

Porém, aquela trégua era enganosa, uma vez que a milícia patriota sob o comando de Andrew Pickens não ficara ociosa, em especial quando chegaram notícias de que 600 legalistas da Carolina do norte marchavam para se unir a Campbell, em Augusta. Embora os legalistas que estavam sob o comando do coronel James Boyd fossem numericamente superiores aos homens de Pickens, eles se permitiram ser surpreendidos, no dia 11 de fevereiro de 1779, em Kettle Creek, cerca de 80 quilômetros ao norte de Augusta, e derrotados, com a perda de Boyd e de 40 de seus seguidores. Outros cinco foram, então, levados a Charlestown para ser enforcados. Em seguida, Campbell resgatou 300 dos homens de Boyd, mas suas condições eram lamentáveis.[583] Esse foi mais um exemplo da incapacidade britânica de agir em conjunto com seus aliados.

A derrota de Boyd e a aproximação de mais uma milícia de 1.200 homens da Carolina do Norte indicavam que Pickens e o general Andrew Williamson tinham, agora, cerca de 4 mil homens nos arredores de Augusta, o que ameaçava as comunicações e sua própria existência das tropas de Campbell. Qualquer hesitação quanto a bater em retirada desapareceu com a deserção dos legalistas. Conforme Campbell informou a Clinton, em 4 de março de 1779: "A milícia da Geórgia (...) ao ver o aumento do número de rebeldes nas margens opostas do rio, encontrou diversas justificativas para voltar para casa e para suas plantações" apesar de qualquer "argumento para convencê-los de que, se não se unissem ao exército para a defesa das fronteiras, os rebeldes fariam incursões frequentes e saqueariam suas propriedades".[584] Assim, em 14 de fevereiro de 1779, ele recuou em direção ao Embarcadouro do Hudson, cerca de 80 quilômetros acima de Savannah, e deixou os habitantes de Augusta à mercê "da fúria do exército rebelde". Nessa ocasião, Williamson mostrou-se um conquistador humano. Não foram

---

581. Campbell para Clinton, 4 de março de 1779. In: DDAR, v. 17, p. 72-73.
582. Para informações sobre o envolvimento dos nativos americanos, veja o Capítulo 8, seção sobre "O mosaico do sul".
583. SMITH, P.H. *Loyalists and Redcoats: A Study in British Revolutionary Policy*. Chapel Hill, 1964, p. 102-103. CASHIN, E.J. *The King's Ranger: Thomas Brown and the American Revolution on the Southern Frontier*. Athens, Ga., 1989, p. 89-92.
584. Campbell para Clinton, 4 de março de 1779. In: DDAR, v. 17, p. 72-73. SMITH, P.H. *Loyalists and Redcoats*, p. 102.

permitidas pilhagens, embora dez líderes do Tory fossem levados em custódia para garantir o bom comportamento dos demais.[585]

Campbell logo retornou à Inglaterra, não sem antes emitir uma proclamação, no dia 4 de março de 1779, de que o governo civil havia sido restaurado. Ele fora instruído pelos comissários de paz, antes do início de sua missão, a estabelecer uma administração civil, caso fosse bem recebido pela população. Eles reconheceram que, quanto mais tempo os rebeldes permanecessem no poder, mais as pessoas se acostumariam "com os hábitos de sua nova situação", tornando-se assim "cada vez mais difícil" derrotá-los.[586] Germain concordou prontamente com tais argumentos, informando Campal de que antigos oficiais reais nas colônias do sul haviam recebido ordens de retornar a seus postos. O restabelecimento do governo civil, inclusive de uma assembleia, mostraria à população que os dias de governo militar estavam chegando ao fim.[587]

Apesar da proclamação de Campbell, era evidente que o governo civil não havia sido restaurado, visto que a ordem do rei não tinha validade percorridos alguns quilômetros das fronteiras de Savannah. Além disso, a Geórgia ainda não tinha assembleia, o que lhe dava a impressão de estar sob regime militar. Mas, mesmo que uma assembleia fosse constituída, como observou o governador Tonyn, da Flórida, a probabilidade era que produzisse "homens do mais turbulento temperamento e princípios niveladores, bem como de nenhuma serventia para o governo". A única esperança era de que tudo seria diferente quando "o espírito maligno da rebelião fosse subjugado e homens de moderação e equilíbrio tivessem sido eleitos".[588]

Prevost permaneceu na defensiva por algumas semanas, na expectativa de que a restauração do governo constitucional pudesse revigorar a causa britânica. Entretanto, perto do fim de abril de 1779, ele soube que Lincoln havia ido, com seus continentais, para Augusta, deixando o general William Moultrie com uma milícia de 2 mil homens em Purysburg. Imediatamente, Prevost avançou a fim de tirar vantagem da situação e foi logo recompensado. As defesas patriotas caíram tão depressa que Prevost logo se viu no Rio Ashley, do lado oposto à própria Charleston.[589] O estado de ânimo da cidade estava tão baixo

---

585. CASHIN, E.J. *The King's Ranger*, p. 91.
586. Comissários para acalmar os tumultos para Germain, 16 de novembro de 1778. In: DDAR, v. 15, p. 253-259.
587. Germain para Campbell, 16 de janeiro de 1779. In: DDAR, v. 15, p. 31-33.
588. Tonyn para Germain, 3 de julho de 1779. In: DDAR, v. 17, p. 155-158.
589. Prevost para Clinton, 21 de maio de 1779. In: DDAR, v. 17, p. 127-129. Ibid., 10 de junho de 1779, p. 141-143.

que o governador John Rutledge até sugeriu declarar a Carolina do Sul neutra pelo restante da guerra, deixando a questão de "se o Estado deverá pertencer à Grã-Bretanha ou permanecer integrante dos Estados Unidos" para um subsequente tratado de paz.[590] Essa era uma singular indicação da fraqueza dos patriotas, embora as negociações fossem, em parte, uma tática para dar tempo a Lincoln de vir em socorro da cidade. De qualquer forma, Prevost respondeu que suas instruções não previam neutralidade. A guarnição deveria se render de modo incondicional.[591]

As notícias desses acontecimentos levaram Lincoln rapidamente de volta, com seus continentais. Isso deixou Prevost em um dilema, visto que ele não dispunha de quantidade suficiente de artilharia nem de outros materiais necessários para um cerco. Também não contava com o apoio dos legalistas, até por conta da barbaridade dos rebeldes na imposição das leis contra eles. Assim, Prevost determinou a retirada em direção a Savannah, deixando 900 homens sob o comando do coronel John Maitland, na Ilha Port Royal como base avançada. Ele poderia, então, retornar a Charleston assim que tivesse conseguido reforços e recebido o necessário apoio naval.[592]

Clinton, em seu íntimo, censurava Prevost por ter arriscado seu exército em um avanço tão precipitado.[593] James Wright, o governador da Geórgia, concordava. A invasão da Carolina do Sul por Prevost impossibilitou a convocação de eleições ou a restauração da ordem em sua província.[594] Estava evidente que os britânicos ainda não sabiam como reconquistar e manter o apoio político da população. No entanto, o incidente também foi um aviso aos patriotas sobre sua situação precária, que os fez implorar pela assistência de D'Estaing, nas Índias Ocidentais.[595]

---

590. Citado em: BASS, R.D. *Swamp Fox: The Life and Campaigns of General Francis Marion*. Orangeburg, 1959, p. 24.
591. Prevost para Germain, 10 de junho de 1779. In: DDAR, v. 17, p. 141-143.
592. Prevost para Germain, 4 de agosto de 1779. In: DDAR, v. 17, p. 175-176.
593. *Clinton's Narrative*. In: CAR, p. 134.
594. Wright para Germain, 31 de julho de 1779. In: DDAR, v. 17, p. 171.
595. DONIOL, H. *Histoire de la participation de la France à l'éstablishment des États-Unis d'Amérique: Correspondence diplomatique et documents*. 5 vols. Paris, 1886-1892, v. 4, p. 161-162. Para o resultado do apelo da Carolina do Sul a D'Estaing, veja o Capítulo 6.

CAPÍTULO 6

A Espanha Entra no Conflito, 1779

A Espanha e a guerra norte-americana

A Espanha, tal como a França, acompanhara com interesse os crescentes problemas da Grã-Bretanha na América do Norte. De início, Carlos III concordava com seu sobrinho, Luís XVI, que a independência das colônias seria um enfraquecimento útil do poder da Grã-Bretanha. Assim, ele complementou a subvenção, concedida por Luís XVI, de 1 milhão de livres para a compra de armas e de munição.[596] Entretanto, a criação de 13 repúblicas independentes no verão de 1776 impôs um dilema para a monarquia espanhola. Conquanto a Grã-Bretanha pudesse ficar enfraquecida, a independência desses Estados poderia abrir um precedente para as próprias colônias espanholas nas Américas do Sul e Central.[597]

Outro motivo para cautela era que a Espanha, assim como a França, ainda se recuperava da guerra anterior. Além disso, sua confiança ficara ainda mais abalada, em 1775, com o fim embaraçoso de uma expedição para punir os corsários de Argel, por sua constante pilhagem dos navios mercantes ao longo da costa da África. Persistia, também, um ressentimento contra a França, por esta não ter dado apoio à Espanha na disputa contra a Grã-Bretanha pelas Ilhas Falkland, em 1771.[598] Não obstante, a Espanha tinha inúmeros assuntos, há muito pendentes, para resolver com a Grã-Bre-

---

596. BEMIS, S.F. *The Diplomacy of the American Revolution*. Bloomington, 1957, p. 23-28.
597. HARGREAVES-MAWDSLEY, W.N. *Eighteenth Century Spain, 1700-1788: A Political, Diplomatic and Institutional History*. London, 1979, p. 129-130. LYNCH, J. *Bourbon Spain, 1700-1808*. Oxford, 1989, p. 319-320.
598. LYNCH, J. *Bourbon Spain*, p. 311.

tanha, sem falar na retomada de Minorca e Gibraltar. A perda do último, em 1704, foi causa de vergonha nacional, visto estar situado no território continental espanhol. A Jamaica e a Flórida também eram consideradas alvos legítimos, por já terem sido colônias espanholas. Consequentemente, o convite de Vergennes, em 1778, para entrar na guerra era de considerável interesse para o governo em Madri, uma vez que oferecia à Espanha uma oportunidade de recuperar seus territórios perdidos.[599]

Os espanhóis, entretanto, dividiam-se quanto ao melhor método de ação. O ministro do exterior, conde Floridablanca, desejava uma aliança imediata com a França. Carlos III, por outro lado, esperava tirar proveito da situação antes por ameaças do que com verdadeira força. Por certo, nenhuma ação militar poderia ser contemplada até que as esquadras anuais de riquezas chegassem, vindas do México e do Peru, trazendo sua preciosa carga de prata para financiar a conclusão dos preparativos de guerra da Espanha.[600] Desse modo, a necessidade de cautela prevaleceu, a princípio. No outono de 1778, a Espanha apresentou uma oferta de mediação a Grã-Bretanha e França, embora em tons que explicitamente favoreciam a última. Em suma, a Espanha apoiaria qualquer das partes disposta a auxiliá-la na reconquista de Gibraltar e Minorca. Se a Grã-Bretanha tivesse concordado em renunciar àqueles territórios, a Espanha teria permanecido neutra e deixado que a França lutasse sozinha. O ministério britânico, no entanto, rejeitou a proposta, em especial por causa do desprezo que sentia pela Espanha como potência militar e naval. Ao ministério espanhol, assim, restou apenas a escolha entre declarar guerra ou aceitar um ultraje humilhante. Qualquer incentivo a essa última opção foi sobrepujado pelo flagrante desrespeito que Marinha Real demonstrou pelos navios espanhóis.[601]

Embora os britânicos fingissem desprezar a Espanha, a ameaça da intervenção desta era um assunto grave. O exército na Espanha metropolitana era sabidamente menor que sua força nominal de 70 mil homens e tinha poucas perspectivas de sanar o déficit, apesar de adotar um sistema de alistamento militar compulsório, que, como na Grã-Bretanha, era bastante impopular.[602] Por outro lado, a Espanha tinha a terceira maior marinha entre as potências europeias, a qual abrangia cerca

---

599. MURPHY, O.T. *Charles Gravier, Comte de Vergennes: French Diplomacy in the Age of Revolution, 1719-1787.* Albany, 1988, p. 261-263.
600. DULL, J. *The French Navy and American Independence: A Study of Arms and Diplomacy, 1774-1787.* Princeton, 1975, p. 102.
601. DULL, J.R. *A Diplomatic History of the American Revolution.* New Haven, 1985, p. 107-108. HARGREAVES-MAWDSLEY, W.N. *Spain*, p. 131.
602. LYNCH, J. *Bourbon Spain*, p. 308-310.

de 57 navios de linha. Quando os esquadrões de Ferrol e Cadiz fossem unidos aos esquadrões franceses de Brest e Toulon, o resultado seria uma inquestionável superioridade sobre a Marinha Real.[603] Os próprios cálculos de Sandwich, no fim de 1778, eram de que França e Espanha poderiam posicionar 80 navios de guerra em águas europeias, contra 55 da Grã-Bretanha. Isso transformava a invasão uma possibilidade. No mínimo, as potências Bourbon seriam capazes de dominar o Mediterrâneo, permitindo assim que a Espanha atacasse Minorca e Gibraltar. A Espanha também estaria em condições de ameaçar a mais valiosa possessão britânica no Caribe, a ilha da Jamaica, bem como as Flóridas Ocidental e Oriental.[604] Por fim, a entrada da Espanha exerceria ainda maior pressão sobre as amplas linhas de comunicação da Grã-Bretanha e sua capacidade de conduzir a guerra na América.

A ameaça da Espanha se concretizou em 12 de abril de 1779, quando as cortes de Madri e Paris assinaram uma aliança pela qual se comprometiam a empreender uma guerra contra a Grã-Bretanha "a fim de vingar seus respectivos danos". Entre estes estava o fim "daquele império tirânico que a Inglaterra (...) exige manter sobre o oceano". O Tratado de Aranjuez especificava que as duas nações lutariam até que a Espanha retomasse Gibraltar, Minorca e as duas Flóridas, bem como expulsasse os cortadores de campeche [espécie de árvore] ilegais das costas de Honduras. Por sua vez, a Espanha ajudaria a França a garantir uma parcela da pesca de Newfoundland, uma presença mais forte na Índia e a posse permanente da Dominica, nas Índias Ocidentais, e do Senegal, na África Ocidental, regiões que haviam sido cedidas à Grã-Bretanha ao final da guerra anterior.[605] Entretanto, a convenção não comprometia a Espanha a dar apoio à independência americana, embora estivesse atrelada, de forma indireta, a esse objetivo pela exigência de não aceitar a paz em separado.[606]

Ambos os governos decidiram que uma invasão imediata da Grã-Bretanha seria o melhor meio de assegurar seus objetivos. Os espanhóis alegaram que seus recursos eram insuficientes para sustentar uma guerra longa, mesmo depois da chegada da esquadra anual de riquezas das minas de prata do México e do Peru. Uma invasão bem-sucedida da Grã-Bretanha, ao contrário, poderia proporcionar

---

603. Ibid., p. 315-316. DULL, J. *The French Navy*, p. 83.
604. Sandwich para North, 15 de outubro de 1778. In: SANDWICH, v. 2, p. 179-180.
605. SIMMS, B. *Three Victories and a Defeat: The Rise and Fall of the First British Empire*. London, 2007, p. 628.
606. BEMIS, S.F. *Diplomacy*, p. 85-86.

aos dois governos tudo o que desejavam.[607] O plano parecia ainda mais plausível após a batalha de Ushant, que revelou que a Marinha Real estava longe de ser invencível. Contudo, o tratado foi ocultado por várias semanas, de modo que a Espanha pudesse concluir seus preparativos navais em Ferrol e Cadiz. A demora também permitiria que suas forças em Cuba e em outros lugares da América se acautelassem dos ataques britânicos e se preparassem para operações mais ofensivas. Apenas no dia 16 de junho é que o acordo foi reconhecido em Londres e a guerra, declarada.

A delonga no anúncio da aliança implicava que não haveria tempo para coordenar operações em outros lugares. Assim, as duas potências concordaram em perseguir objetivos separados uma vez que se tivesse tentado empreender a invasão. Para a Espanha, isso significava a conquista de Gibraltar e a tomada da Flórida Ocidental. Os franceses, por sua vez, voltariam sua atenção para as Índias Ocidentais, depois da notícia de que a Grã-Bretanha tomara Santa Lúcia. Em março de 1779, 12 navios de linha, com vários milhares de soldados, já haviam se reunido sob o comando do almirante La Motte Picquet, a fim de ser enviados à Martinica, conquanto ventos contrários tenham retardado a partida até o início de maio.[608] Esses compromissos significavam que não haveria auxílio militar ou naval para os patriotas norte-americanos em 1779. Eles teriam de se contentar com as armas e o dinheiro franceses, ao menos até que a França tivesse recuperado o poder no Caribe.[609] De qualquer forma, a derrota dos britânicos nas Índias Ocidentais seria tão útil aos patriotas quanto o envio de tropas francesas para a América do Norte, visto que a perda das ilhas açucareiras da Grã-Bretanha abalaria sua capacidade de financiar a guerra.

A Grã-Bretanha enfrenta uma invasão

A notícia do acordo franco-hispano deu início a uma nova discussão na Grã-Bretanha acerca dos objetivos da guerra e sua sustentabilidade. North levantou a questão do custo, argumentando "que as vantagens a ser obtidas com esse conflito jamais compensariam as despesas". No entanto, Jorge III recusou-se terminantemente a ouvir. O raciocínio de North "apenas avaliava tais eventos da perspectiva de um comerciante atrás de seu balcão". Algumas coisas eram mais importantes que a perda de dinheiro. Caso a América saísse vitoriosa em sua tentativa de

---

607. DULL, J. *The French Navy*, p. 132-140.
608. DULL, J. *The French Navy*, p. 146, 159-161.
609. STINCHCOMBE, W.C. *The American Revolution and the French Alliance.* Syracuse, NY, 1969, p. 77-78.

independência, as Índias Ocidentais, por certo, sucumbiriam, pois dependiam dos suprimentos da América do Norte. A Irlanda, então, "seguiria o mesmo plano e se tornaria um Estado separado", de modo que a Grã-Bretanha "logo seria, de fato, uma ilha empobrecida".[610]

A probabilidade de guerra com ambas as potências Bourbon já havia levado North a solicitar, outra vez, que fosse dispensado de uma função que já não era mais capaz de executar. Ele disse a Jorge III: "Em tempos críticos, é necessário que haja um ministro diretivo, que possa planejar todas as operações do governo e controlar todos os outros departamentos da administração, de modo a fazê-los cooperar, de forma zelosa e ativa, com os projetos, mesmo quando estes últimos sejam contrários aos intentos de tais departamentos". Ele, por certo, se referia ao exemplo de Pitt durante a Guerra dos Sete Anos. O rei deveria entender que North "não tinha condições de ser um ministro tal".[611] Entretanto, Jorge III estava irredutível. Ele estava disposto a dispensar Germain, reconhecendo que o secretário americano estava preso a seus "antigos infortúnios".[612] Contudo, ele não queria ouvir falar do afastamento de North, embora Sandwich tivesse observado que era essencial ter um primeiro ministro que fosse capaz e estivesse disposto a coordenar as decisões do gabinete.[613]

Em uma tentativa de manter a coesão do ministério, Jorge III convocou uma reunião do gabinete, em 21 de junho de 1779, para falar a seus ministros. Isso era algo que ele raramente fazia, apesar de não existir nada de inconstitucional nessa ação, quaisquer que tenham sido as afirmações de posteriores historiadores partidários do Whig.[614] Ele comparou a crise atual àquela de 1588, quando a rainha Elizabeth I fora atacada pela armada espanhola. Os ministros deveriam continuar firmes. Ele ainda acreditava que mais uma campanha poderia acabar com a rebelião, ou, pelo menos, deixar para a Grã-Bretanha a posse do Canadá, da Nova Escócia e da Flórida.[615] Sem dúvida, nessa perspectiva, Jorge III falava pela maioria da nação.

---

610. Jorge III para North, 11 de junho de 1779. In: FORTESCUE, v. 4, p. 350-351.
611. North para Jorge III, 10 de novembro de 1778. In: FORTESCUE, v. 4, p. 215-216. A eficiência de Pitt como um ministro de guerra insuperável foi questionada por MIDDLETON, R. *The Bells of Victory: The Pitt-Newcastle Ministry and the Conduct of the Seven Years War, 1757-1762*. Cambridge, 1985, p. 211-213.
612. Jorge III para North, 15 de junho de 1779. In: FORTESCUE, v. 4, p. 356.
613. RODGER, N.A.M. *Command of the Ocean: A Naval History of Britain, 1649-1815*. New York, 2004, p. 340.
614. Para a interpretação Whig, veja: BUTTERFIELD, H. *George III and the Historians*. London, 1957.
615. Minuta do Conselho do Gabinete, 21 de junho de 1779. In: SANDWICH, v. 3, p. 256. MACKESY, P. *The War for America, 1775-1783*. Cambridge, Mass., 1964, p. 274.

O plano dos aliados Bourbon era que uma esquadra de 55 navios de guerra tomasse o controle do canal, após ter derrotado ou dispersado a Marinha Real. Em seguida, enviariam 20 mil soldados, sob o comando do conde de Vaux, de St. Malo e Le Havre para a Ilha de Wight. Outro reforço de 10 mil homens viria a seguir, permitindo que as tropas cercassem Portsmouth. Esperava-se que a perda dessa base provocasse o colapso da resistência britânica, visto que havia poucas tropas na Inglaterra e a principal defesa era uma milícia pouco organizada.[616] Na pior das hipóteses, isso provocaria a ruína do crédito britânico e de sua possibilidade de financiar a guerra. Não obstante, para aumentar o temor geral, o plano francês incluía o envio de uma esquadra de cruzadores de Lorient, chefiada por Jones, a fim de desviar a atenção para as costas britânicas.

Jorge III reconheceu a plausibilidade do esquema, em vista do que alguns míseros escoceses, sob as ordens do jovem pretendente, príncipe Charles Stuart, haviam conseguido em 1745. O exército britânico não estava melhor preparado para tal espécie de emergência agora.[617] Não se esperava que sua força ultrapassasse 91.400 homens, um aumento de apenas 14.400 sobre o ano anterior. Desses, 30.346 homens de cavalaria e infantaria destinavam-se ao serviço na Grã-Bretanha e os outros 47 mil seriam alocados além-mar.[618] Havia planos em andamento para a aprovação de outra Lei de Recrutamento, que permitia o alistamento compulsório de indigentes desempregados. Porém, como os resultados do ano anterior não haviam sido encorajadores, conseguiu-se garantir apenas 1.463 homens.[619]

Tais recursos eram obviamente inadequados caso o inimigo lograsse aportar. No entanto, França e Espanha não eram tão poderosas como pareciam de início, em especial no mar. Suas tripulações eram menos treinadas, particularmente aquelas da esquadra espanhola. Além disso, tinham pouca experiência em operações combinadas de luta que envolviam tripulações de línguas diferentes e que usavam sistemas diversos de sinalização. Alguns oficiais britânicos acreditavam que 30 navios de guerra eram o máximo que qualquer comandante poderia dirigir no mar.[620] E havia, ainda, outros fatores. Os aliados, ao contrário dos

---

616. PATTERSON, A.T. *The Other Armada*: *The Franco-Spanish attempt to Invade Britain in 1779*. Manchester, 1960, p. 46-47. DULL, J. *The French Navy*, p. 140.
617. Jorge III para North, 22 de junho de 1779. In: FORTESCUE, v. 4, p. 370.
618. Estimativas para guardas, guarnições e plantações. In: CJ, v. 37, p. 17-20.
619. Statutes at Large, 19 Geo III, Capítulo 16, v. 13, p. 316-318. PATTERSON, A.T. *The Other Armada*, p. 109-110
620. Mulgrave para Sandwich, 2 de julho de 1779. In: SANDWICH, v. 3, p. 33.

britânicos, não dispunham de bases adequadas em que pudessem se esconder no canal, onde os navios corriam o risco de ser atirados à praia pelas tempestades ocidentais. Em tais circunstâncias, suas esquadras deveriam ser levadas canal acima, para longe de seus objetivos, como ocorreu à armada em 1588. Mesmo em boas condições, ainda tinham de escoltar os transportes de tropas, ao mesmo tempo em que evitavam o inimigo.

A esquadra britânica também tinha outras vantagens. Ela começava a se beneficiar dos primeiros frutos da Revolução Industrial. O mais importante deles foi a introdução do uso de revestimentos de cobre para manter a parte externa dos cascos livre dos cirrípedes e moluscos, o que tornava os navios mais rápidos e resistentes à deterioração, reduzindo, assim, o tempo de permanência nos portos. Em agosto de 1779, Sandwich pôde afirmar que "a aplicação de cobre nos navios de guerra tornou-se, agora, quase generalizada".[621] A França, ao contrário, apenas começara a usar essa técnica. Outro progresso foi a introdução, em 1779, de uma nova espécie de munição francesa, chamada *langridge*, que D'Orvilliers usara contra as velas e cordames da esquadra de Keppel. Até então, a Grã-Bretanha valera-se da metralha para essa finalidade. A munição *langridge*, ao contrário, compreendia uma vasilha envolta em metal serrilhado, que explodia ao atingir o alvo, provocando danos mais severos.[622] Isso não significava que a Marinha Real estivesse abandonando sua tática tradicional de efetuar repetidos disparos para levar os oponentes à submissão, uma vez que a nova munição tinha por finalidade apenas imobilizar o inimigo antes do bombardeio a curta distância. De fato, para aumentar a eficiência de suas táticas tradicionais, a marinha agora introduzia uma terceira arma, a caronada. Essa arma tinha um cano mais curto do que o canhão normal de munição de 15 quilogramas. Entretanto, ela ainda poderia disparar munição de mesmo peso a curta distância, ao passo que seu peso reduzido implicava que ela poderia ser posicionada nos conveses superiores, aumentando assim o poder de fogo de uma embarcação sem prejudicar seu equilíbrio.[623]

Não foi por acaso que essas melhorias coincidiram com a designação de *sir* Charles Middleton, em julho de 1778, como inspetor do Conselho da Marinha, departamento responsável pela construção e equipagem da esquadra. Middleton, futuro lorde Barham, era o antigo

---

621. Parker para Sandwich, 25 de abril de 1778. In: SANDWICH, v. 1, p. 410. Sandwich para Barrington, 5 de agosto de 1779. In: SANDWICH, v. 2, p. 365.
622. *Sir* Charles Middleton para Sandwich, 9 de julho de 1779. In: SANDWICH, v. 3, p. 44.
623. SYRETT, D. *The Royal Navy in European Waters during the American Revolutionary War*. Columbia, SC, 1998, p. 65.

capitão de um navio de 50 canhões. Ele logo estabeleceu uma reputação de eficiência. Um de seus colegas no Conselho da Marinha comentou, pouco depois de sua chegada: "O volume de trabalho que ele realiza no Conselho, no Tesouro, no almirantado e em sua própria casa é surpreendente e estou certo de que nenhum outro homem seria capaz de executá-lo".[624] Em dois anos, quase todos os principais navios haviam recebido o revestimento externo de cobre, bem como a maioria das fragatas. Ele também assegurou que as metralhas estivessem disponíveis para todos. Contudo, a introdução das caronadas mostrou-se mais difícil. Middleton queria que essas armas fossem instaladas nos navios de 44 e 50 canhões, de modo que pudessem ser posicionadas em uma linha de batalha contra as embarcações inimigas maiores. Foi uma luta árdua para convencer o Conselho de Artilharia e os oficiais dos navios de sua utilidade.[625]

Entretanto, em 1779, sob o comando de Sandwich e Middleton, a Marinha Real estava próxima de atingir sua força máxima da guerra anterior, parâmetro pelo qual tudo era mensurado. Havia 80 navios de linha em atividade, dos quais metade destinava-se ao canal. Outros dez estavam em construção ou reforma e a expectativa era de que se unissem à esquadra ao longo do ano.[626] Igualmente significativa foi a retomada da construção de navios mercantes, não apenas de fragatas e corvetas, mas também de navios de guerra de 74 e 64 canhões.[627] Não obstante, muitos desses navios em atividade ainda precisavam de homens, embora o número de marinheiros, em abril de 1779, fosse de quase 73 mil, com mais 15.277 fuzileiros, o que perfazia a impressionante soma de 88.210 homens. Esse número era só um pouco maior do que a cifra mais alta da guerra anterior.[628] Contudo, como costumava acontecer, os números não incluíam os doentes, de modo que, em junho de 1779, os navios em Portsmouth ainda careciam de 15% de seu complemento. A qualidade deles também deixava muito a desejar.[629]

---

624. Citado em: RODGER. *Sandwich*, p. 161.
625. Middleton para Sandwich, 20 de dezembro de 1779. In: SANDWICH, v. 4, p. 413. Ibid., 12 de março de 1780. In: SANDWICH, v. 4, p. 414-416.
626. SYRETT, D. *The Royal Navy in European Waters*, p. 65-66.
627. Estimativas para construção e manutenção da marinha. In: CJ, v. 37, p. 33-34.
628. Número de marinheiros existentes, 20 de abril de 1779. In: SANDWICH, v. 2, p. 265-266. É difícil avaliar a exatidão desses números, dada a frequente discrepância entre os números votados pelo parlamento, os marinheiros inscritos nos livros dos navios e aqueles efetivamente reunidos. Veja: RODGER, N.A.M. *Command of the Ocean*, p. 636.
629. Mulgrave para Sandwich, 10 de junho de 1779. In: SANDWICH, v. 3, p. 16-17. Hardy para Sandwich, 13 de junho de 1779. In SANDWICH, v. 3, p. 18-19.

O almirantado estava se valendo do tradicional sistema de utilização de um destacamento de militares para impor o alistamento a civis desde o início de 1776, a fim de completar a tripulação da esquadra. Todavia, dessa vez a exiguidade de homens era tão séria que se adotou a medida de pressionar até mesmo aqueles que eram protegidos por lei do Parlamento. Porém, antes de tomar uma medida tão grave, Sandwich buscou o conselho de lorde Thurlow, o lorde chanceler, posto judiciário mais elevado da coroa. Para felicidade de Sandwich, Thurlow foi claro: "A lei não deve ser obstáculo" durante "a crise mais alarmante por que este país já passou", conquanto fosse necessária uma lei de indenização para retroagir à ação, tornando-a legal.[630] Era inevitável a ocorrência de tumultos colaterais, principalmente em relação aos comboios que estavam à espera, com provisões para os exércitos na América do Norte.[631] Foi um caso clássico de eficiência de curto prazo contra prejuízo de longo prazo.

Outra dificuldade que Sandwich enfrentou foi encontrar um comandante adequado, uma vez que Keppel se recusava a servir, depois de submetido à corte marcial, por conta de acusações infundadas feitas por um oficial subordinado, amigo de Sandwich. Seus amigos na marinha pediram, ao mesmo tempo, que Jorge III destituísse Palliser de todos os seus cargos. Eles também se recusavam a servir até que isso fosse feito.[632] Diante dessa situação, Sandwich teve de escolher o idoso *sir* Charles Hardy, que já havia sido comandante em diversas ocasiões durante a guerra anterior e não fora envolvido na controvérsia Palliser-Keppel.[633] Para assisti-lo, Sandwich nomeou Richard Kempenfelt como seu capitão "comissionado" ou chefe de equipe. Kempenfelt era um dos oficiais mais respeitados da marinha, mas perdera um alto posto de comando por conta do arcaico sistema de promoções. Ele era, também, bastante inovador e reconhecia que a marinha precisava, com urgência, de um sistema de sinalização mais eficiente. Ele havia desenvolvido recentemente um sistema semelhante ao dos franceses, cuja introdução Middleton exortou que se fizesse o mais depressa possível.[634]

No fim de maio de 1779, Hardy tinha ordens de bloquear a esquadra francesa em Brest, a menos que esta já tivesse partido, situação em

---
630. Lorde Thurlow para Sandwich, 21 de junho 1779. In: SANDWICH, v. 3, p. 26-27.
631. BOWLER, A. *Logistics*, p. 244-245.
632. Reflexões do almirante Keppel, 25 de fevereiro de 1779. In: FORTESCUE, v. 4, p. 289-291. Hood para Sandwich, 10 de fevereiro de 1779. In: FORTESCUE, v. 4, p. 270-271.
633. RODGER. *Sandwich*, p. 257.
634. Middleton para Sandwich, 9 de julho de 1779. In: SANDWICH, v. 3, p. 42-43. SYRETT, D. *The Royal Navy in European Waters*, p. 62.

que deveria patrulhar o acesso ao canal, a oeste de Lizard Point, uma vez que a segurança da Grã-Bretanha e da Irlanda deveria "ser o principal objetivo" de sua patrulha.[635] Mas, a exemplo de 1778, Hardy poderia retornar ao porto caso as esquadras Bourbon parecessem fortes demais. As opiniões divididiam-se quanto a se ele deveria entrar em combate de imediato ou esperar até que o inimigo tentasse escoltar sua flotilha de invasão através do canal, oportunidade em que estariam mais vulneráveis.[636] Por enquanto, ele deveria manter essas opções em aberto.

Hardy lançou-se, enfim, ao mar em 16 de junho de 1779, com uma esquadra de cerca de 30 navios de guerra. Entretanto, não demorou muito para que ele estivesse de volta ao canal, antes pela força do vento do que pelo poderio do inimigo. Enquanto se abrigava em Torbay, solicitou a remessa de provisões de água fresca. Isso o levou a sugerir a readoção do sistema da guerra anterior, quando o esquadrão ocidental era abastecido, no mar, de alimentos, cerveja e água pelos cargueiros de Plymouth. Sandwich concordou prontamente, visto que estava ansioso por manter Hardy naquela posição.[637] Quando os navios atracavam no porto, eles costumavam passar por pequenos reparos enquanto a tripulação desertava, de modo que dias se transformavam em semanas, o que deixava os acessos a oeste abertos ao inimigo. Em Torbay, Hardy tinha muito mais chances de recuperar sua posição assim que o tempo melhorasse, o que ele empreendeu na segunda semana de agosto.[638]

A essa altura, França e Espanha estavam muito atrasadas em seu cronograma de invasão. A princípio, as duas cortes desejavam concluir suas operações no canal até o fim de agosto, de modo que os espanhóis pudessem retornar para o cerco de Gibraltar, local que haviam começado a bloquear no início de julho.[639] No entanto, a Marinha Espanhola considerara esse cronograma oneroso demais, embora os franceses tivessem feito todo o possível para estar prontos, no fim de maio, para a reunião das duas esquadras em Ferrol, no norte da Espanha. As docas espanholas e a máquina do governo eram simplesmente incapazes de operar a tal velocidade. O mau tempo também influenciou.[640]

---

635. SYRETT. D. *The Royal Navy in European Waters*, p. 68.
636. Mulgrave para Sandwich, 2 de julho de 1779. In: SANDWICH, v. 3, p. 33-34. RODGER. *Sandwich*, p. 258-260.
637. Hardy para Sandwich, 10 de julho de 1779. In: SANDWICH, v. 3, p. 45-46. Sandwich para Hardy, 28 de julho de 1779. In: SANDWICH, v. 3, p. 48-50. Para informações acerca do reabastecimento do esquadrão ocidental na guerra anterior, veja: MIDDLETON, R. "Western Squadron". In: *Mariner's Mirror*, v. 75, p. 349-367.
638. Hardy para Sandwich, 12 de agosto de 1779. In: SANDWICH, v. 3, p. 55-56.
639. McGUFFIE, T.H. *The Siege of Gibraltar*. London, 1965, p. 37-47.
640. DULL, J. *The French Navy*, p. 146-154.

Em consequência, a armada aliada alcançou o canal somente no início de agosto, ocasião em que os navios de guerra franceses mal dispunham de provisões para mais um mês. As esquadras associadas também reuniam apenas 50 navios de guerra, em vez dos 66 planejados originalmente. Contudo, o momento mostrou-se propício, visto que Hardy tomara uma nova posição a oeste das Ilhas Scilly, o que deixou o canal aberto para a esquadra conjunta. Dessa forma, D'Orvilliers e o almirante Córdoba entraram em Plymouth Sound com cerca de 45 navios de linha em 17 de agosto, ao alcance da vista da segunda doca mais importante da Marinha Real e capturando um navio de guerra britânico nesse processo. Aparentemente, o caminho estava agora aberto para que o exército francês, sob o comando do conde de Vaux, em St. Malo e Le Havre, entrasse com suas embarcações e desse início à invasão.[641]

Diante da ausência de Hardy, a defesa da Grã-Bretanha, portanto, parecia estar nas mãos das forças reunidas por Amherst, como comandante-chefe. Elas se resumiam a um exército de campo de 20 mil soldados permanentes e aos serviços incertos de uma milícia de cerca de 39 mil homens.[642] Porém, o principal dilema de Amherst era se deveria distribuir seu exército ao longo da costa para repelir o inimigo nas praias ou manter seus homens reunidos, de modo que pudesse combatê-los de forma mais eficiente assim que desembarcassem. O bom senso recomendava a segunda opção. Assim, ele concentrou sua infantaria em dois campos, em Kent e em Essex, a fim de proteger Londres. À exceção das bases navais em Portsmouth e Plymouth, as costas do canal estavam efetivamente sem defesa, salvo as milícias e as patrulhas dos dragões.[643]

A visão da esquadra inimiga em Plymouth Sound provocou pânico, o que é bem compreensível. O responsável pelas docas navais chegou a pensar em incendiar o local, acreditando que o desembarque era iminente. O comandante do exército local, general Lindsay, também se assustou, crendo que a cidade e as docas estavam indefesas. Ele implorou a Amherst que o substituísse.[644] Por sorte, o ministro em si não sucumbiu ao pânico. Sandwich asseverou que provavelmente o inimigo não chegaria ao porto até que tivesse conquistado toda a costa ao seu redor. Todos os relatos indicavam que o interior estava se reunindo para a defesa da cidade, inclusive 600 mineradores de Cornwall. Portanto, o

---

641. PATTERSON, A.T. *The Other Armada*, p. 194. Ibid., p. 181-185.
642. MACKESY, P. *The War for America*, p. 290. Estimativa de incorporação das milícias. In: CJ, v. 37, p. 23.
643. MACKESY. P. *The War for America*, p. 291.
644. Comissário Ourry para Sandwich, 20 de agosto de 1779. In: SANDWICH, v. 3, p. 64-67. General Lindsay para Amherst, 26 de agosto de 1779. In: SANDWICH, v. 3, p. 77.

comissário deveria se concentrar em preparar o maior número possível de navios para ser lançado ao mar.[645]

Decorridas 24 horas, a esquadra combinada havia desaparecido. O motivo era que Córdoba e D'Orvilliers haviam retornado para procurar por Hardy, a quem precisavam derrotar antes de dar início à invasão propriamente dita. As duas esquadras enfim avistaram uma à outra no dia 31 de agosto, conquanto Hardy já tivesse sinalizado, dois dias antes, para que seus 38 navios principais fizessem "uma disposição de navegação mais unida em preparação para uma batalha". Seu plano era atrair a esquadra inimiga para o canal, confiante em qualquer tipo de embate naquelas águas.[646] D'Orvilliers mordeu a isca e tentou prosseguir. Entretanto, os espanhóis não conseguiram acompanhar seus aliados franceses, o que os impediu de formar uma linha de batalha ou de apanhar Hardy.[647] Na realidade, ambas as esquadras aliadas estavam dispostas a desistir. Seus suprimentos estavam no fim e as tripulações francesas estavam sofrendo de uma enfermidade generalizada.[648] Portanto, decidiram retornar a Brest, onde chegaram em 11 de setembro. A intenção era reabastecer os navios e fazer com que a tripulação descansasse antes de empreender uma nova tentativa. Contudo, ambos os comandantes logo concluíram que era tarde demais para continuar a empreitada. Assim, Córdoba deveria voltar a Cadiz para intensificar o bloqueio de Gibraltar enquanto os franceses se restabelecessem e preparassem, em Brest, para operações em outros lugares. Findava, por ora, a ameaça de invasão do canal.[649]

O episódio não deixou de causar prejuízos à Grã-Bretanha, visto que a preocupação da Marinha Real com a invasão indicava que as águas ao redor das Ilhas Britânicas estavam abertas aos navios corsários dos inimigos. Como já mencionamos, a França estava determinada a intensificar o sofrimento britânico ao equipar uma esquadra, sob o comando de Jones, que deveria contornar a Escócia em direção ao Mar do Norte e tinha instruções de causar o máximo de danos possíveis ao longo do caminho.[650] Jones partiu de L'Orient na metade do mês de agosto. Depois de realizar várias pilhagens, ele chegou às

---

645. Sandwich para Ourry, 22 de agosto de 1779. In: SANDWICH, v. 3, p. 67-68.
646. Capitão Bickerton para Sandwich, 2 de setembro de 1779. In: SANDWICH, v. 3, p. 89-91.
647. PATTERSON, A.T. *The Other Armada*, p. 207-210.
648. Inteligência, 4 de setembro de 1779. In: SANDWICH, v. 3, p. 94-95.
649. DULL, J. *The French Navy*, p. 157. RODGER, *Sandwich*, p. 256-260 HARGREAVES-MAWDSLEY, W.N. *Spain*, p. 132.
650. DULL, J. *The French Navy*, p. 158.

margens do porto de Leith, em Edimburgo, com ameaças de incêndios e destruição. Apenas uma tempestade o impediu de conquistar a cidade indefesa. Então, em 23 de setembro, ele interceptou um comboio do serviço de proteção à pesca da Grã-Bretanha, em Flamborough Head, no Mar do Norte, e capturou uma das fragatas com fundo de cobre da Marinha Real, a *Serapis*, em uma luta épica que levou ao afundamento do próprio navio de Jones. Ele encerrou, por fim, sua viagem ao levar a *Serapis* e outros objetos de pilhagem para o porto holandês de Texel.[651] A ameça de invasão podia ter sido afastada, mas, como North comentou com Sandwich, a menos que Jones fosse detido, "muita culpa e vergonha recairiam sobre o ministério".[652]

A incapacidade da Marinha Real de atender às várias exigências que lhe eram feitas obrigou Sandwich a apresentar uma defesa de sua administração da marinha em um documento dirigido ao gabinete. Ele ressaltou que a esquadra contava atualmente com 88 navios de linha, dos quais 42 estavam sob a responsabilidade de *sir* Charles Hardy, outros 23 encontravam-se nas Índias Ocidentais, oito nas Índias Orientais, cinco na América e 13 em território pátrio, em manutenção ou atuando como navios de guarda. Isso, na verdade, se equiparava aos 97 encouraçados reunidos por Anson durante a última ameaça de invasão, em 1759, visto que muitos dos navios atuais eram superiores em tamanho e número de canhões.[653] Sandwich, então, fez o seguinte questionamento: "Por que, com uma força tão grande, senão a maior que já tivemos, temos um inimigo superior a nós?". A razão era óbvia, caso se fizesse uma comparação com as guerras anteriores: "A Inglaterra, até agora, jamais se envolvera em uma guerra marítima com as Casas dos Bourbon totalmente unidas, suas forças navais intactas e sem qualquer outra guerra ou objetivo para desviar sua atenção e seus recursos". Dessa vez, "nós, infelizmente, temos uma guerra adicional em nossas mãos [na América], a qual basicamente drena nossas finanças e emprega uma parte bastante considerável de nossa marinha e exército". Entretanto, Sandwich admitia que, nos primeiros três anos do conflito, o almirantado não havia observado o padrão de uma dupla potência, criticando, de forma implícita, o Tesouro pelos cortes no orçamento naval: "Se tivéssemos nos

---

651. FERLING, J. *Almost a Miracle*: *The American Victory in the War of Independence*. New York, 2007, p. 375-379. SYRETT, D. *The Royal Nayy in European Waters*, p. 79-80.
652. North para Sandwich, 23 de novembro de 1779. In: SANDWICH, v. 3, p. 107.
653. Reflexões acerca das providências navais, 14 de setembro de 1778. In: FORTESCUE, v. 4, p. 441-442. Há outra cópia desse documento em: SANDWICH, v. 3, p. 164-171. Convenientemente, Sandwich não comparou os números de fragatas e de cruzadores menores que compunham a Marinha Real à época.

preparado com maior antecedência e não tivéssemos permitido que elas [França e Espanha] se armassem e equipassem sem que as acompanhássemos, sua superioridade, por certo, não teria sido tão inequívoca".[654]

É possível que governos do século XX tivessem lidado com a perda da superioridade naval construindo novas docas e carreiras de lançamento. Contudo, essa estratégia não existia no pensamento do século XVIII. O procedimento aceito era maximizar antes o rendimento de instalações existentes do que a criação de novas. Daí o alerta de Sandwich: "Não temos outras fontes de recursos nem possibilidade de aumentar nossa força". Os acidentes implicavam que "nossos números podem ser mantidos ou diminuídos, mas não aumentados".[655] O ministério teria de trabalhar com o que tinha.

Middleton, entre outros, recusou-se a aceitar esse pessimismo. Ele ressaltou que a maioria dos navios dispunha agora de cascos revestidos de cobre, o que permitia manutenção mais rápida e permanência mais longa em suas posições. Ele também lembrou Sandwich do maior poder de fogo da marinha, graças às caronadas e obuses. No entanto, nem mesmo Middleton poderia disfarçar a escassez de fragatas. Era urgente que se duplicasse seu número.[656] Isso levou Middleton a questionar a afirmação de Sandwich de que a nação havia alcançado o limite de seus recursos. Ele deveria entender que "o que foi feito na última guerra não é parâmetro para esta". Em todo caso, muito ainda poderia ser feito com planejamento e agilidade adequados. Era inconcebível o término da construção de navios antes que fossem providenciados seus equipamentos e provisões. Por fim, ele lembrou a Sandwich, como Robinson já havia feito anteriormente, que "escolher os mais valorosos em todas as fileiras será um baluarte muito mais forte para sua administração do que uma falange de nobres e policiais militares".[657] A promoção de apadrinhados políticos era fonte invariável de controvérsias, como demonstrou a controvérsia Keppel-Palliser.

Sandwich não aceitou todos os argumentos de Middleton. Não obstante, as estimativas para 1780 previam um aumento de 20% na construção naval, sendo a maior parte dela em estaleiros comerciais. A desvantagem era que levaria tempo para que as novas embarcações

---

654. Reflexões acerca das providências navais, 14 de setembro de 1779. In: FORTESCUE, v. 4, p. 441.
655. Reflexões acerca das providências navais, 14 de setembro de 1779. In: FORTESCUE, v. 4, p. 440.
656. Memorando de *sir* Charles Middleton, por volta de setembro de 1779. In: SANDWICH, v. 3, p. 172-177.
657. Middleton para Sandwich, 15 de setembro de 1779. In: SANDWICH, v. 3, p. 177-181.

fossem entregues.⁶⁵⁸ Enquanto isso, continuava o sangramento da marinha mercante. No fim de 1779, a Lloyds Seguradora registrara a perda de outros 487 navios mercantes. Isso não representava uma perda apenas para seus proprietários, individualmente, mas uma diminuição na arrecadação alfandegária, parte crucial dos recursos de guerra da nação.⁶⁵⁹ Felizmente, não houve maiores transtornos para os comboios de suprimentos norte-americanos ou para aqueles que iam e vinham das Índias Ocidentais e Orientais. Mesmo assim, não havia oportunidade para complacência por parte de Sandwich ou do almirantado.

Impasse na América

Quando o ministério britânico reuniu-se para decidir os planos de sua campanha na América para 1779, a intenção da Espanha de entrar na guerra ainda não era conhecida. Apesar do insucesso de 1778, o ministério continuava a acreditar que a reaproximação com a Grã-Bretanha era o que a maioria dos colonos desejava. Apenas a "tirania de seus líderes os impedia de declarar" sua lealdade.⁶⁶⁰ Os ministros eram encorajados a pensar dessa forma por refugiados como Galloway, que argumentava que principalmente as colônias centrais estavam cansadas da rebelião. Uma vez que Washington fosse derrotado, "a autoridade do rei poderia ser restabelecida, sob o comando de homens de influência e autoridade, apoiados pela leal milícia".⁶⁶¹

Assim, o ministério britânico realizou poucas mudanças em seus objetivos estratégicos na América do Norte, apesar da possibilidade de conflito com a Espanha, conquanto houvesse alguma discussão quanto aos métodos. Amherst afirmou, uma vez mais, que o melhor meio de "alcançar êxito parece ser por meio de pequenos grupos de soldados e navios de guerra que empreendam ataques ao longo de toda a costa americana", para convencer os rebeldes da insensatez de sua empreitada.⁶⁶² A maior parte dos ministros, entretanto, era contrária a uma guerra estritamente marítima, para a qual não havia navios disponíveis

---

658. Estimativas para construção naval e manutenção, 2 de fevereiro de 1780. In: CJ, v. 37, p. 549-551. O montante destinado a novas construções e reparos importantes chegou a 633 mil libras esterlinas, em comparação às 520 mil gastas em 1779.
659. MAHAN, A.T. *The Major Operations of the Navies in the War of American Independence*. Boston, 1913, p. 61. BREWER, J. *The Sinews of Power: War, Money and the English State, 1688-1783*. New York, 1989, p. 197-198.
660. Germain para os comissários, 15 de outubro de 1778. In: DDAR, v. 15, p. 217-218.
661. Proposta para dominação do país à medida que o exército britânico passa por ele, janeiro de 1779. In: FORTESCUE, v. 4, p. 245-247.
662. Amherst para Jorge III, janeiro de 1779. In: FORTESCUE, v. 4, p. 249-250.

no momento. Germain ainda tinha expectativas de realizar uma ampla campanha terrestre em Nova York. Ele tinha o apoio do general James Robertson, que estava prestes a retornar à América como governador de Nova York. Robertson sugeriu que um exército de campo de 12 mil homens, mais 2 mil provincianos, deveria ser mantido para derrotar Washington e tomar os postos rebeldes em Highlands. O governo civil poderia, então, ser estabelecido na porção inferior de Nova York, como Campbell fora instruído a fazer na Geórgia, a fim de mostrar às outras províncias o que poderiam esperar com o restabelecimento de um governo de direito.[663]

As ideias de Robertson impressionaram Germain o suficiente para que este as relatasse a North, durante a preparação de uma reunião do gabinete. Dessa maneira, em suas ordens oficiais para Clinton, em 23 de janeiro de 1779, Germain reafirmou que o "grande objetivo" do ministério era o "restabelecimento de um governo de direito nas colônias revoltosas". Os meios específicos para fazê-lo ficaram a critério de Clinton. Naturalmente, "é muitíssimo desejável que o senhor consiga induzir Mr. Washington a uma ação geral e decisiva no início da campanha". Porém, se isso não pudesse ser feito, ele deveria dispor de tropas suficientes para obrigar Washington a "procurar abrigo seguro nas Highlands de Nova York, ou das Jerseys". Isso deixaria, então, o restante dos "habitantes" da província livres para retomar "a aliança com Sua Majestade". Seria possível, em seguida, a realização de eleições para uma assembleia, o que por sua vez acabaria com "as infundadas apreensões de se estar sob o império de militares".[664]

Embora tivesse rejeitado a ideia de Amherst de uma guerra puramente marítima, o ministério recomendou o posicionamento de dois corpos de 4 mil homens para agir nas costas da Nova Inglaterra e no Chesapeake. "Ao entrar nos rios ou enseadas" dos rebeldes, os dois destacamentos deveriam "lhes apreender ou destruir os navios e provisões, bem como privá-los de todos os meios de preparar navios corsários" ou "realizar qualquer tipo de comércio". No entanto, Clinton deveria assegurar que o contingente enviado para a Virgínia também fosse forte o suficiente para atacar Maryland, "de modo a dar proteção aos habitantes leais de Jersey, ou dos condados na parte baixa do Delaware", caso estivessem dispostos a "se libertar da tirania e opressão de seus comitês rebeldes". Por fim, os rebeldes deveriam ser ainda mais atormentados

---

663. Memorando sobre o modo de fazer guerra na América, janeiro de 1779. In: FORTESCUE, v. 4, p. 250-253.
664. Germain para Clinton, 23 de janeiro de 1779. In: DDAR, v. 17, p. 43-45.

"no lado do Canadá, por uma sucessão de ataques de grupos indígenas, apoiados por destacamentos de soldados", com a finalidade de "alarmá-los e assediar as fronteiras".⁶⁶⁵

Para alcançar tais objetivos, Clinton deveria receber dois batalhões escoceses de mil homens cada, mais 4.200 recrutas para os contingentes britânicos e alemães já existentes, somando 6.600 homens. Informações recentes indicavam que esses acréscimos levariam o exército de campo de Clinton a contar com mais de 28 mil soldados regulares, o que era mais do que suficiente para cuidar de Washington. Contudo, nenhum outro reforço deveria ser considerado, pois, como Germain já dissera anteriormente aos comissários de paz, a América deixara de ser o "único objeto de atenção", uma vez que o "poderio total da França" tinha de ser enfrentado em conjunto, muito provavelmente, com o da Espanha, no tempo devido. Se Clinton quisesse mais homens, deveria recorrer aos legalistas.⁶⁶⁶ Eles precisavam de estímulo. Foi por essa razão que Germain, agora, propunha conferir aos oficiais legalistas o mesmo *status* de seus equivalentes provincianos na guerra anterior, "isso quer dizer que, quando estiverem a serviço junto com oficiais britânicos, receberão patentes de iniciantes nas fileiras a que pertencem". Eles também receberiam meio soldo quando dispensados. O soldado comum também deveria ser recompensado. Todo homem que se alistasse em uma unidade devidamente organizada receberia um prêmio de 2,2 xelins e seis centavos de libras esterlinas e teria direito a cem acres de terra no fim da emergência. Esperava-se que os legalistas, agora, desempenhassem um papel mais proeminente na luta para subjugar os rebeldes.⁶⁶⁷

Poucos questionavam tais suposições acerca da profundidade do sentimento legalista e sua prontidão para servir. Lorde Grey, antigo comandante de tropas na América, foi o único a advertir a Casa dos Comuns de que a maioria dos colonos era hostil à Grã-Bretanha e que os legalistas seriam sempre uma tímida minoria, o que dificultaria a vitória sobre a rebelião, ainda que com superioridade militar. Seu testemunho pareceu tão negativo que North chegou a temer que ele ocasionasse um voto de reprimenda.⁶⁶⁸ Todavia, poucos tinham conhecimento suficiente

---

665. Ibid.
666. Germain para os comissários, 4 de novembro de 1778. In: DDAR, v. 15, p. 238-239. Germain para Clinton, 4 de novembro de 1778. In: DDAR, v. 15, p. 240-241.
667. Germain para Clinton, 23 de janeiro de 1779. In: DDAR, v. 17, p. 46-47. Para concessão anterior de mesma patente, veja: MIDDLETON, R. *The Bells of Victory*, p. 55.
668. GRUBER, I.D. *The Howe Brothers and the American Revolution*. New York, 1972. p. 344. North para Jorge III, 10 de maio de 1779. In: FORTESCUE, v. 4, p. 337.

para avaliar a validade dessas opiniões. A guerra na América continuaria nos mesmos moldes de 1778, ainda que a Espanha entrasse na guerra.

A crença britânica de que os rebeldes estavam à beira de uma crise não era de todo fantasiosa, como Washington confidenciou a George Mason, um dos líderes da Virgínia, no fim de março de 1779. Em nenhuma ocasião desde o início das hostilidades a causa patriota esteve sob "risco tão grande". As pessoas em geral "parecem pensar que a luta está no fim" e que "ganhar dinheiro e angariar posições" eram "as únicas coisas que ainda se podia fazer". Isso estava ajudando os britânicos a "destruir a vasta estrutura que viemos construindo até aqui, à custa de muito tempo, sangue e dinheiro". Tamanha indiferença era muito desalentadora depois de estar o inimigo recentemente "a ponto de abandonar a América". Isso o levou a concluir que "nada (...) pode nos salvar, exceto uma reforma radical de nossa própria conduta, ou alguma reviravolta decisiva na situação na Europa". Vergonhosamente, a última hipótese era a mais provável.[669]

No cerne das dificuldades enfrentadas pelos patriotas estava a depreciação da moeda, que minava qualquer tentativa de obtenção de homens e suprimentos. Em abril de 1779, Washington comentou, jocosamente, que era necessária uma carroça cheia de papéis continentais para comprar quantidade semelhante de provisões.[670] Por sorte, o exército havia experimentado um inverno melhor do que o de 1777, no Vale Forge. Os campos ao redor de Middlebrook eram mais acessíveis e os homens estavam mais saudáveis do que em qualquer outra ocasião, desde a formação do exército.[671] Contudo, as condições ainda eram duras e os problemas persistiam, em especial quanto ao fornecimento de roupas. A exiguidade de roupas quentes foi um dos motivos para uma ameaça de motim na brigada de Connecticut. Porém, conquanto o descontentamento dos homens fosse justificado, Washington insistia em uma ação imediata. Ele disse a Putman, comandante da brigada: "Em casos como esse", o oficial mais graduado deve "se valer de todos os meios para descobrir os autores do tumulto", após o que "devem ser aplicadas punições imediatas". O restante poderia, então, ser poupado por clemência.[672]

Os prospectos da campanha seguinte, em consequência, não eram nada promissores quando Washington encontrou-se com Gerard, o

---
669. Washington para Mason, 27 de março de 1779. In: WGW, v. 14, p. 298-302.
670. Washington para Jay, 23 de abril 1779. In: WGW, v. 14, p. 435.
671. Washington para Lafayette, 8 de março de 1779. In: WGW, v. 14, p. 222.
672. Washington para Putnam, 18 de janeiro de 1779. In: WGW, v. 14, p. 20.

enviado francês. A toda evidência, a chave para qualquer resultado favorável era a superioridade naval da França na América, visto que isso permitiria uma tentativa contra Nova York ou Rhode Island. Entretanto, se os britânicos se revelassem demasiado fortes no norte, D'Estaing talvez pudesse ajudar Lincoln contra Prevost, na Geórgia. Era possível, em seguida, que se considerasse outra tentativa sobre Nova York, contanto que Byron não seguisse D'Estaing, a partir das Índias Ocidentais. Quando os britânicos tivessem sido expulsos do continente, os patriotas poderiam, então, cooperar com os franceses "em outros lugares", em referência às Índias Ocidentais.[673] Entretanto, Washington avisou Laurens de que, qualquer que fosse o plano adotado, os patriotas deveriam primeiro recrutar suas forças, uma vez que não haveria um término rápido da guerra, como tantos pareciam acreditar.[674]

Do outro lado do Rio Hudson, Clinton, da mesma forma, ponderava sobre seus prospectos enquanto aguardava instruções de Londres. Ele informou a Germain, em 4 de abril, que, embora fosse tempo de começar a planejar, tanta coisa dependia "das circunstâncias que ainda não posso informar Vossa Senhoria quanto ao destino para onde devo enviar a pequena força de que disponho neste posto". Uma opção seria valer-se do recente sucesso na Geórgia e empreender, talvez, "uma tentativa contra Charleston". No entanto, isso não seria aconselhável durante o verão e enquanto os movimentos da esquadra francesa fossem desconhecidos. Contudo, Clinton empenharia 6 mil homens em tal projeto no próximo mês de outubro, desde que França e Espanha não interviessem.[675]

Clinton finalmente recebeu ordens de Germain, no início de maio, que esboçavam os pensamentos do ministério sobre a campanha vindoura e o tamanho de seus reforços. O conteúdo das ordens não foi do agrado de Clinton. O pequeno número de tropas novas indicava que seria muito difícil desferir um golpe decisivo contra Washington, em especial, caso ele "persista em sua atual base militar" acima de Nova York.[676] Além disso, ele estava alarmado com os planos de Germain para os provincianos. Em primeiro lugar, o esquema "provocara grande descontentamento entre os oficiais dos regimentos regulares", que se ressentiram de que os provincianos estavam sendo promovidos a posições que não lhes era possível reivindicar. Em segundo

---

673. Washington para Gerard, 1º de maio de 1779. In: WGW, v. 14, p. 470.
674. Washington para Laurens, 5 de maio de 1779. In: WGW, v. 14, p. 499-501.
675. Clinton para Germain, 4 de abril de 1779. In: DDAR, v. 17, p. 96-97.
676. Clinton para Germain, 14 de maio de 1779. In: CAR, p. 405-406.

lugar, era provável que Clinton experimentasse dificuldades constantes por ter de transferir "o comando de destacamentos importantes (...) a pessoas que não estavam à altura da tarefa". Por fim, o recrutamento dos provincianos era indiscriminado demais para justificar a concessão de comissionamentos permanentes. As unidades legalistas, invariavelmente, estavam incompletas ao dar início a suas atividades. "Toda a linha provincial", portanto, "tinha oficiais demais, e o mérito profissional de alguns, combinado com as ligações [políticas] de outros, tornava quase impossível remediar as falhas".[677]

Até que os prometidos reforços chegassem, Clinton decidiu implementar a proposta de Germain de uma investida contra a Virgínia. Era uma crença difundida a de que Washington dependia da exportação de tabaco daquela província para a compra de suprimentos militares. A Virgínia também sustentava o exército rebelde na Carolina do Sul, sob o comando de Lincoln.[678] Outro motivo para a escolha de Clinton foi a circunstância de ele ter um colega na marinha com quem tinha muita afinidade. O comodoro *sir* George Collier era um dos poucos oficiais da marinha que ansiava trabalhar com o exército. Ele estava temporariamente no comando, até que um oficial general da marinha mais antigo chegasse da Inglaterra. Collier sugerira anteriormente um ataque a Falmouth, importante base de navios corsários e fonte de combustível para Boston.[679] Portanto, ele logo concordou com a proposta de Clinton de um ataque à Virgínia, conquanto tivesse poucos navios de guerra e carecesse de homens para as demais embarcações.[680] As tropas seriam comandadas pelo general Edward Mathew.

A flotilha, compreendendo 1.800 soldados britânicos, alemães e legalistas, partiu de Nova York em 5 de maio de 1779, chegando a Capes of Virginia quatro dias depois. Realizou-se um rápido desembarque no Rio Elizabeth. Ali, os britânicos encontraram numerosos armazéns cheios de tabaco, munições, carvalho envelhecido e outros suprimentos navais, bem como quilhas de diversos navios de 24 e de 36 canhões. Igualmente gratificantes foram as demonstrações generalizadas de apoio à coroa. Dessa forma, Collier sugeriu o estabelecimento de uma base em Portsmouth, no Rio Elizabeth. "Ao assegurarmos essa posição, todo o comércio do Chesapeake chega ao fim e, em consequência, os sustentáculos da rebelião serão destruídos." Isso também

---

677. Clinton para Germain, 13 de maio de 1779. In: DDAR, v. 17, p. 123-124.
678. Collier para Germain, 22 de maio de 1779. In: DDAR, v. 17, p. 130.
679. Collier para Sandwich, 3 de abril de 1779. In: SANDWICH, v. 3, p. 125.
680. Collier para Sandwich, 19 de abril de 1779. In: Sandwich, v. 3, p. 127-128. Clinton para Germain, 5 de maio de 1779. In: DDAR, v. 17, p. 117-118.

proporcionaria à marinha uma base conveniente para reparos de navios de guerra menores.[681] Entretanto, Mathew duvidava de que dispunha de forças suficientes para aquela empreitada, e considerou que o cumprimento de suas ordens exigiam que ele voltasse a tempo para as operações de Clinton no Hudson.[682]

Ambos os comandantes, assim, retornaram a Nova York a fim de prestar apoio para o "grande golpe" de Clinton contra Washington, que havia, até então, lhe escapado e a seus antecessores. O plano de Clinton era subir o Rio Hudson para atacar os fortes dos patriotas Stony Point e Verplancks Point, que protegiam King's Ferry, poucos quilômetros abaixo de Highlands. A tomada desses fortes, acreditava ele, poderia atrair Washington para uma batalha com vistas a proteger a comunicação entre a Nova Inglaterra e os Estados centrais.[683]

A ofensiva de Clinton começou, de forma promissora, com a captura, em 30 de maio de 1779, dos dois fortes, no que foi habilmente assistido por Collier, que dirigiu o bombardeio naval. Entretanto, Washington recusou-se a deixar sua fortaleza nas montanhas, em Peekskill, onde ele tinha 8 mil homens, além de outros 3 mil em West Point. Dessa maneira, Clinton retornou a Nova York, deixando "um contingente considerável" como isca nas duas bases. Ele acreditava que, ao manter a maior parte de seu exército em transportes na Staten Island, poderia libertar Stony Point dentro de 24 horas, caso Washington se movimentasse contra sua guarnição.[684]

Nesse meio-tempo, ele agiu conforme o desejo de Germain de realizar operações marítimas ao enviar Collier e Tyron em uma nova série de ataques ao longo da costa da Nova Inglaterra. O primeiro desembarque, em 5 de julho, aconteceu em New Haven, seguido de visitas a Fairfield, em 8 de julho, e a Norwalk, em 11 de julho. Em New Haven, toda a resistência cessou quando Tyron ameaçou incendiar a cidade. Em consequência, apenas os armazéns públicos e alguns navios foram destruídos. Mas, em Fairfield, os habitantes não tiveram tanta sorte. Em razão de tiroteios persistentes com pequenas armas, "a maior parte da vila" foi incendiada como retaliação pelo "fogo que os rebeldes abriram de dentro de suas casas". Apesar disso, os britânicos ainda enfrentaram considerável resistência em Norwalk, onde a milícia local havia sido reforçada por 250 soldados continentais. Ali, muitas salinas

---
681. Collier para Clinton, 16 de maio de 1779. In: CAR, p. 406. Collier para Germain, 22 de maio de 1779. In: DDAR, v. 17, p. 130-132.
682. Mathew para Clinton, 24 de maio de 1779. In: DDAR, v. 17, p. 133.
683. Clinton para Germain, 18 de junho de 1779. In: DDAR, v. 17, p. 144-145.
684. Ibid.

foram destruídas, juntamente com paióis, armazéns e embarcações que ficavam no porto. Destino semelhante foi infligido à "maior parte das residências".[685]

A destruição de tantas propriedades privadas levou, mais uma vez, ao questionamento de tais operações. Tryon não expressou arrependimento, a despeito do incêndio acidental de duas igrejas em Fairfield, pois "não vislumbrou danos contra a população por conta da irritação de apenas alguns rebeldes".[686] Contudo, Washington estava mais próximo da verdade quando comentou que tais operações não eram nada mais do que incendiar cidades indefesas. "Como essa espécie de conduta deve efetivar a conquista da América, o bom senso de um North, um Germain ou um Sandwich pode explicar melhor: é demasiado profundo e refinado para a compreensão de mentes comuns." O que ele sabia era que tais operações afastaram ainda mais a Nova Inglaterra da Grã-Bretanha, o que solapava as chances de qualquer reconciliação.[687]

Clinton esperava que Washington marchasse em socorro das cidades da Nova Inglaterra. Em vez disso, ele enviou Wayne para a margem oeste do Hudson a fim de surpreender a guarnição em Stony Point. O contingente de Wayne era composto por uma tropa de elite de infantaria ligeira, que Washington criara recentemente. Os soldados deveriam atacar os parapeitos à meia-noite do dia 15 de julho de 1779, sem disparar um tiro, "valendo-se tão somente de suas baionetas", uma tática cuja eficiência Wayne comprovara em Paoli, em 1777. O resultado foi um sucesso tremendo, visto que os britânicos só perceberam a aproximação dos patriotas quando já era tarde demais para usar seus canhões. A guarnição logo bateu em retirada, perdendo 130 homens, entre mortos e feridos, bem como mais de 500 foram capturados. As perdas patriotas, ao contrário, foram de apenas 15 mortos e 83 feridos. A ação estava terminada muito antes que Clinton pudesse colocar seus transportes em movimento. Foi um considerável incentivo ao moral do exército patriota.[688]

Washington não tentou manter a posse de Stony Point, preferindo recuar as tropas de Wayne para a segurança de Highlands. Clinton, então, reocupou o posto, enquanto Washington reforçava West Point, antevendo outro ataque britânico. A essa altura, tudo o que Washington poderia fazer era cavar trincheiras. Como disse a Lincoln em Charleston, ele não dispunha de tropas para outras operações, uma vez que os

---

685. Tryon para Clinton, 20 de julho de 1779. In: DDAR, v. 17, p. 162-165.
686. Ibid., p. 164-165.
687. Washington para Lafayette, 30 de setembro de 1779. In: WGW, v. 16, p. 374.
688. Wayne para Washington, 1º de julho de 1779. In: CAR, p. 411. FERLING, J. *Almost a Miracle*, p. 356-357.

Estados estavam iludidos com sonhos de paz. Em consequência, o exército recebera poucos recrutas, os quais foram obtidos apenas em troca de uma enorme recompensa por meros nove meses de serviço.[689] A resposta do Congresso foi exortar os Estados a oferecer meio soldo aos oficiais, pelo restante de suas vidas, e dinheiro extra para os soldados comuns, caso servissem durante a guerra inteira. Também seria preciso fazer um fundo para as viúvas daqueles mortos em combate.[690] Contudo, essas medidas não passavam de resoluções. Os Estados ainda tinham de implementá-las e a maioria demorou para fazê-lo.

Para felicidade de Washington, a perda de Stony Point neutralizara, outra vez, a possibilidade de Clinton tomar a iniciativa. Não que ele assumisse alguma responsabilidade pelo revés ao dizer a Germain que, com reforço adequado, ele não teria precisado criar estratagemas a fim de atrair Washington para uma batalha. Porém, a mentalidade defensiva de Clinton era produto de outros fatores também. O governador Frederick Haldimand, no Canadá, queria 2 mil homens para fortalecer as defesas ali.[691] Clinton também temia que D'Estaing pudesse voltar das Índias Ocidentais, onde os franceses tinham considerável superioridade em navios capitais.[692] A situação era ainda mais temerária, uma vez que o ministério estava enviando apenas um modesto reforço de quatro navios de guerra para a América do Norte, por conta das exigências em outros lugares.[693] Isso significava que cada porto britânico desde Halifax até Savannah corria perigo, para não mencionar os comboios de suprimentos da Inglaterra.

Então, em 3 de agosto, chegou a notícia de que Castine, na foz do Rio Penobscot, estava sob ataque. Castine fora construído para ser um refúgio para os legalistas do norte.[694] Entretanto, o posto era muito isolado, levando Massachusetts a realizar um ataque. As forças reunidas foram um testemunho do comprometimento de Massachusetts com seu próprio papel na guerra. O comandante naval, Dudley Saltonstall, dispunha de uma força de 17 navios de guerra e 19 transportes, que carregavam uma milícia de 2.500 homens sob o general Solomon Lovell. Mas, apesar de sua enorme vantagem, ambos os comandantes tiveram

---

689. Washington para Lincoln, 30 de julho de 1779. In: WGW, v. 16, p. 16-18.
690. Ordens gerais, 29 de agosto de 1779. In: WGW, v. 16, p. 202-203.
691. Clinton para Germain, 25 de julho de 1779. In: DDAR, v. 17, p. 168-170.
692. BONFILS, M. Le Comte de L. *Histoire de la Marine Française*. Paris, 1845, v. 3, p. 92-96. Almirante Parker para Stephens, 26 de agosto de 1779. In: DDAR, v. 17, p. 191-192.
693. Germain para Clinton, 3 de março de 1779. In: DDAR, v. 17, p. 72-73.
694. Germain para Clinton, 2 de setembro de 1778. In: DDAR, v. 15, p. 193-194. SMITH, P.H. *Loyalists and Redcoats: A Study in British Revolutionary Policy*. Chapel Hill, 1964, p. 175-177.

muito trabalho para concretizar o cerco, após sua chegada, em 25 de julho de 1779. Não obstante, em 11 de agosto, eles estavam perto do êxito quando o esquadrão de Collier, que contava com seis navios de guerra, liderados pelo *Raisonable*, de 64 canhões, foi visto aproximando-se de Penobscot Bay.[695]

Por um momento, Saltonstall considerou dar início a um combate, mas sua confiança logo desvaneceu, dada a falta de experiência de sua tripulação e o tamanho de seus navios. Algumas das embarcações americanas tentaram fugir para mar aberto, mas a maioria recuou para o Rio Penobscot, onde foram incendiadas. Todos os 37 navios da flotilha foram tomados ou destruídos, obrigando a tripulação e as tropas a enfrentar a longa jornada de volta pelas florestas do Maine.[696] Jorge III, satisfeito, comentou: "*Sir* George, com seu pequeno contingente, alcançou mais por meio de seus esforços hábeis e corajosos do que tudo quanto foi realizado em qualquer ano anterior da rebelião, quando a força era tão superior".[697] Isso demonstrou o que poderia ser feito por um comandante habilidoso. No entanto, a rigidez do sistema de patentes impedia que Collier fosse designado de forma permanente para o posto na América do Norte, por ter ainda pouco tempo de serviço.[698] Ele também não tinha as conexões políticas certas. O posto, então, foi dado a Marriott Arbuthnot, antigo comissário das docas de Halifax e amigo de Sandwich. Ele tinha, agora, quase 70 anos de idade e uma carreira medíocre. Além disso, era dotado de um temperamento volúvel, exatamente o tipo de homem que desagradaria a Clinton.[699] Esse foi outro exemplo da equivocada utilização do sistema de apadrinhamento, em vez do mérito, nas designações feitas por Sandwich.

Enquanto isso, as operações de Clinton estavam suspensas, visto que ele ainda aguardava, com Arbuthnot, os reforços da Inglaterra e o retorno das tropas de Grant de Santa Lúcia. Infelizmente, o primeiro se atrasara por causa do mau tempo e a decisão de Arbuthnot de ajudar a ilha de Jersey, após uma incursão dos franceses.[700] O último ficara retido nas Índias Ocidentais, onde o equilíbrio do poderio naval havia mudado

---

695. Brigadeiro MacLean para Germain, 26 de agosto de 1779, In: DDAR, v. 17, p. 192-196.
696. Collier para Clinton, 19 de agosto de 1779. In: CAR, p. 416-417. Brigadeiro Francis MacLean para Germain, 26 de agosto de 1779. In: DDAR, v. 17, p. 192-196.
697. Jorge III para Sandwich, 13 de setembro de 1779. In: SANDWICH, v. 3, p. 135.
698. Os obstáculos para a promoção de Collier são discutidos em: RODGER. *Sandwich*, p. 172.
699. WILLCOX, W.B. *Portrait of a General: Sir Henry Clinton in the War of Independence*. New York, 1964, p. 284-285. SYRETT, D. *The Royal Navy in American Waters*, p. 120-121. Para uma avaliação mais favorável de Arbuthnot, veja: RODGER, *Sandwich*, p. 283-286.
700. Germain para Clinton, 5 de maio de 1779. In: DDAR, v. 17, p. 116-117.

após a chegada de La Motte Piquet com reforços da França. Essa superioridade permitira que D'Estaing tomasse as ilhas de São Vicente, em 18 de junho, e Granada, em 4 de julho de 1779. Em resposta, Byron tentou iniciar uma batalha com D'Estaing às margens de Granada, no dia seguinte à captura desta, embora tivesse apenas 21 navios de guerra contra 25 de D'Estaing. Entretanto, durante a ação, sua esquadra havia sofrido sérios danos nos cordames e velas, o que o obrigou a retornar a Antígua, deixando as demais ilhas britânicas vulneráveis a ataques. Dessa forma, Clinton poderia contar com pouco auxílio militar ou naval das Índias Ocidentais, mesmo durante a estação dos furacões.[701]

Clinton ficou tão desalentado com essa guinada de acontecimentos que pediu permissão para renunciar e ceder seu cargo a Cornwallis. Ele disse a Germain que os atrasos na chegada dos reforços tornaram inútil seu plano de operações. De início, a tomada de Stony Point e Verplanks deveria ter sido o prelúdio de um avanço Rio Hudson acima, a fim de atrair Washington para a batalha. Isso agora era impraticável, por causa do adiantado da estação e das tendências prudentes de Washington, que, juntos, inviabilizavam quaisquer outras "operações ofensivas neste país".[702] A disposição de Clinton também não melhorou quando Arbuthnot chegou, enfim, no início de setembro de 1779, uma vez que ele trazia apenas 3.500 homens, metade do número prometido por Germain. A situação da marinha não era melhor. Arbuthnot dispunha de apenas 36 embarcações para todas as suas tarefas, menos da metade do número alcançado com Howe, em 1777. Além disso, com apenas cinco navios capitais, ele estaria impotente para enfrentar D'Estaing, caso a esquadra francesa aparecesse.[703]

Na medida em que as esperanças de Clinton diminuíam, as de Washington aumentavam depois das notícias do sucesso de D'Estaing em São Vicente e Granada e da entrada da Espanha na guerra.[704] Conquanto os franceses não tivessem prometido qualquer auxílio aos patriotas em 1779, Washington naturalmente tinha esperanças de que D'Estaing navegasse para o norte durante a estação dos furacões, a fim de ajudar na conquista de Nova York ou de Rhode Island. O sentimento de otimismo intensificou-se com o sucesso do major Henry Lee

---

701. MAHAN, A.T. *Major Operations*, p. 105-112. DULL, J. *The French Navy*, p. 159-160. As esquadras de D'Estaing e Byron estão relacionadas em: BONFILS. *Marine Française*, v. 3, p. 93-95.
702. Clinton para Germain, 20 de agosto de 1779. In: DDAR, v. 17, p. 188-189. Ibid., 21 de agosto de 1779. In: DDAR, v. 17, p. 189-190.
703. Gambier para Germain, 29 de setembro de 1779. In: DDAR, v. 17, p. 225-229.
704. Washington para general Armstrong, 10 de agosto de 1779. In: WGW, v. 16, p. 69-70.

em fazer 150 prisioneiros no posto britânico de Paulus Hook, oposto a Manhattan. O incidente só foi prejudicado por dissensões dentro das fileiras patriotas, posto que Lee era um oficial da cavalaria, enquanto a maioria de seu comando era composta por homens de infantaria. A maldição do ciúme tacanho nunca tardava em vir à tona.[705]

Então, em meados de setembro, chegou a notícia de que D'Estaing, de fato, viera para a América do Norte e estava defronte a Savannah com 24 navios de guerra, 14 fragatas e várias milhares de tropas. Washington logo emitiu ordens de que se preparasse um ataque a Nova York.[706] Ele também escreveu para D'Estaing esboçando suas expectativas a respeito de tal operação, tão logo Savannah tivesse sido tomada, e assegurando ao comandante francês que ele poderia ter 30 mil homens prontos em três semanas. Ele só não mencionou que metade deles seriam milícias.[707] Washington, por certo, estava equivocado quanto às intenções dos franceses, que não haviam sido comunicadas a ele, tampouco ao Congresso. D'Estaing tinha ordens de retornar à Europa com a maior parte de sua esquadra assim que concluísse suas operações nas Índias Ocidentais. No entanto, os apelos de ajuda da Carolina do Sul, após a invasão de Prevost, mostraram-se demasiado eloquentes para ser ignorados. Assim, D'Estaing partiu para uma curta visita à Geórgia, em seu caminho de volta à França.[708]

A chegada de D'Estaing a águas norte-americanas foi tão alarmante para Arbuthnot e Clinton que os convenceu de que seria prudente abandonar Rhode Island. Do ponto de vista de Arbuthnot, o posto "nunca tivera a menor utilidade para a marinha", ao passo que Clinton reconhecia que ele representava um sério desgaste para o exército. Era também um local que trazia pouca sorte, como ficara demonstrado no ano anterior, em que Howe libertou o posto com dificuldade. Era o momento de concentrar os recursos britânicos em Halifax e Nova York, onde Arbuthnot começou a afundar embarcações para impedir que D'Estaing entrasse no porto. Clinton evacuou Verplanks e Stony Point simultaneamente, agora que não havia perspectivas de forçar uma passagem Hudson acima. Ambas as operações foram concluídas no fim

---

705. Washington para Gates, 24 de agosto de 1779. In: WGW, v. 16, p. 159-160. Washington para Stirling, 28 de agosto de 1779. In: WGW, v. 16, p. 190-194.
706. Washington para governador Trumbull et al., 27 de setembro de 1779. In: WGW, v. 16, p. 344-345.
707. Washington para D'Estaing, 4 de outubro de 1779. In: WGW, v. 16, p. 409.
708. DULL, J. *The French Navy*, p. 161. BONFILS, M. Le Comte de L. *Histoire de la Marine Française*, v. 3, p. 103-105. DONIOL, H. *Histoire de la participation de la France à l'établissement des États-Unis D'Amérique*: Correspondence diplomatique et documents. 5 vols. Paris, 1886-1892, v. 4, p. 161-162.

de outubro.⁷⁰⁹ Washington comentou esses desdobramentos com entusiasmo em uma carta a um de seus correspondentes da Virgínia. "O inimigo desperdiçou mais uma campanha (...) sem tomar uma única providência [para] avançar na consecução do objetivo visado." Essa passividade permitira que os patriotas derrotassem os aliados indígenas da Grã-Bretanha, as seis nações iroquesas, sem qualquer interferência de Clinton em Nova York. Era difícil compatibilizar as ações britânicas com qualquer princípio militar ou até mesmo com o bom senso.⁷¹⁰

Entretanto, as esperanças de Washington de uma operação conjunta com D'Estaing foram logo frustradas. De início, a situação parecia promissora, uma vez que a chegada dos franceses a Savannah pegou Prevost de surpresa, depois de D'Estaing ter deixado as Índias Ocidentais sem ser notado por Byron.⁷¹¹ Prevost teve sorte em conseguir convocar Maitland, que estava na Ilha Port Royal. Mesmo assim, D'Estaing e Lincoln tinham uma superioridade de tropas de três contra um. Eles começaram a se entrincheirar na noite de 23 de setembro e deram início ao bombardeio em 3 de outubro. Porém, vários dias depois, D'Estaing, ciente de suas ordens para voltar à França, insistiu em abandonar um cerco regular em favor de uma ação de auxílio. O novo plano era investir contra as defesas em um ataque surpresa na manhã de 9 de outubro.⁷¹² Para sorte dos britânicos, um desertor os informara do esquema, o que resultou na repulsão de seus oponentes, com pesadas perdas.⁷¹³ D'Estaing, que fora ferido durante a ação, ficou tão desalentado com o desfecho que decidiu navegar de volta para a França imediatamente, o que obrigou Lincoln a recuar para Charleston.⁷¹⁴

Uma segunda operação franco-americana terminara sem resultados, embora tivesse mostrado o que a união das forças francesas e americanas poderia empreender. Para os britânicos, foi mais um alerta de que sua posição na América do Norte estava longe de ser segura. Contudo, foi um final de campanha frustrante para Washington, deixando seu exército com a perspectiva de outro inverno extenuante em Morristown

---

709. Arbuthnot para Clinton, 6 de outubro de 1779. In: CAR, p. 424. Clinton para Germain, 26 de outubro de 1779. In: DDAR, v. 17, p. 236. Arbuthnot para Sandwich, 30 de outubro de 1779. In: Sandwich, v. 3, p. 136-138.
710. Washington para Benjamin Harrison, 25 de outubro de 1779. In: WGW, v. 17, p. 20-22. Para informações acerca da campanha patriota contra os iroqueses, veja o Capítulo 8, seção "A devastação das tribos iroquesas".
711. Arbuthnot para comodoro Peter Parker, 20 de outubro de 1779. In: DDAR, v. 17, p. 234.
712. Washington para Trumbull, 16 de novembro de 1779. In: WGW, v. 17, p. 107-108.
713. Prevost para Germain, 1º de novembro de 1779. In: DDAR, v. 17, p. 241-250.
714. Para o relato de D'Estaing sobre o cerco, veja: DONIOL, H. *Participation de la France*, p. 303-307.

e West Point.[715] Diante das evidências, todos deveriam ter percebido, agora, que a guerra não terminaria depressa, a menos que os Estados fizessem uma contribuição efetiva para a causa comum.

Grã-Bretanha, Espanha e Gibraltar

Embora a Grã-Bretanha tivesse escapado à tentativa de invasão Bourbon, em agosto de 1779, a situação enfrentada por seu ministério ainda era crítica. A entrada da Espanha na guerra aumentara consideravelmente a demanda por recursos britânicos em todos os lugares. Gibraltar estava sitiado pela esquadra espanhola, que mantinha base em Cadiz, e Minorca também estava sob ameaça, enquanto a Jamaica e outras ilhas nas Índias Ocidentais estavam vulneráveis a ataques a partir de Cuba e outros lugares, após o revés de Byron em Granada. Caso as ilhas açucareiras fossem perdidas, a Grã-Bretanha poderia ter de pedir a paz em termos abjetos, assim como as potências Bourbon haviam sido compelidas a fazer no fim da Guerra dos Sete Anos, em 1762.[716] Havia necessidade urgente de mais navios ali, agora que a estação dos furacões terminara.

Entretanto, a essa altura, a questão mais premente era a libertação de Gibraltar, que era considerado essencial para a proteção do comércio britânico no Mediterrâneo, visto que oferecia um ancoradouro conveniente logo a leste do estreito. O lugar dispunha de uma guarnição substancial de cinco regimentos britânicos e três de Hannover, num total de 5.380 homens. Os espanhóis haviam iniciado as hostilidades em 5 de julho de 1779. O objetivo da Espanha era, naquele momento, forçar a fortaleza a se render por falta de suprimentos, uma vez que seus altos penhascos, maciças paredes de pedra e elevadas linhas de artilharia a tornavam inatingível perante um ataque convencional. Assim, os espanhóis fortificaram o istmo que levava a Gibraltar, ao passo que um esquadrão de navios de diferentes tamanhos mantinha cerrada vigilância para evitar a chegada de suprimentos por mar.[717]

O problema era como salvar Gibraltar e as outras possessões britânicas além-mar sem colocar a pátria em risco nem comprometer a situação de Clinton na América do Norte. Apesar do retorno de Córdoba a Cadiz, o esquadrão de Hardy ainda seria inferior à esquadra de D'Orvilliers, caso fossem feitos destacamentos para libertar Gibraltar e as Índias Ocidentais. Isso era algo que Sandwich se recusou a admitir até que o inverno tornasse desaconselhável o posicionamento

---
715. Instrução dos acampamentos de tropas, novembro de 1779. In: WGW, v. 17, p. 209-211.
716. Jorge III para Sandwich, 13 de setembro de 1779. In: FORTESCUE, v. 4, p. 432-433.
717. McGUFFIE, T.H. *The Siege of Gibraltar*. London, 1965, p. 38-46.

de esquadras maiores nos acessos orientais e em outras áreas ao redor das Ilhas Britânicas. Ele disse ao gabinete: "Tenho como ponto fundamental que nada deva ser tirado da esquadra de *sir* Charles Hardy até que sua patrulha esteja concluída, o que, supõe-se, ainda levará pelo menos dois meses de navegação".[718] Apenas depois que a ameaça de invasão tivesse cessado é que ele consideraria o envio de destacamentos ao Mediterrâneo e às Índias Ocidentais.

Como resultado, algumas semanas se passaram até que se dirigisse a atenção para a libertação de Gibraltar, Minorca e das Índias Ocidentais. O plano discutido, enfim, em 4 de novembro de 1779 era bastante complexo. Primeiro, a esquadra do canal deveria escoltar até o Atlântico os transportes de 3 mil soldados com destino à Jamaica e às Antilhas Menores. Em seguida, deveria volver rumo ao sul com o restante do comboio, para a libertação de Gibraltar e Port Mahon. Quando isso fosse feito, cinco navios de linha partiriam para as Ilhas Leeward, deixando que o restante da esquadra voltasse para a Inglaterra, com os navios de carga vazios.[719]

Essa era uma missão crucial que exigia um oficial gabaritado. Nenhum dos oficiais generais da marinha recentemente alocados junto ao esquadrão do canal parecia ter as credenciais adequadas. Assim, Sandwich recorreu a *sir* George Rodney, que se distinguira durante a guerra anterior, na conquista de Havana. Ele estava, portanto, familiarizado com a região para onde iria. Sua designação trazia ainda outra vantagem, qual seja, a de não ter se envolvido na controvérsia Keppel Palliser. Entretanto, sabia-se de seu envolvimento com a prática de peculato e ele era detestado pela maioria de seus colegas.[720] O plano era que ele comandasse a esquadra até alcançar Gibraltar, após o que prosseguiria com os cinco navios de guerra para as Índias Ocidentais, a fim de se reunir aos outros 15 que já estavam ali, sob o comando de *sir* Peter Parker, que substituíra Byron em caráter temporário.[721] O almirante Robert Digby, com o restante da esquadra do canal, retornaria então a Portsmouth.

---

718. Reflexões acerca das providências navais, 14 de setembro de 1779. In: FORTESCUE, v. 4, p. 436-437.
719. Proposta para a libertação de Gibraltar, cerca de 1º de novembro de 1779. In: SANDWICH, v. 3, p. 186-187. Minuta do gabinete, 4 de novembro de 1779, ibid., p. 187-88. SYRETT, D. *Royal Navy in European Waters*, p. 84.
720. Sandwich teve de tomar providências especiais para que Rodney não pudesse tirar vantagem da venda de suprimentos, como fizera anteriormente; SYRETT, D. *The Royal Navy in European Waters*, p. 82.
721. Almirantado para Rodney, 8 de dezembro de 1779. In: RODNEY PAPERS, v. 2, p. 261-263.

Rodney içou velas em 25 de dezembro de 1779. Primeiro, ele escoltou o comboio de tropas para as Índias Ocidentais até a relativa segurança do Atlântico, antes de volver para o sul, em direção a Gibraltar. Pouco tempo depois, no dia 8 de janeiro, ele avistou um comboio espanhol de 15 navios mercantes, escoltados por um navio de linha e várias embarcações menores, que foram logo capturados.[722] Porém, isso foi apenas o prelúdio de uma conquista ainda maior, pois em 16 de janeiro outro grupo de navios foi avistado perto de Cabo São Vicente. Tratava-se de uma esquadra de 11 navios de guerra, comandados pelo almirante Langara, que havia se posicionado para interceptar navios britânicos que se dirigiam para Cadiz. Os franceses haviam alertado seus aliados da chegada iminente de Rodney. No entanto, os espanhóis acreditavam que as esquadras de Langara e de Córdoba, juntas, poderiam lidar com a situação, pois duvidavam que os britânicos enviariam a esquadra do canal para tão longe.[723] Para infelicidade dos espanhóis, Córdoba foi então levado de volta ao porto por conta de uma tempestade, deixando Langara sozinho para enfrentar Rodney. Este deu ordens imediatas para uma perseguição geral, o que permitiu que seus navios de guerra, com fundo revestido de cobre, alcançassem os de Langara, apesar do perigo de ser levados pelo vento até alguma praia.[724] A fim de aumentar as chances de êxito, Rodney instruiu seus capitães a atacar o primeiro navio espanhol disponível, em vez de tentar formar uma linha de batalha. Isso poupava tempo e reduzia o risco de os navios britânicos serem bombardeados pelo inimigo enquanto procuravam a posição correta. Cinco dos navios de guerra de Langara se renderam, ao passo que outros dois afundaram antes que suas valorosas tripulações pudessem salvá-los. Quanto às perdas inimigas, a operação foi um sucesso impressionante.[725] O único ponto negativo foi a contínua disputa entre os oficiais da esquadra, que Rodney atribuía às "infelizes diferenças entre Mr. Keppel e *sir* Hugh Palliser".[726] Na realidade, seu estilo arrogante de comando era um dos grandes fatores responsáveis pela situação.

Rodney alcançou Gibraltar em 15 de janeiro de 1780. Ali, foram descarregados os preciosos suprimentos de comida, combustível e munição para a guarnição, enquanto uma escolta partia com as embarcações

---

722. Rodney para Stephens, 9 de janeiro de 1780. In: RODNEY PAPERS, v. 2, p. 304-305.
723. DULL, J. *The French Navy*, p.170-171, 173. HARGREAVES-MAWDSLEY, W.N. *Spain*, p. 133.
724. Rodney para Sandwich, 27 de janeiro de 1780. In: SANDWICH, v. 3, p. 193-195. Ibid., 16 de fevereiro de 1780, p. 200-202.
725. Rodney para Stephens, 27 de janeiro de 1780. In: RODNEY, v. 2, p. 320-321.
726. Rodney para Sandwich, 16 de fevereiro de 1780. In: SANDWICH, v. 3, p. 200-202.

destinadas à libertação de Port Mahon, em Minorca. Essa parte da operação também foi bem-sucedida, visto que os espanhóis ainda precisavam invadir a ilha e não dispunham de unidades navais de monta na área. O comboio retornou, sem enfrentar resistência, no dia 13 de fevereiro, o que permitiu que Rodney partisse para as Índias Ocidentais.

A captura do comboio espanhol e a vitória sobre Langara não foram os únicos sucessos durante essa operação, pois, logo em seguida, os navios que retornavam de Gibraltar com Digby se misturaram a um comboio francês que se dirigia para Mauritius e para os postos franceses na Índia. Vários objetos de pilhagem valiosos foram levados junto com um navio de linha francês.[727] A espoliação deve ter sido ainda maior, uma vez que os navios comerciais indianos, ao deixarem Brest, haviam sido acompanhados por um comboio ainda maior para as Índias Ocidentais. Essa foi outra consequência do fato de a Marinha Real não ter navios suficientes para libertar Gibraltar e, ao mesmo tempo, manter uma vigilância estrita sobre Brest. Não obstante, foi um início promissor para o Ano-Novo, pelo qual Rodney recebeu acesso irrestrito ao centro financeiro de Londres e um voto de agradecimento das duas casas do Parlamento.[728]

O êxito de Rodney e Digby trouxe outro benefício adicional, o de restaurar a confiança do centro financeiro de Londres, de modo a auxiliar North no financiamento da guerra. No início de março de 1780, ele conseguiu financiar 12 milhões de libras esterlinas, a 4% de juros, 5 milhões a mais do que no ano anterior. Os empréstimos do governo aproximavam-se agora do máximo obtido na Guerra dos Sete Anos.[729] Jorge III comentou: "Não posso imaginar que este país tenha, agora, perdido a noção de sua importância a ponto de estar disposto a conceder a independência americana". Fazer isso condenaria o país a ocupar uma "classe inferior entre os Estados europeus".[730] O revigoramento da confiança do ministério refletiu-se no ambicioso novo programa de construção de Sandwich.[731] O exército também seria fortalecido com outros 16 regimentos de infantaria, com perspectiva total de 112 mil homens.[732] O poder da Grã-Bretanha ainda não estava exaurido.

---

727. Digby para Sandwich, 2 de março de 1780. In: SANDWICH, v. 2, p. 202-204.
728. Sandwich para Rodney, 8 de março de 1780. In: SANDWICH, v. 3, p. 205.
729. North para o rei, 6 de março de 1780. In: FORTESCUE, v. 5, p. 27. Para informações sobre a guerra anterior, veja: MIDDLETON, R. *Bells of Victory*, p. 206, 213.
730. Jorge III para North, 7 de março de 1780. In: FORTESCUE, v. 5, p. 30.
731. Veja anteriormente, no Capítulo 6, seção "A Grã-Bretanha enfrenta uma invasão".
732. Estimativas para guardas, Guarnições e Plantações. In: CJ, v. 37, p. 473-476. Estimativa para Novas Tropas. In: CJ, v. 37, p. 480.

CAPÍTULO 7

Mudanças de Estratégia, 1780

As potências Bourbon mudam de foco

O ano de 1779 fora decepcionante para França e Espanha, tanto na Europa quanto na América. Pouco havia sido realizado no hemisfério ocidental e a invasão da Grã-Bretanha não produzira resultado algum. Um dos motivos fora o desempenho insatisfatório da Marinha Espanhola nas costas da Grã-Bretanha. Contudo, a tentativa também expusera as dificuldades de se concretizar uma invasão por meio do canal. Entre os obstáculos mais relevantes estavam as incertezas das condições climáticas e a falta de portos adequados ao longo da costa norte da França para abrigar a esquadra e proporcionar bases de embarque para o exército. Embora a Espanha desejasse retomar o plano de invasão, Vergennes e Sartine estavam determinados a direcionar seus recursos, em 1780, para os cenários do Caribe e da América do Norte. A tomada das Ilhas Britânicas nas Índias Ocidentais prejudicaria a capacidade da Grã-Bretanha de financiar a guerra, ao passo que uma campanha bem-sucedida na América do Norte atenderia ao principal objetivo da França, que era desmantelar o império de sua rival. O resultado seria um golpe duplo devastador contra o inimigo. O máximo que Vergennes consideraria em águas domésticas seria uma demonstração naval no lado ocidental do canal.[733]

Assim, uma nova flotilha foi preparada para as Índias Ocidentais, sob o comando do almirante Conde de Guichen, a qual consistia de 17

---

733. DULL, J. *The French Navy and American Independence*: A Study of Arms and Diplomacy, *1774-1787*. Princeton, 1975, p. 154-155.

navios de linha e um grande comboio de navios mercantes e cargueiros que transportava 4.400 soldados. De Guichen era um dos oficiais mais respeitados da Marinha Francesa, tendo se distinguido em várias batalhas desde que se juntara à marinha, na década de 1740. Ele tinha ordens para reforçar a principal base francesa na Martinica antes de empreender a tomada das possessões britânicas remanescentes no leste caribenho, das quais as mais importantes eram Barbados, Santa Lúcia e Antígua.[734]

Em relação à América do Norte, Vergennes e Sartine reconheciam que o posicionamento temporário de tropas da França ou das Índias Ocidentais não era suficiente para alterar o curso da guerra ali. Uma presença militar e naval mais permanente seria necessária, conforme observação feita por Lafayette, que retornara à pátria em 1779 a fim de servir no exército regular francês.[735] Entretanto, o Conselho de Ministros estava apreensivo de contrariar a população local, como acontecera em 1778, quando D'Estaing partiu de Newport. O perigo era de que outro episódio como aquele pudesse induzir o colapso da aliança. Entretanto, era clara a necessidade de se fazer algo efetivo. Desse modo, tomou-se a decisão de enviar sete navios de linha, comandados pelo almirante Charles d'Arsac, cavaleiro de Ternay, com 6 mil homens sob o comando do general Jean Baptiste Donatien, Conde de Rochambeau.[736] Ambos eram oficiais experientes, embora Ternay já tivesse bastante idade e um temperamento mordaz. Outro problema era que nenhum deles falava inglês, o que dificultava a cooperação, uma vez que poucos americanos entendiam o francês.[737] No entanto, os dois homens eram despojados dos ares e graças das cortes francesas e tinham melhores chances de se ajustar à informalidade da vida colonial.[738]

A Espanha teve, forçosamente, de aceitar essas mudanças na estratégia francesa, já que era a parte mais fraca da aliança. Entretanto, Vergennes concordou em prestar auxílio no bloqueio a Gibraltar, de modo a acalmar seu aliado, contrariado com o abandono da invasão na Grã-Bretanha. A França também ajudaria a Espanha nas Índias Ocidentais, assim que De

---

734. DULL, J. *The French Navy*, p. 187.
735. Lafayette para Laurens, 13 de outubro de 1778. In: IDZERDA, S.J. (Ed.) *Lafayette in the Age of the American Revolution: Selected Letters and Papers, 1776-1790*. 5 vols. Ithaca, 1976-1983, v. 2, p. 190. DULL, J. *The French Navy*, p. 154-155.
736. DONIOL, H. *Histoire de la participation de la France à l'établissement des États-Unis d'Amérique: Correspondence diplomatique et documents*. 5 vols. Paris, 1886-1892, v. 4, p. 280-283, 308-320.
737. KENNETT, L. *The French Forces in America, 1780-1783*. Westport, Conn., 1977, p. 6-14.
738. WHITRIDGE, A. *Rochambeau: America's Neglected Founding Father*. New York, 1965, p. 49, 52-53.

Guichen tivesse encerrado suas operações no Caribe Ocidental. Dessa forma, o almirante Du Chaffault deveria unir-se a Córdoba em Cadiz, com os navios remanescentes de Brest, enquanto 2 mil soldados franceses da Martinica auxiliavam na conquista de Pensacola, na Flórida Ocidental. Por fim, De Guichen retornaria a Cadiz, em vez de Brest, no início da estação dos furacões, para oferecer apoio adicional ao cerco de Gibraltar.[739]

Essas eram propostas realmente generosas de Vergennes, conquanto refletissem a necessidade que a França tinha do auxílio espanhol para manter a superioridade naval sobre a Grã-Bretanha. Contudo, a mudança de estratégia e o consequente abandono do plano de invadir a Grã-Bretanha não agradaram a Carlos III e Floridablanca. Assim, foi apenas no fim de fevereiro de 1780 que concordaram em cooperar, várias semanas depois que De Guichen partiu de Brest. A ajuda na conquista de Gibraltar era, sem dúvida, bem-vinda, assim como o apoio francês no hemisfério ocidental. Em consequência, a corte espanhola propôs o reforço de suas forças ali, com o envio de 12 encouraçados e 11 mil soldados, comandados pelo comodoro José Solano. Estes deveriam navegar até a ilha francesa de Guadalupe antes de prosseguir para o Norte, com De Guichen, rumo ao Golfo do México.[740] Porém, a demora implicou que Solano não conseguiria deixar Cadiz antes do começo de maio. Até lá, a batalha pelo controle do leste do Caribe ficaria por conta exclusiva da França.

A luta pelo domínio das Índias Ocidentais

Como já observamos, o ministério de North decidira fortalecer o poderio britânico no Caribe ao enviar Rodney com cinco navios de guerra, assim que Gibraltar tivesse sido libertado. Rodney alcançou a Carlisle Bay, em Barbados, no dia 17 de março de 1780, uma semana após a chegada de De Guichen a Forte Royal Bay, o principal ancoradouro da Martinica. Isso significava que ambas as esquadras tinham força equivalente, compreendendo 23 navios de linha.[741] De Guichen, no entanto, não tinha interesse em um confronto, como condizia à doutrina naval da França, uma vez que sua missão era tão somente dar suporte às operações anfíbias das forças terrestres francesas e espanholas. Dessa maneira, ele se recusou a atacar quando Rodney apareceu nos arredores da ilha, no início de abril. Entretanto, a oportunidade de Rodney surgiu

---
739. DULL, J. *The French Navy*, p. 179-189.
740. DULL, J. *The French Navy*, p. 179-180.
741. DULL, J. *The French Navy*, p. 187-188.

quando De Guichen partiu para Barbados, a primeira das desejáveis conquistas sugeridas por Vergennes. Isso retardou a esquadra de De Guichen, por causa da necessidade de escoltar as tropas sob o comando do general Bouille. O plano de Rodney em 17 de abril era atingir as divisões francesas centrais e da retaguarda, não toda a sua formação. Infelizmente, ele não logrou deixar claras suas intenções de que cada navio deveria atacar a primeira embarcação inimiga disponível, em vez de esperar para assumir sua posição correta na fila, conforme previsto nas instruções de luta.[742] Desse modo, os capitães, antes sob o comando de Parker, não entenderam as ordens, o que resultou em considerável confusão. Uma vez que De Guichen dera ordens para que seus navios lutassem no tradicional estilo defensivo, navegando na mesma direção do vento, eles foram capazes de infligir consideráveis danos à vanguarda de Rodney, semelhantes aos experimentados por Keppel, em Ushant, e por Byron, em Granada. O único consolo foi que De Guichen desistiu de sua tentativa de atacar Barbados e retornou a Guadalupe para aguardar a chegada de Solano.[743]

Rodney não teve dúvidas quanto ao motivo de não ter vencido um combate decisivo. Esse fora o resultado da "insolente desobediência a [suas] ordens e sinais", em especial por parte de seus três oficiais generais da marinha, os contra-almirantes Joshua Rowley e Hyde Parker e o comodoro William Hotham. Não obstante, ele foi racional o suficiente para reconhecer que seu sistema de comunicação de ordens deixara de ser efetivo. No futuro, ele transferiria sua bandeira para uma fragata, livre da fumaça que envolvia as ações navais, de onde seus sinais poderiam ser observados com mais facilidade.[744] Entretanto, outras duas tentativas de atacar a esquadra francesa, em 17 e 19 de maio, foram igualmente malsucedidas, visto que De Guichen insistia em evitar o confronto. Ele conseguiu fazê-lo porque muitas das embarcações francesas tinham o fundo recoberto de cobre ou eram mais rápidas na água por causa de seus cascos mais rasos.[745]

Apesar do insucesso de Rodney, ele ainda era indispensável, por ora, para os planos britânicos nas Índias Ocidentais. Sandwich, portanto, não tinha outra escolha além de substituir Hyde Parker por um segundo em comando. Rodney tinha a reputação de ser tão irritável

---

742. RODGER, N.A.M. *Command of the Ocean: A Naval History of Britain, 1649-1815*. New York, 2004, p. 345.
743. Rodney para Stephens, 26 de abril de 1780. In: RODNEY, v. 2, p. 470-473.
744. Rodney para Sandwich, 26 de abril de 1780. In: SANDWICH, v. 3, p. 211-212. Ibid., 31 de maio de 1780, p. 214-218.
745. Rodney para Stephens, 31 de maio de 1780. In: RODNEY, v. 2, p. 527-530.

que vários dos oficiais mais antigos recusaram a indicação. Por fim, Sandwich convenceu o antigo comissário das docas de Portsmouth, de 56 anos e semi aposentado, *sir* Samuel Hood, que servira como guarda-marinha sob o comando de Rodney, a assumir o posto. A carreira de Hood, como a de Collier, fora arruinada pela falta de conexões políticas.[746] Não obstante, ele era um oficial talentoso e ambicioso. Sua indicação se mostraria uma das melhores feitas por Sandwich.

A incapacidade de Rodney de desferir um golpe definitivo parecia duplamente infeliz agora que a flotilha de Solano se aproximava, depois de deixar Cadiz, em 28 de abril de 1780. Rodney logo reconheceu a necessidade de interceptar Solano antes que ele pudesse se unir a De Guichen, apesar das péssimas condições de seus navios depois da ação de 17 de abril.[747] Ele decidiu se posicionar nas costas da Martinica, na errônea crença de que ali seria o lugar do pretendido encontro, embora De Guichen já tivesse ido para Guadalupe após sua tentativa abortada contra Barbados. A união das duas esquadras aliadas, portanto, aconteceu em 9 de junho de 1780, sem que lhe fosse oferecida qualquer oposição. Rodney entrou em desespero por um instante, dizendo ao general Vaughan "não sei o que fazer".[748] Para sorte dos britânicos, a esquadra espanhola foi devastada por uma doença que logo se alastrou para a esquadra de De Guichen. Os dois comandantes também não conseguiram chegar a um acordo sobre fazer da Martinica ou de Cuba sua principal base de operações.[749] Quando essas dificuldades foram ultrapassadas, era tarde demais para dar início às operações na Flórida, pois já se aproximava a estação dos furacões. Dessa forma, Solano dirigiu-se para Havana, enquanto De Guichen retornou à Europa para prestar auxílio no bloqueio a Gibraltar.[750] Os aliados Bourbon haviam perdido uma oportunidade de ouro de impor uma derrota definitiva aos britânicos. As ilhas britânicas remanescentes ainda estavam intactas, ao passo que Rodney sobrevivera para lutar novamente, assim como Clinton, na América do Norte, para quem uma vitória naval francesa teria sido desastrosa.

---

746. HANNAY, D. (Ed.) *Letters written by Sir Samuel Hood in 1781-1783.* Navy Records Society, 1895, p. xi-xii.
747. Rodney para Stephens, 31 de maio de 1780. In: RODNEY, v. 2, p. 530.
748. Rodney para Vaughan, 14 de junho de 1780. In: RODNEY, v. 2, p. 563. Rodney para Stephens, 21 de junho de 1780. In: RODNEY, v. 2, p. 583-587.
749. HARGREAVES-MAWDSLEY, W.N. *Eighteenth Century Spain, 1700-1788: A Political, Diplomatic and Institutional History.* London, 1979, p. 133. BONFILS, M. Le Comte de L. *Histoire de la Marine Française.* Paris, 1845, v. 3, p. 148-150.
750. DULL, J. *The French Navy*, p. 188-189. DONIOL, H. *Participaticion de la France*, v. 4, p. 498-499.

A Grã-Bretanha olha para o sul: a campanha pelas Carolinas

Vergennes e seus colegas não eram os únicos a mudar seus pontos de vista quanto à condução da guerra em 1780. Os britânicos também estabeleceram uma nova estratégia com relação à América. Em vez de se concentrarem nas colônias do norte, o ministério decidiu que se deveria fazer mais para a retomada das províncias do sul, afinal, quaisquer que fossem as dificuldades da Grã-Bretanha na Europa e nas Índias Ocidentais, promover o fim da rebelião continuava a ser o principal motivo da guerra.

Até a expedição para a Geórgia, no fim de 1778, os britânicos haviam dado pouca atenção ao sul, visto que o centro da rebelião parecia estar na Nova Inglaterra e nas colônias centrais. Com exceção da Virgínia, o sul pouco contribuíra para a causa revolucionária. Contudo, depois do fracasso em Saratoga, a região começou a parecer mais importante. O Baixo Sul tinha diversos produtos valiosos, que ajudavam a pagar pelos esforços de guerra dos patriotas. Se a autoridade britânica pudesse ser restabelecida ali, era possível que a rebelião acabasse em todos os outros lugares. Afinal de contas, governadores como William Campbell continuavam a afirmar que os habitantes só estavam esperando "uma oportunidade de mostrar sua lealdade", como ficara evidente quando da chegada do exército na Geórgia.[751] Assim, Germain ordenou que Clinton, no fim de março de 1779, considerasse o envio de uma força para a Carolina do Sul, assim que suas operações no norte tivessem terminado, em outubro. A única ressalva era que tal força deveria contar com "a assistência dos habitantes leais".[752]

O entusiasmo do ministro por uma campanha no sul baseada no apoio popular coincidiu, dessa vez, com a opinião de Clinton depois do fracasso de suas tentativas de destruir o exército de Washington no Hudson. A aproximação do período de clima mais frio tornava as operações naquela região menos prejudiciais à saúde da tropa. Clinton poderia, portanto, redirecionar suas tropas para uma campanha de inverno, até que fosse o momento de fazer outra tentativa de atrair Washington para uma batalha, no verão seguinte. Porém, outro motivo era a convicção de Clinton, como ele disse a Germain, em 21 de agosto de 1779: "Se não conquistarmos a Carolina do Sul, tudo deve ser apreendido em

---

751. Memorial de William Campbell e outros governadores do sul, agosto de 1777. In: DDAR, v. 14, p. 182-184.
752. Germain para Clinton, 31 de março de 1779. In: DDAR, v. 17, p. 89-90.

favor da Geórgia". Desse modo, o exército foi preparado para trabalhar no "aperfeiçoamento das defesas" de Nova York a fim de liberar mais homens para o campo. Pensamento semelhante motivou a retirada de Verplancks e de Stony Point.[753] Por fim, tropas adicionais seriam disponibilizadas tão logo a retirada de Rhode Island fosse concluída. Com Nova York segura, seria possível agora uma ofensiva mais intensa no sul.

Clinton decidiu comandar a expedição pessoalmente, talvez ciente de que essa era a última chance de melhorar sua reputação militar depois de sua solicitação para ser substituído por Cornwallis.[754] A princípio, ele tinha expectativas de navegar rumo a Charleston no início de outubro. Entretanto, com a chegada de D'Estaing a Savannah, nada poderia ser feito até que a esquadra francesa partisse, no fim da estação dos furacões.

A força-tarefa para a Carolina do Sul, composta por 90 cargueiros e 14 navios de guerra, enfim, partiu de Nova York no dia 26 de dezembro de 1779. A bordo estavam 8 mil soldados, que incluíam diversas unidades legalistas das colônias centrais. O mau tempo atingiu o comboio, que só alcançou o Rio Savannah após um mês no mar. Antes de avançar para Charleston, Clinton enviou 1.800 homens para Augusta, a fim de salvaguardar a região da fronteira. Infelizmente, eles tiveram de ser chamados de volta imediatamente, pois Clinton receava que não teria homens suficientes para o ataque principal.[755] Esse foi mais um exemplo da insensibilidade britânica à opinião local, visto que deixou a Geórgia, mais uma vez, exposta às incursões patriotas que vinham da Carolina do Sul. Isso, por sua vez, obrigou o governador Wright a abandonar seu plano de convocar eleições, o que solapava as esperanças de Germain de que a formação de uma assembleia traria aos habitantes a certeza do fim do governo militar.[756]

Apesar de determinar o retorno das tropas que estavam em Augusta, Clinton ainda receava que não teria homens suficientes para a investida sobre Charleston depois de saber que Washington estava enviando 2 mil soldados da Virgínia que integravam o exército continental para dar assistência a Lincoln. Assim, ele deu ordens para que Knyphausen enviasse tantos homens quanto possível de Nova York, em número compatível com a defesa da cidade. Na ocasião, Knyphausen

---

753. Clinton para Germain, 21de agosto de 1779. In: DDAR, v. 17, p. 189-191.
754. Clinton para Germain, 20 de agosto de 1779. In: DDAR, v. 17, p. 188.
755. Clinton para Germain, 9 de março de 1780. In: DDAR, v. 18, p. 53-55. SMITH, P.H. *Loyalists and Redcoats: A Study in British Revolutionary Policy*. Chapel Hill, 1964, p. 127-128.
756. Germain para Wright, 19 de janeiro de 1780. In: DDAR, v. 18, p. 37-39. Wright para Germain, 24-28 de março de 1780. In: DDAR, v. 18, p. 67.

pôde enviar 5 mil homens depois do apelo para que os cidadãos formassem uma milícia local. O entusiasmo foi tamanho que 2.600 homens atenderam à convocação.[757]

As defesas marítimas de Charleston consistiam, principalmente, de dois fortes, Moultrie e Johnson, que protegiam a entrada para o porto exterior. Porém, ambos estavam em más condições. A única outra proteção contra um ataque marítimo era um banco de areia que impedia que navios de guerra maiores entrassem nos Rios Ashley e Cooper. Infelizmente, as defesas não eram tão fortes no lado terrestre. Do outro lado do estreito de Charleston havia uma linha de trincheiras com apenas um forte que dispunha de 18 canhões. Estes também estavam incompletos ou em mau estado.

Para a defesa de Charleston, Lincoln tinha cerca de 2.400 soldados continentais e aproximadamente 2 mil milicianos das Carolinas do Norte e do Sul. O próprio Lincoln servira com mérito em Boston e Saratoga, além de ter detido Prevost, com sucesso, na Geórgia. Não obstante, tinha uma experiência relativamente pequena em situações de cerco de guerra e acreditava, com desacerto, que Clinton atacaria a cidade na junção dos Rios Cooper e Ashley. Dessa forma, fez da defesa de Charleston a partir do mar seu principal objetivo, na crença, talvez, como Washington em Nova York, de que pudesse arquitetar uma retirada bem-sucedida caso fosse atacado pelos flancos.

Clinton não tinha tal intenção, determinado como estava a atacar do lado terrestre, pelos fundos da cidade, em vez de fazer uma investida frontal pelo porto. Ao contrário de Howe em Nova York, ele desejava capturar não apenas a cidade, mas também o exército patriota.[758] Contudo, Arbuthnot tinha de, primeiro, fazer com que algumas fragatas atravessassem o banco de areia para controlar a navegação em torno da cidade. Isso foi feito com certa facilidade, permitindo que Clinton avançasse, em 25 de março, com sua força principal, sobre o Rio Ashley, quase 20 quilômetros acima de Charleston. Em 1º de abril, ele estava pronto para dar início a um cerco formal contra o vulnerável lado norte das defesas de Charleston, embora não antes que uma força de cavalaria e infantaria, sob o comando do coronel James Webster, tenha avançado por terra para impedir que qualquer ajuda do outro lado do Rio Cooper chegasse aos alarmados patriotas. A armadilha foi, enfim, concluída em 14 de abril de 1780, quando um regimento de cavalaria provincial,

---
757. Pattison para Germain, 22 de fevereiro de 1780. In: DDAR, v. 18, p. 50-53. Germain para Clinton, 3 de maio de 1780. In: DDAR, v. 18, p. 82-84.
758. Clinton para Germain, 9 de março de 1780. In: DDAR, v. 18, p. 53-55.

comandado por Banastre Tarleton, surpreendeu uma força rebelde sob o comando do general Huger, em Monck's Corner.[759]

O método de conduzir um cerco no século XVIII era cavar trincheiras paralelas e trilhas diagonais para se aproximar, de forma progressiva, das linhas inimigas. Cada nova paralela era, então, reforçada pela construção de redutos para canhões. Em essência, essa parte do cerco era um duelo de artilharia, no qual os atacantes tentavam suprimir o fogo de seus oponentes e lhes penetrar a defesa, como prelúdio para um assalto. As armas na primeira paralela abriram fogo em 8 de abril e, na segunda, em 19 de abril, um dia depois que o reforço de Knyphausen chegou de Nova York. Sua chegada implicou que Clinton tinha 14 mil regulares à sua disposição, o que lhe dava uma vantagem de três para um.[760]

Para sorte daqueles que estavam ali dentro, não foi necessário um ataque final. Com a cidade em chamas, Lincoln aceitou o inevitável, em especial por pressão da população civil. Os termos de Clinton eram que os soldados continentais fossem feitos prisioneiros de guerra até ser trocados pelos homens de Burgoyne. A milícia, ao contrário, foi agraciada com uma liberdade condicional e autorizada a voltar para casa, conquanto ainda fossem, tecnicamente, prisioneiros.[761] No dia 11 de maio de 1780, 2.570 continentais e 1.800 milicianos se renderam. Os patriotas também perderam enorme arsenal de armas. As baixas foram um tanto modestas, em torno de 250 mortos e feridos de cada lado, embora outros 200 tivessem morrido quando um armazém de munição explodiu, por acidente.[762] Essa foi a pior derrota dos patriotas na guerra, consideravelmente maior que aquela sofrida em Forte Washington.

A perda de Charleston foi um duro golpe para os patriotas norte-americanos, principalmente na área de preamar da Carolina do Sul, uma vez que abalou a confiança da elite governante. De acordo com James Simpson, antigo advogado geral, a classe dos agricultores da Carolina do Sul estava dividida em quatro grupos. A classe mais numerosa parecia favorável à restauração do governo real; a segunda parecia aceitá-la; outros, por sua vez, acreditavam que sua causa era justa, mas insustentável, ao passo que uma pequena minoria se opunha à submissão "sem o consentimento geral da América". Quanto aos menos favorecidos, Simpson

---

759. BASS, R.D. *The Green Dragoon*: *The Lives af Banastre Tarleton and Mary Robinson*. Orangeburg, 1973, p. 74. Clinton para Germain, 13 de maio de 1780. In: DDAR, v. 18, p. 86-89.
760. Clinton para Germain, 13 de maio de 1780. In: DDAR, v. 18, p. 86-89.
761. *Clinton's Narrative*. In: CAR, p. 171.
762. FERLING, J. *Almost a Miracle*: *The American Victory in the War of Independence*. New York, 2007, p. 427-428. SYRETT, D. *The Royal Navy in American Waters, 1775-1783*. Aldershot, 1989, p. 139-140.

estava convencido de que seguiriam o exemplo de seus superiores e "se renderiam sem reclamar". Entretanto, ele advertia que "tempo e tato" seriam necessários antes que a antiga ordem fosse restabelecida.[763]

A sujeição de Charleston permitiu que Clinton voltasse sua atenção para o restante da província. Como ele escreveu, mais tarde, em sua narrativa: "Nada parecia faltar para a completa supressão da rebelião, exceto ocupar alguns postos fortes na parte superior do país e colocar armas nas mãos dos amigos do rei". Dessa maneira, três colunas foram enviadas para o interior. A maior delas, sob o comando de Cornwallis, marchou para Camden a fim de fechar a principal rota para a Carolina do Norte. Outra, sob o comando do coronel Balfour, posicionou-se em Ninety Six e a terceira, comandada por Thomas Brown, ocupou-se da defesa do Rio Savannah, em Augusta.[764]

De início, todas as três encontraram pouca resistência. A única força hostil que restava na Carolina do Sul era um regimento de continentais da Virgínia, sob o comando do coronel Abraham Buford, que chegara tarde demais para o cerco de Charleston e recuava, agora, em direção à fronteira da Carolina do Norte. Cornwallis logo ordenou que Tarleton e sua legião de partidários do Tory fossem em seu encalço. A legião havia sido recrutada originalmente por Howe, na Pensilvânia, e colocada sob o comando de Tarleton, oficial regular de cavalaria. Tarleton era filho de um comerciante de Liverpool e não tinha as credenciais aristocráticas que costumavam ser necessárias para promoções. Assumir o comando de uma unidade provincial, portanto, lhe oferecia uma rota para alcançar promoções e destreza militar. Não tendo completado ainda 26 anos de idade, era belo, ambicioso, arrogante e destemido, qualidades que frequentemente levam à imprudência.[765]

Tarleton zarpou de Camden em 27 de maio de 1780 e cobriu 160 quilômetros até Waxhaws em apenas dois dias. Ele ofereceu a Buford termos semelhantes àqueles concedidos à guarnição de Charleston. Porém, Buford estava determinado a resistir, ao que Tarleton atacou a linha patriota com violência. No calor da batalha, vários continentais foram mortos depois de terem se rendido, o que deu origem à odiosa frase "clemência de Tarleton". Era o início de um ciclo de violência, em que uma atrocidade se equiparava à outra.[766]

---

763. Simpson para Clinton, 15 de maio de 1780. In: DDAR, v. 18, p. 94-95.
764. *Clinton's Narrative*. In: CAR, p. 175-176. Clinton para Germain, 4 de junho de 1780. In: DDAR, v. 18, p. 101-102.
765. BASS, R.D. *The Green Dragoon*, p. 46-48.
766. Tarleton para Cornwallis, 30 de maio de 1780. In: ROSS, v. 1, p. 45. BASS, R.D. *The Green Dragoon*, p. 79-83.

Nesse meio-tempo, Clinton começara a consolidar o controle britânico com a formação de uma milícia. Ela deveria ser composta de dois tipos de unidade, uma para a defesa local e outra para a proteção da região. Ele claramente levara a sério as restrições de Germain sobre o desenvolvimento do apoio legalista. A milícia local deveria ser recrutada dentre "aqueles que têm família", os quais deveriam "se reunir ocasionalmente em seu próprio distrito, quando exigido, sob o comando de oficiais de sua própria escolha, para a manutenção da paz e da boa ordem". A milícia geral da província, por outro lado, deveria ser recrutada entre "aqueles que não têm família e podem ser convenientemente utilizados (...) [para] auxiliar as tropas de Sua Majestade a afastar os rebeldes opressores" da província. Estes "deveriam estar prontos para se reunir sempre que requisitados e servir com as tropas do rei por seis meses dentre os 12 seguintes". Eles poderiam escolher os oficiais de suas próprias companhias e receber soldo, munição e provisões como as tropas reais. Para afastar os temores de que pudessem ser selecionados para o serviço regular, cada homem receberia um certificado de que deveria servir somente dentro das fronteiras das duas Carolinas e da Geórgia.[767]

Clinton colocou a formação e treinamento das novas milícias sob a responsabilidade de um inspetor, o major Patrick Ferguson, do 71º regimento de Highland. Cada homem da milícia provincial deveria receber munição, material para a "camisa do uniforme" e armas, quando adequado. Aqueles que fossem "avessos a servir a pé" poderiam "fazê-lo a cavalo, às suas próprias expensas". Por fim, Ferguson deveria "evitar que a milícia cometesse violência contra inocentes e pessoas inofensivas", em especial "enfermos e idosos" e "mulheres e crianças de qualquer estirpe".[768] Ganhar corações e mentes era tão importante quanto a vitória nos campos de batalha.

A derrota de Buford em 29 de maio levou Clinton a acreditar que toda a província tinha sido subjugada. Assim, no dia 3 de junho, ele lançou uma proclamação declarando que as liberdades condicionais outorgadas anteriormente às milícias na rendição de Charleston se tornariam "nulas e sem efeito" depois de 20 de junho. Daí em diante, todos deveriam retornar à condição de súditos britânicos e seriam obrigados a dar assistência aos oficiais e civis e militares da coroa. Aqueles que se recusassem seriam tratados como rebeldes e ficariam sujeitos à perda

---

767. Folheto distribuído por *sir* Henry Clinton, 12 de maio de 1780. In: CAR, p. 440-441. SMITH, P.H. *Loyalists*, p. 136-137.
768. Instruções do major Ferguson, 22 de maio de 1780. In: CAR, p. 441.

de suas vidas e propriedades.⁷⁶⁹ Clinton implementou essas mudanças depois que legalistas como o governador Wright reclamaram que os patriotas não só escapariam a qualquer punição, mas ficariam livres para solapar o governo real de dentro do território. Muitos legalistas, ao contrário, continuavam empobrecidos e impossibilitados de contribuir com o trabalho de reconstrução.⁷⁷⁰ As consequências dessas mudanças unilaterais na condição dos antigos rebeldes logo se revelaram.

Contudo, Clinton estava alheio a qualquer problema, pois acreditava que havia conseguido a pacificação da Carolina do Sul. Essa visão foi corroborada por comunicação datada de 5 de junho de 1780, de 200 habitantes influentes de Charleston, que congratulavam Clinton pela restauração do governo real.⁷⁷¹ Aparentemente, a estratégia de retomar a América reconquistando uma colônia de cada vez, a partir do sul, começava a funcionar. Assim, no dia 8 de junho, Clinton entregou o comando a Cornwallis e embarcou, com 4.500 homens, para Nova York, ao ser informado que Ternay estava a caminho, vindo da Europa, com dez navios de guerra e 5 mil soldados. Era o momento de retornar ao norte e tudo indicava que Ternay ocuparia Rhode Island antes de atacar Nova York.⁷⁷² Clinton foi acompanhado de Arbuthnot, com a maioria dos navios de guerra, pois se considerava que Charleston estava a salvo de uma esquadra inimiga, por causa dos bancos de areia e do poder das fortificações da Ilha de Sullivan, que estavam sendo reconstruídas. A fim de continuar o trabalho de pacificação, seis regimentos de soldados britânicos regulares, um batalhão de soldados de Hesse e seis batalhões de legalistas do norte, totalizando 8.500 homens, permaneceram no sul com Cornwallis.

Cornwallis viera para a América pela primeira vez em 1776 como um dos mais importantes generais de Howe, mas retornara à Inglaterra em novembro de 1778, diante da notícia da enfermidade de sua esposa, a quem era muito apegado. A morte dela o levou a retomar o serviço ativo, conquanto ele tivesse comentado com o irmão que não retornava, agora, à América "com o intuito de conquista e ambição", visto que "não se pode esperar nada excelente daquele lugar".⁷⁷³ Sua carreira em

---

769. WILLCOX, W.B. *Portrait of a General: sir Henry Clinton in the War of Independence*. New York, 1964, p. 321.
770. Wright para Clinton, 3 de fevereiro de 1780. In: DDAR, v. 18, p. 45-47. Ibid., p. 24-28 de março de 1780, p. 67-68.
771. Humilde comunicação de diversos habitantes de Charleston, 5 de junho de 1780. In: DDAR, v. 18, p. 102-104.
772. Clinton para Germain, 4 de junho de 1780. In: DDAR, v. 18, p. 101-102. *Clinton's Narrative*. In: CAR, p. 191.
773. WICKWIRE, F.; WICKWIRE, M. *Cornwallis and the War of Independence*. London, 1971, p. 115-116.

Nova Jersey e na Pensilvânia o assinalaram como hábil comandante de tropas, onde seu temperamento afável e comportamento digno o tornaram bastante popular entre os soldados. Ele era, sem dúvida, destemido na perseguição de um propósito. A questão era se ele tinha visão para agir com sucesso como comandante independente.[774]

Cornwallis recebeu ordens, em 1º de junho, de pacificar o restante das Carolinas antes de entrar na Virgínia. Entretanto, ele deveria, primeiro, se certificar de que a Carolina do Sul e a Geórgia estavam seguras, uma vez que a consolidação era a chave para o restabelecimento da autoridade do rei. Não deveria haver mais avanços a esmo, sem apoio dos legalistas. Depois disso, Cornwallis deveria estabelecer um posto em Wilmington, no Rio Cape Fear, para abastecer o exército em seu avanço rumo ao norte. Tal base também prestaria auxílio nas futuras operações no Chesapeake, às quais Clinton pretendia dar início "tão logo estivermos livres de nossa apreensão quanto a uma esquadra maior e o clima permitir". Era provável que isso se desse em setembro ou no início de outubro de 1780.[775]

Essa seria uma tarefa gigantesca. Embora o exército tivesse aparentemente esmagado a resistência da classe agrícola de preamar, Cornwallis estava ciente de que enfrentaria mais resistência no norte. Entretanto, ele sabia que a prudência dos irmãos Howe não provocara o colapso da rebelião e estava determinado a não seguir tal política agora. Por muito tempo ele tivera de aceitar ordens de superiores pouco perspicazes. Agora ele era senhor de suas ações, visto que Clinton estava muito distante, em Nova York, para dirigir, ele mesmo, o exército do sul. Cornwallis estaria sob seu comando outra vez somente quando suas forças se unissem na Virgínia.

Obviamente, sua primeira tarefa era dar segurança à Carolina do Sul, de modo que pudesse voltar a ter um governo civil. Ali, o recrutamento e treinamento das milícias e unidades provinciais de Ferguson era um elemento essencial. Desse modo, foram enviadas instruções para os comandantes dos postos recém-estabelecidos, para que facilitassem sua formação. As bases principais eram Savannah, Beaufort, Charleston e Georgetown, no litoral; Augusta, no Rio Savannah; Ninety Six, perto do Rio Saluda; Rocky Mount e Camden, no Rio Wateree; e Cheraw, no

---

774. A melhor biografia continua sendo a citada acima. Para uma avaliação extremamente hostil de Cornwallis, veja: RANKIN, H.F. "Charles Lord Cornwallis: Study in Frustration". In: BILLIAS, G.A. (Ed.). *George Washington's Generals and Opponents*: Their Exploits and Leadership. New York, 1994, p. 193-232.
775. *Clinton's Narrative*. In: CAR, p. 186-187. WICKWIRE, F.; WICKWIRE M. *Cornwallis*, p. 133-135.

Pee Dee. Todos estavam interligados por estradas, com acesso por água, o que dava a Cornwallis o controle aparente de pouco mais de 24 mil quilômetros quadrados. Em 20 de junho, três unidades provinciais de 500 homens haviam sido formadas, juntamente com numerosas milícias locais.[776]

Isso sugeria que Cornwallis poderia ponderar acerca de seu próximo passo, a invasão da Carolina do Norte, de onde recebeu garantia do apoio legalista. Ele esboçou seus planos a Clinton, em 30 de junho. "Creio que, com a força sob meu comando no momento (a menos que haja considerável interferência externa), posso deixar a Carolina do Sul em segurança e marchar com um corpo de tropas para a retaguarda da Carolina do Norte, com grande possibilidade de fazer aquela província retomar a obediência." As forças rebeldes dali compreendiam, atualmente, mil milicianos em Cross Creek e outros 500, com 300 da Virgínia, em Salisbury. Também se dizia que 2 mil continentais de Maryland e Delaware estavam a caminho de Hillsborough, sob o comando do general Johann De Kalb. Porém, Cornwallis acreditava que nenhuma dessas forças representava séria ameaça, ao passo que seu avanço proporcionaria à Carolina do Sul e à Geórgia "uma barreira mais eficiente" do que se ele permanecesse na fronteira. Caso Clinton desse sua aprovação, Cornwallis propunha dar início às operações no fim de agosto, assim que a marinha tivesse enviado suprimentos via Cape Fear.[777]

Para infelicidade de Cornwallis, a situação era diferente da que descreveu. Em primeiro lugar, faltava muito para que as milícias estivessem prontas. Isso se deveu, em parte, à negligência de Ferguson para com suas funções. Ele havia formado várias unidades voluntárias na região de Ninety Six, as quais totalizavam mais de mil homens, mas insistira em comandá-las pessoalmente, ignorando suas reponsabilidades com o restante da província.[778] Também houve dificuldade para encontrar oficiais e equipamentos adequados. Como resultado, muitas dessas unidades, armadas e disciplinadas de maneira inadequada, logo debandaram ao enfrentar seu primeiro desafio. Um dos principais exemplos foi a milícia do coronel Mills, em Cheraw, que se amotinou assim que os regulares comandados pelo major McArthur se retiraram. McArthur deixara seus doentes para trás, o que resultou

---

776. Cornwallis para Clinton, 30 de junho de 1780. In: ROSS, v. 1, p. 485-488.
777. Cornwallis para Clinton, 30 de junho de 1780. In: ROSS, v. 1, p. 485-488.
778. PANCAKE, J.S. *This Destructive War: The British Campaign in the Carolinas, 1780-1782*. Tuscaloosa, 1985, p. 93-94.

na captura de mais de cem homens da 71ª guarnição de Highland. No início de agosto, Cornwallis teve de confessar que, a partir desse episódio, "toda a região entre o Pedde e o Santee ficou em estado absoluto de rebelião". "Todos os amigos do governo foram expulsos e suas plantações, destruídas."[779]

O principal motivo para o reinício das hostilidades na Carolina do Sul foi a proclamação de Clinton de 3 de junho de 1780. Para aqueles que haviam se rendido em Charleston, uma coisa era tornar a aceitar a autoridade da coroa. Outra bem diferente era pegar em armas contra seus companheiros de outrora, como se exigia que fizessem agora. Os antigos patriotas acreditavam que Clinton mudara, com arbitrariedade, os termos de sua liberdade condicional, que, supunham eles, lhes permitiria que ficassem neutros.[780]

Entre os líderes da oposição ressurgente estavam inúmeros membros da baixa aristocracia, como Francis Marion, Thomas Sumter e Andrew Pickens. Marion era um antigo lojista que se transformara em um agricultor bem-sucedido ao longo do Rio Santee, próximo a Eutaw Springs. Ele servira pela primeira vez na guerra contra os índios Cherokee, em 1761, e foi promovido a coronel de um dos regimentos provinciais da Carolina do Sul, no início da revolução. Entretanto, um ferimento impossibilitou sua presença durante o cerco de Charleston. Contudo, o fracasso ali não diminuiu sua disposição de lutar pela causa patriota. Depois de tentar se associar às forças continentais na Carolina do Norte, ele passou a recrutar grupos de milícias de guerrilha entre os Rios Santee e Pee Dee, onde os assentamentos de irlandeses de origem escocesa, ao longo do Rio Black, revelaram-se regiões propícias.[781]

Igualmente ativo foi Thomas Sumter, antigo comerciante e juiz de paz que morava na região da fronteira e se reuniu aos patriotas na região norte de Camden. Ele foi um daqueles que foram movidos por um sentimento de injustiça após a proclamação de Clinton, em 3 de junho de 1780. Em meados do mês de julho, ele tinha cerca de 1.500 milicianos entre Waxhaw e o Rio Catawba.[782] Por fim, Andrew Pickens era outro patriota que aceitara os termos de rendição de Clinton apenas para ser

---

779. Cornwallis para Clinton, 6 de agosto de 1780. In: ROSS, v. 1, p. 53-54. Simpson para Germain, 13 de agosto de 1780. In: DDAR, v. 18, p. 137-138.
780. WILLCOX, W.B. *Portrait of a general*, p. 321.
781. BASS, R.D. *Swamp Fox: The Life and Campaigns of General Francis Marion*. Orangeburg, 1959, p. 33-34.
782. Cornwallis para Clinton, 14 de julho de 1780. In: ROSS, v. 1, p. 50-52. FERLING, J. *Almost a Miracle*, p. 454.

obrigado a pegar em armas outra vez, depois de ataques dos legalistas a suas plantações em Long Canes, perto de Ninety Six.[783]

Para desalento de Cornwallis, a situação não era melhor na Carolina do Norte. No início de junho, ele orientou os partidários da coroa a "não agir até" que pudesse "lhes oferecer apoio efetivo". Ele repetiu o apelo duas semanas mais tarde, exortando os simpatizantes a "permanecer em casa e cuidar de suas colheitas", visto que um "levante prematuro" arruinaria todos os planos para a tomada da Carolina do Norte.[784] No entanto, muitos legalistas tinham ideias diferentes, em especial ao longo da fronteira. Após anos de perseguição, eles estavam determinados a buscar vingança. Poucos dias depois do segundo apelo de Cornwallis, uma grande força de 1.300 legalistas da Carolina do Norte, sob o comando do coronel John Moore, se reunira em Ramsour's Hill e fora logo cercada pela milícia da Carolina do Norte, que dispunha de melhor armamento. Por algumas horas, os legalistas resistiram, mas, enfim enfraquecidos, recuaram para lugares seguros, sofrendo pesadas baixas no processo.[785] As notícias do embate levaram outros 800 legalistas, comandados pelo coronel Samuel Bryan, em Rowan County, a fugir pelo Rio Yadkin para a proteção oferecida pelos regulares de McArthur.[786] Foi um duro revés para as esperanças britânicas de subjugar a Carolina do Norte.

Apesar dessas derrotas, Cornwallis não se deixou abater, pois elas confirmavam sua crença de que a solução para a violência em ambas as províncias era uma ofensiva contra a Carolina do Norte. A chegada de De Kalb e seus continentais a Hillsborough incitara a milícia dos arredores a avançar para o Rio Deep, enquanto Sumter se fixava próximo aos assentamentos de Catawba. Estava claro para Cornwallis: "O plano dos rebeldes não é apenas defender a Carolina do Norte, mas dar início a operações ofensivas imediatamente". Portanto, "o meio mais eficiente de preservar a boa disposição de nossos amigos e defender a província" era seguir o plano que ele esboçara a Clinton em 30 de junho. Para tanto, ele começou a levar os suprimentos para Camden, enquanto o oficial mais antigo da marinha em Charleston preparava-se para transportar

---

783. James Simpson para Knox, 28 de julho de 1781. In: DDAR, v. 20, p. 200. Simpson era um antigo advogado geral real da Carolina do Sul, que reconheceu posteriormente o estrago provocado pelo tratamento inadequado que os legalistas impuseram a Pickens e antigos outros rebeldes, depois da rendição de Charleston.
784. Cornwallis para Clinton, 2 de junho de 1780. In: ROSS, v. 1, p. 45. Cornwallis para coronel Innes, 16 de junho de 1780, ROSS, v. 1, p. 47.
785. Cornwallis para Rawdon, Charleston, 29 de junho de 1780. In: ROSS, v. 1, p. 49.
786. Cornwallis para Clinton, 14 de julho de 1780. In: ROSS, v. 1, p. 50-52. SMITH, P.H. *Loyalists*, p. 143-144.

mercadorias pelos diferentes rios da província.[787] Em uma carta posterior a Clinton, datada de 6 de agosto, Cornwallis admitiu que a renovada violência na Carolina do Sul levou alguns a duvidarem da prudência de um novo avanço. Cornwallis não era um deles. As "garantias de lealdade" na Carolina do Norte eram "tão fortes como antes", ao passo que os habitantes de Highland, ao redor de Cross Creek, haviam "se oferecido para formar um regimento tão logo nós entrássemos na região". Não obstante, "um desvio de atenção antecipado", promovido por Clinton "em Chesapeake Bay", seria "muitíssimo (...) vantajoso para minhas operações".[788] Quatro dias depois, ele pôs a executar seu plano.

Enquanto isso, o Congresso vinha tentando reparar o dano provocado pela perda de Charleston. Ele já aceitara a proposta de Washington de reforçar o exército de Lincoln com os continentais de Maryland e Delaware, comandados por De Kalb.[789] Entretanto, a rendição de Lincoln significava que era necessário um novo comandante. Em meio a essa crise, o Congresso voltou-se para Gates, que saíra vitorioso em Saratoga. Gates estava mais que ansioso para assumir a tarefa, sentindo-se em segundo plano desde que aceitara um cargo no Conselho de Guerra. Contudo, poucas tropas adicionais estavam disponíveis, dada a frágil situação de Washington. Como resultado, Gates encontrou apenas 1.400 soldados continentais quando reuniu seu comando em 25 de julho de 1780, conquanto esperasse que alguns milhares de milicianos da Carolina do Norte e da Virgínia se unissem a ele, o que elevaria o número total para, no mínimo, 5 mil homens. Sumter também estava planejando alguma manobra de distração abaixo de Camden.[790]

Isso parecia mais que adequado para uma ofensiva. Assim, Gates partiu para Camden, onde lorde Rawdon comandava a guarda avançada. No entanto, em sua pressa, ele tomou uma rota que atravessava uma região inóspita, onde não havia provisões. Isso provocou um cansaço desnecessário nos homens, situação que ficou ainda mais comprometida no último dia, quando lhes foi servida uma refeição que provocou muita diarreia. Por fim, Gates empreendeu uma marcha noturna, demasiado confiante em sua crença de que estava atacando apenas uma pequena força, sob o comando de Rawdon. Desse modo, ele não logrou observar que Cornwallis já havia chegado a Camden com um reforço substancial. Gates, em consequência, atacaria o exército de seu oponente que,

---
787. Cornwallis para Clinton, 14 de julho de 1780. In: ROSS, v. 1, p. 50-52.
788. Cornwallis para Clinton, 6 de agosto de 1780. In: ROSS, v. 1, p. 52-54.
789. Washington para Huntington, 2 de abril de 1780. In: WGW, v. 18, p. 197-200.
790. PANCAKE, J.S. *This Destructive War*, p. 99-101.

em termos de tropas regulares, era igual ao seu próprio, embora contasse com muito menos milicianos.[791]

Por um momento, Cornwallis pensou em recuar, ante a superioridade numérica de Gates, pois sabia que Sumter avançava pelo Rio Wateree, a fim de atacar sua linha de abastecimento, abaixo de Camden. Uma retirada, porém, significaria abandonar os doentes e uma quantidade considerável de suprimentos. Também implicaria a perda das regiões menos povoadas, "o que arruinaria todas as aspirações à futura confiança de nossos amigos nesta parte da América". Portanto, Cornwallis resolveu marchar, na noite de 15 de agosto, com o intuito de atacar a linha continental na manhã do dia seguinte. Foi durante a realização dessa manobra que sua vanguarda se deparou com o avanço patriota, o que compeliu ambos a estacar. A situação, no entanto, favorecia Cornwallis, visto que a liberdade de movimento de Gates era muito restringida por dois pântanos, o que o impediu de utilizar sua superioridade numérica de forma mais efetiva.[792]

O erro final de Gates, na manhã de 16 de agosto, foi dar ordens para que a milícia da Virgínia atacasse a ala direita britânica, na crença de que o inimigo ainda tinha de formar uma linha de batalha. Em consequência, a milícia pouco treinada enfrentou os regulares de Cornwallis, que avançaram em rígida ordem, com baionetas fixas. Ao perceber a situação difícil em que se encontrava, a milícia debandou, expondo as tropas continentais a um ataque lateral. Não surpreende que, após uma "obstinada resistência que durou três quartos de hora, eles também entraram em Estado de desordem" e foram forçados a "bater em retirada de todos os lados". A iniciativa foi tomada por Gates, que abandonou o campo, cavalgando sem parar até alcançar Charlotte, quase cem quilômetros ao norte. Seus homens, sem liderança, seguiram-no da melhor forma que puderam, acossados por cerca de 32 quilômetros pela cavalaria de Tarleton. O exército patriota sofreu 1.900 baixas, entre mortos, feridos e capturados, em comparação com 325 baixas para os britânicos. Mal restavam 700 homens quando Gates reuniu suas forças em Hillsborough, na Carolina do Norte.[793]

Logo se seguiu outro revés. Ao término da batalha, chegaram notícias de que Sumter atacara um comboio que seguia para Camden. Cornwallis imediatamente deu ordens para que a legião de partidários do Tory seguisse em perseguição. Tarleton alcançou sua presa na

---
791. Ibid., p. 100-103.
792. Cornwallis para Germain, 20 de agosto de 1780. In: DDAR, v. 18, p. 144-148. PANCAKE, J.S. *This Destructive War*, p. 101-103.
793. Cornwallis para Germain, 21 de agosto de 1781. In: DDAR, v. 18, p. 148-151.

manhã de 18 de agosto, em Fishing Creek, poucos quilômetros a noroeste de Camden. Embora Sumter tivesse 700 homens contra 350 soldados de cavalaria e de infantaria montada, ele estava totalmente despreparado para o ataque, que aconteceu ao meio-dia, quando seus homens preparavam o almoço. Os patriotas perderam 150 homens, entre mortos e feridos, e outros 300, que foram capturados. Também foram libertados 250 prisioneiros, entre legalistas e regulares.

Cornwallis escreveu, confiante, para Germain: "As comoções e insurreições internas na província agora serão contidas".[794] Para assegurar isso, ele estava determinado a tratar com severidade aqueles que haviam quebrado seus votos de lealdade e pegado em armas pela segunda vez. Para a elite agrícola, isso significava a prisão em uma ilha nas costas da Carolina e a distribuição de suas propriedades "às pessoas a quem haviam saqueado e oprimido". Milicianos comuns, todavia, que haviam "pegado em armas conosco e, depois, se unido ao inimigo, deveriam ser imediatamente enforcados". "As medidas mais rigorosas" deveriam ser tomadas em todos os lugares, a fim de "extinguir a rebelião".[795]

Se Cornwallis acreditou que sua vitória sobre Gates provocaria um colapso geral da causa patriota no sul, logo ficou desapontado. Digno de nota é o fato de que não houve redução dos esforços de Marion e seus partidários no sentido de ameaçar a comunicação com Charleston.[796] Dessa forma, Cornwallis teve de enviar o major James Wemyss para promover o desarmamento da região entre o Santee e o Pee Dee, com ordens de punir severamente todos aqueles que tivessem quebrado seus juramentos, depois de feitos. Contudo, o que mais decepcionou foi a inexistência de qualquer arroubo de sentimento legalista na Carolina do norte, após a batalha de Camden. Cornwallis prontamente "enviara um pessoal adequado para a Carolina do Norte, com instruções para que nossos amigos daí pegassem em armas e se reunissem de imediato". Eles poderiam agir com segurança dessa vez, visto que ele marcharia "em seu apoio sem perda de tempo".[797] Porém, duas semanas depois de Camden, Cornwallis admitiu a Clinton que os partidários do Tory "não parecem inclinados a se levantar até que vejam nosso exército em movimento". "O rigor do governo rebelde aterrorizou e subjugou as mentes das pessoas de tal forma que é muito difícil incitá-las a qualquer tipo de

---

794. Ibid., p. 151.
795. Cornwallis para coronel Cruger, 18 de agosto de 1780. In: ROSS, v. 1, p. 56-57.
796. BASS, R.D. *The Green Dragoon*, p. 109.
797. Cornwallis para Germain, 21 de agosto de 1780. In: DDAR, v. 18, p. 152.

ação."[798] Somente agora as consequências dos levantes prematuros de Moore e Brian foram sentidas de fato.

Não obstante, ainda parecia haver apoio potencial para justificar uma marcha contra a Carolina do Norte. Hillsborough poderia ser um local adequado, onde ele teria a possibilidade de formar "um estoque muito grande para o inverno, que compreendesse farinha e carne da região, rum, sal, entre outros produtos de Cross Creek", no Rio Cape Fear. Entretanto, ele lembrou a Clinton que muito "dependeria das operações que sua excelência entenda adequado realizar no Chesapeake, que parece ser, junto com a segurança de Nova York, um dos objetivos mais importantes da guerra".[799]

Assim, Cornwallis partiu, em 8 de setembro, rumo a Charlotte, via Waxhaw. Contudo, pouco apoio podia ser observado entre a população. De fato, ao se aproximar de Charlotte, em 26 de setembro, a vanguarda foi vítima de uma emboscada dos guerrilheiros, o que era mais uma demonstração de que o interior não estava apinhado de legalistas. Dessa maneira, Cornwallis interrompeu as ações enquanto emitia outra proclamação, que convocava os habitantes a deporem suas armas em troca da proteção do rei. A situação era alarmante por toda parte, pois chegaram notícias de que Augusta estava sob cerco dos guerrilheiros de Elijah Clarke.[800] Felizmente, o coronel John Cruger conseguira enviar auxílio de Ninety Six. De acordo com a nova política punitiva de Cornwallis, ele ordenou o enforcamento de 13 prisioneiros que haviam infringido as condições de sua liberdade. Ele também enviou patrulhas ao interior para destruir as casas de quaisquer pessoas suspeitas de servir com Clarke.[801]

Então, um golpe ainda mais devastador atingiu Cornwallis. Anteriormente, ele havia permitido, contra o que ditava seu bom senso, que Ferguson marchasse para Tryon County, no limite noroeste da Carolina do Sul, para proteger o flanco esquerdo do exército em seu avanço para o norte.[802] A chegada de Ferguson, entretanto, ameaçava os assentamentos da região pouco povoada do outro lado das montanhas ao longo dos Rios Watauga e Holston. Os temores dos habitantes não foram amenizados quando Ferguson ameaçou seus líderes, Isaac Shelby, John Sevier e William Campbell, dizendo que iria enforcá-los e

---

798. Cornwallis para Clinton, 29 de agosto de 1780. In: ROSS, v. 1, p. 58.
799. Cornwallis para Clinton, 23 de agosto de 1780. In: ROSS, v. 1, p. 57-58.
800. Cornwallis para Germain, 21 de setembro de 1780. In: DDAR, v. 18, p. 172-173.
801. Wright para Germain, 27 de outubro de 1780. In: DDAR, v. 18, p. 211. CASHIN, J. *The King's Ranger: Thomas Brown and the American Revolution on the Southern Frontier.* Athens, Ga., 1989, p. 114-118.
802. Cornwallis para Clinton, 29 de agosto de 1780. In: ROSS, v. 1, p. 58-59.

"dizimaria sua terra com fogo e a espada" caso perseverassem em sua deslealdade.[803]

A área além das montanhas, assim como as regiões menos povoadas, era dominada por pequenos fazendeiros, em sua maioria presbiterianos e outros dissidentes, que, de início, ficaram indiferentes à classe de agricultores de preamar, por causa de sua religião episcopal e composição aristocrática. Mas, agora que seus próprios lares estavam ameaçados, eles se uniram à causa revolucionária, em um esforço determinado para se ver livres da ameaça Tory. Como Cornwallis admitiu, mais tarde, para Clinton: "Um inimigo numeroso e inesperado veio das montanhas. Como dispunham de bons cavalos, seus movimentos eram rápidos".[804] No fim de setembro, 800 voluntários haviam se reunido nos baixios de Sycamore, no Rio Watauga. A maioria tinha pouco treinamento, mesmo como milícia. Porém, eles tinham rifles e determinação para repelir a ameaça agora posta por Ferguson. Nas palavras de um de seus ministros, o reverendo Samuel Doak, era o momento de brandir "a espada do Senhor e a de Gideão".[805]

O que se seguiu foi uma clássica demonstração de dois estilos de guerra muito diferentes. Os provincianos de Ferguson haviam sido treinados nas táticas ortodoxas, avançando em fila, prontos para usar suas baionetas depois de disparar os mosquetes. Os patriotas das regiões menos povoadas não tinham tal organização. Cada homem lutava individualmente e usava as árvores como proteção enquanto disparava seu rifle com bons resultados. Por ironia, Ferguson, no início de sua carreira, desenvolvera um rifle de carregamento pela culatra, que fora rejeitado pelo Conselho de Artilharia por ser demasiado inovador. Caso a arma tivesse sido adotada, o resultado da batalha que se seguiu teria sido diferente.[806]

Ferguson, ao saber do avanço patriota, começou a recuar em direção ao exército principal. Entretanto, ele sugeriu a Cornwallis que "300 ou 400 bons soldados, sendo uma parte de dragões, terminariam o serviço". Talvez na expectativa de tal reforço, ele permaneceu parado, por dois dias, no topo de King's Mountain, na fronteira da Carolina do Norte e da Carolina do Sul. Conforme informou a Cornwallis em um comunicado final no dia 6 de outubro de 1780: "Cheguei hoje a King's Mountain e tomei uma posição de onde creio que não possa ser expulso",

---

803. PANCAKE, J.S. *Destructive War*, p. 116-117.
804. Cornwallis para Clinton, 3 de dezembro de 1780. In: ROSS, v. 1, p. 497-500.
805. WICKWIRE, F.; WICKWIRE, M. *Cornwallis*, p. 208-209.
806. WOOD, W.J. *Battles of the Revolutionary War, 1775-1781*. New York, 1995, p. 188.

qualquer que seja o número de rebeldes.[807] Ali, em 7 de outubro, ele tentou empreender uma batalha ao estilo europeu, enviando suas tropas declive abaixo, em fileiras cerradas, para obrigar os ocupantes da fronteira a recuar. De início, isso foi alcançado com facilidade, visto que os montanheses retrocederam após dispararem seus rifles. Contudo, eles retornaram logo depois de recarregar suas armas, ocasionando, a todo instante, mortes entre seus oponentes, que se fizeram alvos fáceis no topo da serra, com suas roupas claras, uma vez que Ferguson deixara de providenciar qualquer tipo de trincheira ou árvores caídas para lhes dar cobertura. Dentro de uma hora tudo estava terminado, depois que Ferguson foi morto enquanto tentava um ataque final. O que se seguiu foi um massacre parcial, pois os montanheses arremeteram, gritando: "Clemência de Tarleton", em uma referência à execução sumária dos homens de Buford, em Waxhaw. Todavia, a matança não terminou ali, visto que diversos oficiais milicianos capturados foram enforcados sem piedade, poucos dias depois, em Gilbert Town.[808]

A batalha costuma ser citada como evidência da superioridade do método interiorano de lutar. Na realidade, isso está longe de ser verdadeiro. Em King's Mountain, os sertanejos estavam em seu próprio ambiente e usavam seus rifles com efeito mortal. Entretanto, caso tivessem enfrentado a infantaria ligeira regular, mais familiarizada com táticas de organização aberta, é provável que o resultado tivesse sido diferente. De qualquer modo, os sertanejos seriam de pouca utilidade em áreas costeiras mais abertas, contra um exército equipado com canhões. O mesmo era verdade quanto a operações de cerco. Era por esse motivo que Washington nunca hesitou em sua confiança em tropas regulares.[809] Contudo, como ficou claro em King's Mountain, os irregulares podem ser muito eficientes em áreas montanhosas recobertas de floresta.

Em retrospecto, Clinton descreveu a derrota em King's Mountain como o equivalente, no sul, à derrota dos soldados de Hesse, em Trenton.[810] Embora nenhum posto tivesse sido perdido, suas futuras guarnições raramente conseguiram atuar com segurança, de modo a minar o plano de consolidação da autoridade britânica. Os guerrilheiros de Marion e Sumter operavam sobretudo entre Charleston e o interior, onde destacamentos isolados dos britânicos eram massacrados com frequência. Nessas circunstâncias, até mesmo Cornwallis reconheceu

---

807. Ferguson para Cornwallis, 6 de outubro de 1780. In: CAR, p. 456. Essa carta está datada erroneamente de 6 de setembro de 1780.
808. FERLING, J. *Almost a Miracle*, p. 461-463.
809. Washington para Huntington, 16 de setembro de 1780. In: WGW, v. 20, p. 49-50.
810. *Clinton's Narrative*. In: CAR, p. 221.

a futilidade de continuar o avanço. Assim, ele recuou para Winnsboro, quase 50 quilômetros a noroeste de Camden, a fim de proteger a fronteira. Ali, ele transferiu temporariamente a responsabilidade para Rawdon, enquanto se recuperava de uma febre, que também vinha acometendo muitos de seus soldados.[811] Esses resultados eram pouquíssimos em vista de todos os seus esforços para restabelecer a autoridade real.

As mortes sangrentas em King's Mountain provocaram recriminações mútuas pelo acontecido. Washington sugeriu que os britânicos eram os responsáveis, por terem executado prisioneiros após a batalha de Camden. Cornwallis preferiu citar a "crueldade chocante" demonstrada para com os homens de Ferguson, em especial "o enforcamento do pobre velho coronel Mills, na cidade de Gilbert". Ele advertiu que, se as mortes não cessassem, fazer justiça aos legalistas exigiria que ele retaliasse. Ninguém havia sido executado, a menos que fosse culpado de "pegar em armas depois de ter aceito a condição de permanecer pacificamente em casa" ou de "se alistar em nossa milícia" e, então, "aproveitar a primeira oportunidade para se unir a nossos inimigos". As únicas pessoas enforcadas em Camden "eram duas ou três que se enquadravam no último caso e foram escolhidas entre os mais de 30 condenados por crime semelhante".[812]

Pouco depois do desastre ocorrido a Ferguson, Cornwallis soube que Clinton enviaria o major Leslie, com 2.500 homens, para a Virgínia, a fim de "servir de distração" em seu benefício, conforme solicitara. Leslie tinha ordens de "seguir Rio James acima (...) para cercar e destruir quaisquer paióis que o inimigo pudesse ter em Petersburg, Richmond, ou qualquer outro lugar adjacente", de onde promovessem o abastecimento de suas forças na Carolina do Norte. Depois disso, deveria "estabelecer um posto no Rio Elizabeth", como base para futuras operações, sujeito às mesmas ordens que recebesse de Cornwallis.[813]

Clinton expediu essas instruções antes das notícias sobre a batalha de King's Mountain, que tornava temeroso qualquer avanço em direção à Carolina do Norte. Isso significava que Leslie estaria distante demais para prestar apoio às operações imediatas de Cornwallis. Nesse caso, Cornwallis entendeu por bem que Leslie embarcasse para o Rio Cape Fear, de modo a abrir uma comunicação via Cross Creek.[814] Isso daria aos legalistas uma oportunidade perfeita para mostrar seu apoio. Se,

---
811. Rawdon para Clinton, 29 de outubro de 1780. In: ROSS, v. 1, p. 62-63.
812. Cornwallis para Smallwood, 10 de novembro de 1780. In: ROSS, v. 1, p. 67.
813. Clinton para Leslie, 12 de outubro de 1780. In: CAR, p. 467.
814. Rawdon para Leslie, 24 de outubro de 1780. In: ROSS, v. 1, p. 495-497.

ainda assim, deixarem de responder, "devemos abandoná-los à sua própria sorte e defender o que já conquistamos".[815]

Leslie não precisou de incentivo para concordar. Ao entrar no Chesapeake, encontrara uma população que não se mostrou cooperativa depois de ter sido abandonada por Collier e Mathews, não obtivera informações do avanço de Cornwallis e preparara inúmeras unidades de artilharia para enfrentá-lo. A navegação pelo Rio James também era incerta, dada a falta de pilotos. Estava claro que Portsmouth deveria, primeiro, ser transformada em uma base antes que quaisquer operações fossem iniciadas na Virgínia.[816] Assim, ele ficou mais do que satisfeito por reposicionar suas tropas em torno de Cape Fear.

Enquanto aguardava uma resposta de Leslie, Cornwallis tentou lidar com a situação cada vez menos favorável na Carolina do Sul. Em Ninety Six, a milícia ficou tão desmotivada com a derrota de Ferguson que menos de uma centena de homens permaneceu.[817] O moral estava igualmente baixo no alto Santee, onde uma companhia sob o comando do coronel Samuel Tynes fora surpreendida e desarmada por Marion, em 25 de outubro de 1780.[818] A falta de apoio foi explicada com facilidade, como Cornwallis informou a Clinton, mais tarde: "Marion trabalhara tanto as mentes das pessoas, em parte por meio do terror de suas ameaças e da crueldade de suas punições, em parte pela promessa de pilhagem, que não havia um só habitante entre o Santee e o Pee Dee que não estivesse armado contra nós". Alguns grupos de soldados haviam inclusive "levado o terror aos portões de Charleston". Em resposta, Cornwallis enviou Tarleton para procurar o líder guerrilheiro ao longo do Rio Black. Infelizmente, uma tentativa de emboscada fracassou quando os habitantes avisaram Marion de sua presença. Tarleton, então, incendiou 30 casas para mostrar "aos habitantes que havia um poder superior ao de Marion, igualmente capaz de recompensar e punir". Em consequência, "a maior parte deles não ousou aparecer abertamente portando armas contra nós".[819] Foi um grande êxito da política de severidade, conquanto se tenha revelado de curta duração.

De fato, assim que Cornwallis contornava uma ameaça, outra surgia em um lugar diverso. Ele dera ordens para o 63º regimento, comandado por Wemyss, patrulhar o Rio Broad, a noroeste de Camden, para proteger as moendas de milho do exército. No começo de novembro,

---

815. Cornwallis para Leslie, 12 de novembro de 1780. In: ROSS, v. 1, p. 68-69.
816. Leslie para Clinton, 4 de novembro de 1781. In: CAR, p. 472-473.
817. Rawdon para Clinton, 29 de outubro de 1780. In: ROSS, v. 1, p. 62-63.
818. BASS, R.D. *Swamp Fox*, p. 75-77.
819. Cornwallis para Clinton, 3 de dezembro de 1780. In: ROSS, v. 1, p. 498.

ele recebeu a notícia de que Sumter, com 300 homens, estava a cerca de 65 quilômetros de distância de Moore's Plantation. Wemyss partiu com uma força mista de dragões e infantaria, e conseguiu surpreender Sumter em Fishdam Ford, no dia 9 de novembro de 1780. Para infelicidade de Wemyss, ele foi ferido no limiar da vitória e deixou um novato inexperiente no comando, o qual deu ordem de retirada. Esse revés, como Cornwallis admitiu a Clinton, encorajou "todo o país" a vir "rapidamente se unir a Sumter".[820] Cornwallis tentou, então, contornar a situação com o envio de Tarleton em perseguição. Tarleton alcançou Sumter duas semanas mais tarde, em Blackstock's Plantation, mas atacou com impetuosidade, sem esperar por sua artilharia e infantaria, sofrendo em consequência duras baixas. A soma de infortúnios britânicos completou-se em 1º de dezembro de 1780, quando cem milicianos, sob o comando do coronel Henry Rugeley, renderam-se, sem fazer um único disparo, a um destacamento de cavalaria comandado pelo coronel William Washington. Isso se deu apesar da proteção de um poderoso forte, da presença da guarnição de Camden nos arredores e da falta de artilharia dos patriotas. Cornwallis só pôde explicar as ações de Rugeley como traição.[821]

Assim, embora Cornwallis tenha relatado a Clinton, no início de dezembro, que o exército estava saudável e bem posicionado para proteger a fronteira norte, a situação não era nada promissora. Os patriotas se reuniam, mais uma vez, ao longo da fronteira, após a chegada de reforços de continentais, e estavam armados, em todos os lugares. Dessa forma, Cornwallis dera ordens para que Leslie fosse a Charleston, visto que cooperação, "mesmo a distância do Rio Cape Fear", seria difícil. Depois de tantas derrotas, os prospectos para a campanha seguinte eram incertos. Entretanto, as forças de Leslie eram maiores do que o esperado e ofereciam a possibilidade de uma ação decisiva. Porém, tudo dependeria dos acontecimentos.[822]

Enquanto isso, o Congresso tentava restaurar o exército continental, uma vez que os guerrilheiros, por si sós, não tinham condições de colocar um fim à guerra. Depois de Camden, era óbvia a necessidade de um novo comandante, e o Congresso aceitou, agora, a escolha de Washington, Nathanael Greene.[823] Desde os eventos de 1776, Greene havia amadurecido. Como Washington, ele havia aprendido a

---

820. Ibid., p. 498-499.
821. Ibid., p. 500. Cornwallis para Rawdon, 3 de dezembro. In: ROSS, v. 1, p. 71-72.
822. Cornwallis para Clinton, 3 de dezembro de 1780. In: ROSS, v. 1, p. 500.
823. Washington para Greene, 14 de outubro de 1780. In: NGP, v. 6, p. 385.

lição básica de preservar a integridade do exército. Isso significava saber quando atacar e quando fazer "uma guerra efêmera". Contudo, ele também sabia que um exército precisava estar adequadamente armado e vestido. À época de sua designação para o exército do sul, Greene estava bem instruído nesses assuntos, pois era quartel-mestre-general de Washington, desde março de 1778. Era uma experiência inestimável.

Poucos reforços estariam à disposição de Greene. O próprio Washington amargava a extrema escassez de homens. A única tropa disponível era a legião de cavalaria e infantaria montada da Virgínia, sob o comando de Henry Lee. Greene, portanto, teria de se contentar com o remanescente do exército de Gates e outros homens que os Estados do sul pudessem arranjar, os quais seriam treinados por Steuben.[824] Greene também contaria com os serviços de Morgan, que fora impedido de se unir a Gates por problemas de saúde. No entanto, a situação era péssima ao atravessar Richmond, a capital da Virgínia, onde os negócios do governo estavam paralisados por falta de dinheiro. Poucas carroças estavam disponíveis para o exército de Greene e não havia roupas para muitos dos 3.500 homens que haviam sido convocados como continentais. Não surpreende que os homens desertassem aos bandos. Em desespero, Greene deu ordens para que Steuben permanecesse em Richmond até que alguma disciplina tivesse sido implantada.[825]

Greene conseguiu o restante de seu exército em Charlotte, no início de dezembro de 1780, onde encontrou cerca de 700 continentais de Maryland e Delaware, com número semelhante de milicianos, todos em farrapos, sem calçados e famintos. A falta de roupas era particularmente séria, visto que deixava a maioria do exército "incapaz para qualquer tipo de ação". Igualmente angustiante para Greene, antigo *quaker*, era a natureza da guerra que estava sendo travada. "O país inteiro corria o risco de ser destruído pelos partidários do Whig e do Tory, que perseguiam uns aos outros com a mesma fúria incansável de bestas à caça de suas presas." Centenas de famílias respeitáveis perderam tudo.[826]

Entretanto, o sofrimento da população era a menor das preocupações de Greene. Ele confessou a um colega: "Estou tão imerso em dificuldades (...) que não posso lutar, tampouco fugir e, mesmo assim, temo que serei obrigado a fazer ambas as coisas". O problema era que "nossas tropas estão em um número pequeno demais para lutar e nossos

---
824. Washington para Greene, 22 de outubro de 1780. In: NGP, v. 6, p. 424-425.
825. Greene para Washington, 19 de novembro de 1780. In: NGP, v. 6, p. 485-487. Greene para Steuben, 20 de novembro de 1780. In: NGP, v. 6, p. 496-497.
826. Greene para Huntington, 28 de dezembro de 1789. In: NGP, v. 7, p. 7-8. Greene para Catherine Greene, 12 de janeiro de 1781. In: NGP, v. 7, p. 102.

meios de retirada são tão inadequados para tanto que chega a ser quase impossível" escapar de "um inimigo de força superior". Ele também foi prejudicado pelas milícias locais, que foram para a guerra montados a cavalo, devastando o interior por causa de sua necessidade de forragem e do desejo de empreender saques. Apenas um exército bem organizado, de 6 a 7 mil homens, poderia salvar a situação.[827]

Desse modo, Greene passou as primeiras semanas tentando ensinar a seus colegas sulinos como deveriam lutar na guerra. Como ele disse ao governador da Carolina do Norte, Abner Nash: "É inútil reunir grandes números de tropas irregulares com a expectativa de expulsar o inimigo do país; elas não podem ser mantidas em campo por muito tempo nem podem obrigar o inimigo a enfrentá-las, a menos que seja nos termos deles". "Tropas regulares não são mais valentes nem são compostas de melhores homens que as tropas irregulares, mas, assim como método e ordem levam ao sucesso nos negócios, da mesma maneira, disciplina e conhecimento de tática dão força e eficácia a um exército." Infelizmente, "pessoas que não têm conhecimento de assuntos militares acreditam que a superioridade numérica é tudo de que se precisa [para o sucesso], porém, a não ser que essa quantidade de homens esteja adequadamente vestida, armada e equipada, os números apenas aumentam as complicações". Bastava olhar para o estado atual do sul para comprovar isso.[828]

Ironicamente, o problema enfrentado por Cornwallis era oposto ao de Greene. Ele dispunha de tropas regulares, mas faltavam-lhe milícias suficientes para manter o controle, depois que as tropas tivessem partido.

A escassez de tropas continentais obrigava Greene a contar com as milícias e as forças guerrilheiras de Sumter e Marion. Na verdade, as próprias forças de Greene teriam de lutar "uma espécie de guerra de resistência" até que uma força maior e melhor estivesse disponível.[829] Nessa última tarefa, a Virgínia tinha papel fundamental. Como Maryland, ela havia sido pouco afetada pela guerra e era o Estado mais populoso da confederação, com consideráveis reservas de homens e suprimentos. Greene esperava que Steuben conseguisse reunir esses recursos, para contrabalançar o surgimento iminente de Leslie.

A fim de obter alimento para seus homens, Greene decidiu enviar Morgan, com parte do exército, para a margem oeste do Rio Catawba,

---

827. Greene para general Cornell, 29 de dezembro de 1780. In: NGP, v. 7, p. 20-21.
828. Greene para governador Nash, 7 de janeiro de 1781. In: NGP, v. 7, p. 61-65.
829. Greene para Marion, 4 de dezembro de 1780. In: NGP, v. 6, p. 519-520.

enquanto ele rumava para Cheraw, no Rio Pee Dee. Dali, Greene poderia observar Cornwallis em Winnsboro, ao mesmo tempo em que Morgan ameaçava os britânicos em Ninety Six. A força de Morgan deveria consistir de infantaria ligeira, alguns milicianos, bem como dragões ligeiros de Washington, e deveria ser, na realidade, uma "força rápida" móvel.[830] Como Greene informou ao novo presidente do Congresso, Samuel Huntington, o objetivo do destacamento de Morgan era "corrigir os limites do inimigo naquela área, preservar o bom ânimo das pessoas, dar proteção aos mais atingidos, recolher provisões e colocá-las em armazéns".[831] A desvantagem era que, agora, o exército estava dividido. Entretanto, as novas orientações de Greene implicavam que cada tropa poderia fugir, se necessário, para assegurar sua sobrevivência. A fim de se preparar para esse exato tipo de emergência, Greene começou a examinar todos os rios, observando a localização de vaus e outras características. Ele também ordenou a construção de barcos cujo calado d'água fosse especialmente raso, para facilitar o transporte de suprimentos.[832] A utilidade de tais precauções foi logo comprovada.

Porém, as perspectivas ainda não eram promissoras, visto que Greene analisou o cenário a partir de "seu acampamento de repouso", no fim de 1780. A exiguidade de tropas significava que ele não poderia avançar para Charleston, conquanto a estrada estivesse aberta, pois o exército tinha de evitar ser apanhado em terreno que não fosse de sua escolha. Os partidários Tory pareciam mais fortes em todos os lugares, ao passo que a população partidária do Whig diminuía. Ao que tudo indicava, a estratégia de Clinton e Cornwallis estava funcionando. "Dinheiro, aliado à aflição generalizada e ao sentimento de lealdade, tem sido muito bem-sucedido na execução do projeto de transformar cada conquista em um degrau para outra." Os britânicos estavam "de posse de todas as áreas férteis e populosas da Carolina do Sul". Até que as circunstâncias permitissem a entrada de Greene na planície costeira, "teremos de atuar em um país que foi exaurido e teve sua população bastante reduzida por hordas de milícias montadas".[833] Era um prospecto desencorajador e frustrante, pois, ao contrário de Washington, Greene

---

830. Greene para Morgan, 16 de dezembro de 1780. In: NGP, v. 6, p. 589-590. Greene sugerira primeiro a ideia de um "esquadrão rápido" para Washington, 31 de outubro de 1780. In: NGP, v. 6, p. 447-449.
831. Greene para Huntington, 28 de dezembro de 1780. In: NGP, v. 7, p. 7-8.
832. Greene para Stevens, 1º de dezembro de 1780. In: NGP, v. 6, p. 512-513. Washington também sugerira a Greene que os barcos fossem bastante leves para facilitar seu transporte de um rio para outro, 8 de novembro de 1780. In: NGP, v. 6, p. 469-470.
833. Greene para Anon, 1/23 de janeiro de 1781. In: NGP, v. 7, p. 175-176.

não podia esperar qualquer ajuda francesa. À exceção de Charleston, as Carolinas tinham quiçá poucos portos acessíveis, visto que tais províncias eram cercadas pelos Outer Banks [longa cadeia de ilhas estreitas que formam uma barreira ao longo da costa da Carolina do Norte] e rios pantanosos. Ao contrário do conflito no Norte, a guerra no sul estava sendo travada no interior, onde o poderio naval parecia ser irrelevante. Contanto que os britânicos mantivessem a posse de Charleston e recebessem seus suprimentos, a região de preamar no Baixo Sul permaneceria em seu poder.

Impasse no norte: a falência do Congresso

Apesar da hesitação de Cornwallis, o ano de 1780 foi, para os patriotas, em muitos aspectos, o pior em sua luta pela independência, visto que sua situação no norte se mostrava cada vez menos promissora.

Como nos anos anteriores, os problemas de Washington começaram enquanto suas tropas ainda estavam nos quartéis de inverno. No mês de novembro do ano anterior, ele reiterara sua solicitação de que o Congresso deixasse de lado sua preferência por alistamentos de curto prazo em favor do recrutamento compulsório das milícias estaduais.[834] A resposta do Congresso foi a formação de outro comitê, que recomendou um corte no número de regimentos. Washington imaginou que a decisão fosse resultado de noções equivocadas acerca de uma paz iminente e não de preocupações com economia. Ele lembrou aos membros do novo "Comitê para Redução do Exército" que, desde "o início do conflito", tais noções haviam causado não apenas "grandes despesas", mas foram "o expediente que prolongou a guerra". O Congresso precisava entender que a paz era melhor assegurada quando se estava "bem preparado para enfrentar um inimigo". Isso era essencial para convencer França e Espanha da determinação dos patriotas em continuar a luta.[835]

Tanto os problemas de Washington quanto os de Greene derivavam, principalmente, da falta de dinheiro. Nos primeiros anos, o Congresso levantara cerca de 24 milhões de dólares por meio da venda de títulos de dívida ou notas de empréstimo. Também conseguiu emitir moeda. Mas, como o número de títulos de dívida crescia, a população ficou cada vez mais relutante em comprar outros papéis, com medo de que não pudessem ser resgatados. Isso levou a descontos maciços dos títulos já existentes. A mesma depreciação afetou a moeda. Era preciso que o dinheiro de papel pudesse ser convertido em moedas para que a confiança fosse

---
834. Washington para Huntington, 18 de novembro de 1779. In: WGW, v. 17, p. 125-128.
835. Washington para Elbridge Gerry, 30 de janeiro de 1780. In: WGW, v. 17, p. 462-464.

mantida. Infelizmente, o Congresso dispunha de pequena quantidade de moedas de ouro e prata, com exceção de algum carregamento ocasional da França. O problema não teria sido tão grave caso o Congresso tivesse o poder de sustentar a moeda por meio da tributação. Em vez disso, ele precisou continuar a imprimir notas sem lastro, o que resultou em inflação crescente. O problema mostrou-se sério, pela primeira vez, em meados de 1777. Entretanto, as quedas mais dramáticas ocorreram no fim de 1778, quando Washington relatou que a moeda estava desvalorizando 5% ao dia.[836] Fez-se, então, uma proposta de resgate das notas existentes a uma proporção de 40 por um, mas isso era apenas emitir novas notas em substituição às antigas, na ausência de moedas.[837] A única solução para tais dificuldades financeiras era conferir autoridade ao Congresso para tributar, o que permitiria o pagamento de juros sobre os títulos e restauraria a confiança na conversibilidade da moeda. Porém, isso era algo que os Estados não estavam preparados para conceder.

Desse modo, o Congresso teve de contar com o sistema de requisição, pelo qual cada Estado contribuía de acordo com uma cota baseada em sua população. Isso era de extrema ineficiência, uma vez que os Estados costumavam perder o prazo ou fazer apenas pagamentos parciais. Eles também utilizavam suas próprias moedas depreciadas ou ofereciam mercadorias. Esses eram meios muito precários de atender às demandas do exército. No entanto, a única resposta do Congresso, em fevereiro de 1780, foi outra redução no tamanho nominal do exército continental, desta vez para 60 batalhões, perfazendo um total de apenas 36.200 homens.[838] Contudo, mesmo esse objetivo modesto estava muito além do alcance da confederação, em especial quando vários Estados resolveram preencher suas fileiras por meio de alistamentos voluntários, em vez de que recrutar membros das milícias, como Washington desejava.[839] No fim de março de 1780, os exércitos em Morristown e West Point mal contavam com 10 mil homens e os períodos de serviço de um quarto deles expiraria em breve.[840]

O resultado dessa falta de dinheiro era insatisfação em todos os ramos do serviço, como Washington informou a Huntington no início de abril de 1780. Mais desconcertante era o tratamento distinto dispensado

---

836. Washington para Benjamin Harrison, 18 de dezembro de 1778. In: WP/RWS, v. 18, p. 450.
837. FERLING, J. *Almost a Miracle*, p. 399-400.
838. Washington para Robert Howe, 7 de março de 1780. In: WGW, v. 18, p. 82. Washington para Greene, 9 de março de 1780. In: WGW, v. 18, p. 96-98.
839. Washington para Huntington, 28 de março de 1780. In: WGW, v. 18, p. 170-171.
840. Conselho de Guerra, 27 de março de 1780. In: WGW, v. 18, p. 166.

pelos Estados a suas respectivas unidades. Alguns membros "sustentam suas tropas com bastante abundância (...) outros lhes atendiam algumas necessidades, mas em uma escala menor, enquanto outros conseguiam fazer pouco ou nada". Isso naturalmente provocou muito rancor entre aqueles que recebiam poucas provisões. "Um exército deve ser criado, pago, sustentado e regulado com base em um princípio único e uniforme", do contrário o resultado será interminável confusão e descontentamento. "Nada menos que a dissolução do exército teria sido, há muito tempo, o resultado de um plano diferente, não fosse pelo espírito de virtude patriótica por parte dos oficiais e dos homens." Não obstante, havia limites para a paciência do exército. Muitos oficiais estavam renunciando a seus postos, enquanto os homens, não dispondo dessa opção, "lastimam sua insatisfação e têm demonstrado, últimamente, uma disposição para se aliar em atos de insubordinação". A única solução era assegurar que "tudo que se relacionasse ao exército" fosse "conduzido à luz de um princípio geral, sob a direção do Congresso".[841]

Porém, nem tudo era desalento. No fim de abril de 1780, Lafayette retornou com a informação de que a França estava enviando um exército e uma esquadra para a América.[842] Havia, também, boas notícias da Irlanda, onde o Parlamento de Dublin solicitava independência legislativa. Os irlandeses, como os patriotas, tentavam "se libertar daquela opressão pesada e tirânica", a fim de restaurar "a um povo valente e generoso seus antigos direitos e liberdades". Isso só poderia "contribuir para a causa da América". Washington transformou prontamente o dia de St. Patrick em feriado, ressaltando a expectativa admonitória de que "as celebrações (...) não admitirão qualquer tumulto ou desordem por parte do público".[843]

Por diversas vezes, Washington alertara o Congresso de que a paciência do exército tinha limites e, no fim de maio, ocorreu um sério colapso de disciplina na Linha de Connecticut. Por vários dias, os homens não tiveram carne para comer. Contudo, igualmente nociva foi a decisão do Congresso de lhes pagar o aumento de seus soldos em moeda depreciada. Em 27 de maio de 1780, dois regimentos pegaram suas armas e ameaçaram marchar para o interior, a fim de conseguir alimento fazendo uso de suas baionetas. Felizmente, os apelos dos oficiais e o auxílio de outras unidades convenceram os homens a retornar a seus quartéis.[844]

---
841. Washington para Huntington, 3 de abril de 1780. In: WGW, v. 18, p. 208-209.
842. Washington para Lincoln, 15 de maio de 1780. In: WGW, v. 18, p. 363. Vergennes para Lafayette, 5 de março de 1780. In: IDZERDA. *Lafayette*, v. 2, p. 364-367.
843. Ordens gerais, 16 de março de 1780. In: WGW, v. 18, p. 120.
844. Washington para Huntington, 27 de maio de 1780. In: WGW, v. 18, p. 428-431.

O incidente, entretanto, causou a Washington "mais preocupação do que qualquer outra ocorrência anterior". Como informou a Reed, na Filadélfia, o país parecia mergulhado "em um Estado de insensibilidade e indiferença por seus interesses" no "momento decisivo" da guerra, quando a França "fazia um nobre esforço em nosso socorro". Ele advertiu: "Se frustrarmos as intenções francesas por causa de nossa passividade, haveremos de nos tornar desprezíveis aos olhos de toda a humanidade". Os franceses não fariam outro esforço semelhante, obrigando a América a se submeter ao poderio marítimo e financeiro da Grã-Bretanha. "Nas guerras modernas, aquele que dispõe de mais riquezas é que determina o desenrolar dos acontecimentos." Era essencial, portanto, que os Estados fizessem uma última tentativa de garantir a paz honrosa, baseada na independência.[845]

No entanto, a notícia da aproximação de uma esquadra e um exército franceses incitou Washington a considerar planos de um ataque a Nova York. No dia 6 de junho de 1780, ele informou a seus oficiais que o exército dispunha de 8 mil homens, conquanto esse número pudesse se elevar para 24 mil assim que os Estados completassem seus batalhões. Os britânicos em Nova York talvez tivessem 8 mil regulares, mais 5 mil milicianos, porém apenas um navio de linha.[846] Mas, apesar disso, os oficiais não estavam otimistas de que algo pudesse ser feito, dada a impossibilidade de se saber "que força teremos em campo, de que maneira será designada e quando será reunida". O mesmo era verdade com relação a "provisões e suprimentos".[847] Além disso, era provável que Clinton retornasse de Charleston com parte de seu exército e os navios de guerra de Arbuthnot, o que dificultaria qualquer operação, mesmo com a ajuda da França.

Até o momento, tais discussões eram teóricas, visto que receberam a notícia de que os britânicos estavam avançando para Nova Jersey. O motim de Connecticut levara Knyphausen a acreditar que os homens de Washington desertariam ou seriam incapazes de defender as provisões e equipamentos em Morristown. A população, assim, receberia os britânicos como seus salvadores.[848] Na ocasião, os planos de Knyphausen mostraram-se enganosamente otimistas, como ele confessou a Germain, depois de atravessar o Hudson, na metade de junho. "A disposição dos habitantes" não era, "de modo algum, a que eu esperava; pelo contrário,

---

845. Washington para Reed, 28 de maio de 1780. In: WGW, v. 18, p. 434-440.
846. Procedimentos de um Conselho de Guerra, 6 de junho de 1780. In: NGP, v. 6, p. 7. Ibid., WGW, v. 18, p. 482-485.
847. Greene para Washington, 6 de julho de 1780. In: NGP, v. 6, p. 64-69.
848. Robertson para Germain, 1º de julho de 1780. In: DDAR, v. 18, p. 107-109.

onde quer que fosse, eles estavam armados; tampouco encontrei o espírito de deserção entre as tropas dos rebeldes, que me disseram existir entre elas".[849] Pela segunda vez, Washington elogiou o comportamento da milícia de Nova Jersey.[850] Entretanto, o evento demonstrou que os britânicos poderiam agir com impunidade, mesmo contra o exército continental. Eles haviam assolado "um bom país" e voltariam a fazê-lo até que os Estados preenchessem suas cotas de homens.[851] A inércia dos Estados fez com que Washington duvidasse de sua capacidade de cooperar até mesmo com o exército e a esquadra franceses.[852] Do modo como as coisas estavam, suas ações se limitavam a "transportar nossas provisões de um lugar para outro, a fim de mantê-las fora do alcance do inimigo, em vez de expulsar o inimigo de nosso país".[853]

Ternay e Rochambeau chegaram, enfim, a Rhode Island em 10 de julho de 1780, com sete navios de linha e 4.500 soldados regulares, para grande surpresa da população local. Contudo, assim que os habitantes se recuperaram do choque inicial de ter um exército estrangeiro em seu meio, eles proporcionaram uma acolhida cordial, encorajados pelo comportamento amigável de Rochambeau e a boa disciplina de suas tropas.[854] As boas relações também foram corroboradas por sua disposição de pagar em dinheiro pelas mercadorias e serviços necessários para seu exército e para os navios de Ternay. As ordens dadas a Rochambeau diziam que suas tropas deveriam agir como auxiliares do exército patriota, o que significava que estariam sob o comando de Washington em um corpo distinto. Do mesmo modo, Ternay "deveria apoiar, com todas as suas forças, todas as operações em que sua cooperação" fosse solicitada. Não foram traçados objetivos específicos, uma vez que estes só poderiam ser estabelecidos quando a expedição tivesse chegado. A primeira tarefa seria, necessariamente, assegurar que os navios e tropas ficassem seguros em seu novo ancoradouro e acampamento, em Newport.[855]

Para infelicidade dos aliados, a vinda de Ternay e Rochambeau coincidiu com a chegada de um reforço britânico de seis navios de guerra, comandados pelo almirante Thomas Graves, o que deu a Arbuthnot

---

849. Robertson para Germain, 1º de julho de 1780. In: DDAR, v. 18, p. 107-109. Knyphausen para Germain, 3 de julho de 1780. In: DDAR, v. 18, p. 110-111.
850. Ordens Gerais, 16 de junho de 1780. In: WGW, v. 19, p. 17-18.
851. Washington para Trumbull, 11 de junho de 1780. In: WGW, v. 18, p. 510-511.
852. Washington para Huntington, 20 de junho de 1780. In: WGW, v. 19, p. 34-36.
853. Washington para Fielding Lewis, 6 de julho de 1780. In: WGW, v. 19, p. 130-132.
854. WHITRIDGE, A. *Rochambeau*, p. 87-88.
855. Vergennes para Lafayette, 5 de março de 1780. In: IDZERDA. *Lafayette*, v. 2, p. 364-367.

uma pequena superioridade em navios capitais. O número de tropas trazidas por Rochambeau também era desanimadoramente pequeno. Todavia, os oficiais franceses informaram que uma segunda divisão estava a caminho, vinda de Brest, por conta da insuficiência de navios para transportar todos os soldados de uma só vez.[856] Isso bastou para que Washington solicitasse provisões e outros suprimentos para um exército combinado de 40 mil homens, apesar de ter apenas 9 mil continentais em acampamento. Ele também sugeriu a Ternay e Rochambeau que Nova York deveria ser o objetivo dos aliados, em vez de Quebec ou Charleston, como alguns sugeriam. Porém, antes de se tentar qualquer coisa, era essencial que os aliados atingissem uma superioridade naval em torno da cidade.[857]

Assim, até que a segunda divisão francesa chegasse, eram os britânicos que, ao menos por um tempo, detinham a iniciativa. A necessidade de se adiantar ao inimigo não passou despercebida a Clinton e Arbuthnot, que haviam, agora, retornado a Nova York. Dessa forma, Clinton propôs duas variantes para um ataque a Rhode Island antes que os franceses pudessem consolidar sua posição em Newport. Uma delas era promover o bloqueio do porto enquanto Clinton, com 5 mil homens, atravessava Sakonnet Passage, a fim de atacar pela retaguarda. A segunda era um avanço mais direto de esquadra e exército por Narragansett Sound. Caso qualquer delas fosse bem-sucedida, não apenas enfraqueceria a ameaça contra Nova York ou Charleston, mas também eliminaria o risco de uma invasão francesa no Canadá, sobre a qual já havia rumores.[858]

Entretanto, Arbuthnot não toleraria a adoção de nenhum dos planos, em parte porque isso significaria trabalhar com Clinton, com quem se desentendera após o cerco de Charleston. Arbuthnot, como Howe, preferia enfrentar a esquadra francesa, sem a interferência do exército. Assim, quando Clinton empreendeu uma jornada excepcional por Long Island até Gardiner's Bay, descobriu que Arbuthnot já havia partido, com o pretexto de que os franceses estavam prestes a zarpar.[859] A verdadeira razão era que ele considerava impraticáveis os planejamentos de

---

856. BONFILS, M. Le Comte de L. *Histoire de la Marine Française*, v. 3, p. 166-167. Washington para Greene, 19 de julho de 1780. In: NGP, v. 6, p. 127. KENNETT, L. *The French Forces*, p. 15.
857. Memorando para a preparação de um plano de operação, 15 de julho de 1780. In: WGW, v. 19, p. 174-176.
858. Clinton para Arbuthnot, 15 de julho de 1780. In: CAR, p. 443-444.
859. Clinton para Arbuthnot, 18 de agosto de 1780. In: CAR, p. 451. WILLCOX, W.B. *Portrait of a General*, p. 333-335.

Clinton. "O inimigo dispunha de uma grande força" em Newport, "sob a cobertura de pesada artilharia e intensa fortificação", com as adjacentes colônias da Nova Inglaterra "prontas para lhes dar apoio". Nessas circunstâncias, "um cerco regular" só seria possível se Clinton tivesse um exército de, pelo menos, 18 a 20 mil homens.[860] Esse, sem dúvida, não era o caso.

Mais uma vez, Clinton desabafou com Germain, reclamando que a chegada dos franceses revelara "a total impossibilidade de prosseguir, sem reforços, com a guerra neste país". Era inútil esperar milagres dos legalistas, visto que quaisquer esperanças de uma contribuição substancial por parte deles eram "fantasiosas", a menos que o país fosse ocupado pelo exército de forma permanente. Contudo, seria proveitoso que a esquadra tivesse um comandante "cujas convicções quanto à condução da guerra fossem semelhantes às minhas e cuja cooperação para comigo como comissário e comandante-chefe fosse cordial, uniforme e vigorosa". Não obstante, com apoio naval adequado, "a península entre Chesapeake e Delaware poderia ser subjugada".[861]

Todas as esperanças de realizar aquela operação foram destruídas poucos dias depois, com o recebimento do pedido de Cornwallis, em 6 de agosto, de "uma manobra de distração" em Chesapeake Bay. Essa "nova drenagem" do exército imporia forçosamente a Clinton "uma posição de defesa bastante estrita", apesar da disposição do povo de Nova York em prestar auxílio.[862] Eles lamentavam que "[não] tivesse sido adotada essa medida no sul três anos" antes, quando não havia o risco da intervenção francesa. Contudo, ele continuava confiante de que, tão logo as colônias centrais e as do sul fossem ocupadas, as províncias da Nova Inglaterra poderiam ser subjugadas por expedições "apenas contra suas cidades portuárias". Mas, em um momento de autoindulgência, ele confidenciou a um amigo: "Não tenho dinheiro, não tenho provisões (...) nem mesmo um almirante com quem possa contar minimamente, [e] tampouco exército. Em suma, não tenho nada além da esperança de dias melhores e de um pouco mais de atenção".[863]

Nesse ínterim, a situação do exército de Washington continuava tão precária quanto antes, apesar dos esforços das Senhoras da Filadélfia em comprar uma camisa para cada soldado.[864] Na metade de agosto,

---

860. Arbuthnot para Clinton, 18 de agosto de 1780. In: CAR, p. 451-452.
861. Clinton para Germain, 25 de agosto de 1780. In: DDAR, v. 18, p. 152-154.
862. Clinton para Germain, 30 de agosto de 1780. In: DDAR, v. 18, p. 154-155.
863. Clinton para William Eden, 1º de setembro de 1780. In: CAR, p. 456.
864. Washington para Esther Reed, 14 de julho de 1780. In: WGW, v. 19, p. 167. As senhoras de Nova Jersey e de Maryland fizeram gestos similares.

Washington pediu ao Congresso que fizesse outro apelo aos Estados por recrutas, visto que os batalhões continentais ainda precisavam de 10.400 homens para completar suas fileiras. Ele estava igualmente preocupado com a escassez de provisões.[865] Por cinco dias, as unidades no norte de Nova Jersey tiveram muito pouca farinha e nenhuma carne, o que levou as tropas a realizar amplas pilhagens.[866] Cada dia evidenciava a necessidade de um sistema de abastecimento mais eficiente. Para acalmar a situação, Washington dispensou a maior parte das milícias, embora elas tivessem de ser recrutadas pouco tempo depois, com a chegada da segunda divisão francesa.[867]

Washington também tinha de considerar as futuras exigências do exército. Metade dos alistamentos de continentais expiraria no início de 1781 e, sem substituições, o país sofreria a humilhação de depender de estrangeiros para defendê-lo. O Congresso precisava abandonar sua convicção de que a guerra terminaria logo, uma vez que a paz estava mais distante do que nunca. A Grã-Bretanha pacificara a Irlanda com concessões ao Parlamento de Dublin, enquanto seus recursos financeiros floresciam, apesar do tamanho do débito. Assim, a América deveria cuidar de seus próprios recursos. Isso levou Washington de volta à questão dos alistamentos de curto prazo, que ele acreditava ser a causa da maior parte das dificuldades enfrentadas desde 1775.[868] Abordar esse assunto era importante sobretudo depois da notícia de que a segunda divisão francesa ainda estava em Brest, bloqueada pela esquadra britânica no canal. A menos que a flotilha franco-espanhola em Cadiz interviesse, era provável que os reforços para a América não chegassem antes do término da campanha.[869]

Foi diante dessa conjuntura sombria que Washington reuniu um Conselho de Guerra em 6 de setembro, o qual informou a seus oficiais que o exército contava, agora, com pouco mais de 10 mil continentais e 400 milicianos. Mesmo com os homens de Rochambeau, as forças ao redor de Nova York pouco podiam fazer, a menos que a segunda divisão chegasse.[870] Uma possibilidade era de que os franceses enviassem seu esquadrão das Índias Ocidentais para prestar auxílio. Assim,

---
865. Washington para o comitê de cooperação, 17 de agosto de 1780. In: WGW, v. 19, p. 391-394.
866. Circular para os Estados, 27 de agosto de 1780. In: WGW, v. 19, p. 449-451.
867. Washington para Huntington, 20 de agosto de 1780. In: WGW, v. 19, p. 402-413.
868. Ibid.
869. Washington para Reed, 26 de agosto de 1780. In: WGW, v. 19, p. 440.
870. Conselho de Guerra, 6 de setembro de 1780. In: WGW, v. 20, p. 5-8. Como passara, agora, a ser uma prática habitual, Washington solicitou as opiniões do Conselho por escrito, para que pudesse apreciá-las em particular.

Washington escrevera para De Guichen, informando-o da difícil situação dos aliados: Arbuthnot estava bloqueando Ternay em Rhode Island, Clinton controlava grande parte de Nova York, os indígenas assolavam a fronteira norte, ao passo que Cornwallis dominava a maior parte da Carolina do Sul e da Geórgia. Contudo, caso De Guichen pudesse reverter o quadro na América do Norte, os patriotas poderiam, então, ajudar a França nas Índias Ocidentais.[871]

Enquanto aguardava uma resposta, Washington encontrou Rochambeau e Ternay no dia 22 de setembro, em Hartford, Connecticut. Ali, os aliados concordaram que não seria possível a realização de nenhuma campanha sem superioridade naval, em especial contra Nova York. Portanto, se De Guichen chegasse antes de 1º de outubro e derrotasse Arbuthnot, era aconselhável que se desse início a uma expedição combinada contra a cidade. Por outro lado, se isso fosse considerado difícil demais, deveria ser realizada uma operação no sul. Porém, o que quer que fosse decidido, seria necessário que houvesse superioridade de tropas, na razão de dois contra um. A fim de assegurar isso, ambos os aliados teriam de aumentar suas forças, os franceses em 10 mil homens. Washington, então, sugeriu que Rochambeau marchasse sobre Nova York, para evitar que Clinton reforçasse Cornwallis. No entanto, Rochambeau se recusou a fazê-lo, visto que Ternay ainda se sentia vulnerável em seu ancoradouro em Newport, insistindo que as tropas francesas permanecessem ali como segurança, enquanto Arbuthnot estivesse, com uma esquadra superior, próximo a Gardiner's Bay. Isso deixou Washington com nada além de vagas expectativas de uma campanha eficaz em 1781, a menos que De Guichen ou a segunda divisão francesa chegassem.[872]

Na realidade, nenhuma dessas ocorrências era possível. De Guichen já havia retornado à Europa com a maior parte de sua esquadra para dar assistência no cerco de Gibraltar, enquanto que, em Brest, o ministério francês decidira reposicionar a segunda divisão com vistas a outros objetivos, embora a esquadra britânica do canal tivesse retornado ao porto em setembro. Infelizmente, ninguém do governo francês tentara informar seus próprios comandantes ou os aliados patriotas sobre a mudança de planos.[873] Com o intuito de sanar essa falta de comunicação,

---

871. Washington para De Guichen, 12 de setembro de 1780. In: WGW, v. 20, p. 39-42.
872. Conferência em Hartford, 22 de setembro de 1780. In: WGW, v. 20, p. 79-80. DONIOL, H. *Participation de la France*, v. 4, p. 381-384.
873. KENNETT, L. *The French Forces*, p. 89. Washington soube da decisão apenas no fim de dezembro de 1780. Washington para Lafayette, 26 de dezembro de 1780. In: WGW, v. 21, p. 17. Entretanto, como Kennett ressalta, o ministério francês também não tinha conhecimento dos acontecimentos na América.

Rochambeau concordou em enviar seu filho a Paris, para informar o ministério das decisões tomadas em Hartford: de que seria necessário um reforço de 10 mil soldados franceses, além do fornecimento de um número adequado de navios de guerra para garantir uma campanha bem-sucedida contra Nova York, em 1781.[874]

O fato de que a segunda divisão francesa não chegaria mais não foi o único revés nessa época, uma vez que Washington, ao retornar a West Point, no fim de setembro de 1780, fez a descoberta chocante de que Arnold, um de seus mais hábeis comandantes, havia tentado cometer um ato de traição por meio da entrega dos fortes de Highland ao inimigo. Os motivos da traição de Arnold não são totalmente claros. Ao longo de sua carreira, ele fora ignorado em suas ambições ao alto comando, em especial na primavera de 1777, quando foi preterido na promoção para major general, conquanto fosse o brigadeiro mais antigo. A omissão foi parcialmente remediada poucas semanas depois, por insistência de Washington, mas ele ainda tinha pouco tempo de serviço em relação aos já promovidos, o que prejudicou assim seu direito a um comando de campo sênior.[875] Depois de ser ferido em Saratoga, ele foi encarregado da guarnição da Filadélfia e, nessa função, foi acusado de peculato e outras irregularidades. Por fim, foi submetido à corte marcial e considerado culpado de abusar de sua posição em proveito próprio.[876] Isso, sem dúvida, corroborou o sentimento de isolamento de Arnold, embora o ponto crucial possa ter sido os reveses militares e o mal-estar geral que afetava a causa da independência.[877] Ironicamente, foi nesse momento que Washington ofereceu a Arnold o comando da ala esquerda de seu exército, conferindo-lhe assim o reconhecimento militar por que ele tanto ansiava. Arnold declinou sob a alegação de que seus ferimentos ainda não estavam curados, embora seja provável que suas negociações com Clinton já estivessem adiantadas demais para retroceder. Washington, então, enviou-o para assumir o comando em West Point.[878]

Talvez fosse essa a oportunidade que Arnold esperava, uma vez que já tinha entrado em contato com os britânicos durante uma operação de coleta de informações. O acordo exigia que Arnold ajudasse na tomada

---

874. WHITRIDGE, A. *Rochambeau*, p. 102-103.
875. Washington para Hancock, 12 de maio de 1777. In: WP/RWS, v. 9, p. 396-397. Isso foi finalmente retificado em janeiro de 1778. Washington para Arnold, 20 de janeiro de 1778. In: WP/RWS, v. 13, p. 288.
876. Washington para Arnold, 20 de abril de1779. In: WGW, v. 14, p. 418. Ordens gerais, 6 de abril de 1780. In: WGW, v. 18, p. 222-224.
877. Essa era, por certo, a visão de Arnold depois de sua deserção. Rodney para Sandwich, 10 de outubro de 1780. In: SANDWICH, v. 3, p. 254.
878. Washington para Arnold, 3 de agosto de 1780. In: WGW, v. 19, p. 309.

dos fortes de Highland, em troca de se tornar brigadeiro general no exército britânico.[879] Para infelicidade dos conspiradores, seu plano veio à tona quando o emissário de Clinton, major John André, foi descoberto na posse de plantas dos fortes de Highland, uma evidência incriminadora.[880] Arnold fugiu para as linhas britânicas, mas André não teve tanta sorte. Como foi pego usando disfarces e portando um passe com nome falso e papéis confidenciais escondidos nas botas, foi tratado como espião, apesar das declarações de Clinton de que ele estava agindo sob bandeira de trégua.[881] Washington deve ter adotado essa postura rigorosa por causa do tratamento dispensado anteriormente a um de seus oficiais, o capitão Nathan Hale, que fora apanhado pelos britânicos em circunstâncias semelhantes, enquanto em serviço de coleta de informações. André foi enforcado publicamente em 1º de outubro por ter violado "as leis e os costumes das nações".[882] Entretanto, a deserção de Arnold foi um choque para o estado de espírito dos patriotas. Até então, ele havia personificado tanto daquilo que era caro à causa revolucionária: um homem de vigor, coragem, visão e comprometimento, que pegara em armas em 1775 como um cidadão virtuoso. Agora, era retratado como o pior dos vilões.[883] Os britânicos, não obstante, mantiveram sua palavra e deram a Arnold a patente de brigadeiro provincial e logo um comando em campo.

A descoberta do ardil foi um golpe para Clinton, visto que ele colocara a tomada dos fortes do Hudson à frente de qualquer maior cooperação com a marinha. Em consequência, quando Rodney chegou, de forma inesperada, das Índias Ocidentais com dez navios de guerra à procura de abrigo durante a estação dos furacões, Clinton recusou sua sugestão de atacar Rhode Island, sob o argumento que os franceses estavam, agora, muito bem entrincheirados e poderiam ser reforçados por Washington com facilidade.[884]

Como resultado, o verão e o outono de 1780 passaram quase sem nenhum evento digno de nota, seja por parte dos britânicos, franceses ou patriotas. Talvez os britânicos estivessem mais otimistas quanto ao rumo da guerra no norte, àquela altura. Robertson asseverou a Germain que "a anarquia, tirania e extorsões praticadas entre os rebeldes" estavam

---

879. Clinton para Germain, 11 de outubro de 1780. In: DDAR, v. 18, p. 183-186.
880. Detalhes do plano são fornecidos em Greene para o governador Greene, 2 de outubro de 1780. In: NGP, v. 6, p. 328-329. Veja, também, Clinton para Germain, 11 de outubro de 1780. In: DDAR, v. 18, p. 183-186.
881. Washington para Clinton, 30 de setembro de 1780. In: WGW, v. 20, p. 101.
882. KETCHUM, R.M. *Victory at Yorktown: The Campaign that won the Revolution*. New York, 2004, p. 59, 65-66. Ordens gerais, 1º de outubro de 1780. In: WGW, v. 20, p. 109-110.
883. Greene para o governador Greene, 2 de outubro de 1780. In: NGP, v. 6, p. 328-329.
884. Clinton para Rodney, 18 de setembro de 1780. In: CAR, p. 457-458.

deixando a população desejosa da restauração do governo britânico.[885] Arnold corroborou essas assertivas, afirmando que o controle do Rio Hudson privaria Washington de seus suprimentos e levaria à desintegração de seu exército.[886] Aparentemente, a guerra poderia ser vencida evitando-se qualquer desastre por mais alguns meses. No entanto, a inatividade de Clinton surpreendeu Rodney, em especial quando este encontrou os oficiais se divertindo com performances teatrais em vez de desferir um golpe decisivo contra um inimigo cuja inferioridade era visível.[887]

O moral dos patriotas, ao contrário, estava baixo. Mesmo antes da descoberta da traição de Arnold, a confiança havia sido abalada pela derrota avassaladora de Gates em Camden. Para Greene, o desastre mostrava a absoluta fraqueza do sistema patriota de governo. "Os dois pontos que deveriam ter sido os grandes objetos da atenção governamental foram, de certa forma, totalmente negligenciados. Um deles é a criação de um exército para a guerra e o outro, o gerenciamento das finanças." Mas, em vez de formar um exército permanente, os Estados preferiram o expediente de curto prazo de incorporar as milícias. Isso representava uma falsa economia, visto que exigia muito mais homens para realizar o que um grupo menor de tropas bem treinadas seria capaz de fazer. As mesmas atitudes errôneas quanto às finanças foram igualmente destrutivas para a credibilidade do governo. "A prostituição da honra e da fé nacionais em assuntos financeiros tem provocado tal aversão generalizada que sequer restou alguma sombra de confiança no governo." A incapacidade de manter a moeda, em particular, destruíra o crédito do Congresso e levara ao malfadado "plano de transferir toda essa atribuição para os Estados, de modo que eles promovessem o fornecimento de suprimentos e a criação de fundos adequados". Na realidade, apenas um Congresso com poderes constitucionais genuínos poderia corrigir a situação.[888]

Washington não podia deixar de concordar com as opiniões de Greene, dizendo a um de seus brigadeiros: "Não temos paióis nem dinheiro para criá-los, e em pouco tempo não teremos homens, se não tivermos dinheiro para pagá-los. Temos vivido de artifícios e será dessa forma até que não nos seja mais possível viver assim. Em suma, a história da guerra é uma história de falsas esperanças e recursos temporários, em vez de sistematização e economia". Somente a conduta indiferente

---
885. Robertson para Germain, 1º de setembro de 1780. In: DDAR, v. 18, p. 160.
886. Arnold para Germain, 28 de outubro de 1780. In: DDAR, v. 18, p. 211-215.
887. Rodney para Germain, 22 de dezembro de 1780. In: HMC, Stopford-Sackville, v. 2, p. 191-195.
888. Greene para o general Lewis Morris, 14 de setembro de 1780. In: NGP, v. 6, p. 283-285.

dos comandantes britânicos evitara um desastre.[889] Entretanto, muitos julgavam que os problemas não se resumiam à simples falta de um governo forte. O general Jeddah Huntington acreditava que o povo se esquecera dos ideais de 1775, substituindo-os pelo orgulho, pela ambição e uma vida de suntuosidade. A nação deveria "reviver os sentimentos (...) do início da guerra (...) quando cada homem considerava que o destino de sua pátria dependia de seus próprios esforços".[890]

Na verdade, a causa patriota não era tão frágil como muitos acreditavam, em parte porque os britânicos não eram tão fortes quanto se presumiam. No outono de 1780, Clinton enfrentou uma crise de abastecimento. A maior parte das provisões para suas forças vinha da Grã-Bretanha e da Irlanda. Essa longa cadeia de abastecimento era vulnerável a interrupções provocadas pela Marinha Francesa e pelos corsários patriotas. A situação ficou particularmente crítica quando Arbuthnot enviou, por engano, três transportes de provisões para Halifax.[891] Isso deixou o exército em Nova York com um suprimento de itens essenciais para apenas duas semanas, conforme Clinton informou a Germain, no fim de outubro de 1780.[892] Até 1779, o Tesouro remetera as provisões para o exército em navios de um canhão. Contudo, o Conselho da Marinha foi, então, encarregado dessa tarefa. O método escolhido foi o uso de navios mercantes desarmados, que navegariam em comboios. Infelizmente, a decisão foi tomada sem que se verificasse se o almirantado dispunha de fragatas suficientes para implementar tal sistema. A consequência foi, talvez, previsível. Os carregamentos de provisões ficavam constantemente retidos na praia por causa "da falta de comboios regulares suficientes da Europa". Porém, depois de uma reunião no Tesouro entre North e Middleton, foram tomadas medidas para garantir um fornecimento mais confiável.[893]

Outra fraqueza da posição britânica era sua contínua incapacidade de fazer uso eficiente dos legalistas, entre os quais o descontentamento

---

889. Washington para Cadwalader, 5 de outubro de 1780. In: WGW, v. 20, p. 221-223. Washington para os Estados, 18 de outubro de 1780. In: WGW, v. 20, p. 206.
890. Citado em: ROYSTER, C. *A Revolutionary People at War: The Continental Army and American Character, 1775-1783*. New York, 1979, p. 284.
891. Clinton para Arbuthnot, 29 de outubro de 1780. In: CAR, p. 469. Arbuthnot respondeu em tom jocoso, dizendo que dividiria com satisfação seu último biscoito com Clinton, 1º de novembro de 1780. In: CAR, p. 471.
892. Clinton para Germain, 31 de outubro de 1780. In: CAR, p. 470-471. BOWLER, A. *Logistics*, p. 135-136.
893. North para Jorge III, 29 de setembro de 1780. In: FORTESCUE, v. 5, p. 137. BAKER, N. *Government and Contractors: The British Treasury and War Supplies, 1775-1783*. London, 1971, p. 91-95. BOWLER, A. *Logistics*, p. 131-134.

era predominante, em especial por conta da recusa de Clinton de lhes outorgar qualquer papel significativo em Nova York. Em 1779, um grupo de partidários proeminentes formara o Conselho de Legalistas Associados, a fim de realizar suas próprias operações militares. Entretanto, quando William Franklin, antigo governador de Nova Jersey, e seus colegas tentaram oferecer assistência, foram enviados de um oficial para outro, em uma movimentação interminável.[894] O motivo para tal tratamento era óbvio. Os britânicos "não podem sequer pensar em deixar que tenhamos uma organização separada ou que nos tornemos independentes de qualquer departamento militar". Franklin concluiu que "poderíamos arregimentar e empregar um número considerável de homens e provocar enormes transtornos a nossos inimigos (...) se não estivéssemos tão acorrentados a procedimentos oficiais e outras restrições". A inexistência de qualquer papel significativo fez com que, no fim de janeiro de 1781, o Conselho ainda contasse apenas com 400 a 500 membros e a maioria deles não tinha armas ou outros equipamentos.[895] Uma fonte vital para a reconquista da América deixou de ser utilizada.

A guerra na Europa: a Liga da Neutralidade Armada

Enquanto a Marinha Real se esforçava para manter sua posição nas Índias Ocidentais e na América do Norte, ela não deixou de enfrentar problemas perto da pátria, embora França e Espanha tivessem abandonado seus planos de uma invasão pelo canal inglês. O comércio ainda precisava ser protegido, como ficou demonstrado quando Cordoba e Du Chaffault interceptaram um comboio das Índias Orientais, em 9 de agosto de 1780, ao largo das costas portuguesas, o que resultou na perda de cargas avaliadas em 1,5 milhão de libras, com mais 1.500 marinheiros e número equivalente de soldados.[896] No entanto, a maior preocupação de Sandwich e seus colegas, em 1780, era o fluxo de suprimentos navais do Báltico. Sem tais suprimentos, as esquadras Bourbon seriam incapazes de desafiar as tentativas britânicas de reconquistar a América. Os principais produtos da região báltica eram madeira serrada para os cascos dos navios de guerra, pinheiros longos para os mastros, linho para as velas, cânhamo para as cordas e piche para impermeabilizar os navios.

---
894. Conselho de Legalistas para Clinton, 1º de dezembro de 1780. In: DDAR, v. 18, p. 239-244.
895. Governador Franklin para Galloway, 28 de janeiro de 1781. In: DDAR, v. 20, p. 49-51.
896. DULL, J. *The French Navy*, p. 193-194. MACKESY, P. *The War for America, 1775-1783*. Cambridge, Mass., 1964, p. 357.

Nem a França nem a Espanha tinham acesso direto a essas mercadorias, por causa do controle britânico sobre o canal. Contudo, comerciantes suecos, dinamarqueses, holandeses e russos estavam ávidos por agir em benefício daqueles países. Isso era algo que os britânicos não podiam aceitar, visto que o comércio dos implementos navais permitiria que França e Espanha equipassem suas esquadras com mais facilidade. Por tradição, a lei das nações limitava o contrabando militar a armas e munições, mas a Grã-Bretanha, agora, definia-o de modo a incluir qualquer coisa de uso em tempos de guerra, como implementos navais. Para abrandar as disposições neutras, a Grã-Bretanha costumava pagar por essas cargas, de modo que abastecessem seus próprios estaleiros. Entretanto, esse tipo de ação ameaçava trazer sérias consequências, uma vez que os Estados bálticos e a Holanda insistiam na doutrina de "navios livres transportando mercadorias livres", ou seja, que todo comércio neutro era permitido, exceto o de armas e munições.[897]

No caso da Holanda, a situação era agravada em razão do Tratado Anglo-Holandês de 1674, que excluía, de forma específica, os implementos navais da lista de mercadorias de contrabando. O documento também incluía um artigo segundo o qual, caso um dos signatários estivesse em guerra com uma terceira parte, o outro poderia realizar transações comerciais com ambos os combatentes. Contudo, os holandeses também estavam comprometidos pelo Tratado de 1678, que exigia que dessem assistência na hipótese de guerra contra a França ou a Espanha. A Grã-Bretanha, a título de acordo, se dispôs a renunciar seu direito a assistência militar contanto que a Holanda aceitasse a interpretação britânica de contrabando. A Holanda não aceitou a proposta, pois o comércio de implementos navais era demasiado valioso, quaisquer que fossem suas obrigações pelo Tratado de 1678.[898]

Dessa maneira, a partir do verão de 1778, a Marinha Real passou a vigiar de perto os carregamentos que passavam pelo canal em direção às costas francesas e além. Os holandeses responderam com a elaboração de um sistema de comboio que os britânicos, a princípio, respeitaram. No entanto, como o tamanho e número dessas flotilhas aumentou, o ministério de North, no fim de dezembro de 1779, deu ordens ao comandante do esquadrão de Downs para que inspecionasse um comboio de 27 embarcações, embora estivessem escoltadas por cinco

---

897. SYRETT, D. *The Royal Navy in European Waters during the American Revolutionary War*. Columbia, SC, 1998. p. 100. SCOTT, H.M. *British Foreign Policy in the Age of the American Revolution*. Oxford, 1990, p. 277-284.
898. SYRETT, D. *The Royal Navy in European Waters*, p. 96-98, 106-107. SCOTT, H.M. *British Foreign Policy*, p. 284-286.

navios de guerra holandeses. O comandante holandês recusou-se a acatar e disparos foram trocados, conquanto os holandeses logo baixassem suas bandeiras.[899]

A tática intimidativa dos britânicos aborreceu não só os holandeses, mas os suecos, dinamarqueses e, principalmente, os russos. A Rússia era, agora, uma grande potência na Europa Oriental, e estava ansiosa para ser reconhecida como tal. Era, também, grande produtora de implementos navais. A imperatriz Catarina, a Grande, viu portanto uma oportunidade de asseverar sua influência ao defender a causa das potências neutras. Na primavera de 1780, ela propôs à Dinamarca e à Suécia a formação de uma Liga da Neutralidade Armada, a fim de proteger seus interesses. A Liga adotava cinco princípios, sendo o mais importante deles o direito de os países neutros negociarem com todos os combatentes, exceto quando se tratasse de artigos estritamente definidos, como contrabando. Além disso, qualquer bloqueio teria de ser eficaz, o que significava o estabelecimento de um firme cordão de isolamento ao redor de um porto específico, não a detenção aleatória de navios em alto mar, como era a prática dos britânicos.[900] Pouco tempo depois, outros Estados do norte europeu, inclusive Áustria e Prússia, decidiram unir-se à Liga, exasperados com embaraço semelhante a seu comércio.[901]

Os colegas de North poderiam ter se perguntado se valia a pena continuar a guerra na América, dada a extensão das hostilidades contra a Grã-Bretanha. Não obstante, o gabinete deu ordens ao almirantado, em 10 de agosto de 1780, para garantir que o esquadrão de Downs fosse adequadamente reforçado a fim de interceptar quaisquer comboios holandeses, com ou sem escolta.[902] Entretanto, a situação não era tão crítica quanto poderia ter sido. Nenhuma das nações bálticas tinha uma marinha significativa, ao passo que a capacidade dos holandeses de entrar em uma guerra importante na Europa era solapada por dissensões entre as sete províncias. Contudo, ainda restava bastante orgulho aos Estados Gerais [também Províncias Unidas da Holanda], em novembro de 1780, para solicitar sua associação à Liga, na esperança de garantir auxílio. O país também começou a equipar 16 navios de linha para o caso de as hostilidades se agravarem.

---

899. Minuta do gabinete, 19 de novembro de 1779. In: SANDWICH, v. 3, p. 106. Capitão Fielding para Sandwich, 31 de dezembro de 1779. In: SANDWICH, v. 3, p. 113-114.
900. DULL, J.R. *A Diplomatic History*, p. 129. SYRETT, D. *The Royal Navy in European Waters*, p. 119-121.
901. SIMMS, B. *Three Victories and a Defeat: The Rise and Fall of the First British Empire*. London, 2007, p. 642-644.
902. Minuta do gabinete, 10 de agosto de 1780. In: FORTESCUE, v. 5, p. 107-108.

Os britânicos não estavam dispostos a aceitar esse acontecimento, que foi visto como um ato hostil. A guerra na América do Norte parecia se desenrolar de forma favorável à Grã-Bretanha com a queda de Charleston, enquanto na Europa as potências Bourbon haviam sofrido um sério revés depois da derrota de Langara e da libertação de Gibraltar. Sem ameaças no canal, o ministério de North lograra realizar uma eleição geral no verão de 1780, que preservou sua já existente maioria no Parlamento. Assim, puderam ponderar com relativa calma acerca de uma deflagração de hostilidades contra os holandeses, visto que a única dúvida era a de que, caso a Holanda se unisse à Liga antes que a guerra fosse declarada, seus membros seriam obrigados a ajudar os holandeses. Um pretexto conveniente para se antecipar a tal resultado logo surgiu quando um navio britânico interceptou uma embarcação patriota que levava Henry Laurens, como um dos comissários de paz do Congresso, para a França. Entre seus papéis estava o esboço de um tratado entre os Estados americanos e os comerciantes de Amsterdã. Embora não fosse um documento oficial do governo, ofereceu aos britânicos um *casus belli*, qual seja, que os holandeses planejavam uma aliança com os rebeldes americanos.[903] Os britânicos logo responderam com uma declaração de guerra e um bloqueio rigoroso da costa holandesa. Também foram feitos planos de atacar as ilhas holandesas nas Índias Ocidentais, especialmente Santo Eustáquio e Curaçao.[904] Porém, tratava-se de mais uma demanda para os já sobrecarregados recursos da Grã-Bretanha, principalmente se a Liga viesse em socorro da Holanda. Mesmo que a Liga se abstivesse de hostilidades, o mais provável era que as forças de Clinton e Arbuthnot na América ficassem ainda mais privadas de reforços, com consequências que ainda não podiam ser calculadas.

---

903. SCOTT, H.M. *British Foreign Policy*, p. 305-308.
904. Germain para o almirantado, 20 de dezembro de 1780. In: DDAR, v. 18, p. 258-259.

CAPÍTULO 8

A Fronteira Norte-Americana, 1775-1782

O mosaico do sudeste

A guerra da independência norte-americana afetou não apenas a costa oriental dos Estados Unidos, mas também suas fronteiras internas, que se estendiam desde os Grandes Lagos até o Golfo do México. Participavam da guerra não apenas a Grã-Bretanha, a Espanha e os Estados Unidos, mas inúmeras nações indígenas. Todos tinham objetivos diversos. Os povos indígenas buscavam a preservação de suas terras e de seu modo de vida. Os patriotas desejavam proteger seus assentamentos de fronteira, bem como a possibilidade de expansão futura. A Espanha queria recuperar as Flóridas Oriental e Ocidental, ao passo que a Grã-Bretanha procurava resguardar a influência que tinha, à época, junto aos povos nativos, em especial com relação ao comércio.

No início das hostilidades, em 1775, tanto a Grã-Bretanha quanto o Congresso expressaram um desejo de manter um relacionamento pacífico com seus vizinhos indígenas, simulando a crença de que o emprego de "selvagens" era algo de que as potências cristãs não poderiam se valer. No entanto, ambos se preocupavam em assegurar que seus oponentes não tirassem partido de tal neutralidade. Nessa disputa pelo apoio dos índios, os britânicos, em regra, levavam a melhor. Quaisquer que fossem seus erros passados, eles não ameaçavam colonizar as terras indígenas. Os britânicos também tinham maior variedade de mercadorias para comércio, contanto que pudessem fazê-las cruzar o Atlântico.

Os patriotas, ao contrário, tinham muito menos a oferecer, especialmente em termos de armas e munição. Eles também representavam maior ameaça à soberania territorial indígena.

John Stuart, superintendente britânico para a região sul, recebeu bem os protestos iniciais de seu governo pela paz, pois temia que qualquer ataque a assentamentos brancos levasse ao derramamento de sangue inocente. Assim, seu suplente, David Taitt, aconselhou os índios Creek, em agosto de 1775, a permanecer em seus lares, de modo a evitar que os patriotas fossem provocados. No entanto, não era isso o que os indígenas queriam ouvir. Além das ameaças a suas terras, as nações do sul estavam exasperadas em virtude da incapacidade dos habitantes da Virgínia de lhes fornecer pólvora. Os caciques fizeram ameaças de que não poderiam se responsabilizar por seus jovens guerreiros, caso o embargo patriota perdurasse.[905] Sua inquietação coincidiu com relatos de Gage de que os rebeldes estavam empregando atiradores indígenas em Boston. Aparentemente, os patriotas haviam passado dos limites. Já era o momento de os britânicos retaliarem, fazendo com que os povos nativos se voltassem contra as áreas rebeldes do interior.[906]

Dessa maneira, no fim de dezembro de 1775, Stuart recebeu instruções para empregar os índios do sul "para assolar os súditos rebeldes de Sua Majestade, de todas as formas possíveis". O ministério estava particularmente ansioso para arregimentar auxílio indígena para a expedição Clinton Parker ao interior sulino.[907] Stuart respondeu que os Cherokee estavam ávidos por ajudar. Contudo, os Creek não se envolveriam até que tivessem acertado algumas diferenças com os Choctaw. Stuart acreditava que, tão logo tais questões estivessem resolvidas, os Choctaw e os Chickasaw estariam "ao nosso inteiro dispor". Infelizmente, os Creek, que estavam muito mais próximos do conflito, continuaram enigmáticos quanto a suas verdadeiras intenções.[908]

Os Cherokee, ao contrário, não precisaram de muito incentivo para pegar em armas, sob a liderança do chefe Dragging Canoe [Canoa que Arrasta ou Draga]. Eles eram, por longa tradição, aliados dos britânicos, conquanto o relacionamento tivesse sofrido duras provas em 1759 e 1761, quando, nessas duas ocasiões, regulares britânicos invadiram suas terras. Mas isso havia sido mais do que abrandado pela crescente ameaça de invasores brancos, que os britânicos pareciam estar prontos a

---
905. David Taitt para John Stuart, 1º de agosto de 1775. In: DDAR, v. 11, p. 61-62.
906. Gage para Stuart, 12 de setembro de 1775. In: DDAR, v. 11, p. 105. Era evidente que Gage confundira os fuzileiros da Virgínia e da Pensilvânia com indígenas.
907. Stuart para Cameron, 16 de dezembro de 1775. In: DDAR, v. 11, p. 210-211.
908. Stuart para Clinton, 15 de março de 1776. In: DDAR, v. 12, p. 76-79.

restringir. Os primeiros alvos, em julho de 1776, foram os assentamentos Watauga, no leste do Tennessee, que ficavam próximos aos povoados centrais e superiores dos Cherokee e violavam o acordo de fronteira de 1767 do Tratado de Hard Labor [Trabalho Pesado].[909] Assim, o grupo principal de 700 guerreiros, chefiado por Dragging Canoe, investiu sobre o posto central em Eaton's Station. Ali, em 20 de julho, os indígenas tentaram atacar as defesas, mas foram enfim repelidos em uma luta corpo a corpo. Um segundo grupo atacou, ao mesmo tempo, um posto fortificado em Sycamore Shoals, poucos quilômetros Rio Watauga acima. Esse ataque também foi malsucedido. Os Cherokee sofreram, então, um terceiro revés, quando os povoados inferiores atacaram o Forte Lyndley, no Rio Savannah. Apesar do auxílio de alguns partidários do Tory, eles também foram repelidos.[910]

Para infelicidade dos Cherokee, seus ataques serviram tão somente para incitar os Estados sulinos à luta. Isso aconteceu em um período em que os britânicos experimentavam dificuldades na obtenção de suprimentos para a fronteira. Os Cherokee também estavam isolados, em termos de apoio indígena. Embora os Delaware e os Shawnee partilhassem do mesmo ressentimento contra os colonos, nenhuma das outras tribos proeminentes do sul se sentia ameaçada o suficiente para aderir a uma guerra pan-indígena, apesar dos esforços de Stuart para alistá-los.[911] Em retaliação pelo ataque a Lindley's Fort, a Carolina do Sul enviou o coronel Andrew Williamson, com 1.800 homens, em agosto de 1776, contra os povoados inferiores. Aos soldados da Carolina do Sul uniram-se 2.500 milicianos da Carolina do Norte, sob o comando do general Griffith Rutherford, para assolar os povoados centrais. Por fim, um contingente de 4 mil combatentes da Virgínia e da Carolina do Norte, comandado pelo brigadeiro Andrew Lewis, avançou, dos assentamentos junto aos Rios Holston e Watauga, para atacar as aldeias superiores. Embora a capital Cherokee de Chota tenha sobrevivido, pouco sobrou das outras aldeias, o que obrigou seus habitantes a buscar proteção entre os Creek.[912] A tribulação dos Cherokee foi agravada pela decisão dos povoados Creek superiores de se abster das hostilidades depois do

---

909. Henry Stuart para John Stuart, 7 de maio de 1776. In: DDAR, v. 12, p. 130-133.
910. ALDEN, J.R. *The South in the Revolution, 1763-1789*. Baton Rouge, 1976, p. 272.
911. John Stuart para Germain, 23 de agosto de 1776. In: DDAR, v. 12, p. 188-191. Henry Stuart para John Stuart, 25 de agosto de 1776. In: DDAR, v. 12, p. 191-208.
912. Alexander Cameron para John Stuart, 23 de setembro de 1776. In: DDAR, v. 12, p. 229-230. Stuart para Germain, 24 de novembro de 1776. In: DDAR, v. 12, p. 253-254.

fracasso da expedição Clinton Parker a Charleston. Isso se deu não obstante a ajuda de Stuart na negociação de paz entre eles e os Choctaw.[913]

As aldeias superiores e centrais, em consequência, tiveram de assinar um tratado de paz em maio de 1777, pelo qual cediam todas as suas terras a leste das Montanhas Blue Ridge e ao norte do Rio Nolichucky. Porém, a campanha também foi um revés para os britânicos. Os Cherokee não só foram incapazes de infligir qualquer dano significativo, mas seu remanejamento trouxera descrédito à causa britânica em muitas regiões do interior, onde o medo dos indígenas era maior que a repulsa pelos patriotas. Nesse aspecto, os Cherokee eram muito mais úteis como inimigos do que como aliados.[914] Finalmente, a derrota dos Cherokee foi prejudicial à Grã-Bretanha pois serviu de alerta para as outras nações sulinas quanto ao que poderia lhes acontecer, caso entrassem na guerra como aliados dos britânicos.

A fraqueza britânica ficou ainda mais evidente no início de 1778, quando um destacamento de soldados da Virgínia, sob o comando de James Willing, saiu de Pittsburgh e desceu o Mississippi para proteger as armas e munições que haviam sido prometidas em segredo pela Espanha em 1776.[915] Os Choctaw e Chickasaw deveriam avisar Stuart de tais incursões e observar seu progresso. Willing tinha um contingente composto de meros cem homens. Contudo, os índios não fizeram qualquer tentativa de detê-lo, o que fez com que os assentamentos britânicos na margem leste do Mississippi, em Natchez e Manchac, fossem pegos de surpresa. Willing, então, partiu para New Orleans, onde foi calorosamente recebido pelo novo governador espanhol, o dinâmico Bernardo de Galvez.[916]

Stuart e o governador Chester, da Flórida Ocidental, recuperaram, em seguida, os dois assentamentos no Mississippi, após o envio de alguns voluntários de Pensacola.[917] Eles estavam, portanto, bem posicionados para interceptar Willing quando este voltasse de Nova Orleans. Desta vez, os patriotas é que foram totalmente surpreendidos na batalha de White Cliffs, quase 25 quilômetros abaixo de Natchez, em 16

---

913. Stuart para Germain, 26 de outubro de 1776. In: DDAR, v. 12, p. 239-242. Stuart para Howe, 13 de abril de 1777. In: DDAR, v. 14, p. 68-69. Stuart para Germain, 6 de outubro de 1777. In: DDAR, v. 14, p. 192-195.
914. KLEIN, R.N. *Unification of a Slave State: The Rise of the Planter Class in the South Carolina Backcountry, 1760-1808*. Chapel Hill, 1990, p. 94-95.
915. BEMIS, S.F. *The Diplomacy of the American Revolution*. Bloomington, 1961, p. 90-91. Veja, anteriormente, capítulo 2, seção "O Congresso estende o conflito: Canadá".
916. Stuart para Germain, 5 de março de 1778. In: DDAR, v. 15, p. 55-56. Chester para Germain, 14 de abril de 1778. In: DDAR, v. 15, p. 98-99.
917. Stuart para Germain, 13 de abril de 1778. In: DDAR, v. 15, p. 94-95.

de abril de 1778.[918] A notícia foi encorajadora o bastante para fazer com que Germain ordenasse a construção de um novo forte próximo a Iberville, com capacidade para 300 homens. Galeras a remo armadas também deveriam ser construídas para patrulhar o Mississipi.[919] Esperava-se que essas medidas, somadas a reforços substanciais, impediriam a repetição de eventos semelhantes.

No entanto, antes que essas ordens pudessem ser executadas, uma nova ameaça surgiu na Flórida Oriental, onde uma força da Carolina do Sul e da Geórgia invadiu a província, no início de julho de 1778. Os patriotas tinham cerca de 800 homens em galeras armadas e outros 2.500 em marcha por terra. Chegaram até o Rio St. John, onde foram detidos temporariamente pelos patrulheiros legalistas de Brown. Dessa vez, 500 índios da tribo Creek Inferior, ou Seminoles, atenderam ao pedido de auxílio dos britânicos, reconhecendo o perigo para suas terras. Apesar de os patriotas terem cruzado o Rio St. John com sucesso, o constante assédio dos indígenas fez com que abandonassem seu plano.[920]

Em outros lugares, os Creek e outros povos nativos do sul permaneceram neutros, em grande parte graças à influência de George Galphin, comissário indígena do Congresso. Ele distribuía presentes com uma generosidade que Stuart era incapaz de igualar, isolado como estava na Flórida Ocidental. Galphin, por outro lado, dispunha de copiosos suprimentos fornecidos pelas autoridades francesas e espanholas no Caribe.[921] Isso não significava que os Creek pretendessem lutar pelos patriotas, pois, como Chester comentou, eles aceitavam presentes de qualquer um que quisesse ofertá-los. Por certo, não se poderia criar expectativas acerca de suas ofertas periódicas de auxílio aos britânicos, o que não era de surpreender, pois, como um velho chefe Creek disse a Stuart, ele estava cansado de ouvir a respeito da ajuda britânica que nunca chegava. Sua nação não teria o mesmo destino dos Cherokee, que se lançaram na guerra sem qualquer assistência.[922]

Entretanto, na primavera de 1779, inúmeros Creek dos povoados superiores pegaram, de fato, em armas após a chegada de Campbel e Prevost à Geórgia. Aquele foi o tipo de auxílio que todas as nações

---

918. Chester para Germain, 7 de maio de 1778. In: DDAR, v. 15, p. 118-119. Hutchins para Germain, 21 de maio de 1778. In: DDAR, v. 15, p. 123-126.
919. Germain para o comandante, 1º de julho de 1778. In: DDAR, v. 15, p. 150-151.
920. Tonyn para Germain, 24 de julho de 1778. In: DDAR, v. 15, p. 168-169.
921. ALDEN, J.R. *The South in the Revolution*, p. 275. BAKER, N. *Government and Contractors: The British Treasury and War Supplies, 1775-1783*. London, 1971, p. 199-200.
922. Chester para Germain, 24 de agosto de 1778. In: DDAR, v. 15, p. 186-188. Stuart para Knox, 9 de outubro de 1778. In: DDAR, v. 15, p. 211-214.

desejavam. Os britânicos responderam com um convite aos chefes para que fossem a Savannah a fim de participar de suas futuras ações. Contudo, a maioria dos guerreiros preferiu atacar o interior, onde poderiam agir em pequenos grupos para saquear os moradores e lhes matar o gado. Apenas 12 ficaram com Prevost. Os habitantes da Carolina do Sul logo reagiram com o envio de destacamentos montados para surpreender os saqueadores. Os Creek, então, voltaram para seu próprio território, reconhecendo que era improvável a concretização do esperado apoio britânico.[923]

Enquanto isso, hostilidades estavam a ponto de eclodir mais uma vez com os Cherokee. Muitos moradores das aldeias superiores, chefiados por Dragging Canoe, haviam se recusado a aceitar o tratado de paz de maio de 1777, preferindo se retirar para o Rio Chickamauga, que ficava além das montanhas. Ali, construíram um assentamento provisório até que surgisse uma oportunidade adequada para voltarem para seu território.[924] Não lhes faltou o incentivo de Alexander Cameron, outro agente de Stuart, em especial depois da notícia do avanço de Prevost sobre Charleston. Assim, Dragging Canoe e seus guerreiros responderam, em maio de 1779, com uma marcha em direção à fronteira da Geórgia. Infelizmente, eles deixaram seus próprios acampamentos desprotegidos, o que permitiu que os habitantes da Virgínia e da região do Rio Holston, na Carolina do Norte, empreendessem um ataque surpresa. Embora a maior parte das mulheres e crianças tenha escapado, suas habitações em Chickamauga foram destruídas.

Apesar desse revés, os Cherokee decidiram prosseguir na luta, depois de se unirem a Cameron, que tinha uma companhia de legalistas refugiados. No entanto, foram logo confrontados, no fim de agosto de 1778, por uma numerosa força de cavalaria e infantaria montada da Carolina do Sul, comandada por Williamson. Ele ofereceu um pacto de neutralidade aos Cherokee, contanto que abandonassem Cameron e seus companheiros. Os Cherokee recusaram. Williamson, então, incendiou seis de suas aldeias, forçando a população a fugir para a floresta e viver de frutos e nozes, até que Cameron conseguisse um suprimento de milho.[925]

Muitos observadores britânicos responsabilizaram Stuart pela ineficiência dos indígenas do sul nos primeiros quatro anos da guerra. Sua morte em maio de 1779, portanto, permitiu uma reorganização de seu

---

923. James Prevost para Germain, 14 de abril de 1779. In: DDAR, v. 17, p. 101-104. Charles Shaw para Germain, 7 de agosto de 1779. In: DDAR, v. 17, p. 183-185.
924. Stuart para Germain, 4 de dezembro de 1778. In: DDAR, v. 15, p. 284-285.
925. Cameron para Germain, 18 de dezembro de 1779. In: DDAR, v. 17, p. 268.

departamento. Cameron ficou incumbido dos Choctaw e Chickasaw, enquanto Brown assumiria o comando dos Creek, Cherokee e Catawba.[926] Com a iminência da entrada da Espanha na guerra, a amizade dos Choctaw e Chickasaw era particularmente importante, dado o risco de uma ofensiva espanhola contra os assentamentos britânicos no Mississipi e no Golfo do México.

Dessa vez, a Grã-Bretanha parecia preparada para oferecer aos indígenas o apoio que desejavam. Em outubro de 1778, Clinton implementou as ordens de Germain, no sentido de reforçar a guarnição na Flórida Ocidental com o envio de mil regulares, sob o comando do brigadeiro John Campbell. Ele recebera instruções para reconstruir o forte em Manchac, a fim de proteger a navegação no baixo Mississipi. Ele também deveria avaliar a conveniência de um ataque a Nova Orleans, agora que a entrada da Espanha na guerra estava confirmada.[927] Infelizmente, esses planos mostraram-se otimistas demais. A maior parte das tropas de Campbell era desqualificada, uma vez que Clinton havia enviado os elementos mais indesejáveis de seu exército. Campbell também não dispunha de carroças, barcos e carpinteiros para a construção do novo forte. Outro problema era que a região de Manchac era sujeita a enchentes.[928] Nessas circunstâncias, um ataque a Nova Orleans era impossível.

Dessa forma, a iniciativa passou para os espanhóis, que estavam prontos para lançar uma ofensiva para a retomada da Flórida Ocidental, depois da chegada antecipada de grandes reforços.[929] O ataque seria conduzido por Galvez, com uma força de 1.800 regulares e milicianos espanhóis, mais o número de índios que pudessem ser reunidos. Após reconhecer a Independência dos Estados Unidos em 20 de agosto de 1779, Galvez deu início à sua campanha com ataques aos acampamentos britânicos na margem leste do Mississipi.[930] Estes foram logo compelidos a se render, muito antes que Campbell tivesse tempo de organizar um contra-ataque a partir de Pensacola. De fato, ele precisava

---

926. Germain para Cameron e Brown, 25 de junho de 1779. In: DDAR, v. 17, p. 154-155. Cameron não ficou satisfeito com esse arranjo, alegando que sabia pouco sobre seus novos comandados. Cameron para Germain, agosto de 1780. In: DDAR, v. 18, p. 157-160.
927. Clinton para Germain, 8 de outubro de 1778. In: DDAR, v. 15, p. 209-210. Germain para o brigadeiro Campbell, 25 de junho de 1779. In: DDAR, v. 17, p. 153-154.
928. Campbell para Clinton, 10 de fevereiro-21 de março de 1779. In: DDAR, v. 17, p. 54-65.
929. LYNCH, J. *Bourbon Spain, 1700-1808*. Oxford, 1989, p. 319.
930. Campbell para Germain, 14 de setembro de 1779. In: DDAR, v. 17, p. 216-218.

de todas as suas forças para sua própria defesa, visto que não contava com um único navio da Marinha Real para ajudá-lo.[931]

No início de 1780, Galvez inaugurou o segundo estágio de sua ofensiva, um ataque a Mobile, depois de receber reforços de Havana. Ele dispunha de cerca de 1.400 homens. A guarnição somava apenas 300 e se rendeu dois dias mais tarde, uma vez que careciam de suporte naval.[932] Entretanto, Pensacola, o centro do poder britânico na Flórida Ocidental, mostrou-se um empreendimento mais difícil, em especial após a chegada de várias fragatas da Jamaica. Campbell também recebeu o auxílio de um grande grupo de guerreiros Seminole, que haviam se reunido anteriormente para a defesa de St. Augustine.[933] Os Creek tinham antigas lembranças da crueldade dos espanhóis, que remontavam ao século XVI.

Enquanto Galvez considerava esse empecilho a seus planos, travava-se a batalha final entre os patriotas e os Cherokee. Até então, os Cherokee não tinham interferido na luta principal entre os britânicos e seus oponentes patriotas. Contudo, a vitória de Cornwallis em Camden, em agosto de 1780, e o avanço de Ferguson rumo ao interior indicavam que seria possível uma cooperação mais efetiva agora. Porém, as expectativas dos Cherokee foram frustradas mais depressa do que surgiram. Primeiro, a força de Ferguson foi debelada em King's Mountain. Em seguida, um destacamento de 250 carabineiros, sob o comando de John Sevier, derrotou uma companhia perto do Rio Holston, o que abriu caminho para que outro contingente de 650 soldados da Virgínia, vindos de Watauga, atacassem as aldeias de Overhill. Dessa vez, Chota caiu sem resistência, dispersando a população faminta nas montanhas.[934] Os caciques, mais uma vez, tiveram de buscar a paz, entregando suas terras a leste dos Montes Apalaches. Embora Dragging Canoe insistisse em uma resistência desorganizada, o poder dos Cherokee fora destruído.[935] Eles jamais seriam capazes de desafiar os homens brancos de novo, em termos militares.

A derrota dos Cherokee também coincidiu com uma nova investida de Galvez contra Pensacola. Uma vez mais, sua tentativa foi frustrada, dessa vez por uma tempestade. No entanto, isso não o deteria, agora que fora promovido a tenente-general da região. Em março de 1781, Galvez conseguira reunir uma força franco-espanhola de 7 mil

---

931. Campbell para Germain, 15 de dezembro de 1779. In: DDAR, v. 17, p. 260-267.
932. Campbell para Germain, 24 de março de 1780. In: DDAR, v. 18, p. 64-67.
933. Campbell para Germain, 15 de maio de 1780. In: DDAR, v. 18, p. 92-94.
934. Coronel Arthur Campbell para Greene, 8 de fevereiro de 1781. In: NGP, v. 7, p. 258.
935. Autorização para a negociação com as nações Cherokee e Chickasaw, 26 de fevereiro de 1781. In: NGP, v. 7, p. 351-352.

homens e 15 navios de linha em Cuba. Dessa vez, ele empreendeu o cerco de Pensacola com chances esmagadoras. A guarnição de 1.600 homens, sob o comando de Campbell, fez o melhor que pôde até que um de seus principais redutos explodiu, tornando inútil mais qualquer resistência.[936] Apesar de várias centenas de índios Creek e Choctaw chegarem para prestar auxílio, eles não conseguiram fazer frente a tamanha força.[937] A tomada de Pensacola em maio de 1781 significava que a presença britânica nas Flóridas Ocidental e Oriental estava reduzida a um único posto, a cidade de St. Augustine. Para a Grã-Bretanha, a guerra na fronteira do sul estava efetivamente acabada.

O êxito da Espanha na Flórida Ocidental, embora não fosse bem recebido pelos índios do sul, era menos ameaçador do que teria sido no século XVI, quando o poder espanhol estava no apogeu. De fato, os índios do sul, com exceção dos Cherokee, haviam conservado suas terras quase intactas. Entretanto, a crescente população branca nas Carolinas e na Geórgia indicavam que uma nova onda de assentamentos estava a caminho, caso os patriotas vencessem seu conflito com a Grã-Bretanha. Muito dependeria da habilidade da Espanha de manter o equilíbrio de poder na região, de modo a oferecer um contrapeso às ambições territoriais dos habitantes de língua inglesa.

A LUTA PELO OHIO E PELO ILLINOIS

Assim como as nações do sul, os povos nativos do Vale do Ohio ficaram incertos quanto a que rumo seguir quando do início das hostilidades entre britânicos e colonos, em 1775. Os últimos desejavam a paz, a fim de poderem se concentrar no conflito do leste. Portanto, o Congresso convidou os Shawnee, os Delaware e os Mingo para uma conferência em Pittsburg, em julho de 1775, para negociar uma neutralidade benéfica para todos. O problema era que os povos do Ohio não eram, em absoluto, unânimes nessa questão. A maioria dos Delaware estava satisfeita em ficar fora do conflito, especialmente as vilas da missão Moraviana ao longo do Rio Tuscarawa. Os Shawnee e os Mingo, por sua vez, eram mais hostis, em razão de suas recentes perdas durante a Guerra de Dunmore, em 1774, quando os Shawnee foram obrigados a ceder a margem sul do Rio Ohio.[938] Porém, todas as nações do Ohio

---

936. Campbell para Germain, 7 de maio de 1781. In: DDAR, v. 20, p. 136-138. Ibid., 12 de maio de 1781. In: DDAR, v. 20, p. 138-142.
937. Cameron para Germain, 27 de maio de 1781. In: DDAR, v. 20, p. 149-151.
938. HINDERAKER, E. *Elusive Empires*: *Constructing Colonialism in the Ohio Valley, 1673-1800*. Cambridge, England, 1997, p. 207-209.

foram prejudicadas pela interrupção dos suprimentos da Grã-Bretanha, depois que Montgomery e Arnold invadiram o Canadá.

Assim, a retirada patriota do Canadá e a retomada do fluxo de suprimentos pendeu a balança em favor dos britânicos. No entanto, foi apenas em fevereiro de 1777 que os Shawnee se mostraram prontos para dar início às hostilidades, após o assassinato de seu chefe, Cornstalk [Caule de Milho]. Por ironia, ele tentava deter a companhia que estava em sua nação e partira para avisar os colonos do perigo que corriam. Não demorou para que os Wyandot, os Ottawa e os Ojibwa, dos Grandes Lagos, se unissem aos Shawnee. Embora não fossem ameaçados de forma direta pela colonização branca, essas nações haviam sido grandes aliadas dos povos do Ohio durante a guerra de Pontiac.[939] Eles foram incitados a pegar em armas agora porque os britânicos queriam apoio para os exércitos de Burgoyne e Howe. O comandante em Detroit, coronel Henry Hamilton, portanto, deveria empregar o maior número possível de índios "para desviar a atenção e provocar alarme nas fronteiras da Virgínia e da Pensilvânia".[940] A única ressalva era que Hamilton deveria se certificar de que pessoas adequadas ficassem encarregadas dos nativos "a fim de impedir que cometessem atos de violência contra os já bastante atingidos e inofensivos habitantes locais" em seu caminho para o leste, ao encontro dos exércitos britânicos. Os Shawnee, contudo, preferiram fazer de Boones Borough, no Rio Kentucky, e Forte Henry, perto da foz do Wheeling Creek, abaixo de Pittsburgh, seus principais objetivos. Entretanto, todas as tentativas de conquistar esses pontos-chave foram infrutíferas.[941]

Esses ataques realizados pelas nações do Ohio e dos Grandes Lagos levaram o Congresso a considerar um ataque contra Detroit, em 1778, como a melhor maneira de restringir a influência britânica na região e promover a paz na fronteira. Para agilizar essas questões, o Congresso decidiu criar dois novos regimentos de fronteira.[942] Ao mesmo tempo, Washington deu ordens para que o general Lachlan McIntosh assumisse o comando em Pittsburgh. McIntosh era um ofi-

---

939. MIDDLETON, R. *Pontiac's War: Its Causes, Course and Consequences*. New York, 2007, p. 83-90.
940. Germain para Carleton, 26 de março de 1777. In: DDAR, v. 14, p. 51-52. Procedimentos do governador Hamilton de novembro de 1777 a junho de 1781. In: HMC, Stopford-Sackville, v. 2, p. 223. HARRISON, L.H. *George Rogers Clark and the War in the West*. Lexington, KY, 1976, p. 11.
941. VAN EVERY, D. *A Company of Heroes: The American Frontier, 1775-1783*. New York, 1962, p. 117-146.
942. Laurens para Washington, 3 de maio de 1778. In: WP/RWS, v. 15, p. 22-23.

cial em quem Washington depositava grande confiança.[943] No entanto, McIntosh logo descobriu que tinha homens e suprimentos insuficientes até mesmo para avançar sobre o assentamento Wyandot, em Sandusky, o máximo que estava a seu alcance para proteger os habitantes nos arredores de Forte Pitt.[944]

Enquanto os planos do Congresso falhavam, a Virgínia tomava suas próprias providências para subjugar os indígenas. O Estado há muito reclamava a região do Ohio como parte de seu território. Agora, designava George Rogers Clark, oficial da milícia de Kentucky, para concretizar tal pretensão, pois via nisso a melhor maneira de proteger os habitantes brancos.[945] Clark tem sido tradicionalmente retratado como o autêntico herói da fronteira, que assegurou o Ohio e o Velho Noroeste para a emergente democracia dos Estados Unidos. Na realidade, ele era um colonizador que buscava consolidar o controle branco de Kentucky por meio da dizimação dos povos nativos. Como disse mais tarde a Hamilton, "de sua parte, jamais pouparia homem, mulher ou criança" indígenas "em quem ele pudesse colocar as mãos".[946]

Clark reconheceu que Detroit poderia ser um passo muito grande para seus recursos limitados. Em vez disso, voltou sua atenção para o interior de Illinois. Ele imaginou que seus habitantes de língua francesa lhe dariam as boas-vindas agora que a França era aliada dos Estados Unidos. Assim, Clark recebeu autorização do governador Patrick Henry para prosseguir com seu plano. Ele empreendeu a descida pelo Ohio em maio de 1778, com 175 voluntários, com a intenção de viajar para Massac, perto da junção com o Mississipi, antes de concluir sua jornada a pé, para não ser detectado. Como Clark previra, a presença britânica no Illinois era mínima e Kaskaskia, seu principal assentamento, foi rapidamente ocupado em 5 de julho de 1778, com a aparente aprovação de seus habitantes franceses. Estes até ajudaram, em seguida, na ocupação pacífica de Vincennes, no Rio Wabash.[947]

A notícia desses acontecimentos imediatamente levou Hamilton, que estava em Detroit, a tentar um contra-ataque, em outubro de 1778. Desse modo, reuniu uma força semelhante, composta por regulares e franco-canadenses, e com a expectativa de que várias centenas de

---
943. Ibid., 12 de maio de 1778, p. 108-110.
944. Andrew Lewis para Washington, 8 de agosto de 1778. In: WP/RWS, v. 16, p. 272-275.
945. HARRISON, L.H. *George Rogers Clark*, p. 17-18.
946. Citado em: WHITE, R. *The Middle Ground: Indians, Empires, and Republics in the Great Lakes Region, 1650-1815*. Cambridge, Eng., 1991, p. 368.
947. Hamilton para Germain, julho de 1778. In: DDAR, v. 15, p. 175-176. HARRISON, L.H. *George Rogers Clark*, p. 23-36.

Shawnee se uniriam a ele. Seu plano era atacar Vincennes antes de prosseguir para Kaskaskia, onde Clark se fixara com a maior parte de seus homens. Em consequência, Vincennes tinha apenas um pequeno destacamento de soldados patriotas, que foram logo forçados a se render, em 17 de dezembro de 1778. Como o inverno já havia chegado, Hamilton decidiu não continuar até o Illinois.[948] Essa era a estação de caça dos índios, por isso permitiu que seus aliados indígenas se dispersassem enquanto ele fortalecia as defesas de Vincennes. A retomada do Illinois poderia esperar até que chegassem reforços do Canadá, na primavera.[949]

Na realidade, Hamilton subestimara os perigos que corria, uma vez que Clark organizou rapidamente uma nova ofensiva para reconquistar Vincennes, apesar do rigor da estação. Sua força consistia de apenas 130 homens e muitos deles eram recrutas da população francesa. Não obstante, Clark chegou a Vincennes em 25 de fevereiro de 1779, o que foi uma total surpresa para Hamilton. Antes do encerramento das negociações de rendição, um pequeno grupo de índios retornou a Vincennes, sem saber da chegada de Clark. Este executou os recém-chegados de imediato, a fim de intimidar seus oponentes, tanto brancos quanto vermelhos. Nessa ocasião, a tática funcionou. Hamilton foi logo convencido a se render.[950] Ele e seus principais oficiais foram acorrentados e, então, enviados para a prisão, na Virgínia. Clark justificou tal tratamento com a alegação de que os prisioneiros haviam incitado os indígenas a realizar massacres de colonos brancos em Kentucky.[951]

A vitória de Clark em Vincennes coincidiu com a notícia de que outro contingente da Virgínia, com 500 homens, sob o comando do coronel John Montgomery, estava avançando para unir-se a ele, o que aumentaria a possibilidade de uma expedição a Detroit, em 1779.[952] Para infelicidade de Clark, Montgomery chegou com apenas 150 homens, depois que a maior parte de sua companhia decidiu atacar o assentamento Shawnee de Chillicothe. Isso não deixou a Clark outra opção além de abandonar o planejado ataque a Detroit. Era o momento de assegurar o que já havia sido conquistado. Dessa forma, Montgomery foi encarregado do controle do Illinois enquanto Clark voltava para o Kentucky a fim de organizar suas defesas e recrutar mais homens.

---

948. Hamilton para Haldimand, 18-30 de dezembro de 1778. In: DDAR, v. 15, p. 288-293.
949. Hamilton para Haldimand, 24 de janeiro de 1779. In: DDAR, v. 17, p. 48.
950. HARRISON, L.H. *George Rogers Clark*, p. 57-60.
951. Procedimentos de Hamilton. In: HMC, Stopford-Sackville, v. 2, p. 237-241.
952. Bolton para Haldimand, 2 de abril de 1779. In: DDAR, v. 17, p. 95. VAN EVERY, D. *A Company of Heroes*, p. 210.

Esses contratempos de Clark encorajaram os britânicos e seus aliados a renovar seus ataques, na primavera de 1780. Foram planejadas duas ofensivas. A primeira, que compreendia mil índios dos Grandes Lagos, sob o comando do capitão Emanuel Hesse, deveria avançar a partir do Lago Michigan, descendo o Mississipi, para restaurar a autoridade britânica no Illinois. A segunda, uma investida para desviar a atenção, destinava-se a fazer com que Clark recuasse para defender os assentamentos do Kentucky. Hesse alcançou seu objetivo com perfeição, mas descobriu que Clark ainda permanecia em Illinois e estava entrincheirado demais em Cahokia para ser desalojado. Então, Hesse voltou sua atenção para o assentamento espanhol em St. Louis. Entretanto, ele encontrou esse inimigo igualmente bem preparado. Longos cercos não se coadunavam com o modo de guerrear dos aliados indígenas de Hesse, que logo começaram a desertar. Portanto, ele recuou pelo Rio Illinois, de volta ao Lago Michigan. Isso permitiu que Clark retornasse a Kentucky para enfrentar a segunda ofensiva britânica, enquanto Montgomery permanecia no comando do Illinois.[953]

O objetivo da segunda força britânica, comandada pelo capitão Henry Bird e que consistia de 150 partidários Tory e mil guerreiros Delaware e Shawnee, era ameaçar os assentamentos ao sul do Ohio. Bird começou seu avanço no início de junho de 1780, pelos rios Maumee e Miami, em direção a Licking Valley, a norte de Kentucky. Ali, ele capturou dois postos isolados, as estações de Ruddle e de Martin, fazendo cem prisioneiros. Alguns deles foram sumariamente executados pelos índios, em uma demonstração da ferocidade do conflito que se travava agora. Os indígenas, então, começaram a se dispersar, ignorando o perigo de que Clark poderia voltar, o que ele fez ao receber notícias da investida de Bird. Clark logo recrutou várias centenas de carabineiros do Kentucky e atravessou o Ohio. Dessa vez, seu objetivo era Chillicothe, a principal aldeia Shawnee, que ele incendiou de imediato. Depois disso, ele avançou para Piqua, onde os Shawnee haviam reunido sua força principal. Clark dispunha de cerca de mil homens, ao passo que os Shawnee tinham apenas 350. Os soldados do Kentucky eram, agora, tão adeptos do combate em meio às árvores quanto os próprios índios, e alcançaram uma vitória arrasadora sobre seus inimigos. Não foram feitos prisioneiros, embora as baixas de ambos os lados tivessem sido modestas.[954]

A destruição de Chillicothe por Clark levou os Shawnee a, inevitavelmente, fazer um novo apelo a seus aliados para que os auxiliassem

---

953. HARRISON, L.H. *George Rogers Clark*, p. 72.
954. HARRISON, L.H. *George Rogers Clark*, p. 75.

em sua busca por vingança. Assim, realizou-se uma conferência em Detroit, em abril de 1781, onde foi acertada a realização de uma nova ofensiva. Joseph Brant, o célebre guerreiro Mohawk, estava presente.[955] Os aliados primeiro reuniram suas forças em Sandusky e só então partiram para o Ohio em junho de 1781, à busca de Clark, que, nesse meio-tempo, tentava organizar uma nova expedição contra Detroit. A princípio, Clark esperava conseguir a ajuda de Washington. No entanto, o comandante-chefe não tinha tropas para oferecer, conquanto tivesse disponibilizado alguns suprimentos.[956] Clark, então, recorreu ao governo do Estado da Virgínia, que lhe conferiu autorização de arregimentar um exército de 2 mil homens das milícias ocidentais. Esses números eram totalmente irrealistas, dado o exaurimento dos assentamentos da fronteira. Mesmo assim, Clark partiu, mais uma vez, Rio Ohio abaixo, no início de agosto de 1781, com 400 homens e o intento de seguir até as Cataratas do Ohio, antes de marchar por terra até o lado ocidental do Lago Erie. Em sua pressa, deixou cem soldados da Pensilvânia para trás, com instruções para que o alcançassem no caminho. Eles nunca chegaram, pois caíram em uma emboscada no dia 24 de agosto de 1781, preparada por Brant na foz do Rio Miami, o que resultou na perda de quase todo o destacamento.[957] Esse revés acabou com a pretensão de Clark de chegar a Detroit, uma vez que ele dispunha de poucos suprimentos e estava em inferioridade numérica com relação às nações do Ohio e dos Grandes Lagos. Desse modo, retrocedeu pelo Rio Ohio, no fim de outubro de 1781. Washington reconheceu abruptamente que a frustração costumava ser o destino de tais empreendimentos de milícias.[958]

Mesmo antes desses fracassos, Clark acreditava que seria melhor abandonar a região do Illinois. Poucos voluntários estavam disponíveis para o recrutamento das guarnições em Kaskaskia, Cahokia e Vincennes, e era igualmente impossível obter suprimentos após a invasão da Virgínia por Cornwallis. Além disso, a insatisfação dos habitantes franceses com o governo militar patriota ficava cada vez maior. Os espanhóis em St. Louis estavam mais do que preparados para preencher o vácuo político e militar resultante dessa situação, mesmo que fosse

---

955. KELSAY, I.T. *Joseph Brant, 1743-1807: Man of Two Worlds*. Syracuse, NY, 1984, p. 309-310.
956. Washington para Jefferson, 10 de outubro de 1780. In: WGW, v. 20, p. 148-149. Washington para Brodhead, 29 de dezembro de 1780. In: WGW, v. 21, p. 33. Washington para Clark, 8 de junho de 1781. In: WGW, v. 22, p. 184-186.
957. Haldimand para Germain, 23 de outubro de 1781. In: DDAR, v. 20, p. 248-249. KELSAY, I.T. *Joseph Brant*, p. 312-313.
958. Washington para Irvine, 18 de dezembro de 1781. In: WGW, v. 23, p. 396-397.

apenas para fortalecer a alegação de seus direitos sobre os territórios a leste do Mississipi. Isso transformou Louisville, nas quedas do Ohio, no posto patriota mais avançado a oeste.[959]

Entretanto, os combates ao longo do Ohio não arrefeceram em 1782, embora as hostilidades estivessem chegando ao fim no leste, depois da derrota britânica em Yorktown. O prospecto de paz foi ainda mais prejudicado quando alguns milicianos da Pensilvânia, comandados pelo coronel David Williamson, assassinaram mais de cem índios Delaware Moravianos em seu acampamento em Gnadenhutten. A companhia de Williamson procurava os assassinos de uma família branca, morta no dia 8 de março de 1782, quando se depararam com os Moravianos. Apesar dos comoventes pedidos de misericórdia, os Delaware foram trucidados enquanto cantavam hinos. Como acontece em todos os incidentes como esse, a vingança não tardou, em especial quando Williamson e o coronel William Crawford empreenderam um novo ataque do outro lado do Ohio, com 300 soldados da Pensilvânia. A intenção era destruir os assentamentos no Rio Sandusky. Os Shawnee e Wyandotte logo perceberam a finalidade da expedição e surpreenderam os soldados da Pensilvânia em 4 de junho de 1782, quando estavam próximos a seu alvo, e capturaram muitos prisioneiros, inclusive Crawford. Embora ele não tivesse participado do massacre no Gnadenhutten, os Delaware não hesitaram em aplicar seu senso de justiça, queimando-o, devagar, até a morte.[960]

O êxito em Sandusky encorajou os índios do Ohio e do oeste a retomar seus ataques depois de uma nova onda de assentamentos no Kentucky. Os legalistas estavam prontos para lhes dar suporte, na esperança de que também pudessem retomar algo da guerra. Em uma conferência conjunta no mês de junho de 1782, em Wapatomica, uma aldeia Shawnee às margens de um afluente do grande Rio Miami, os povos nativos e seus aliados legalistas concordaram em fazer um último ataque aos assentamentos do Kentucky. Simon Girty, antigo prisioneiro da tribo sêneca, da Pensilvânia, que se aliara aos britânicos, sugeriu que os índios primeiro ameaçassem o posto patriota de Bryan's Station, perto de onde hoje é Lexington. Sua intenção era incitar os ocupantes da fronteira a avançar e, assim, atraí-los para uma armadilha preparada pelos patrulheiros Tory, subordinados ao capitão William Caldwell.

---

959. VAN EVERY, D. *A Company of Heroes*, p. 271, 290-292. HARRISON, L.H. *George Rogers Clark*, p. 79.
960. VAN EVERY, D. *A Company of Heroes*, p. 309-310. Washington reagiu ao incidente advertindo o general Irvine de que nenhum de seus homens "deveria se permitir ser pego com vida", 6 de agosto de 1782. In: WGW, v. 24, p. 474.

O plano funcionou com perfeição. Depois de uma escaramuça inicial em Bryan's Station, 200 ocupantes da fronteira arremeteram em perseguição, na crença de que poderiam alcançar os índios que fugiam. Isso foi feito apesar do alerta de Daniel Boone para que não o fizessem. A cautela de Boone provou-se justificada em 19 de agosto de 1782, quando os fronteiriços foram emboscados por 300 partidários Tory e índios, próximo a Blue Licks, no Rio Licking. Os combatentes do Kentucky perderam metade de seu contingente.[961] No entanto, o ataque não surtiu os efeitos pretendidos, visto que serviu tão somente para incentivar Clark a atravessar o Ohio, uma vez mais, com mil fronteiriços montados, para atacar as aldeias Shawnee. Impossibilitados de convocar os Wyandot ou outros aliados mais distantes em seu socorro, os Shawnee tiveram de testemunhar uma segunda destruição de suas aldeias.[962]

Todos os esforços dos indígenas do Ohio e do oeste e de seus aliados Tory não lograram reverter a derrota sofrida na guerra de Dunmore. O Kentucky e o Tennessee Oriental ainda estavam nas mãos dos brancos e o número de colonos aumentava. De fato, a guerra com os patriotas não trouxera nada além de morte e destruição para os participantes nativos, a menos que a Grã-Bretanha conseguisse a paz, o que era, agora, pouco provável. É preciso admitir que os povos nativos conseguiram obrigar Clark a retroceder pelo Ohio, bem como a abandonar Illinois. Infelizmente, isso não valeu de nada quando da abertura das negociações de paz em Paris. Aquilo que Clark não conseguira realizar pela força das armas, os britânicos cederam com uma única canetada, sem se preocupar com seus aliados nativos. O cenário estava, assim, arranjado para o confronto seguinte com os colonos, dessa vez pelas terras a norte do Ohio.

A DEVASTAÇÃO DAS TRIBOS IROQUESAS

A confederação das seis nações iroquesas, assim como os povos do Ohio, permanecera neutra nos dois primeiros anos das hostilidades. Isso se deu a despeito das ordens britânicas dadas a Guy Johnson, filho de um antigo superintendente do norte, em julho de 1775, para que os incitasse a "erguer suas machadinhas contra os súditos rebeldes de Sua Majestade".[963] Os patriotas, por sua vez, reconhecendo sua influência relativamente pequena, não fizeram tal tentativa. Quando a confederação encontrou-se

---
961. SAVAS, T.P.; DAMERON, J.D. *A Guide to the Battles of the American Revolution.* New York, 2006, p. 337-341.
962. VAN EVERY, D. *A Company of Heroes*, p. 332. HARRISON, L.H. *George Rogers Clark*, p. 90-92
963. Dartmouth para Guy Johnson, 24 de julho de 1775. In: DDAR, v. 11, p. 55-56.

com o general Schuyler em Albany, no mês de agosto de 1775, ele lhes disse que o Congresso desejava tão somente sua neutralidade. Isso era conveniente aos iroqueses, visto que desejavam evitar qualquer conflito desvantajoso. Assim, declararam "que, como se tratava de uma contenda de família, eles não interfeririam; antes, permaneceriam neutros".[964] Na realidade, os iroqueses esperavam acirrar os ânimos de ambos os lados, jogando-os um contra o outro, como fizeram nas guerras anteriores entre a França e a Grã-Bretanha. Dessa maneira, os patriotas conseguiram invadir o Canadá sem qualquer oposição dos iroqueses, conquanto alguns Mohawk canadenses tivessem auxiliado na defesa de St. Johns.[965]

Ao longo da maior parte do ano de 1776, a trégua entre patriotas e iroqueses foi mantida, embora agentes britânicos, como John Butler e a família Johnson, tivessem feito o possível para ganhar o apoio da confederação indígena. Os magistrados de Albany responderam com uma tentativa de prender *sir* John Johnson, o chefe da família, o que o forçou a fugir para o Canadá.[966] Entre os seguidores de Johnson estava Joseph Brant, irmão de Molly, companheiro de armas de *sir* William Johnson em seus últimos anos. Joseph fora educado na escola indígena do reverendo Eleazar Wheelock e sua relativa sofisticação foi uma das razões pelas quais Guy Johnson, agora superintendente do norte, levou Brant para Londres, em novembro de 1776. Lá, ele se convenceu da justiça da causa britânica, em especial quando Germain sugeriu que as terras indígenas seriam protegidas.[967]

Não obstante, os britânicos tiveram dificuldade em obter apoio ativo dos iroqueses nos primeiros 18 meses da guerra por causa de sua fraqueza militar. A evacuação de Boston levou os iroqueses a fazer uma visita a Washington, em Nova York, e, em seguida, ao Congresso, na Filadélfia.[968] Em resposta, Butler só pôde dizer, em uma conferência em Niagara, em junho de 1776, que os patriotas os enganariam e tomariam suas terras caso eles não apoiassem o grande rei. Kiashuta, que desempenhara um papel fundamental na guerra de Pontiac, retorquiu que os britânicos é que eram "insanos, ingênuos, loucos e enganadores". Os patriotas haviam lhes dado o bom conselho de ficar fora da briga dos homens brancos.[969] Porém, isso foi antes de os índios saberem da ocu-

---

964. Schuyler para Washington, 27 de agosto de 1775. In: WP/RWS, v. 1, p. 367.
965. GRAYMONT, B. *The Iroquois in the American Revolution*. Syracuse, 1972, p. 71-80.
966. Schuyler para Washington, 21 de maio de 1776. In: WP/RWS, v. 4, p. 362.
967. GRAYMONT, B. *The Iroquois*, p. 104-108. KELSAY, I.T. *Joseph Brant*, p. 172-173.
968. Mensagem das seis nações, 16 de maio de 1776. In: WP/RWS, v. 4, p. 319-320.
969. GRAYMONT, B. *The Iroquois*, p. 97-99. Para o papel de Kiashuta na guerra de Pontiac, veja: MIDDLETON, R. *Pontiac's War*, p. 35-42, 97, 145, 175-181.

pação do Forte Stanwix por Schuyler, que o planejara em segredo durante outras conversações, naquele verão, em Albany.[970] A guarnição era substancial, contando com 900 homens, e estava perto de Onondaga, onde a confederação mantinha sua câmara de conselho.

Foi um choque desagradável para os iroqueses e aumentou a pressão que sofriam para que se unissem à expedição de St. Leger para o Vale Mohawk, que estava sendo planejada como parte da ofensiva de Burgoyne. Apesar disso, a maioria dos iroqueses ainda se recusava a oferecer apoio ostensivo aos britânicos, temerosos de que isso exporia os membros do leste da confederação a ataques dos patriotas. Assim, Butler teve de organizar outra conferência, em julho de 1777, em Irondequoit, ocasião em que distribuiu generosas quantidades de rum e outros presentes para persuadir a maioria deles a entrar no conflito. Ainda assim, a maioria dos Oneida e dos Tuscarora recusou-se a se unir à expedição. Os Oneida eram bastante influenciados por seu ministro, Samuel Kirkland, que era natural de Boston e um patriota convicto.[971]

Por fim, a força de St. Leger totalizou 300 regulares, 350 legalistas de Nova York, cem canadenses armados com machados e mil índios das seis nações, liderados por Blacksnake [Cobra Negra], chefe sêneca, e Brant. Os aliados primeiro se reuniram em Oswego e partiram, em 26 de julho, para o Forte Stanwix, onde Schuyler tinha 500 continentais trabalhando nas defesas. Para sua surpresa, quando St. Leger chegou ao forte, no dia 3 de agosto, encontrou-o mais protegido do que esperava, o que o deixou em um dilema, pois tinha artilharia insuficiente para um cerco formal.[972] Isso deu tempo para que o general Herkimer e seus 800 milicianos de Tryon County marchassem em socorro do forte. Eles foram acompanhados por 60 índios Oneida.

Aqueles que faziam o cerco receberam a notícia da chegada desse reforço por intermédio de Molly, que ainda estava na aldeia Mohawk de Canajoharie.[973] St. Lerger decidiu que o melhor a fazer era emboscar a coluna de reforço antes que ela pudesse alcançar a guarnição. John Johnson e Butler ficaram encarregados dos patrulheiros Tory enquanto Brant e Blacksnake lideravam os iroqueses. Os aliados logo encontraram um lugar ao longo do rio onde a estrada atravessava uma ravina.

---

970. Schuyler para Washington, 11 de junho de 1776. In: WP/RWS, v. 4, p. 504-505.
971. GRAYMONT, B. *The Iroquois*, p. 120-122. Para detalhes sobre o ministério de Kirkland, veja: ibid., p. 34-40.
972. Claus para Knox, 16 de outubro de 1777. In: DDAR, v. 14, p. 221-224. Claus (um oficial do departamento indígena) alegou ter avisado St. Leger quanto ao tamanho da guarnição e à consequente necessidade de artilharia.
973. KELSAY, I.T. *Joseph Brant*, p. 203.

De início, o desenrolar da batalha de Oriskany, em 6 de agosto de 1777, favorecia os aliados, apesar de alguns disparos prematuros por parte dos iroqueses. Contudo, o ímpeto se perdeu quando muitos dos guerreiros saquearam o comboio de carruagens de Herkimer. Isso permitiu que o principal corpo das tropas patriotas saísse da ravina. O combate, então, tornou-se caótico, com pesadas baixas de ambos os lados.[974] A tática indígena era atrair milicianos, individualmente, para o meio das árvores, onde podiam ser atingidos por suas machadinhas. No entanto, Herkimer ordenara que seus homens lutassem aos pares. Enquanto um homem atirava, o outro recarregava sua arma. Nesse momento crítico, chegaram notícias de que a guarnição havia empreendido um contra-ataque ao acampamento indígena. Os guerreiros imediatamente acorreram de volta para proteger suas mulheres e pertences. Isso obrigou os legalistas a desistir, apesar do apoio de St. Leger e de alguns regulares. Porém, Herkimer não estava em condições de tirar proveito da situação. Havia 160 de seus homens entre mortos e feridos, e, assim, ele fez uma prudente retirada para German Flats.[975]

St. Leger, então, retomou seu cerco do Forte Stanwix, embora com pouco sucesso, dada a insuficiência de sua artilharia. Não obstante, a situação era desesperadora o suficiente para fazer com que Schuyler solicitasse a ajuda de Gates, conquanto Burgoyne estivesse avançando na direção de Albany. Nessa crise, Arnold ofereceu seus serviços, que foram logo aceitos por Schuyler. Por volta de 1.200 homens partiram, embora Arnold, com perspicácia, tenha espalhado rumores acerca da verdadeira força de seu destacamento. O engodo funcionou, uma vez que os partidários Tory e os índios estavam bastante chocados com o massacre em Oriskany e não desejavam enfrentar um novo inimigo. Em consequência, St. Leger não teve opção, exceto recuar para Oswego. Arnold, então, reabasteceu o Forte Stanwix antes de retornar a Albany para se unir na luta contra Burgoyne.[976]

A batalha teve inúmeras consequências. Primeiro, a confederação iroquesa estava, agora, irremediavelmente dividida, visto que os Mohawk, os sêneca, os Onondaga e os Cayuga apoiavam os britânicos, enquanto os Oneida e os Tuscarora aliaram-se aos patriotas. Mas, ao

---

974. Claus to Knox, 16 de outubro de 1777. In: DDAR, v. 14, p. 219-224.
975. Schuyler para Washington, 15 de agosto de 1777. In: WP/RWS, v. 10, p. 624-625. Schuyler para Washington, 17 de agosto de 1777. In: WP/RWS, v. 10, p. 654. GRAYMONT, B. *The Iroquois*, p. 135-136.
976. Schuyler para Washington, 17 de agosto de 1777. In: WP/RWS, v. 10, p. 654. St. Leger para Carleton, 27 de agosto de 1777. In: DDAR, v. 14, p. 171-174. Claus para Knox, 16 de outubro de 1777. In: DDAR, v. 14, p. 222-223.

contrário de antigas desavenças dentro da confederação, as diferenças, desta vez, eram absolutas: a liga criada por Dekanawidah e Hiawatha, quatro séculos antes, não existia mais. Sangue havia sido derramado, o que exigia uma resposta, de acordo com o ritual de luto de guerra. Dessa forma, as nações pró-britânicas atacaram a aldeia Oneida de Oriska, nos arredores, incendiando casas, destruindo plantações e roubando o gado. Os Oneida, então, retaliaram, forçando Molly e seus vizinhos Mohawk a fugir para Niagara. Isso foi seguido da destruição do assentamento de Caughnawaga, no baixo Mohawk, o que obrigou seus habitantes a escapar para Montreal, também sem quaisquer pertences. Era inevitável que a retaliação não tardaria. Depois de um apaixonado discurso de Molly na câmara do grande Conselho em Onondaga, os quatro membros remanescentes da confederação atacaram os principais acampamentos Oneida, forçando-os a procurar refúgio em Albany.[977]

O ano de 1777 não foi feliz para as seis nações, dadas suas perdas em Oriskany, a subsequente guerra civil e a derrota de Burgoyne. Entretanto, Butler reportou, de Niagara, que a maioria da confederação continuava fortemente favorável à cooperação com a Grã-Bretanha.[978] Isso era muito bom para os britânicos, posto que precisavam da ajuda de seus aliados para defender as fronteiras. Frederick Haldimand, o novo governador do Canadá, tinha necessariamente de manter a maior parte de suas forças no St. Lawrence, por causa da incerteza da lealdade dos canadenses, depois da entrada da França na guerra. As principais operações na fronteira ocidental de Nova York, em 1778, portanto, destinaram-se antes a objetivos indígenas que britânicos. Brant deveria retomar o Vale do Mohawk, ao passo que Seyenqueraghta, o principal guerreiro sêneca, atacava Wyoming Valley, no nordeste da Pensilvânia, área há muito reclamada por sua nação.[979]

Para enfrentar essas ameaças, os patriotas também procuraram o auxílio de seus amigos indígenas. Schuyler realizou uma conferência, em março de 1778, com os Oneida e os Tuscarora, prometendo-lhes a construção de um forte em Oriska para proteger suas famílias enquanto estivessem na guerra.[980] Contudo, os patriotas estavam fracos demais para fazer algo além disso. Como Washington comentou com Laurens, os britânicos dispunham de muito mais presentes para seduzir os povos

---

977. Claus para Knox, 6 de novembro de 1777. In: DDAR, v. 14, p. 249-251. KELSAY, I.T. *Joseph Brant*, p. 207-209.
978. Butler para Carleton, 14 de dezembro de 1777. In: DDAR, v. 14, p. 274-275.
979. GRAYMONT, B. *The Iroquois*, p. 160.
980. Washington para os comissários indígenas, 13 de março de 1778. In: WP/RWS, v. 14, p. 167-168. Schuyler para Washington, 22 de março de 1778. In: WP/RWS, v. 14, p. 276-277.

nativos a mudar de lado. Ele só poderia ter esperanças de que a notícia de uma aliança com a França pudesse dissuadir os iroqueses de perpetrar outras hostilidades.[981]

A iniciativa, portanto, passou aos britânicos e às seis nações, suas aliadas. Brant foi o primeiro a dar início às hostilidades. Após reunir uma força de 300 partidários Tory e iroqueses, no fim de maio de 1778, ele atacou o assentamento de Cobleskill Creek, pouco mais de 30 quilômetros a oeste de Albany, antes de emboscar um destacamento de continentais e milicianos, enviado em seu socorro. Ele tirou enorme proveito da ineficiência dos fortes patriotas, que lhe permitiu se movimentar livremente de um alvo a outro, ao sul do Rio Mohawk.[982] Isso o encorajou a atacar German Flats em setembro, embora não tenha conseguido passar pelas paliçadas dos fortes Herkimer e Dayton, onde os habitantes haviam procurado refúgio. Não obstante, ele pôde incendiar inúmeras casas, celeiros e moinhos de grãos antes de se esquivar à milícia de Tryon County. Haldimand teceu grandes elogios sobre Brant, "cuja fidelidade ao governo, determinação e esforço pessoal fazem dele um homem de caráter muito especial". No entanto, quando Germain propôs torná-lo coronel dos índios, Haldimand se opôs. Brant era apenas um guerreiro relativamente jovem e não tinha o prestígio de outros chefes. Essa observação lhe traria mais inimigos do que aliados.[983]

Enquanto isso, Butler, com uma força mista de 110 patrulheiros legalistas e 450 guerreiros sêneca e Cayuga, sob a liderança de Seyenqueraghta e Cornplanter [Plantador de Milho], outro cacique sêneca, avançara sobre o Vale do Wyoming. Ali, em 3 de julho de 1778, ele persuadiu dois dos menores fortes a se renderem sem derramamento de sangue, o que indicava que a guerra ainda não havia degenerado na selvageria que muitos temiam. Butler soube, então, que uma força de 500 patriotas estava avançando para atacar. Ele incendiou os dois fortes a fim de dar a impressão de que estava batendo em retirada, atraindo assim os inimigos para uma emboscada. Dessa vez, a surpresa foi total. Em consequência, os aliados derrotaram o inimigo em meia hora, com a perda de somente um índio e dois patrulheiros. As perdas patriotas, ao contrário, foram duras, com 227 escalpelados e apenas cinco prisioneiros, embora a maior parte dos sobreviventes tenha conseguido escapar.

---

981. Washington para Laurens, 3 de maio de 1778. In: WP/RWS, v. 15, p. 20-21.
982. Comissários para assuntos indígenas para Washington, 9 de junho de 1778. In: WP/RWS, v. 15, p. 360-361.
983. Haldimand para Germain, 24 de outubro de 1778. In: DDAR, v. 15, p. 229-231. Ibid., 13 de setembro de 1779. In: DDAR, v. 17, p. 211-213.

As demais fortificações se renderam sem mais derramamento de sangue, graças aos esforços de Butler para refrear a violência. De fato, ele disse a seu superior imediato: "Na destruição desse acampamento, nenhum habitante que não estivesse armado foi ferido; dos que portavam armas, porém, os índios não tiveram compaixão". Quanto à batalha em si, Butler atribuiu as numerosas baixas à ira indígena desencadeada por suas perdas em Oriskany. A recusa em fazer prisioneiros de guerra não era incomum em conflitos entre brancos e indígenas.[984] Contudo, um precedente sangrento havia sido estabelecido, pelo qual ambas as partes responsabilizavam uma à outra. Nenhuma delas se esqueceria tão cedo da batalha de Wyoming.

Os patriotas obtiveram uma vitória no dia 9 de outubro de 1778, quando um destacamento de continentais de Schoharie destruiu o acampamento Tory de Unadilla. Eles também ocuparam a antiga base de Brant, em Oquaga, embora estivesse agora abandonada.[985] Contudo, a retaliação não tardou e aconteceu quando uma força mista de índios e legalistas, liderada por Brant e Walter Butler, filho de John Butler, atacou o assentamento de Cherry Valley. Os habitantes estavam despreparados, apesar do aviso dos Oneida. A situação foi ainda mais prejudicada por causa da contenda entre as tropas de defesa de Massachusetts e a população local, que, em sua maioria, era de presbiterianos irlandeses de origem escocesa.[986] O comandante da tropa de Massachusetts, coronel Alden, contribuiu para suas dificuldades ao acampar do lado de fora do forte. Como resultado, muitos dos defensores foram facilmente surpreendidos quando Brant e Butler atacaram, na madrugada de 11 de novembro de 1778. Ao encontrarem pouca resistência, os índios começaram a matar os habitantes de forma indiscriminada, apesar dos esforços de Brant para detê-los. Entre os mortos estavam vários partidários Tory. Os índios justificaram suas ações dizendo que os rebeldes haviam feito acusações falsas a respeito de sua conduta em Wyoming, o que, segundo Butler "muito os exasperou". Os iroqueses ficaram igualmente enfurecidos com a atitude dos homens que foram poupados em Wyoming, que, logo depois, estavam "marchando em direção a suas terras com a intenção de destruir suas aldeias". Eles decidiram que "não seriam mais acusados falsamente nem lutariam contra o mesmo inimigo duas vezes".[987]

---

984. Butler para o coronel Bolton, 8 de julho de 1778. In: CAR, p. 386-388.
985. KELSAY, I.T. *Joseph Brant*, p. 228. Stark para Washington, 18 de outubro de 1778. In: WP/RWS, v. 17, p. 448.
986. Alden para Washington, 4 de novembro de 1778. In: WP/RWS, v. 18, p. 37-38.
987. GRAYMONT, B. *The Iroquois*, p. 185-190.

Os eventos em Cherry Valley e Wyoming também foram um divisor de águas quanto ao procedimento de guerra dos patriotas, com relação a suas fronteiras no norte. A partir daí, eles passaram a acreditar que somente a destruição total dos territórios iroqueses levaria paz à região.[988] O Congresso votara a favor de tais operações, em maio de 1778, mas Washington afirmou que não havia recursos disponíveis para tanto. A melhor maneira de controlar os indígenas era a conquista do Canadá.[989] O Congresso, então, sugeriu que se atacasse o Canadá com o auxílio dos franceses, porém Washington vetou a ideia novamente, dessa vez porque o plano era "não só demasiado amplo e estava além de nossa capacidade", como também desnecessariamente "complexo".[990] Entretanto, o Congresso persistiu em sua determinação de combater os índios com a proposta de um ataque mais limitado contra Niagara e Detroit. Pela terceira vez, Washington declarou que seus recursos eram insuficientes até mesmo para esse alvo menos ambicioso. Em vez disso, ele sugeriu que o exército realizasse "alguma operação em menor escala contra os selvagens e aquelas pessoas que infestavam nossa fronteira", referindo-se às seis nações e seus aliados Tory.[991]

O comando da expedição foi confiado a Sullivan. Deveriam participar 5 mil homens, em sua grande maioria continentais.[992] Washington concordou com essa movimentação, na crença de que Clinton estaria preocupado demais com a ameaça naval da França a Nova York para realizar quaisquer operações imediatas no Vale do Hudson. O plano era que o exército avançasse em três colunas. A força principal, que compreendia 3 mil homens sob o comando de Sullivan, deveria subir o Rio Susquehann, a partir de Wyoming, enquanto a segunda, que contava com mil soldados comandados pelo general James Clinton, com mil homens, sairia em marcha da região do Rio Mohawk para reunir-se a Sullivan, em Tioga, no afluente oriental do Susquehanna. Um terceiro destacamento de 500 homens, sob o comando do brigadeiro Daniel Brodhead, deveria então subir o Rio Allegheny, a partir de Pittsburgh, para atacar os iroqueses pela retaguarda. A finalidade da expedição era "a total destruição e devastação de seus assentamentos, e a captura de

---

988. Washington para Laurens 16 de novembro de 1778. In: WP/RWS, v. 18, p. 169-170.
989. Washington para o Conselho de Guerra, 3 de agosto de 1778. In: WP/RWS, v. 16, p. 226-229.
990. Comitê para assuntos estrangeiros para Washington, 27 de outubro de 1778. In: WP/RWS, v. 17, p. 597-598. Washington para Laurens, 11 de novembro de 1778. In: WP/RWS, v. 18, p. 94-105.
991. Washington para Schuyler, 18 de janeiro de 1779. In: WGW, v. 14, p. 18-20.
992. Washington para Sullivan, 4 de maio de 1779. In: WGW, v. 14, p. 492.

tantos prisioneiros, de qualquer idade e sexo, quanto possível". A manutenção de reféns era a "única espécie de garantia com que se poderia contar" para assegurar o bom comportamento dos indígenas.[993] Apenas as aldeias dos Oneida e dos Tuscarora deveriam ser poupadas.

Mas, primeiro, uma força subsidiária de 500 homens foi enviada do Forte Stanwix para Onondaga. Por algum tempo, era desejo das seis nações que os britânicos fortificassem Oswego, a fim de que fosse uma base para fazer frente às ameaças patriotas contra Onondaga. Haldimand reconhecia essa necessidade, mas já se considerava sobrecarregado com a defesa de St. Lawrence Valley e dos postos de Niagara e Detroit.[994] Dessa forma, não havia socorro disponível no dia 20 de abril de 1779 para impedir a destruição de Council Longhouse, conquanto a maior parte da população tenha conseguido fugir. O coronel Bolton, em Niagara, fez uma severa advertência a Haldimand, no sentido de que, a menos que fossem enviadas tropas a Osweho, os iroqueses seriam forçados a celebrar a paz.[995] Porém, nem tudo saiu de acordo com as expectativas dos patriotas nesse início de combate, visto que Brant matou 60 milicianos que tentaram emboscá-lo depois de uma expedição de pilhagem a Minisink, a noroeste de Nova Jersey.[996]

Esse embate não alterou os planos de Sullivan, embora problemas com suprimentos fizessem com que a ofensiva patriota tivesse início somente no final de agosto, quando as duas principais divisões do exército de Sullivan se encontraram em Tioga, no afluente oriental do Rio Susquehanna. A essa altura, a intenção dos patriotas estava bastante clara. Uma vez que a guarnição em Niagara não dispunha de homens que pudessem ser cedidos, a defesa dos iroqueses ficou a cargo de John Johnson, ambos os Butler e Brant, que dispunha de uma força de 300 legalistas e cerca de 600 índios sêneca, chefiados por Sayenqueraghta e Cornplanter. Isso dava aos patriotas uma vantagem numérica de quase quatro para um. Eles também tinham artilharia.[997] Apesar disso, os indígenas e seus aliados Tory decidiram fazer um esforço defensivo na aldeia sêneca de Newtown, na esperança de reduzir a possibilidade de uma derrota por meio de uma emboscada. Infelizmente, os sêneca alteraram sua posição no último instante, o que não só traiu sua presença

---

993. Instruções para o general Sullivan, junho de 1779. In: WGW, v. 15, p. 189. WARD, C. *The War of the Revolution*. 2 vols. New York, 1952, v. 2, p. 639.
994. Haldimand para Clinton, 26 de maio de 1779. In: DDAR, v. 17, p. 135.
995. Bolton para Haldimand, 16 de agosto de 1779. In: DDAR, v. 17, p. 187.
996. Washington para Sullivan, 1º de agosto de 1779. In: WGW, v. 16, p. 29-31. KELSAY, I.T. *Joseph Brant*, p. 250-251.
997. GRAYMONT, B. *The Iroquois*, p. 197, 205.

como também os expôs a um ataque pelos flancos. O resultado foi uma vitória fácil para os patriotas em 29 de agosto de 1779, que deixaram que seus inimigos fugissem para salvar suas vidas.[998]

A batalha de Newtown abrira, agora, o caminho para que Sullivan avançasse contra as aldeias sêneca, que se estendiam até o Rio Genesee. Depois de destruí-las, ele enviou 500 homens para castigar, da mesma forma, os Cayuga, a leste. No início de outubro, 40 aldeias haviam sido destruídas, deixando a maioria dos sêneca, dos Cayuga e dos Onondaga desabrigados e sem comida para enfrentar um dos invernos mais frios de que se tem notícia.[999] Cinco mil buscaram refúgio em Niagara. Desde a invasão francesa de 1687, os sêneca não haviam presenciado tamanha devastação. Haldimand reconheceu, relutante, o feito de Sullivan, em especial sua marcha por um trecho tão extenso de território indígena sem perder um único homem, apesar dos esforços de Brant.[1000]

A princípio, Sullivan desejara capturar Niagara, embora isso não fizesse parte de suas instruções. Entretanto, por conta da longa linha de comunicação, seu exército sofria com a escassez de suprimentos, em especial depois da destruição dos campos de milho dos indígenas. Assim, ele voltou a Tioga, seguido por Johnson e seu grupo de 400 índios e patrulheiros, que havia recebido ordens de Haldimand para atacar a retaguarda dos invasores. Não obstante, as forças de Sullivan recuaram na mesma boa ordem em que tinham avançado, alcançando seu destino sem problemas.[1001]

Para infortúnio dos iroqueses, a trilha de destruição ainda não estava terminada, pois o ataque de Sullivan coincidiu com a terceira investida da ofensiva patriota de Pittsburgh. Ele foi perpetrado contra os assentamentos Mingo na parte superior do Rio Allegheny. Como seus primos sêneca, os Mingo, sob a liderança de Kiashuta, imploraram ajuda de Niagara, igualmente em vão.[1002] Pouca resistência foi oferecida durante o avanço de Brodhead sobre Venango, onde os patriotas descobriram um grande e próspero assentamento.[1003] Dessa vez, dez assentamentos foram destruídos, juntamente com 500 acres de plantações de milho e vegetais.[1004]

---

998. KELSAY, I.T. *Joseph Brant*, p. 261-262.
999. WARD, C. *The War of Revolution*, v. 2, p. 644.
1000. Haldimand para Germain, 3 de outubro de 1779. In: DDAR, v. 17, p. 231-232.
1001. Haldimand para Germain, 1º de novembro de 1779. In: DDAR, v. 17, p. 238-239.
1002. Bolton para Haldimand, 16 de agosto de 1779. In: DDAR, v. 17, p. 187.
1003. GRAYMONT, B. *The Iroquois*, p. 218-219.
1004. GRAYMONT, B. *The Iroquois*, p. 218-219. Ordens gerais, 18 de outubro de 1779. In: WGW, v. 16, p. 480-481.

O golpe final na destruição dos iroqueses foi desferido pela milícia de Tryon County, que expulsou os últimos Mohawk de seus assentamentos em Caughnawaga. Ali, a prosperidade dos nativos também foi notada. Como comentou o coronel Gansevoort: "Este castelo está no coração de nossos assentamentos e tem abundância de tudo quanto é necessário, de modo que é possível perceber que os índios vivem muito melhor que a maioria dos fazendeiros do Rio Mohawk, têm suas casas bem guarnecidas de todos os utensílios domésticos necessários, grande quantidade de grãos, inúmeros cavalos, vacas e carroças". Os espólios da guerra foram compartilhados com os fazendeiros brancos dos arredores, para compensá-los de perdas anteriores.[1005]

Quando a destruição terminou, Haldimand admitiu a German a futilidade do que havia sido feito. "Esses pequenos ataques, embora alarmem e aflijam em parte as pessoas, servem apenas para exasperá-las." As ações de Brant e Butler em nada auxiliaram o avanço da causa britânica. Entretanto, o preço para os povos nativos fora alto, uma vez que as incursões "foram o motivo pelo qual os rebeldes fizeram uma campanha em território indígena". Em consequência, as nações iroquesas estavam, agora, em ruínas.[1006]

Apesar de suas perdas, as seis nações estavam determinadas a continuar a luta para reaver sua terra natal. Muitos não tinham opção, visto que agora eram totalmente dependentes dos britânicos para alimentação e vestuário. O retorno ao caminho da guerra era o preço para o recebimento de ajuda. O mesmo se aplicava aos legalistas. Assim, Brant, Sayenqueraghta, Cornplanter, juntamente com Butler e Johnson, realizaram numerosos ataques no verão de 1780, dentre os quais o mais importante foi aquele empreendido por Johnson, com 700 homens, contra Schoharie e Stone Arabia. A destruição incluiu "200 residências, um número proporcional de celeiros e anexos, cerca de 200 mil celamins de grãos variados e uma centena de cavalos e bois". Contudo, a incursão de Johnson quase terminou em tragédia quando a milícia de Tryon County o surpreendeu na ocasião em que estava prestes a cruzar o Rio Mohawk de volta ao Canadá. Para sua sorte, as várias unidades patriotas não conseguiram reconhecer umas às outras, o que permitiu que Johnson escapasse em meio à confusão.[1007]

No outono de 1780, o controle patriota ao longo do Mohawk estendia-se até um pouco além de Schenectady, onde os Oneida e os Tuscarora

---

1005. GRAYMONT, B. *The Iroquois*, p. 219.
1006. Haldimand para Germain, 1º de novembro de 1779. In: DDAR, v. 17, p. 239.
1007. Coronel Hay para Greene, 26 de outubro de 1780. In: NGP, v. 6, p. 434-435.

haviam se alojado em condições miseráveis, depois de outro ataque de Brant. Cerca de 80 quilômetros de um vale outrora fértil haviam sido destruídos, o que comprometeu ainda mais os já precários suprimentos de comida de Washington, como ele logo percebeu.[1008] A situação não era melhor ao norte de Albany. As lamentáveis condições de Nova York foram descritas por seu governador, em um apelo ao Congresso. "Uma grande parte de nosso mais valioso e habitado território" fora destruída, centenas de seus moradores foram mortos e muitas outras centenas deles, levados com prisioneiros, além de milhares que ficaram arruinados pela necessidade de buscar abrigo. "As frequentes convocações das milícias diminuíram drasticamente nossa agricultura em todas as regiões do Estado." Como resultado, "não estamos em condições de arregimentar tropas para a defesa de nossas fronteiras".[1009]

Porém, as seis nações não estavam muito melhores. Embora o Vale do Mohawk estivesse agora praticamente livre dos colonos brancos, não era seguro para o retorno dos iroqueses. De fato, alguns assentamentos nativos permaneceram a leste do Rio Genesee. No entanto, Brant e os outros chefes foram encorajados por relatos de que os rebeldes estavam sendo punidos pelo grande chefe guerreiro, Cornwallis. Em vista disso, enviaram 60 grupos de ataque ao longo de 1781, na esperança de reocupar suas terras. Eles obrigaram os patriotas a evacuar o Forte Stanwix em maio de 1781, o que transformou o Forte Herkimer em seu posto mais avançado. O ano terminou com ainda outro ataque ao Vale do Mohawk por legalistas e índios chefiados pelo major John Ross, durante o qual ele chegou a quase 20 quilômetros de distância de Schenectady, destruindo uma centena de fazendas, três moinhos e grande quantidade de provisões. Ross, contudo, sofreu baixas durante sua retirada, depois de ser perseguido por alguns continentais e milícia, comandados pelo coronel Marinus Willett. Entre os mortos estava o mais jovem dos Butler.[1010]

A despeito da derrota de Cornwallis em Yorktown, os britânicos e as seis nações prosseguiram com as hostilidades em 1782. Os britânicos desejavam consolidar sua posição no Canadá, ao passo que os indígenas continuavam determinados a recuperar suas terras. Assim, Haldimand enviou Ross para reconstruir o Forte Ontário, em Oswego, antes de liberar Brant e uma companhia de regulares para descerem ao

---

1008. Haldimand para Germain, 25 de outubro de 1780. In: DDAR, v. 18, p. 208-209. Washington para o governador George Clinton, 5 de novembro de 1780. In: WGW, v. 20, p. 295-296.
1009. Citado em: GRAYMONT, B. *The Iroquois*, p. 240.
1010. Haldimand para Germain, 23 de novembro de 1781. In: DDAR, v. 20, p. 262-263.

Vale do Mohawk. Entretanto, as tentativas de tomar os fortes Herkimer e Dayton mostraram-se infrutíferas, e a expedição não conseguiu nada além de matar alguns habitantes e víveres. Pouco tempo depois, a companhia foi convocada a retornar, após a chegada de notícias de que havia perspectivas de paz.[1011]

Para os britânicos, a guerra na fronteira havia sido um evento secundário. Como Haldimand confessara anteriormente a Germain: "Devo lamentar que as pequenas incursões de patrulheiros ou índios, tão superestimadas nos documentos públicos, tenham sido consideradas de consequências substanciais para o sucesso da guerra".[1012] Para os patriotas, o conflito fora mais importante e danoso, embora a retomada de seus assentamentos no interior tivesse sido rápida, depois de assegurada a independência. Porém, para os iroqueses, a guerra se revelara um desastre. A perda de territórios e população implicou um prejuízo irreversível em sua capacidade de defesa como nação livre. A perda de seu *status* foi evidenciada pela ausência de qualquer cláusula que tratasse de sua condição nos subsequentes tratados de paz, que colocavam fim à guerra entre os povos brancos. Como Haldimand reconheceu, a paz ficou "muito aquém" do que eles haviam sido levados "a esperar, privados de suas terras e expulsos de sua pátria". O destino da maioria dos iroqueses era uma reserva a oeste de Nova York ou o exílio permanente no Canadá, deixando seu, outrora, vasto território para os assentamentos brancos.[1013]

1011. KELSAY, I.T. *Joseph Brant*, p. 324-328.
1012. Haldimand para Germain, 1º de novembro de 1779. In: DDAR, v. 17, p. 239.
1013. KELSAY, I.T. *Joseph Brant*, p. 334.

CAPÍTULO 9

Nenhuma Luz no Fim do Túnel, 1781

A França busca uma resolução

Três campanhas haviam se passado desde a entrada da França na guerra, e não se alcançara a esperada vitória. Alguns patriotas suspeitavam que a França estava prolongando a guerra de forma deliberada, com o intuito de enfraquecer os outros combatentes. Um deles era John Adams, que disse a Vergennes, em julho de 1780, que uma esquadra francesa deveria ser mantida em águas norte-americanas para evitar tais suspeitas.[1014] Vergennes refutou a acusação com veemência, ressaltando que Ternay e Rochambeau haviam recebido ordens de "agir como entendessem ser adequado para a libertação dos Estados Unidos". Isso incluía permanecer na América do Norte durante o inverno, apesar da falta de instalações navais. Portanto, Luís XVI estava "longe de abandonar a causa americana".[1015] Contudo, como Luzerne, o ministro francês, salientou a Greene, em janeiro de 1781, os franceses também tinham queixas. Os Estados deveriam agir "como se não esperassem qualquer ajuda estrangeira", sugerindo uma falta de comprometimento por parte dos patriotas.[1016]

Entretanto, reconheceu-se, em Paris, que a guerra não deveria se estender para além da campanha seguinte, uma vez que as finanças da França não o permitiriam. Como Vergennes disse ao embaixador espanhol: "A guerra tem sido lenta demais; é uma guerra dispendiosa e, se a

---

1014. Adams para Vergennes, 13 de julho de 1780. In: LINT, G.L. (Ed.). *Papers of John Adams*, Series III, *General Correspondence*, v. IX. Cambridge, Mass., 1996, p. 526-576.
1015. Vergennes para Adams, 20 de julho de 1780. In: ibid., v. X, p. 16.
1016. Chevalier Luzerne para Greene, 21 de janeiro de 1781. In: NGP, v. 7, p. 167-168.

estendermos, o último xelim já não será mais nosso".[1017] O gasto naval francês estava se aproximando dos 175 milhões de livres, uma soma sem precedentes. É certo que a esquadra estava mais forte do que nunca, compreendendo 250 navios de guerra, dos quais 80 eram encouraçados, com tripulação de 50 mil homens e oficiais.[1018] Porém, tamanho investimento não poderia ser sustentado indefinidamente, como o ministro das finanças, Jacques Necker, já vinha advertindo de forma extraoficial.[1019]

Outro problema para Vergennes era a inexistência de qualquer indicação clara de como a França deveria empregar seus recursos. Era óbvio que os britânicos tentariam recuperar a iniciativa nas Índias Ocidentais, depois do fracasso da investida de De Guichen, em 1780, contra Barbados e as outras ilhas das Antilhas Menores. Não havia dúvidas, também, de que os espanhóis solicitariam assistência para a reconquista de Gibraltar. Ajuda era igualmente necessária para os postos franceses na Índia. Por fim, o filho de Rochambeau chegara com um pedido de "dinheiro, navios e homens", no fim de dezembro de 1780, depois da conferência com Washington e Ternay, em Hartford. Isso implicaria um adicional de 10 mil homens para um ataque bem-sucedido contra Nova York. Em vista das restrições financeiras da França, Vergennes concluiu que outro ataque ao território da Grã-Bretanha seria a melhor maneira de alcançar um fim rápido e decisivo para a guerra.[1020]

Vergennes e o Marquês de Castries, o novo ministro francês da marinha, ofereceram, então, dois planos a seus companheiros espanhóis, no início de fevereiro de 1781. Um deles era a invasão cabal da Grã-Bretanha. O segundo consistia em uma movimentação mais limitada no canal, para desviar a atenção britânica dos outros cenários da guerra.[1021] Entretanto, um memorando de Castries deixava claro que os espanhóis teriam de desempenhar um papel mais atuante, visto que os franceses não dispunham de transportes suficientes para uma força de invasão de 30 mil homens. A menos que a Espanha fornecesse metade das embarcações, os aliados ficariam limitados a rápidos ataques costeiros, com tropas transportadas a bordo de navios de guerra. Quanto à época do empreendimento, Castries sugeriu que ambas as esquadras deveriam

---

1017. MACKESY, P. *The War for America, 1775-1783*. Cambridge, Mass., 1964, p. 386.
1018. KENNETT, L. *The French Forces in America, 1780-1783*. Westport, Conn., 1977, p. 25.
1019. Em sua declaração pública, *Comte Rendu au Roi*, fevereiro de 1781, Necker pintou um quadro completamente favorável da situação financeira da França para incentivar os investidores a emprestar dinheiro ao governo.
1020. KENNETT, L. *The French Forces*, p. 77. DULL, J. *The French Navy and American Independence: A Study of Arms and Diplomacy*, 1774-1787. Princeton, 1975, p. 205. WHITRIDGE, A. *Rochambeau: America's Neglected Founding Father*. New York, 1965, p. 130.
1021. DULL, J. *The French Navy*, p. 216-218.

se preparar para entrar no canal no início de junho e permanecer ali até meados de setembro de 1781. Depois disso, alguns navios franceses seriam necessários nas Índias Ocidentais, onde o Conselho de Ministros planejava realizar outra ofensiva no fim do ano.[1022]

Os espanhóis, no fim das contas, descartaram uma invasão da Grã-Bretanha quando responderam ao memorando de Castries, no início de março. A principal razão era que eles também não dispunham dos navios necessários. Ficaram igualmente indiferentes à ideia dos ataques costeiros. Por outro lado, uma rápida navegação ao longo do canal desviaria a atenção britânica do Mediterrâneo, onde os espanhóis planejavam um ataque a Minorca. No entanto, Floridablanca afirmou que o rei espanhol precisava de mais tempo antes de tomar tal decisão.[1023] A única certeza com relação à guerra na Europa era a determinação da Espanha para continuar o cerco de Gibraltar.[1024]

Os espanhóis também eram evasivos quanto às operações no hemisfério ocidental, onde aguardavam o resultado do cerco de Pensacola, empreendido por Galvez. O êxito ali tornaria a Jamaica o próximo alvo lógico. Contudo, eles reconheceram que isso poderia esperar até que a França tivesse completado suas operações do outro lado do Atlântico. Por enquanto, Floridablanca apenas solicitou aos comandantes franceses nas Índias Ocidentais que se comunicassem com seus colegas espanhóis antes de dispensarem suas forças navais no início da estação dos furacões.[1025]

Essa resposta abriu caminho para que Vergennes e De Castries prosseguissem com seus planos para as Índias Ocidentais e Orientais, os quais já estavam adiantados em Brest. A flotilha para as Índias Orientais deveria compreender cinco encouraçados e 2 mil soldados, sob o comando do almirante Pierre André, intendente de Suffren. A força-tarefa para as Índias Ocidentais era maior e deveria compreender 21 encouraçados, bem como 4 mil soldados, comandados pelo almirante François Joseph Paul, Conde De Grasse. As duas flotilhas deveriam, inicialmente, navegar pelo Atlântico até que fosse seguro se separarem, quando então Suffren prosseguiria para o Cabo da Boa Esperança enquanto De Grasse seguiria para as Índias Ocidentais. Ali, ele deveria atacar as remanescentes ilhas britânicas nas Antilhas Menores, em especial Barbados, Santa Lúcia e Antígua. Depois disso, De Grasse

---

1022. DULL, J. *The French Navy*, p. 217-218.
1023. DULL, J. *The French Navy*, p. 220. Ibid., p. 228-234.
1024. McGUFFIE, T.H. *The Siege of Gibraltar*. London, 1965, p. 63-64.
1025. DULL, J. *The French Navy*, p. 227.

deveria se reunir a Galvez no Cape Français, para se informar quanto aos planos espanhóis para o Caribe. Porém, independentemente do que os espanhóis decidissem fazer, De Grasse deveria mandar, no mínimo, metade de sua esquadra para concluir o bloqueio que Arbuthnot impunha a Ternay, em Rhode Island. Ele poderia, então, debater com Washington e Rochambeau acerca de uma possível operação conjunta, uma vez que era desejo de Vergennes e Castries dar a seus comandantes máxima liberdade de ação. No entanto, caso o exército de Washington tivesse se desintegrado, como os relatos sugeriam, De Grasse deveria evacuar as tropas de Rochambeau e retornar às Índias Ocidentais.[1026]

A situação incerta na América do Norte impossibilitava o envio de reforços para Rochambeau, apesar de sua solicitação de 10 mil homens. Vergennes havia sido advertido anteriormente de que seria mais barato subsidiar as forças patriotas do que enviar tropas francesas. Assim, Rochambeau receberia tão somente 600 recrutas para preencher as já desfalcadas fileiras de seus regimentos. Quanto ao mais, até que De Grasse chegasse, o esforço bélico na América do Norte teria de depender do dinheiro francês e da força humana local. Dessa forma, Luís XVI informou a Franklin, em 6 de março de 1781, que a França estava dando 6 milhões de livres ao Congresso, complementados por um empréstimo de 4 milhões de livres para auxiliar na equipagem do exército de Washington.[1027]

De Grasse içou velas em 22 de março de 1781, com 26 navios de linha e 6 mil soldados, inclusive o destacamento de Suffren para a Índia.[1028] Apesar das esperanças de Vergennes de desferir um golpe decisivo, não restavam dúvidas de que nada poderia ser feito do outro lado do Atlântico, visto que a estação já estava adiantada demais para operações no Caribe, ao passo que a situação na América do Norte era claramente desencorajadora. De fato, a posição diplomática e militar parecia tão adversa que Vergennes se viu obrigado a dizer aos comissários patriotas em Paris que eles talvez tivessem de aceitar uma recente oferta de mediação feita por Rússia e Áustria. As duas potências centrais da Europa propunham um cessar-fogo geral por um ano, com base no *uti possidetis*, ou seja, possessões efetivas [*uti possidetis* é um

---

1026. DULL, J. *The French Navy*, p. 216-223. MACKESY, P. *The War for America*, p. 387. DONIOL, H. *Histoire de la participation de la France à l'établissement des États-Unis d'Amérique*: *Correspondence diplomatique et documents*. 5 vols. Paris, 1886-1892, p. 548-550.
1027. KENNETT, L. *The French Forces*, p. 77, 88-91. DULL, J. *The French Navy*, p. 239. STINCHCOMBE, W.C. *The American Revolution and the French Alliance*. Syracuse, NY, 1969, p. 87-89, 146.
1028. DULL, J. *The French Navy*, p. 216-224.

princípio de direito internacional segundo o qual, em disputas que envolvem soberania, se reconhece a legitimidade e legalidade do poder estatal que exerce, de fato, o controle político e militar da região em conflito]. Isso implicaria a continuação da ocupação britânica de Nova York e das Carolinas.[1029] O cessar-fogo daria ensejo, a seu tempo, a uma conferência de paz em Viena, ocasião em que se esperava que os combatentes tivessem resolvido suas diferenças. Isso era, por certo, totalmente contrário às aspirações dos comissários patriotas. Adams não teve alternativa além de objetar que tal congresso não seria aceito pelos Estados Unidos sem o prévio reconhecimento de sua independência e a retirada britânica de seu território.[1030] Para sorte de ambos os aliados, o projeto de mediação não vingou, visto que a Grã-Bretanha se recusou a aceitar seus termos. O embaixador austríaco em Londres foi informado de que "o rei da Inglaterra reconheceria a independência das colônias quando os franceses fossem os senhores da Torre de Londres", enquanto a tomada de Madri seria o único equivalente aceitável para a entrega de Gibraltar.[1031]

A maior tribulação de Washington: o motim dos continentais

Luís XVI estava certo ao levantar possibilidades quanto ao caso de um colapso da causa patriota, já que o exército de Washington estava prestes a experimentar a pior de suas inúmeras crises. A comida era particularmente escassa após os ataques de Brant ao longo do Vale do Mohawk. O assentamento de Schoharie chegara a produzir 80 mil celamins de trigo, mas não agora. A situação era duas vezes mais grave diante do fato de que não se poderia mais contar com suprimentos vindos de Maryland e da Pensilvânia, devido ao estado das estradas no inverno. Na metade de dezembro, Washington alertou que o exército passara "vários dias com uma porção irrisória de ração". Nessas circunstâncias, era impossível ter confiança em conseguir manter "os postos importantes nesse rio, ou até mesmo ter certeza de que as tropas

---

1029. MURPHY, O.T. *Charles Gravier, Comte de Vergennes: French Diplomacy in the Age of Revolution, 1719-1787.* Albany, 1988, p. 331. DONIOL, H. *Histoire de la participation de la France*, v. 4, p. 500-504.
1030. BEMIS, S.F. *The Diplomacy of the American Revolution.* Bloomington, 1961, p. 180-187.
1031. Citado em: SCOTT, H.M. *British Foreign Policy in the Age of American Revolution.* Oxford, 1990, p. 314.

possam ser mantidas reunidas de um dia para o outro".[1032] O motim era uma possibilidade evidente.

O momento crítico aconteceu na noite de 1º de janeiro de 1781, quando a Linha da Pensilvânia em Morristown recusou-se a obedecer às ordens. Como nos motins anteriores, a razão advinha da incapacidade do Congresso de pagar, alimentar e vestir os homens.[1033] Porém, um agravante foi o fato de que muitos dos continentais da Pensilvânia acreditavam que seus alistamentos tinham a duração de três anos e não pela guerra toda, como as autoridades alegavam. Sua permanência era ainda mais penosa quando comparada à dos muitos homens de outros Estados, que tinham direito a um bônus anual quando se realistavam. Depois de matar vários oficiais, os amotinados partiram para a Filadélfia, levando várias peças de artilharia, a fim de apresentar sua situação ao Congresso. Eles foram seguidos por Wayne, que, a uma distância segura, pedia calma, repetidas vezes. Washington queria perseguir os amotinados pessoalmente, mas temia que sua ausência de West Point pudesse provocar uma revolta semelhante ali.[1034]

As notícias sobre o levante não demoraram a chegar até Clinton, em Nova York, instigando-o a enviar emissários com oferta de dinheiro aos amotinados, caso se alistassem no exército britânico. Ao mesmo tempo, ele transferiu algumas unidades para Staten Island, a fim de auxiliar nas deserções.[1035] Ele recebeu o apoio de Arnold, que já havia defendido a ideia de compensar os homens com a promessa de terras, caso se rendessem ou se unissem ao exército do rei. Na América, o dinheiro sempre foi "um argumento mais poderoso do que as armas".[1036]

De início, os homens não atenderam aos apelos de Wayne, mas, em Trenton, os ânimos se acalmaram depois que o Congresso prometeu pagar parte dos débitos e permitir que, aqueles que desejassem deixar o serviço, assim o fizessem. Os amotinados, então, entregaram os emissários de Clinton. O próprio Washington desejava que os líderes fossem executados, mesmo admitindo a justiça das queixas dos soldados. Entretanto, o governo da Pensilvânia insistiu em um compromisso negociado, pelo qual seria conferido àqueles que tivessem

---

1032. Washington para o governador Clinton, 10 de dezembro de 1780. In: WGW, v. 20, p. 452.
1033. Washington para os governadores da Nova Inglaterra, 5 de janeiro de 1781. In: WGW, v. 21, p. 61-62.
1034. Washington para o governador Clinton, 4 de janeiro de 1780. In: WGW, v. 21, p. 58-59. Washington para Huntington, 6 de janeiro de 1781. In: WGW, v. 21, p. 64-66.
1035. Clinton para Germain, 25 de janeiro de 1781. In: DDAR, v. 20, p. 43.
1036. Arnold para Germain, 28 de outubro de 1780. In: DDAR, v. 18, p. 211-215.

servido seu período integral o direito de sair. Cerca de metade dos homens preferiu fazê-lo, o que resultou na temporária dissolução da Linha da Pensilvânia.[1037] Washington consolou-se com o pensamento de que aqueles que estavam partindo não eram da população "nativa", querendo dizer que eram alemães ou irlandeses de origem escocesa. Felizmente, "o restante do exército (à exceção das tropas de Jersey), por ser composto principalmente por nativos (...) continuará a lutar com as mesmas dificuldades que enfrentaram até aqui".[1038]

Contudo, como Washington temia, o término conciliador do motim abriu um precedente a ser seguido por outros. No dia 20 de janeiro de 1781, a Linha de Nova Jersey também se amotinou. Dessa vez, Washington estava determinado a se antecipar a qualquer intervenção das autoridades civis. Ele havia reunido um destacamento de elite de soldados da Nova Inglaterra em West Point, comandado pelo major general Robert Howe, caso as negociações em Trenton fracassassem. Agora, Howe tinha ordens de acabar com o motim, insistindo em "submissão incondicional" e na prisão dos líderes da revolta.[1039] Isso se deu apesar de Washington não ter certeza de que os soldados da Nova Inglaterra obedeceriam às suas ordens. No entanto, ele "considerou que seria indispensável resolver esse assunto", não importava quais fossem os riscos, pois, a menos que "esse espírito perigoso seja suprimido, será o fim de toda a disciplina". Felizmente, os homens de Howe cumpriram sua incumbência ao surpreender os amotinados na manhã de 27 de janeiro. Dois dos líderes foram, então, executados por um pelotão de fuzilamento e os demais, perdoados.[1040]

O motim da Linha da Pensilvânia rendeu uma das avaliações mais sombrias de Washington quanto ao conflito. Em suma, a guerra parecia estar além da capacidade do país, considerando "a configuração difusa da população desses Estados, a consequente dificuldade de reunir seus recursos, a composição e o temperamento de uma parcela de seus habitantes (os legalistas), a inexistência de uma reserva suficiente de riquezas nacionais para servir de base para a obtenção de receita e a quase completa extinção do comércio". Obviamente, "os esforços que fomos compelidos a fazer (...) excederam as capacidades naturais deste país". Em consequência, a moeda se depreciou, de modo a inviabilizar o suporte

---

1037. Washington para Greene, 2 de fevereiro de 1781. In: WGW, v. 21, p. 172. Washington para Steuben, 6 de fevereiro de 1781. In: WGW, v. 21, p. 192-193.
1038. Washington para Rochambeau, 20 de janeiro de 1781. In: WGW, v. 21, p. 120-121.
1039. Washington para Robert Howe, 22 de janeiro de 1781. In: WGW, v. 21, p. 128-129.
1040. Washington para Huntington, 23 de janeiro de 1781. In: WGW, v. 21, p. 135-136. Washington para Livingston, 27 de janeiro de 1781. In: WGW, v. 21, p. 148-149.

ao exército, o que, por sua vez, levara os homens muito além do limite do suportável, até o motim. A menos que a França intensificasse seu auxílio, a causa da independência fracassaria.[1041]

A necessidade da assistência francesa foi o motivo do envio do coronel John Laurens a Paris, logo após o Ano-Novo. A frágil condição dos Estados Unidos indicava que apenas duas coisas poderiam salvá-los da derrota, disse Washington ao novo enviado. A primeira era uma injeção de dinheiro "para restaurar o crédito público e dar vigor a futuras operações". A segunda era um esforço decisivo "na campanha seguinte, a fim de concretizar, de uma vez por todas, os grandes objetivos da aliança, bem como a liberdade e independência destes Estados". Apenas a França poderia realizar esses objetivos. Teoricamente, um reforço de tropas francesas deveria ser enviado, visto que "sua disciplina e ordem perfeitas" seriam um acréscimo inestimável "ao contingente que já está aqui". Entretanto, Washington temia que um maior número de tropas francesas pudesse implicar menor ajuda financeira. Em última análise, ele preferia dinheiro para o exército continental.[1042] Portanto, Laurens deveria buscar antes um empréstimo do que mais forças terrestres.

A paralisante escassez de dinheiro levou o Congresso a discutir planos para uma receita permanente por meio de uma taxa sobre as importações. Contudo, como um congressista alertou Greene, um passo tão ousado exigiria o consentimento de cada um dos governos estaduais e "levaria tempo".[1043] Nesse meio-tempo, o Congresso tentou melhorar sua organização administrativa, substituindo o oneroso sistema de comitês por chefias departamentais. Os postos mais importantes eram o de superintendente de finanças e os de secretários de Estado para a guerra e para assuntos estrangeiros. Washington recebeu bem tais propostas, que ele acreditava que "logo nos levariam a sistematização, ordem e economia", contanto que os postos fossem preenchidos por homens capazes, com "poderes adequados". Encorajou-o, também, a decisão da Virgínia de abdicar de suas pretensões quanto às terras a oeste das Montanhas Allegheny, o que, enfim, persuadiu Maryland a assinar os artigos da Confederação. Esperava-se que os Estados agora se dispusessem a dar mais autoridade ao Congresso.[1044] Enquanto isso, os preparativos para uma ofensiva deveriam continuar. O plano era que 20 mil patriotas e 10 mil franceses atacassem, simultaneamente, Manhattan e Brooklyn.[1045]

1041. Washington para coronel Laurens, 15 de janeiro de 1781. In: WGW, v. 21, p. 105-110.
1042. Ibid.
1043. John Mathews para Greene, 10 de fevereiro de 1781. In: NGP, v. 7, p. 275.
1044. Washington para Schuyler, 20 de fevereiro de 1781. In: WGW, v. 21, p. 261.
1045. Washington para Knox, 10 de fevereiro de 1781. In: WGW, v. 21, p. 209.

Porém, o otimismo não foi duradouro. Dois meses mais tarde, nenhuma das novas posições administrativas havia sido preenchida. Também não havia nenhum acordo quanto a uma fonte permanente de receita. Além disso, haviam chegado apenas 400 dos novos recrutas para o exército.[1046] Mais desanimador ainda era que muitos dos Estados estavam voltando a se valer do antigo expediente de alistamentos de curto prazo. No início de abril de 1781, Washington alertou John Laurens: "Estamos chegando ao limite de nossos recursos e a ajuda deve chegar, agora ou nunca", da França.[1047] Um dos principais e antigos problemas de Washington era a falta de pão, item essencial para evitar a fome. Nova York e Nova Jersey não tinham provisões. De fato, as exigências do exército haviam provocado a formação de associações locais para lhe resistir às demandas.[1048] Outra razão para a escassez era que os Estados ao sul da Pensilvânia abasteciam, agora, o exército de Greene. Apenas a Nova Inglaterra parecia ser capaz de preencher essa lacuna.[1049] A falta de comida foi um dos motivos de Washington ter recusado da oferta de Rochambeau, para que se unisse a ele em Nova York. Tal manobra demandaria a movimentação de 3 mil milicianos da Nova Inglaterra para proteger a esquadra francesa em Newport, um fardo insuportável a essa altura.[1050]

Nesse ínterim, os ministros em Londres analisavam a situação à luz do recente envio de tropas e navios pela França, para o outro lado do Atlântico. O plano britânico para a América ainda era basicamente o de exaurir os patriotas, embora tivessem muita esperança de que Cornwallis teria êxito no sul. Quanto aos movimentos da esquadra francesa, Germain deu a impressão de não se preocupar com a possibilidade de De Grasse deixar o Caribe rumo à América do Norte, durante a estação dos furacões. Confiante, ele disse a Clinton no dia 4 de abril de 1781: "Como a força de *sir* George Rodney é só um pouco inferior à dele, e ele será cuidadoso com seus movimentos, tenho certeza de que Rodney não lhe dará tempo de provocar qualquer tipo de dano material a você, antes que chegue em seu socorro".[1051] Assim, nenhum outro navio seria enviado para a América do Norte, conquanto, na realidade, os ministros estivessem fazendo isso por necessidade. Simplesmente não havia mais navios disponíveis. Foi

---

1046. Washington para Lincoln, 4 de abril de 1781. In: WGW, v. 21, p. 412-413.
1047. Washington para Huntington, 8 de abril de 1781. In: WGW, v. 21, p. 429-431. Washington para Laurens, 9 de abril de 1781. In: WGW, v. 21, p. 437-439.
1048. Washington para Livingston, 31 de janeiro de 1781. In: WGW, v. 21, p. 163-165.
1049. Washington para Huntington, 16 de abril de 1781. In: WGW, v. 21, p. 475-477.
1050. Washington para Rochambeau, 7 abril de 1781. In: WGW, v. 21, p. 426-428.
1051. Germain para Clinton, 4 de abril de 1781. In: DDAR, v. 20, p. 98-100.

só no início de junho de 1781 que o gabinete concordou com o envio de mais três encouraçados. Eles deveriam ser comandados pelo almirante Robert Digby, que substituiria Arbuthnot em uma tentativa tardia de melhorar as relações entre Clinton e a marinha.[1052]

Para infelicidade de Clinton, os navios não eram os únicos itens em falta. Estava difícil encontrar recrutas para o exército na Grã-Bretanha, mesmo no inverno, quando os homens tradicionalmente voltavam-se para o serviço da nação. Assim, esperava-se que o exército não dispusesse de mais de 104.500 soldados, um aumento de apenas 6 mil homens em relação ao ano anterior.[1053] Em contrapartida, a demanda por tropas continuava a crescer. A Companhia das Índias Orientais pedia assistência após a recente partida de Suffren.[1054] Caso a Espanha atacasse Portugal, o aliado mais antigo da Grã-Bretanha, seria solicitada alguma atuação militar na Península Ibérica, como em 1762. Portanto, Clinton não deveria esperar qualquer reforço substancial, visto que o ministério tinha poucas tropas disponíveis. O máximo que Germain poderia fazer era enviar apenas mil recrutas para os regimentos já existentes.[1055]

Entretanto, Germain e seus colegas de gabinete ainda estavam otimistas com relação à guerra na América. Eles já tinham conhecimento, há algum tempo, do Estado temerário das finanças francesas, o que levou Jorge III a declarar, em setembro de 1780, que "esta guerra, como a última, provará ser uma guerra de crédito".[1056] Essa visão fora corroborada pelo recebimento de uma carta confidencial de Necker, que sugeria uma trégua com base no princípio *uti possidetis*.[1057] Parecia claro, agora, que os patriotas não lograriam continuar a guerra, a menos que a França resgatasse a moeda continental, o que parecia pouco provável, dadas as próprias dificuldades da França.[1058] A fragilidade financeira do inimigo estava em total contraste com o êxito de North em assegurar ainda outro empréstimo de 12 milhões de libras esterlinas, apesar das hostilidades com os holandeses, que costumavam ser grandes investidores em fundos britânicos.[1059] Os ministros também estavam animados

---

1052. Minuta do gabinete, 2 de junho de 1781. In: FORTESCUE, v. 5, p. 243.
1053. Carta para Amherst, 18 de dezembro de 1780. In: FORTESCUE, v. 5, p. 164. Estimativa para guardas e guarnições. In: CJ, v. 38, p. 33-35.
1054. Minuta do gabinete, 23 de abril de 1781. In: FORTESCUE, v. 5, p. 222-223.
1055. Germain para Clinton, 3 de janeiro de 1781. In: DDAR, v. 20, p. 30.
1056. Jorge III para North, 26 de setembro de 1780. In: FORTESCUE, v. 5, p. 136.
1057. Jorge III para North, 18 de dezembro de 1780. In: FORTESCUE, v. 5, p. 163. STOCKLEY, A. *Britain and France at the Birth of America*. Exeter, 2001, p. 4-15.
1058. Jorge III para North, 30 de abril de 1781. In: FORTESCUE, v. 5, p. 224.
1059. North para Jorge III, 17 de dezembro de 1780. In: FORTESCUE, v. 5, p. 162-163. THOMAS, P.D.G. *Lord North*. London, 1976, p. 102.

com a possibilidade de que Vermont se retirasse da rebelião, depois de contatos informais de seus líderes, que se opunham à incorporação do território a Nova York. Sua saída poderia provocar um colapso ainda maior.[1060] A política de desligamentos graduais parecia cada vez mais promissora. O único óbice era a crítica constante que a oposição no Parlamento fazia com relação à guerra americana, o que incitava os rebeldes a acreditar que poderiam vencer a Grã-Bretanha pelo cansaço. O rei, no entanto, estava confiante de que, com a divina providência, o inimigo seria o primeiro a suplicar pela paz, pois o que estava em jogo era a questão de a Grã-Bretanha "figurar entre as grandes potências da Europa ou ser reduzida a uma das menos consideráveis".[1061] Jorge III não tinha dúvidas quanto ao que a nação esperava, tampouco de qual seria o resultado.

A Marinha Real resiste à ofensiva da Europa

Apesar do renovado otimismo com relação à guerra na América do Norte, o ministério britânico ainda tinha grandes problemas a enfrentar na Europa, se quisesse sair ileso. O país tinha agora de lutar uma guerra contra a Holanda. Havia também a necessidade urgente de um novo comboio para defender Gibraltar e Minorca. Embora Rodney tivesse reabastecido ambas as fortalezas no início de 1781, os espanhóis prosseguiam em sua tentativa de fazer com que a primeira se rendesse por falta de suprimentos. Os defensores passavam com porções reduzidas de ração e estavam sendo acometidos pelo escorbuto, por causa da escassez de vegetais frescos. Os espanhóis também estavam formando linhas ao norte da península, em preparação para um ataque. Conquanto não tivesse sido feita nenhuma tentativa de desembarcar em Minorca, a guarnição de 1.700 homens também estava claramente vulnerável. Era necessário o envio urgente de um comboio de defesa.[1062]

Gilbratar era a mais fácil das duas missões, dada a localização mais profunda de Minorca no Mediterrâneo. Isso levou o ministério a considerar, por um momento, a possibilidade de oferecer Minorca à Rússia para que esta impedisse a entrada da Holanda na Liga da Neutralidade Armada. Contudo, Jorge III não gostava dessa espécie de concessões territoriais. O plano, de qualquer forma, era pouco realista, uma vez que

---

1060. A maioria da população de Vermont, originária da Nova Inglaterra, era contrária à incorporação a Nova York.
1061. Jorge III para North, 13 de junho de 1781. In: FORTESCUE, v. 5, p. 247.
1062. McGUFFIE, T.H. *The Siege of Gibraltar*, p. 63-92.

os russos tinham pouco interesse na oferta.¹⁰⁶³ Assim, o ministério tinha de arquitetar a defesa de ambas as fortalezas. O plano, como anteriormente, com Rodney, era que o esquadrão ocidental, comandado pelo almirante George Darby, escoltasse os dois comboios pela costa oeste da França, passando por Cadiz em direção a Gibraltar, onde se poderia esperar que a esquadra de Cordoba organizasse um confronto. Contanto que isso tivesse resultado positivo, o comboio destinado a Minorca poderia, então, prosseguir com uma escolta menor, visto que as potências Bourbon tinham poucas embarcações no Mediterrâneo em si. Porém, o uso da esquadra do canal para esse propósito implicava que não haveria esquadrão para interceptar De Grasse e Suffren em sua partida de Brest.

A flotilha que deixou Portsmouth no fim de fevereiro de 1781 consistia de 29 encouraçados e mais de cem navios mercantes e de suprimentos. Antes de entrar na Baía da Biscaia, Darby reuniu mais alguns navios de suprimentos em Cork.¹⁰⁶⁴ Ele chegou, enfim, a Gibraltar no início de abril, sem qualquer incidente, apesar da presença de uma esquadra espanhola de 30 encouraçados em Cadiz. Por ora, Cordoba declinou de outro confronto, depois da derrota de Langar.¹⁰⁶⁵ Entretanto, a alegria dos defensores em virtude da chegada de reforços logo foi destruída pela abertura de uma poderosa saraivada de disparos de canhão pelos atacantes. A chegada de Darby convencera os espanhóis de que o bombardeio contínuo do extremo norte de Rock era o único modo de derrotar o inimigo. A cidade ficou logo em chamas e os habitantes foram obrigados a procurar abrigo nos penhascos. Contudo, a única preocupação de Darby era a entrega segura dos suprimentos para a guarnição. Depois de despachar a flotilha para Minorca, ele partiu de volta pelos acessos ocidentais, pois recebera informações de que um esquadrão francês de oito encouraçados estava na Baía da Biscaia, sob o comando do almirante La Motte-Piquet.¹⁰⁶⁶

Para infortúnio do ministério de North, La Motte-Piquet já havia retornado a Brest, embora não antes de interceptar um valioso comboio das Índias Ocidentais.¹⁰⁶⁷ Isso ressaltou a conveniência de uma presença

---

1063. Reunião do gabinete, 1º de janeiro de 1781. In: FORTESCUE, v. 5, p. 177. Ibid., 7 de janeiro de 1781. In: FORTESCUE, v. 5, p. 179. SIMMS, B. *Three Victories and a Defeat: The Rise and Fall of the First British Empire*. London, 2007, p. 650-651.
1064. SYRETT, D. *The Royal Navy in European Waters during the American Revolutionary War*. Columbia, SC, 1998, p. 140-142.
1065. PETRIE, Sir C. *King Charles III of Spain*. London, 1971, p. 195. LYNCH, J. *Bourbon Spain, 1700-1808*. Oxford, 1989, p. 316.
1066. Darby para Sandwich, 22 de abril de 1781. In: SANDWICH, v. 4, p. 34-36. Minuta do gabinete, 19 de maio de 1781. In: SANDWICH, v. 4, p. 39.
1067. Darby para Sandwich, 19 de maio de 1781. In: SANDWICH, v. 4, p. 29. MACKESY, P. *The War for America*, p. 392-393.

mais contínua nos acessos ocidentais. Contudo, quaisquer expectativas de preencher essa lacuna logo se frustraram, em meados de maio de 1781, com a notícia de que a esquadra holandesa estava no mar, o que obrigou o almirantado a reunir às pressas todas as embarcações remanescentes em Downs.[1068] A demanda por navios foi o principal motivo pelo qual o gabinete se recusou a enviar um reforço mais substancial para a América do Norte, quando reavaliou a situação no início de junho.[1069] Por sorte, o relato sobre os holandeses revelou-se prematuro. Entretanto, a prudência de não enviar mais navios para a América do Norte provou-se acertada quando, no início de julho, uma esquadra holandesa de oito navios de guerra zarpou, efetivamente, de Texel. Pouco depois, o esquadrão britânico do Mar do Norte, sob o comando do almirante Hyde Parker, saiu em sua perseguição. Dessa vez, os holandeses mantiveram sua posição, o que resultou em uma batalha de quatro horas, ao largo de Dogger Bank, na qual ambos os lados perderam mais de cem homens.[1070] Por fim, os holandeses recuaram para Texel, enquanto seus diplomatas solicitavam auxílio urgente da Liga da Neutralidade Armada. Ao fazê-lo, ficaram desapontados, visto que Catarina da Rússia tinha pouco a ganhar protegendo os holandeses. Não obstante, a ameaça representada pela esquadra de Texel implicou que os navios tiveram de ficar estacionados, não apenas ao longo da costa da Holanda, mas também ao largo das Ilhas Shetland, a fim de impedir que embarcações inimigas descessem pela costa oeste da Escócia.[1071]

Essas foram dificuldades que a Marinha Real bem poderia não ter tido de enfrentar, visto que, logo depois, chegaram relatos de que franceses e espanhóis estavam mais uma vez ameaçando os acessos ao canal, com uma força combinada de cerca de 49 encouraçados, comandados por Cordoba e De Guichen. A esquadra aliada se reunira em Cadiz, de acordo com os planos de Vergennes e Floridablanca, conquanto só tenham deixado o local de encontro em 21 de julho de 1781. A intenção era navegar para a Grã-Bretanha via Açores. O resultado foi uma repetição do que acontecera em 1779. A esquadra de Darby, composta por 30 navios, estava nos acessos ocidentais quando chegou a informação de que os esquadrões francês e espanhol estavam ao largo das

---

1068. Sandwich para Jorge III, 15 de maio de 1781. In: FORTESCUE, v. 5, p. 229.
1069. Minuta do gabinete, 2 de junho de 1781. In: FORTESCUE, v. 5, p. 243.
1070. Sandwich para Jorge III, 9 de agosto de 1781. In: FORTESCUE, v. 5, p. 262. SYRETT, D. *The Royal Navy in European Waters*, p. 130-131.
1071. SYRETT, D. *The Royal Navy in European Waters*, p. 129-132. Para detalhes acerca do esquadrão do Mar do Norte, veja: Minuta do gabinete, 17 de fevereiro de 1781. In: SANDWICH, v. 4, p. 84.

Ilhas Scilly. Darby partiu imediatamente para Torbay, onde formou uma linha defensiva, pronta para o aparecimento do inimigo, na confiança de que a maior velocidade de seus navios e o conhecimento da costa seriam decisivos, caso o inimigo encetasse um confronto. Entretanto, tal posição não eliminava o risco de que Cordoba e De Guichen pudessem subir o canal e ameaçar as docas em Portsmouth. Outro perigo era que poderiam se unir aos holandeses ou prestar auxílio em uma invasão da Irlanda.[1072]

Diante de tais ameaças, a única coisa que Sandwich poderia fazer era recomendar que Darby permanecesse em Torbay até que a situação ficasse mais tranquila, deixando fragatas para avisar os comboios internos sobre a necessidade de fazer um desvio ao redor da Escócia. Na ocasião, Sandwich provou estar correto em sua postura de não correr qualquer risco desnecessário. O cronograma dos aliados exigia que suas esquadras saíssem do canal na metade de setembro, para operações em outros lugares. Assim, os espanhóis voltaram para Cadiz em 5 de setembro, a fim de reforçar o bloqueio de Gibraltar e impedir o acesso ao Mediterrâneo pelo estreito que ficava nos arredores. Do mesmo modo, a França convocou sua esquadra de volta com o objetivo de se preparar para operações nas Índias Orientais e Ocidentais, no início de 1782. Ao contrário dos britânicos, os franceses tinham recursos, o que lhes permitia ter uma visão mais ampla do que era operacionalmente desejável. A desvantagem foi que, pela segunda vez, os aliados não lograram explorar sua superioridade em águas britânicas.[1073]

Mesmo assim, a incursão pelo canal permitira que os espanhóis desembarcassem livremente 14 mil soldados em Minorca, os quais estavam sob o comando do duque de Crillon, um dos oficiais mais insignes da França, que estava, agora, no serviço espanhol. O desembarque, em 20 de agosto de 1781, obrigou a guarnição britânica de 1.700 homens, comandados pelo general James Murray, a procurar refúgio no Forte St. Philip, principal base que protegia o acesso a Port Mahon. Essa era uma estrutura poderosa, que havia sido intensamente fortalecida desde sua última captura, em 1756. De fato, Vergennes e Castries duvidavam de que ela pudesse ser tomada.[1074] Apesar disso, o ministério britânico convocou Darby de imediato, a fim de preparar um esquadrão de sete

---

1072. Darby para Sandwich, 31 de agosto de 1781. In: SANDWICH, v. 4, p. 50. Mulgrave para Sandwich, 31 de agosto de 1781, p. 50-51.
1073. Sandwich para Jorge III, 1º de setembro de 1781. In: FORTESCUE, v. 5, p. 272. MAHAN, A.T. *The Major Operations of the Navies in the War of American Independence*. Boston, 1913, p. 188-189.
1074. PETRIE, *Sir C. King Charles III*, p. 198. DULL, J. *The French Navy*, p. 232.

encouraçados e um regimento a pé, para ser enviado ao Mediterrâneo. [1075]As demandas sobre a Marinha Real pareciam não ter fim. Então, a sorte interveio, pois Murray, pouco depois, informou aos ministros que a melhor ocasião para reforçar Minorca seria depois do Natal, quando as embarcações inimigas teriam dificuldade de manter suas posições.[1076] Portanto, nenhum reforço imediato seria necessário. Já era algum alívio.

Porém, a calmaria foi temporária, uma vez que o serviço de inteligência informou que outra grande força militar estava sendo preparada em Brest, com grande probabilidade de se destinar a um ataque na Jamaica.[1077] Embora a Marinha Real tivesse, agora, 400 navios em atividade, inclusive 90 de linha, e quase 100 mil marinheiros, os recursos da nação pareciam ter chegado a seu limite.[1078] Não obstante, o ministério reconheceu "que seria da maior impotância interceptar ou (...) retardar esse esquadrão". Dessa maneira, Sandwich deveria recomendar, na reunião seguinte, "o método mais eficiente para levar esse serviço a bom termo".[1079]

O ministério britânico tinha razão em estar preocupado, visto que os franceses preparavam um segundo reforço substancial para as Índias Ocidentais e Orientais, com vistas a garantir um poder esmagador naquelas duas áreas. Além disso, pretendiam reforçar ainda mais o bloqueio espanhol de Gibraltar. O plano de Vergennes e Castries era que De Guichen escoltasse os comboios das Índias Orientais e Ocidentais no Atlântico, com 19 encouraçados. Dez deles, acompanhados de transportes e navios mercantes, prosseguiriam para o Caribe sob o comando do almirante Vaudreuil, enquanto outro encouraçado e várias fragatas e transportes içavam velas rumo à Índia. De Guichen, então, levaria seus oito encouraçados remanescentes para se unir a Cordoba no Estreito de Gibraltar.[1080]

Quando o gabinete se reuniu, em 22 de outubro, Sandwich apresentou suas ideias para lidar com a nova ameaça. O rigor crescente da estação significava que os maiores encouraçados de três deques e mais de 80 canhões da marinha teriam dificuldade de permanecer no mar. Assim, Sandwich adotou uma anterior sugestão de lorde Mulgrave, um

---

1075. Minuta do gabinete, 27 de setembro de 1781. In: SANDWICH, v. 4, p. 67.
1076. Ibid., 1º de novembro de 1781. In: SANDWICH, v. 4, p. 296.
1077. Minuta do gabinete, 20 de outubro de 1781. In: SANDWICH, v. 4, p. 70-71. Ibid., 22 de outubro de 1781, p. 72.
1078. Sumário de navios em atividade, novembro de 1781. In: SANDWICH, v. 4, p. 428-430.
1079. Minuta do gabinete, 20 de outubro de 1781. In: FORTESCUE, v. 5, p. 290. SYRETT, D. *The Royal Navy in European Waters*, p. 148-149.
1080. BONFILS, M. Le Comte de L. *Histoire de la Marine Française*. Paris, 1845, v. 3, p. 229.

de seus colegas no almirantado, de enviar Kempenfelt para patrulhar os acessos ocidentais com um "esquadrão rápido" composto de encouraçados de menor porte, de dois deques de 64 e 74 canhões. Os fundos revestidos de cobre dariam a esse esquadrão velocidade suficiente para fugir da principal esquadra francesa de batalha, mas ainda lhe restaria força suficiente para deter um comboio inimigo, não importa quão bem protegido estivesse.[1081] A proposta foi bem recebida pelos colegas de Sandwich, que concordaram prontamente em convocar o esquadrão ocidental comandado por Darby, de modo que um "destacamento" adequado pudesse ser preparado e enviado a Ushant, a fim de impedir "a saída do comboio francês de Brest".[1082]

Kempenfelt recebeu tais ordens em 22 de novembro de 1781, embora seus navios só tenham ficado prontos para partir no início de dezembro. Ele alcançou sua posição ao largo de Ushant no dia 12 de dezembro de 1781, logo depois de De Guichen ter surgido, vindo de Brest, com seus dois comboios. Quando foi avistado, De Guichen estava a sotavento com relação aos navios mercantes, sem esperar uma força britânica em época tão avançada do ano. Isso permitiu que Kempenfelt atacasse o lado desprotegido do comboio, capturando 20 transportes e mais de mil soldados antes que De Guichen pudesse vir em seu socorro. O comandante britânico, então, usou sua maior velocidade para se retirar.[1083] O embate provou-se mais significativo do que pareceu a princípio, pois foi seguido de uma tempestade que levou a maior parte dos navios de De Guichen de volta ao porto. Apenas três encouraçados e alguns transportes continuaram sua viagem com Vaudreuil, reduzindo assim a força francesa no Caribe para a campanha de 1782. Os planos da França para a Índia também foram obstados. Entretanto, Jorge III, ao receber a informação da retirada de Kempenfelt, comentou, com indelicadeza, que todos os almirantes pareciam não estar dispostos a lutar, a menos que estivessem no comando de encouraçados em igual número. Ele perdeu a esperança de ver um golpe decisivo ser desferido.[1084] Ele estava equivocado, pois, àquela altura, um golpe decisivo havia sido desferido do outro lado do Atlântico. Infelizmente, ele foi desferido por um almirante francês, e não por um britânico.

1081. Mulgrave para Sandwich, 3 de setembro de 1781. In: SANDWICH, v. 4, p. 56-58. O plano de usar apenas encouraçados de dois deques era apoiado por Darby. Veja: Darby para Sandwich, 12 de novembro de 1781. In: SANDWICH, v. 4, p. 74-75.
1082. Minuta do Gabinete, 22 de outubro de 1781. In: FORTESCUE, v. 5, p. 291.
1083. SYRETT, D. *The Royal Navy in European Waters*, p. 149-150.
1084. Jorge III para Sandwich, 18 de dezembro de 1781. In: SANDWICH, v. 4, p. 77-78.

A estratégia da Grã-Bretanha para o sul desmorona

Uma razão para o otimismo britânico com relação à guerra, no início de 1781, era a confiança de que tinham, agora, uma estratégia imbatível na América. A autoridade britânica deveria ser consolidada em um província de cada vez, começando pelo sul, até que todas as colônias fora da Nova Inglaterra tivessem sido subjugadas.[1085]

A guerra nas Carolinas havia experimentado uma curta trégua no fim de 1780, enquanto Cornwallis aguardava os reforços de Leslie, deixando Greene e Morgan na vigilância de seus respectivos campos na fronteira entre a Carolina do Norte e a do Sul. Entretanto, no começo do Ano-Novo, Cornwallis decidiu retomar seu avanço. Ele estava farto dos "perpétuos levantes" na Carolina do Sul e da incapacidade dos legalistas de protegerem a si mesmos.[1086] Talvez ele tivesse mais sucesso se subjugasse primeiro a Carolina do Norte, para onde suas ordens o mandavam prosseguir. Era evidente que os rebeldes da Carolina do Sul estavam sendo mantidos por seus amigos da província vizinha. Obstar esse apoio a Sumter, Marion e Pickens poderia dar ensejo ao colapso da rebelião na Carolina do Sul, o que por sua vez facilitaria a consolidação da autoridade britânica na Geórgia e na Flórida.[1087] A notícia de que Clinton estava enviando mais 1.500 homens, sob o comando de Arnold, para interceptar os suprimentos de Greene vindos da Virgínia, encorajou ainda mais Cornwallis a retomar seu avanço na Carolina do Norte. Como ele observou em carta para Rawdon, a chegada dessas forças permitiria que eles "fizessem uma grande mudança nas colônias do sul nos próximos quatro meses", contanto que os franceses não aparecessem.[1088] Assim, Cornwallis enviou 300 homens, sob o comando do major James Craig, para que ocupassem Wilmington, a fim de estabelecer uma linha de abastecimento alternativa para o interior da Carolina do Norte, via Rio Cape Fear.[1089]

Cornwallis tinha ainda outro incentivo para retomar suas operações, que era o desejo de tirar vantagem da separação de Morgan e

---

1085. Germain para Clinton, 2 de maio de 1781. In: DDAR, v. 20, p. 131-132.
1086. Cornwallis para Clinton, 6 de janeiro de 1781. In: CAR, p. 485.
1087. Dois séculos mais tarde, comandantes americanos no Vietnã do Sul também alegariam que as guerrilhas vietcongues estavam sendo sustentadas por linhas de abastecimento que passavam pelo vizinho Camboja.
1088. Cornwallis para Rawdon, 30 de dezembro de 1780. In: ROSS, v. 1, p. 76-77.
1089. WICKWIRE, F.; WICKWIRE, M. *Cornwallis and the War of Independence*. London, 1971, p. 252. Craig para Balfour, 4 de fevereiro de 1781. In: DDAR, v. 20, p. 54-56.

Greene. A necessidade de se fazer algo foi enfatizada em 27 de dezembro de 1780, quando a cavalaria de Morgan destruiu uma unidade de 250 legalistas em Hammond's Store, a apenas 50 quilômetros de Ninety Six.[1090] O perigo era que Morgan marchasse sobre aquela importante fortaleza, o que também ameaçaria a Geórgia. Portanto, Cornwallis foi receptivo à sugestão de Tarleton de avançar com uma força de elite, quer para "destruir as forças de Morgan, ou para obrigá-las a ir (...) para além do Rio Broad", de encontro ao restante do exército.[1091] O único óbice a tal plano era que, para tornar a força de Tarleton numerosa o suficiente, restariam a Cornwallis tão somente 700 homens. Contudo, a aproximação de Leslie oferecia o prospecto de um reforço substancial. Dessa maneira, enquanto Cornwallis marchava lentamente em direção ao norte, Tarleton, com 1.100 homens de sua Legião Britânica e dois regimentos de Highland, arremetia na direção oeste, em um amplo círculo, para levar Morgan até a armadilha.[1092]

Desde a ação em Hammond's Store, Morgan estava incerto quanto à conveniência de "recuar ou seguir para a Geórgia", dada sua escassez de "forragem e provisões". No entanto, ele acreditava que "uma retirada poderia arrefecer o ânimo que agora começava a contagiar as pessoas e atraí-las para o campo de batalha". Greene concordou com a necessidade de se evitar uma retirada, mas não aprovava uma invasão da Geórgia, que provocaria um distanciamento ainda maior entre as duas alas do exército patriota. Assim, Greene aconselhou Morgan a "manter sua posição, se possível". Caso Tarleton aparecesse, Greene não tinha dúvidas de que ele "teria uma recepção decente e uma despedida adequada".[1093]

Na ocasião, Morgan não precisou se decidir, pois, na tarde de 14 de janeiro de 1781, ele recebeu a informação de que Tarleton se aproximava com uma força superior. Morgan abandonou imediatamente sua posição no Rio Pacolet e recuou rumo ao exército de Greene. Porém, ele logo percebeu que não conseguiria escapar de Tarleton. Desse modo, ele assumiu uma posição em Hannah's Cowpens, uma fazenda isolada no lado oeste do Rio Broad, a alguns quilômetros de Cherokee Ford.[1094]

1090. Morgan para Greene, 31 de dezembro de 1781. In: NGP, v. 7, p. 30-31.
1091. Tarleton para Cornwallis, 4 de janeiro de 1780, impresso em: BASS, R.D. *The Green Dragoon: The Lives of Banastre Tarleton and Mary Robinson*. Orangeburg, 1973, p. 144-145.
1092. Cornwallis para Clinton, 18 de janeiro de 1781. In: ROSS, v. 1, p. 81.
1093. Morgan para Greene, 4 de janeiro de 1871. In: NGP, v. 7, p. 50-51. Greene para Morgan, 7 de janeiro de 1781. In: NGP, v. 7, p. 72. Ibid., 13 de janeiro de 1781, p. 106.
1094. Morgan para Greene, 19 de janeiro de 1781. In: NGP, v. 7, p. 152-154. HIGGINBOTHAM, D. *Daniel Morgan: Revolutionary Rifleman*. Chapel Hill, 1961, p. 130-131.

A força de Morgan era formada por continentais de Delaware e Maryland, além de várias unidades de milícias da Virgínia, Carolina do Norte e Geórgia, em um total de 800 homens. Sua posição parecia frágil à primeira vista, já que ele tinha o Rio Broad em sua retaguarda e campo aberto à frente, o que não oferecia qualquer cobertura a suas temerosas milícias, favorecendo assim, aparentemente, a cavalaria de Tarleton. Entretanto, o lugar foi uma boa escolha por um aspecto: por ter solo ondulado e irregular, ajudava a esconder a verdadeira disposição de suas forças. Morgan estava prestes a empregar uma nova tática que logo também seria útil a Greene. Ele reconheceu que era insensatez esperar que as milícias enfrentassem soldados regulares no campo de batalha, mesmo em terreno vantajoso. Portanto, ele organizou seu exército em três linhas, a primeira composta de fuzileiros escaramuçadores, a segunda, de milícias da Geórgia e da Carolina do Sul, e a terceira, de continentais e milícias da Virgínia. Suas instruções eram para que os fuzileiros e as milícias menos experientes da Geórgia e da Carolina do Norte disparassem duas vezes com seus mosquetes e rifles, depois do que deveriam recuar e se posicionar atrás dos continentais, onde deveriam recompor suas fileiras. Eles seriam encorajados a fazer isso pela cavalaria de Washington.[1095]

A manobra foi muito bem-sucedida quando os dois exércitos se reuniram na manhã de 17 de janeiro de 1781, depois de uma marcha noturna empreendida por Tarleton. Quando a infantaria de Tarleton, que avançava, alcançou as forças continentais, estas já haviam sofrido baixas consideráveis. Agora, inesperadamente, eles se deparavam com uma terceira linha de batalha. Foi a essa altura que Tarleton lançou mão de suas reservas, o 71º regimento de Highland. Para infelicidade dos britânicos, eles descobriram que toda a linha patriota tinha se reorganizado logo depois de uma colina e os atraído para um fogo mortal. Com o avanço britânico detido, Morgan enviou suas forças remanescentes, inclusive a milícia em nova formação, para cercar o inimigo. Após tentar um último ataque com sua infantaria montada, no qual trocou golpes com Washington, Tarleton fugiu de campo, deixando cem mortos e 800 prisioneiros. Dessa vez, foi oferecida clemência. Entretanto, Morgan submetera a odiada Legião Tory a "um chicoteamento dos diabos".[1096]

Porém, não havia tempo para comemorar. Em poucas horas, Morgan se colocou a caminho, consciente da necessidade de evitar a outra parte

---

1095. Morgan para Greene, 19 de janeiro de 1781. In: NGP, v. 7, p. 153.
1096. Ibid., p. 154-155. Cornwallis para Clinton, 18 de janeiro de 1781. In: ROSS, v. 1, p. 82. HIGGINBOTHAM, D. *Daniel Morgan*, p. 142.

da armadilha, ou seja, o exército de Cornwallis, que estava agora a apenas 40 quilômetros de distância. Não havia dúvidas de que Cornwallis tentaria um contra-ataque, uma vez que havia se unido a Leslie, ainda que fosse só para resgatar os presos. Assim, Morgan empreendeu uma rápida marcha em direção ao exército de Greene, enviando os prisioneiros para o norte, por estradas do interior que levavam à Virgínia. Informações equivocadas levaram Cornwallis, inicialmente, para o oeste, na direção errada, o que ajudou Greene em sua movimentação. Nesse aspecto, a perda da cavalaria de Tarleton foi um duro golpe, visto que era os olhos e os ouvidos do comandante britânico. O desvio permitiu que Morgan escapasse, cruzando o Rio Catawba, antes que uma forte chuva impedisse que Cornwallis fizesse o mesmo.[1097]

Cornwallis, agora, tinha de decidir entre continuar seu avanço rumo à Carolina do Norte ou recuar para Camden. Embora a chegada de Leslie compensasse as perdas de Tarleton mais que o suficiente, a situação de Cornwallis era arriscada, conforme ele confessou a Rawdon, que partira para fazer o reforço de Ninety Six. "Vejo perigo infindável em prosseguir, mas desastre certo na retirada." Portanto, ele continuaria "a menos que algum infortúnio lhe aconteça, que Deus o livre".[1098]

Nem todos gostaram da decisão. Um dos que objetaram foi o governador Wright, da Geórgia. Ele observou, em correspondência a Germain, que as operações de Cornwallis e Tarleton haviam "ficado muito aquém das expectativas". O perigo era que um exército rebelde viesse no encalço de Cornwallis e "nos lançasse em um estado da mais profunda confusão e perigo, pois esta província ainda está sem defesas".[1099] Infelizmente, nem o castigo "tão merecidamente infligido aos que haviam pegado em armas outra vez", tampouco qualquer outra medida tinha "sufocado o espírito da rebelião". Isso era frustrante, visto que uma nova assembleia da Geórgia estava aprovando leis inspiradas por um zeloso senso de lealdade.

Entretanto, Cornwallis estava determinado a perseverar em seu esquema. Reconhecendo que velocidade era essencial, ele abandonou a maior parte do que trazia consigo e deu ordens para que seu exército tirasse seu sustento da terra, um procedimento perigoso, dada a falta de habitações e a distância da costa. Era, também, uma tática questionável, uma vez que provavelmente exasperaria a população local. Pelas

---

1097. Morgan para Greene, 23 de janeiro de 1781, NGP, v. 7, p. 178-179. Greene para Huntington, 31 de janeiro de 1781. In: NGP, v. 7, p. 225-226. HIGGINBOTHAM, D. *Daniel Morgan*, p. 145-147.
1098. Citado em: WICKWIRE, F.; WICKWIRE, M. *Cornwallis*, p. 275.
1099. Wright para Germain, 25 de janeiro de 1781. In: DDAR, v. 20, p. 45-46.

próximas semanas, o exército não teria uma caravana de carroças, com exceção "daquelas carregadas com suprimentos hospitalares, sal e munição, além de quatro reservadas para os doentes e feridos".[1100] A única garantia de Cornwallis contra a fome era a ocupação de Wilmington, na esperança de que pudesse receber suprimentos da parte alta do Rio Cape Fear, até Cross Creek. A natureza desesperada dessa empreitada arriscada foi bem descrita pelo general O'Hara em uma carta posterior: "Nessa situação, sem babagem, utensílios, ou provisões de qualquer tipo, para oficiais ou soldados, na região mais deserta, inóspita e insalubre da América do Norte, sofrendo a oposição do inimigo mais selvagem, inveterado, pérfido e cruel, armado apenas de coragem e baionetas, decidiu-se seguir o exército de Greene até o fim do mundo".[1101]

Greene exultava, em segredo, com o desenrolar dos acontecimentos, na crença de que "o plano insensato" de Cornwallis "de forçar sua passagem pelo interior" pudesse resultar em sua destruição.[1102] Ao atrair os britânicos para a Virgínia, ele tinha a possibilidade de virar o jogo contra seu oponente, visto que Greene poderia esperar apoio crescente, ao passo que Cornwallis disporia de uma linha de comunicação cada vez mais longa. Greene talvez pudesse até fazer com Cornwallis o que Gates fizera com Burgoyne em Saratoga. No entanto, ele conhecia os perigos do excesso de confiança, dizendo ao presidente do comitê sulino do Congresso: "Nossos prospectos são sombrios, a despeito desses lampejos de êxito". Ele temia que a vitória de Morgan fosse usada como desculpa para não se proceder ao envio dos tão necessários homens e recursos. Porém, a fim de estar preparado para qualquer eventualidade, Greene deixou sua força principal no Rio Pee Dee, para dialogar com Morgan, Sumter e Pickens acerca de suas futuras operações.[1103]

Antes disso, contudo, ele teria de lidar com Cornwallis, que retomara sua marcha, deixando Ramsour's Mills em 28 de janeiro de 1781. A travessia do Vau do Catawba foi realizada com sucesso, apesar da oposição da milícia local, comandada pelo general Davidson. Para sorte de Greene, as tropas de Morgan haviam se unido a ele. No entanto, ele ainda estava em inferioridade numérica com relação a Cornwallis, apesar de dispor de uma cavalaria mais numerosa. Nessa situação, ele voltou a recorrer à ajuda das milícias enquanto exortava Steuben a completar os alistamentos dos continentais e outros destacamentos, na

---

1100. Cornwallis para Germain, 17 de março de 1781. In: ROSS, v. 1, p. 502-506.
1101. Citado em: WICKWIRE, F.; WICKWIRE, M. *Cornwallis*, p. 277-278.
1102. Greene para Huger, 30 de janeiro de 1781. In: NGP, v. 7, p. 220.
1103. Greene para Mathews, 23 de janeiro de 1781. In: NGP, v. 7, p. 174. Greene para Lee, 26 de janeiro de 1781. In: NGP, v. 7, p. 202-203.

Virgínia.[1104] Ele também escreveu para aquelas que haviam derrotado os Tory em King's Mountain. Disse a William Campbell que o empréstimo, por um mês, de mil homens de sua brava "milícia da montanha" seria de grande ajuda para impedir que Cornwallis invadisse a Carolina do Norte.[1105]

Os dois exércitos agora se caçavam um ao outro, enquanto Cornwallis tentava ludibriar o exército continental durante a retirada deste rumo ao Rio Dan e à fronteira com a Virgínia. Entretanto, os patriotas foram capazes de enganar seus perseguidores graças à sua familiaridade com o interior e seu conhecimento dos vaus dos numerosos rios da região. Greene ampliou sua vantagem certificando-se de que houvesse barcos disponíveis quando os rios estivessem cheios demais para ser atravessados a pé. Mas não existia certeza de que as tropas conseguiriam alcançar seu destino em segurança, como Greene disse ao governador da Carolina do Norte.[1106] O exército ainda contava com apenas 1.420 soldados de infantaria, muitos dos quais eram milicianos com armamento inadequado.[1107] A fim de aumentar suas chances, Greene solicitou que Sumter e Pickens realizassem uma manobra de distração ao longo das fronteiras da Carolina do Sul, para ameaçar a linha de comunicação de Cornwallis.[1108]

Com o intuito de proteger o exército em seu recuo, Greene formou um corpo de elite de cavalaria leve e infantaria, sob o comando do coronel Otho Williams e de Lee, para assolar a vanguarda do exército de Cornwallis e retardar seu avanço.[1109] Isso era essencial porque "os movimentos de Cornwallis são tão rápidos que poucas ou nenhuma milícia" poderiam acompanhar. "Ele marcha de 30 a 50 quilômetros por dia e está organizado para se mover com a mesma facilidade de um corpo de infantaria ligeira. Se ele continuar a nos pressionar, seremos finalmente derrotados, sem reforços." Não obstante, graças a seu conhecimento dos Rios, Greene enfim cruzou o Rio Dan em Irwin's Ferry, entrando na Virgínia em 14 de fevereiro de 1781, com "várias centenas de soldados

---

1104. Greene para a milícia de Salisbury, 31 de janeiro de 1781. In: NGP, p. 227-228. Greene para Steuben, 3 de fevereiro de 1781. In: NGP, v. 7, p. 242-243.
1105. Greene para Campbell, 30 de janeiro de 1781. In: NGP, v. 7, p. 218-219.
1106. Greene para Nash, 9 de fevereiro de 1781. In: NGP, v. 7, p. 263-265. WOOD, W.J. *Battles of the Revolutionary War, 1775-1781*. New York, 1995, p. 234-235.
1107. Conselho de Guerra, 9 de fevereiro de 1781. In: NGP, v. 7, p. 261-262.
1108. Greene para Pickens, 3 de fevereiro de 1781. In: NGP, v. 7, p. 241-242. Greene para Sumter, 3 de fevereiro de 1781. In: NGP, v. 7, p. 245-246.
1109. Greene para Washington, 9 de fevereiro de 1781. In: NGP, v. 7, p. 267-268.

que marcaram o chão com o sangue de seus pés".[1110] Ali ele poderia ter expectativas de conseguir suprimentos e mais reforços.

A essa altura, Cornwallis abandonou a perseguição. Sua linha de comunicação ficara extremamente frágil, o que deixava sua retaguarda aberta aos ataques de Sumter e Pickens. De qualquer forma, ele havia atingido seu objetivo de forçar Greene para fora da Carolina do Norte. Era o momento de restabelecer a ordem na província. Assim, ele retornou a Hillsborough para emitir uma nova proclamação, em 22 de fevereiro de 1781, que convidava "todos os súditos leais e fiéis a regressar, sem perda de tempo, com suas armas e provisões para dez dias, ao estandarte real". Isso permitiria a implementação de "medidas efetivas para suprimir os remanescentes da rebelião nesta província, bem como para restabelecer a boa ordem e o governo constitucional".[1111] Contudo, a proclamação não foi recebida de maneira uniforme. Os habitantes vinham mais para olhar do que para participar, intimidados talvez pela proximidade da cavalaria de Lee e dos guerrilheiros de Pickens. O perigo representado pelos patriotas ficou logo evidente quando 300 legalistas, sob o comando do coronel John Pyle, tentaram se unir a Cornwallis. Ao chegarem a Haw's Field, os legalistas confundiram a força de Tarleton com a de Lee, visto que ambas as unidades usavam uniformes verdes. Antes que pudessem corrigir o erro, 90 foram mortos e outros 150 ficaram feridos com terríveis golpes de sabre.[1112]

Por ironia, a proclamação de Cornwallis teve o efeito imprevisível de fazer com que Greene atravessasse o Rio Dan de volta. Relatos de que os legalistas estavam se conglomerando sob o estandarte real convenceram-no de que deveria reafirmar a autoridade do Congresso, avançando mais uma vez para a Carolina do Norte. A reunião das milícias dos arredores encorajou-o a fazê-lo, embora não estivesse claro que elas se uniriam a ele no campo de batalha. Esperava-se, também cerca de 400 continentais da Virgínia, onde Steuben vinha trabalhando duro para recrutá-los e discipliná-los. Em todo caso, Greene decidiu não aguardar a chegada desses reforços, conquanto ainda não se sentisse confiante para um confronto com Cornwallis. Por ora, ele se posicionou em High Rock Ford, não muito longe do Rio Dan, para o caso de ser necessária outra retirada.[1113]

1110. Greene para Washington, 15 de fevereiro de 1781. In: NGP, v. 7, p. 287. Greene para Steuben, 15 de fevereiro de 1781. In: CAR, p. 487.
1111. Proclamação, Hillsborough, 20 de fevereiro de 1781. In: ROSS, v. 1, p. 91-92.
1112. Lee para Greene, 25 de fevereiro de 1781. In: NGP, v. 7, p. 347. Cornwallis para Gerrnain, 17 de março de 1781. In: ROSS, v. 1, p. 505.
1113. Greene para Steuben, 29 de fevereiro de 1781. In: NGP, v. 7, p. 374-376.

No início de março, a milícia, enfim, começou a aparecer, juntamente com os continentais de Steuben, embora, para sua frustração, Campbell tivesse trazido consigo apenas 60 de seus fuzileiros das montanhas. Entretanto, pela primeira vez, o exército de Greene era numericamente superior.[1114] Agora ele se sentia confiante para avançar na direção de Cornwallis, mesmo reconhecendo que uma ação geral teria de ser em local de sua escolha, onde poderia se engajar no tipo de combate defensivo que fora tão útil a Morgan, em Cowpens. Durante o recuo para o Rio Dan, Greene acampara por curto tempo em Guilford Court House, onde observou suas possibilidades defensivas. Dessa forma, em 12 de março, o exército avançou rumo à sua nova posição, onde chegou dois dias depois.[1115]

Desde que lançara seu apelo ao povo leal da Carolina do Norte, Cornwallis tentava estabelecer uma comunicação com Cross Creek, uma vez que as tropas tinham "grande necessidade de calçados e outros itens" depois da perseguição a Greene. Ele também pediu a Rawdon que enviasse três regimentos recém-chegados da Irlanda, por meio de Cape Fear, para fazer oposição à crescente força de Greene.[1116] Entretanto, Cornwallis não negaria a si mesmo a oportunidade de travar uma batalha com Greene, o que ele vinha buscando desde que entrara na Carolina do Norte no início de janeiro. Como ele informou, mais tarde, a Germain: "Eu estava determinado a lutar contra o exército rebelde caso ele se aproximasse, convencido de que seria impossível realizar o grande objetivo de nossa árdua campanha, a convocação dos numerosos legalistas da Carolina do Norte, enquanto restassem dúvidas" sobre "a superioridade de nossas armas".[1117]

Greene posicionou seus homens ao longo de uma cordilheira, sobre a qual ficava o tribunal, de onde se podia ver o assentamento abaixo. O terreno era parcialmente coberto por bosques, o que dificultava que os britânicos avaliassem a verdadeira tarefa que os esperava. Greene, impressionado com as disposições de Morgan em Cowpens, decidiu adotar uma defesa semelhante em profundidade, com três linhas de batalha separadas. A primeira compunha-se principalmente de mil milicianos da Carolina do Norte. Sua função, como em Cowpens, era disparar duas vezes antes de recuar. A segunda linha, com 1.200 milicianos da Virgínia, ficaria quase

---
1114. Greene para Jefferson, 10 de março de 1781. In: NGP, v. 7, p. 419-420.
1115. Greene para Steuben, 11 de março de 1781. In: NGP, v. 7, p. 427.
1116. Cornwallis para Rawdon, 21 de fevereiro de 1781. In: ROSS, v. 1, p. 84.
1117. Cornwallis para Germain, 17 de março de 1781. In: ROSS, v. 1, p. 502-506.

300 metros atrás, com a missão semelhante de disparar duas saraivadas antes de recuar. Por fim, a principal força de Greene, composta de continentais da Virgínia e de Maryland, cerca de 1.400 homens, permaneceria no topo da colina. Contudo, para proteger os flancos de seu exército, Greene ainda tinha dois "grupos de observação", um à direita, que incluía a cavalaria de Washington e um regimento de fuzileiros, e o outro, à esquerda, comandado por Lee, com um contingente semelhante de cavalaria e atiradores.[1118]

Enquanto isso, Cornwallis avançava com 1.900 regulares e legalistas em uma marcha de quase 20 quilômetros por noite, para ter certeza de alcançar o inimigo. Entre essas unidades estavam dois batalhões de elite de guardas. Na manhã de 15 de março de 1781, ele chegou ao fundo do vale, onde foi recebido pela artilharia de Greene, após o que formou sua linha de batalha, enquanto Lee e Tarleton trocavam disparos. Como Greene previra, a ação principal teve início com um ataque britânico frontal contra a milícia da Carolina do Norte e suas unidades de apoio. Nem todos eles dispararam duas vezes, porém aqueles que tinham rifles causaram sérios danos a um regimento de Highland. Todavia, eles foram forçados a recuar, o que levou os britânicos à segunda linha de defesa, a qual estava parcialmente escondida atrás das árvores. Essa linha também cedeu, embora somente após causar mais danos aos regulares ávidos e enfurecidos. Finalmente, os britânicos tiveram de enfrentar a terceira linha de Greene, formada pelos continentais da Virgínia e de Maryland. A essa altura, a infantaria ligeira de Cornwallis, na ala esquerda, foi rechaçada depois de várias salvas e ataques de baionetas dos homens de Greene. Mas eles logo se reuniram ao restante da linha britânica, em um esforço final para desalojar os patriotas da cordilheira. Com ambos os lados engajados em uma luta corpo a corpo, Cornwallis ordenou que sua artilharia fizesse disparos de chumbo fino contra o conglomerado de corpos que se enfrentavam. As duas linhas, então, se apartaram, mas foram os britânicos que se reorganizaram mais depressa para outra investida, tendo "apenas conseguido isso graças à sua disciplina superior", como admitiu Greene. Entretanto, eles estavam agora prontos para completar o cerco "de todas as tropas continentais". Em tais circunstâncias, Greene "pensou ser aconselhável dar uma ordem de retirada", designando as siderurgias de Speedwell, a pouco mais de 15 quilômetros de Guilford, como um ponto adequado para se reorganizarem. Os patriotas tiveram de abandonar sua artilharia, seus vagões de munição e os feridos, mas, por outro lado, retiraram-se em boa ordem.

1118. Greene para Huntington, 16 de março de 1781. In: NGP, v. 7, p. 433-434.

Os regulares britânicos estavam esgotados demais para prosseguir para além do Rio Reedy Fork.[1119] Também não conseguiram retomar a ofensiva no dia seguinte, com tantos feridos e "a total carência de provisões em uma terra exaurida".[1120]

Do ponto de vista britânico, a batalha só teria sido significativa caso Cornwallis tivesse destruído o exército de Greene. E isso ele não conseguira fazer. Na verdade, era seu próprio exército que estava à beira do colapso, tendo perdido um terço de seus homens no campo de batalha, cerca de 600 entre mortos ou feridos. Assim, embora Cornwallis tivesse tecnicamente vencido a batalha, foi uma vitória de Pirro, como logo ficou claro.

Seu primeiro revés foi a falta de apoio legalista após a batalha, apesar da publicação de outra proclamação em 18 de março, na qual dizia ser aquele o momento de "todos os súditos leais se erguerem e assumirem um papel ativo na restauração da ordem e do governo".[1121] Cornwallis descreveu a reação para Clinton: "Muitos dos habitantes cavalgaram até o campo de batalha, apertaram-me as mãos, disseram que estavam felizes por nos verem e por termos derrotado Greene e, depois, voltaram para casa". Cornwallis "não conseguiu mais de cem homens em toda a região do Estado, mesmo como milícia".[1122] Não era difícil descobrir os motivos disso, pois, como um dos moradores explicou, os habitantes "haviam sido enganados tantas vezes com promessas de apoio (...) que as pessoas estavam, agora, receosas de integrar o exército britânico, temendo que tivessem de deixar a província". Afinal, se isso acontecesse, "o ressentimento dos revolucionários" recairia sobre eles com ainda "mais crueldade", em especial sobre aqueles que tivessem parentes no exército.[1123]

Com um terço do exército doente e ferido e o restante "sem sapatos e consumidos pela fadiga", Cornwallis reconheceu que "era tempo de procurar algum lugar para descanso e recuperação" antes de continuar a campanha. Assim, ele marchou com tranquilidade até Cross Creek, onde esperava receber suprimentos de Wilmington. Contudo, um novo desapontamento o aguardava ali, pois, "ao contrário de todos os relatos anteriores (...) era impossível obter quaisquer quantidades consideráveis de provisões" ou forragem. "A navegação do Rio Cape Fear", a

---

1119. Ibid., p. 434-435. Para a avaliação de Cornwallis, veja sua carta para Germain, 17 de março de 1781. In: ROSS, v. 1, p. 507-510.
1120. Cornwallis para Clinton, 10 de abril de 1781. In: CAR, p. 508.
1121. Citado em: WICKWIRE, F.; WICKWIRE, M. *Cornwallis*, p. 314-315.
1122. Cornwallis para Clinton, 10 de abril de 1781. In: CAR, p. 508.
1123. Citado em: WICKWIRE, F.; WICKWIRE, M. *Cornwallis*, p. 315.

respeito da qual recebera informações tão otimistas, "era totalmente impraticável, visto que a distância até Wilmington, por água, era de quase 250 quilômetros". Além disso, a largura do rio raramente era maior que 140 metros, as margens eram, "em geral, altas e os habitantes de ambos os lados, via de regra, hostis", de modo a impossibilitar o fornecimento regular de suprimentos. Não restou a Cornwallis outra alternativa além de recuar para Wilmington. Ali ele poderia cuidar dos doentes e feridos e obter os materiais necessários "para colocar as tropas em estado adequado para ir a campo".[1124]

Nesse ínterim, Greene preparava seus homens para outro embate, o qual, lhes prometeu, "garantiria enfim a vitória". Ele estava entusiasmado com a convicção de que, tivesse a milícia da Carolina do Norte cumprido seu dever, "teríamos certamente acabado com o exército britânico".[1125] Dentro de poucos dias, ele estava pronto para prosseguir, na expectativa de atacar Cornwallis enquanto este marchasse em direção ao litoral.[1126] Infelizmente, o velho problema do alistamento das milícias reapareceu, de modo que suas forças diminuíam tão depressa quanto haviam se formado. Mais uma vez, ele teria de procurar segurança durante seu avanço célere.[1127]

Diante dessa situação, Greene adotou uma mudança radical de planos. Em vez de confrontar Cornwallis, ele "levaria a guerra para a Carolina do Sul". Isso obrigaria Cornwallis a segui-lo ou a desistir de suas posições. Caso seguisse Greene, isso provocaria a evacuação da Carolina do Norte, que poderia então mobilizar seus recursos de forma mais efetiva. O plano era arriscado, já que as forças de Greene provavelmente consistiriam de pouco mais que seus 1.200 continentais, ao passo que os britânicos, sob o comando de Rawdon, tinham duas vezes esse número de regulares, ainda que Cornwallis não voltasse para a Carolina do Sul. Porém, "levando-se em conta todas as circunstâncias", ele disse a Washington: "Creio que o movimento está fundamentado nas razões mais sólidas, tanto políticas quanto militares".[1128] Dessa maneira, ele pediu que Sumter, Marion e Pickens atacassem os postos avançados britânicos, como prelúdio de uma investida geral contra a Carolina do

---

1124. Cornwallis para Clinton, 10 de abril de 1781. In: CAR, p. 508-510. Veja também: Cornwallis para Germain, 18 de abril de 1781. In: ROSS, v. 1, p. 91.
1125. Ordens gerais, 16 de março de 1781. In: NGP, v. 7, p. 431-433. Greene para Sumter, 16 de março de 1781. In: NGP, v. 7, p. 442-443.
1126. Greene para Lee, 22 de março de 1781. In: NGP, v. 7, p. 461.
1127. Greene para Huntington, 30 de março de 1781. In: NGP, v. 8, p. 7-8.
1128. Greene para Washington, 29 de março de 1781. In: NGP, v. 7, p. 481-482.

Sul.[1129] Ele também exortou os governadores de Maryland, da Virgínia e da Carolina do Norte a cumprir suas promessas anteriores de convocar tropas. Em particular, Greene desejava autoridade para fazer o alistamento compulsório de milícias em uma emergência.[1130] Por fim, informou ao Conselho de Guerra que suas tropas estavam quase nuas e tinham uma necessidade deseperadora de calçados, caso tivesse de ser empreendida uma marcha para o sul.[1131]

Cornwallis também ponderava acerca de suas opções, depois de chegar a Wilmington, em 7 de abril. Ele, da mesma forma, dispunha de apenas 1.400 homens prontos para o combate, embora, por volta da metade de abril, esse número tivesse subido para 2.180.[1132] No entanto, isso ainda era muito pouco para proteger ambas as Carolinas do Norte e do Sul. Ele também sabia que o general William Philips havia se unido a Arnold, na Virgínia, com outros 2 mil homens, todos tecnicamente sob seu comando. Em uma carta para Philips, Cornwallis comentou: "Estou cansado de marchar por este país em busca de aventura". Caso a intenção fosse fazer uma guerra ofensiva, "devemos abandonar Nova York e trazer toda a nossa força para a Virgínia". Isso, então, daria à Grã-Bretanha "uma causa pela qual lutar", enquanto "uma batalha bem-sucedida pode nos conferir a América". Por outro lado, "se nosso plano for defensivo, entremeado de expedições aleatórias, deixemos as Carolinas (...) e nos agarremos à nossa carne de porco salgada em Nova York, enviando, vez por outra, um destacamento para roubar tabaco, etc.". Era evidente que Cornwallis não tinha inclinação para esse modo de fazer guerra. Ele ainda acreditava na possibilidade de vitória em campo de batalha, no sul. Se os três regimentos da Irlanda chegassem, ele teria condições de marchar por terra para se unir a Philips, conquanto ainda tivesse dúvidas de que disporia de homens suficientes "para uma guerra de conquista". Com isso "me refiro a dominar o país o suficiente para estabelecer uma milícia e algum tipo de autoridade mista da nossa parte". Por essa razão é que ele desejava transferir o exército de Nova York para a Virgínia. Entretanto, Cornwallis não era o comandante-chefe. Tal mudança de rumo era assunto da alçada de Clinton.[1133]

1129. Greene para Sumter, 30 de março de 1781. In: NGP, v. 8, p. 12. Greene para Marion, 4 de abril de 1781. In: NG, v. 8, p. 47.
1130. Greene para Nash, 3 de abril de 1781. In: NGP, v. 8, p. 36-37. Greene para Jefferson, 6 de abril de 1781. In: NGP, v. 8, p. 58-59. Greene para Thomas Lee, 7 de abril de 1781. In: NGP, v. 8, p. 62.
1131. Greene para o Conselho de Guerra, 30 de março de 1781. In: NGP, v. 8, p. 3-4.
1132. Cornwallis para Germain, 18 de abril de 1781. In: ROSS, v. 1, p. 91. Situação do exército, 15 de abril de 1781. In: ROSS, v. 1, p. 88.
1133. Cornwallis para Philips, 10 de abril de 1781. In: ROSS, v. 1, p. 87-88.

Dessa forma, Cornwallis escreveu para Clinton a fim de sugerir que a guerra fosse transferida de Nova York para a Virgínia. Sua justificativa para um passo tão drástico era que "até que a Virgínia seja, de algum modo, subjugada, nosso controle das Carolinas será difícil, quando não precário. Os rios na Virgínia representam uma vantagem para um exército invasor", ao passo que "a Carolina do Norte é, de todas as províncias da América, a mais difícil de atacar (...) por conta de sua grande extensão, dos inúmeros rios e riachos e da ausência total de navegação interna".[1134]

As cartas para Philips e Clinton refletem a falência das ideias de Cornwallis. A estratégia de postos e a formação de milícias locais falhara na Carolina do Norte e estava perigosamente próxima do colapso na Carolina do Sul. Nada sugeria que seria diferente na Virgínia, a despeito da navegabilidade de seus rios. E, embora a Virgínia fosse importante para o fornecimento de homens e suprimentos para Greene, havia poucos indicadores de que seu controle seria decisivo no contexto geral da guerra. O abandono de Nova York, por outro lado, seria um forte abalo ao prestígio dos britânicos e à causa legalista no norte.

Não obstante, ele escreveu mais duas cartas para Clinton, nas quais esboçava seus pensamentos. Ele também queria consultar Rawdon antes de se comprometer de forma irreversível com um avanço sobre a Virgínia, ciente de que os postos na Carolina do Sul eram "tão distantes uns dos outros e suas tropas estavam tão espalhadas de modo que isso poderia colocá-lo sob um enorme risco de ser meticulosamente vencido". Assim, ele deu início a um lento avanço rumo a Halifax, perto da fronteira da Virgínia, enquanto aguardava notícias de Nova York ou de Charleston. Lá ele soube, em 12 de maio, que Rawdon derrotara Greene em Hobkirk's Hill, nas proximidades de Camden. A Carolina do Sul parecia estar a salvo, por ora. Esse foi o sinal verde pelo qual Cornwallis esperava, embora não tivesse recebido a permissão de Clinton. No dia seguinte, ele cruzou o Roanoke, em direção a Petersburg, na Virgínia.[1135]

Cornwallis não esperou uma resposta de Nova York porque sabia que Clinton desejava deixar o cargo. Caso isso acontecesse, Cornwallis seria seu sucessor, o que lhe permitiria conduzir a guerra a seu modo, sujeito apenas à aprovação de Germain. Por ironia, Clinton reconheceu, em 13 de abril, "a conveniência" de que Cornwallis "fosse para Chesapeake Bay". No entanto, ele supunha que Cornwallis tivesse alcançado uma vitória decisiva em Guilford Court House e concluído a pacificação

---

1134. Cornwallis para Clinton, 10 de abril de 1781. In: CAR, p. 509-510.
1135. WICKWIRE, F.; WICKWIRE, M. *Cornwallis*, p. 321.

das Carolinas.[1136] Quando percebeu que esse não era o caso, deixou clara sua desaprovação, afirmando que o movimento de Cornwallis era "potencialmente perigoso para nossos interesses nas colônias do sul".[1137]

Os perigos antevistos por Clinton não tardaram em se concretizar. Mesmo antes de Guilford Court House, Wright alertara acerca de pequenos grupos de rebeldes que estavam assassinando conhecidos magistrados legalistas e oficiais das milícias na Geórgia. Wright não conseguira deter esses ataques, visto que os assassinos fugiam depressa, a cavalo. Agora, até a comunicação entre Savannah e Charleston havia sido cortada. Wright acreditava que fora um erro fatal não se ter conquistado um distrito por vez. Os legalistas teriam, então, se reunido sob o estandarte do rei, oferecendo o apoio e a proteção necessários para que o exército retomasse seu avanço.[1138]

Entretanto, esse retrato do colapso legalista e do domínio patriota não era de todo exato. Em 7 de abril, Sumter relatou que suas forças ainda estavam espalhadas, assim como as de Pickens, embora ele esperasse dispor de 600 a 700 homens em breve. Ironicamente, ele também sofria das inconveniências dos alistamentos de curto prazo. A fim de manter seus homens reunidos, ele estava recompensando cada recruta com um escravo confiscado das plantações dos partidários do Tory. Na realidade, o estratagema não passava de pilhagem e em nada melhorou a disciplina ou o moral entre uma população "dissoluta", como Sumter admitiu.[1139]

Contudo, algumas semanas depois dos eventos em Guilford Court House, os guerrilheiros começaram a conquistar os postos avançados britânicos. Entre seus primeiros alvos estava o Forte Watson, no Rio Santee, que Marion atacou no início de abril de 1781, com o auxílio de Lee. Porém, a conquista do Forte Watson mostrou-se mais árdua do que o esperado, uma vez que os patriotas não tinham artilharia para penetrar as defesas. O problema só foi resolvido quando o major Hezekiah Mahan construiu uma torre de toras, que permitiu que atiradores de elite disparassem contra os agora vulneráveis defensores.[1140] O forte finalmente se rendeu no dia 22 de abril.

1136. Clinton para Cornwallis, 13 de abril de 1781. In: CAR, p. 510.
1137. Clinton para Cornwallis, 29 de maio de 1781. In: CAR, p. 523-524.
1138. Wright para Germain, 5 de março de 1781. In: DDAR, v. 20, p. 73-75. Wright para Germain, 5 de maio de 1781. In: DDAR, v. 20, p. 134-135.
1139. Sumter para Greene, 7 de abril de 1781. In: NGP, v. 8, p. 66-67. KLEIN, R.N. *Unification of a Slave State*, p. 103.
1140. Greene para Lee, 4 de abril de 1781. In: NGP, v. 8, p. 46. Marion para Greene, 23 de abril de 1781. In: NGP, v. 8, p. 139-140.

Enquanto isso, Greene avançara sobre Camden, onde Rawdon mantinha sua força principal. Ele tinha esperanças de que, com o apoio de Sumter, pudesse cercar a cidade com sucesso, em especial se Cornwallis não conseguisse voltar para a Carolina do Sul.[1141] No entanto, ele descobriu que a guarnição em Camden era maior do que supunha. Ele também percebeu que os arredores do interior eram fortes partidários do Tory, o que o forçou a providenciar escoltas até para as menores tarefas. Aparentemente, as constantes pilhagens dos guerrilheiros haviam exasperado os habitantes.[1142] Entre os piores criminosos estava certo coronel Culp, que não apenas queimara e destruíra "todo tipo de propriedade", mas "torturara com a morte mais cruel" qualquer um a quem ele se opusesse".[1143] A frustração de Greene com a guerrilha foi completa quando esta não conseguiu impedir que um regimento legalista de Ninety Six entrasse em Camden para reforçar a guarnição.[1144] A única opção que restou a Greene foi recuar, na esperança de induzir Rawdon a seguir adiante. Assim, ele se posicionou em Hobkik's Hill, uma colina coberta de bosques, a pouco mais de um quilômetro e meio de Camden.[1145]

Essa tática deu resultados muito antes do que Greene esperava. Até então, Rawdon "tinha tropas tão exíguas" que "não poderia arriscar seus homens em manobras para perturbá-lo [Greene] em seu avanço". Em todo caso, suas ordens eram de que recuassem para trás do Rio Santee caso o inimigo surgisse em grande número. No entanto, Rawdon, como Cornwallis, acreditava que devia tomar a iniciativa, em especial quando soube que o exército de Greene não era tão numeroso como pensara a princípio. Rawdon dispunha dos remanescentes de seis regimentos de regulares e, "ao armar nossos músicos, nossos percussionistas, enfim, tudo que pudesse carregar uma espingarda, reuni mais de 900 para o campo de batalha". Desse modo, ele partiu no início da manhã de 25 de abril para atacar Greene na encosta de Hobkik's Hill.[1146] Na ocasião, Greene acreditava ter uma força suficiente para cercar os britânicos. Porém, isso se mostrou uma decisão insensata, visto que o exército patriota ainda era incapaz de resistir a determinada ofensiva dos veteranos britânicos. Dois regimentos de continentais de Maryland abandonaram suas posições, provocando confusão na linha patriota.

1141. Greene para Sumter, 15 de abril de 1781. In: NGP, v. 8, p. 100.
1142. Greene para Huntington, 22 de abril de 1781. In: NGP, v. 8, p. 129-131.
1143. Coronel Emmet para Greene, 9 de abril de 1781. In: NGP, v. 8, p. 74.
1144. Greene para Lee, 24 de abril de 1781. In: NGP, v. 8, p. 143.
1145. Greene para Huntington, 27 de abril de 1781. In: NGP, v. 8, p. 155-157.
1146. Rawdon para Cornwallis, 26 de abril de 1781. In: CAR, p. 513-515.

Contudo, a cavalaria de William Washington estendeu a perseguição por apenas cinco quilômetros, após o que os continentais reorganizaram sua linha. Washington, então, retomou Hobkirk's Hill depois de afugentar um destacamento de dragões, que Rawdon deixara como força de cobertura quando de seu retorno a Camden.[1147]

Em termos táticos, os britânicos haviam vencido mais um embate, mas, como em Guilford Court House, o êxito foi ilusório. Embora Rawdon tivesse recebido um reforço, comandado pelo coronel Watson, e enfrentado Greene, mais uma vez, em 8 de maio de 1781, seu estratagema mostrou-se malogrado. Dessa vez, Greene manteve-se em suas trincheiras.[1148] Nesse meio-tempo, os líderes guerrilheiros estavam, finalmente, fazendo incursões contra os postos menores que protegiam as estradas entre Charleston, Camden e Augusta. Desse modo, Rawdon abandonou Camden em 10 de maio de 1781, rumo à segurança do Santee, enquanto ordenava a evacuação de outros postos do interior, inclusive o de Ninety Six.[1149] Somente Augusta deveria ser mantida na região interiorana.

O acerto dessa retirada foi confirmado na marcha em direção à costa. Todo o interior estava nas mãos dos guerrilheiros, a população mostrava-se descontente e era impossível a obtenção de suprimentos. Balfour, que estava em Charleston, informou a Clinton que o abandono da causa era "tão universal que não vejo outro modo de contê-la que não seja o despovoamento".[1150] Por fim, Rawdon deteve-se em Moncks Corner, a quase 50 quilômetros de Charleston, para aguardar os três regimentos da Irlanda. A essa altura, ficara evidente que as ordens de desocupar os postos menores foram dadas tarde demais, visto que Sumter havia capturado Orangeburg em 11 de maio, Marion tomara o Forte Motte em 12 de maio e o Forte Granby havia se rendido a Lee e Sumter em 15 de maio de 1781.[1151] Apenas Augusta e Ninety Six permaneceram em mãos legalistas e estavam, ambas as localidades, perigosamente isoladas.

Apesar desses sucessos, predominava um considerável descontentamento entre as fileiras patriotas. Sumter, que era oficial continental, estava aborrecido por Lee ter comandado o cerco do Forte Granby.[1152]

1147. Greene para Huntington, 27 de abril de 1781. In: NGP, v. 8, p. 155-157.
1148. Greene para Lee, 9 de maio de 1781. In: NGP, v. 8, p. 227-228.
1149. Rawdon para Cornwallis, 24 de maio de 1781. In: CAR, p. 521-522.
1150. Balfour para Clinton, 6 de maio de 1781. In: CAR, p. 520.
1151. Greene para Huntington, 14 de maio de 1781. In: NGP, v. 8, p. 250-251. Lee para Greene, 15 de maio de 1781. In: NGP, v. 8, p. 262-263.
1152. Sumter para Greene, 14 de maio de 1781. In: NGP, v. 8, p. 258-259. WALLACE, W.M. *Appeal to Arms*: *A Military History of the American Revolution*. New York, 1951, p. 241-242.

Mas mesmo os comandantes da guerrilha estavam tão desencorajados com relação a seus soldados que desejavam depor seus cargos. O primeiro foi Marion, que pediu para deixar sua função de comando, uma vez que pouco podia fazer "com o tipo de homens de que disponho, que costuma me abandonar quando estou prestes a executar um plano". Cinco dias depois, Sumter também pediu permissão para se demitir de seu comando por causa do "descontentamento e desordem entre as milícias".[1153]

Greene não estava em condições de aceitar nenhuma dessas desistências, quaisquer que tivessem sido suas críticas anteriores aos líderes guerrilheiros e seus homens, pois ainda havia muito a ser feito antes que a Carolina do Sul e a Geórgia estivessem livres do inimigo. Desde o final de abril, Pickens havia sitiado Ninety Six, ao passo que Clark cercara Augusta. Agora, Greene decidira enviar Lee a Augusta, enquanto ele partiria para auxiliar Pickens em Ninety Six.[1154] Isso colocava Rawdon em um dilema, posto que não tinha tropas suficientes para libertar ambos os postos simultaneamente, mesmo com o reforço vindo da Irlanda. Como Greene observou, de forma sucinta: "Caso eles [os britânicos] dividam suas forças, cairão por destacamentos e, caso operem coletivamente, não conseguirão comandar o país".[1155] Era uma situação delicada e perigosa.

Na ocasião, Rawdon resolveu ir em socorro de Ninety Six, reconhecendo, talvez, que era tarde demais para salvar Augusta. Os defensores em Ninety Six compreendiam dois regimentos legalistas de Nova Jersey e Nova York, sob o comando de Cruger, em um total de cerca de 600 homens.[1156] Para sorte de Rawdon, Greene e Pickens consideravam o cerco um plano difícil de executar. Greene tinha apenas a estrutura básica de uma força de continentais e ainda estava à espera de 2 mil soldados da Virgínia, prometidos por Jefferson. Frustrado, ele disse a um oficial graduado: "Espero que as legislaturas [estaduais] concedam apoio efetivo ao exército ou desistam da disputa". Do jeito como as coisas iam, estavam apenas prolongando o sofrimento de todos. O milagre era que, embora o exército tivesse "sido derrotado diversas vezes", sua perseverança resultara na captura de todos os postos inimigos, com exceção de Charleston, Savannah e Ninety Six.[1157]

1153. Marion para Greene, 11 de maio de 1781. In: NGP, v. 8, p. 242. Sumter para Greene, 16 de maio de 1781. In: NGP, v. 8, p. 274.
1154. Greene para Lee, 16 de maio de 1781. In: NGP, v. 8, p. 272.
1155. Greene para Huntington, 14 de maio de 1781. In: NGP, v. 8, p. 251.
1156. Rawdon para Cornwallis, 5 de junho de 1781. In: CAR, p. 527.
1157. Greene para Smallwood, 9 de junho de 1781. In: NGP, v. 8, p. 371.

Já era o 20º dia do cerco de Ninety Six e o exército de Greene estava à beira da vitória, restando apenas uma muralha para destruir. A fim de conseguir mais tempo, Greene pediu a Marion e Sumter que impedissem o avanço de Rawdon, enquanto Pickens e Clark se uniam a ele, de modo que tivessem condições de se engajar em uma batalha, caso os britânicos aparecessem.[1158] Porém, uma tentativa de ataque ao principal reduto fracassou, principalmente porque os guerrilheiros não conseguiram responder ao chamado de Greene. Ele disse a Lee, com amargura: "Marion está ao sul, não tenho notícias de Pickens, e Sumter quer excursionar por Monck's Corner". Nada que Greene pudesse "dizer levaria-os a se unir a seu exército".[1159] Se Sumter e Pickens tivessem se juntado a Greene, ele poderia ter tomado Ninety Six antes da chegada de Rawdon, ou tê-lo derrotado enquanto se aproximava.

Assim, Greene teve de recuar em 19 de junho de 1781, antes que a força superior de Rawdon chegasse, o que o deixou, mais uma vez, diante de uma situação desagradável. A região em torno de Ninety Six ainda tinha muitos partidários do Tory, o que tornava incerta a submissão do interior. De fato, ele esperava que Rawdon readotasse o plano de "conquistar com tropas britânicas e guarnecer com as milícias ou os partidários do Tory".[1160] Em desespero, apelou novamente a Shelby para que este cedesse mil fuzileiros das montanhas a fim de forçar os britânicos de volta a Charleston.[1161] Ainda não se sabia qual lado se renderia primeiro.

Rawdon enfim alcançou seu destino em 21 de junho de 1781. Ali, ele deu aos legalistas a opção de permanecerem com uma guarnição reforçada ou acompanharem-no de volta às áreas baixas, onde poderiam se reinstalar na relativa segurança de Charleston e adjacências, entre os rios Edisto e Santee. Quase todos optaram pela última alternativa. Entretanto, ao saber que Greene estava a apenas 25 quilômetros dali, Rawdon resolveu experimentar, mais uma vez, a sorte em uma batalha. Contudo, após avançar quase 65 quilômetros, ele concluiu que continuar a perseguição era não só inútil, mas perigoso, por causa de sua longa cadeia de abastecimento e do colapso da causa britânica em outros lugares. Portanto,

---

1158. Greene para Marion, 10 de junho de 1781. In: NGP, v. 8, p. 374. Greene para Pickens, 14 de junho de 1781. In: NGP, v. 8, p. 388-389.
1159. Greene para Lee, 24 de junho de 1781. In: NGP, v. 8, p. 452-453.
1160. Greene para Huntington, 20 de junho de 1781. In: NGP, v. 8, p. 419-422. Greene para Lee, 24 de junho de 1781. In: NGP, v. 8, p. 452-453.
1161. Greene para Shelby, 22 de junho de 1781. In: NGP, v. 8, p. 439. Shelby respondeu que poucos homens estariam disponíveis antes que fosse assinado um tratado de paz com os Cherokee, 2 de julho de 1781. In: NGP, v. 8, p. 482.

Rawdon passou as três semanas seguintes em Ninety Six, enquanto os legalistas reuniam suas famílias e pertences para a longa marcha até Monck's Corner.[1162]

A decisão de Rawdon no sentido de libertar Ninety Six implicava que Augusta seria deixada à própria sorte. A cidade era guarnecida por 600 legalistas, sob o comando de Thomas Brown. Brown era particularmente odiado, em especial pelo enforcamento de vários patriotas que haviam quebrado seus juramentos. Ele também era acusado de incentivar os indígenas a cometer atrocidades na fronteira.[1163] O cerco propriamente dito teve início em 15 de maio, com a chegada dos guerrilheiros de Pickens, vindos da Carolina do Sul, e da milícia de Clarke, vinda da Geórgia. Como era de se esperar, os legalistas ofereceram uma resistência desesperada, recusando-se a atender aos vários chamados de Lee para que se rendessem. Sua principal defesa era o Forte Cornwallis, que Brown havia transformado em uma estrutura muito poderosa. Como em Forte Watson, os patriotas construíram uma torre Mahan, de modo que seus atiradores de tocaia pudessem disparar contra os quartéis abarrotados da guarnição.[1164]

Como Rawdon ainda estava distante dali, Brown enfim aceitou os termos de rendição em 5 de junho. Estes eram relativamente generosos, dadas as circunstâncias.[1165] Lee, um continental de carreira de outro Estado, apreciou a coragem e a habilidade de seu oponente. Ele também concordou com Greene acerca da necessidade de se evitar um banho de sangue por parte dos guerrilheiros locais, que "sobrepujavam os godos e os vândalos em seus esquemas de pilhagem, assassinato e iniquidade", os quais perpetravam "sob o pretexto de apoiar a virtuosa causa da América". Dessa maneira, Lee protegeu Brown, conquanto não tivesse conseguido salvar alguns daqueles envolvidos nos enforcamentos anteriores, que se seguiram à libertação de Augusta por Cruger, em setembro de 1780.[1166] Não obstante, em meados de junho de 1781, toda a Geórgia, entre Ebenezer e Augusta, estava nas mãos dos patriotas.[1167]

1162. PANCAKE, J.S. *This Destructive War: The British Campaign in the Carolinas, 1780-1782*. University of Alabama, 1985, p. 214-215. Pickens para Greene, 10 de julho de 1781. In: NGP, v. 8, p. 518.
1163. CASHIN, E.J. *The King's Ranger: Thomas Brown and the American Revolution on the Southern Frontier*. Athens, Ga., 1989, p. 219-226. Cashin absolve Brown de todas essas acusações.
1164. Pickens para Greene, 25 de maio de 1781. In: NGP, v. 8, p. 310-311.
1165. Pickens e Lee para Greene, 5 de junho de 1781. In: NGP, v. 8, p. 351-352.
1166. Lee para Greene, 4 de junho de 1781. In: NGP, v. 8, p. 346. Pickens para Greene, 7 de junho de 1781. In: NGP, v. 8, p. 359.
1167. Wright para Germain, 14 de junho de 1781. In: DDAR, v. 20, p. 161.

A situação não era melhor para os britânicos na Carolina do Sul, onde Rawdon havia posicionado seu exército em Orangeburg, no afluente ao norte do Rio Edisto. Ali, ele era observado por Greene do alto das High Hills do Santee, ao passo que Marion, Lee e Sumter atacavam os assentamentos costeiros até Dorchester, a apenas poucos quilômetros de Charleston.[1168] No fim de 1781, os britânicos detinham tão somente dois enclaves no sul, ao redor de Charleston, e a cidade de Savannah. Isso era um testemunho eloquente do fracasso da estratégia britânica para o sul, que consistia em conquistar um Estado de cada vez. Também dava ensejo à questão da conveniência do avanço de Cornwallis para a Virgínia. Entretanto, os patriotas ainda não teriam vencido a guerra enquanto os britânicos mantivessem esses bastiões. Era preciso algo mais para realizar o sonho patriota da independência.

1168. Balfour para Clinton, 20 de julho de 1781. In: CAR, p. 550-552.

CAPÍTULO 10

A Resolução de Yorktown, 1781

A GUERRA É TRANSFERIDA PARA A VIRGÍNIA

Vimos que o plano britânico para o conflito na América em 1781 era basicamente travar uma guerra de exaustão até que a rebelião terminasse ou que Cornwallis lograsse restabelecer a autoridade da coroa pela força das armas. A principal preocupação de Germain, no início de 1781, era manter uma presença contínua na Virgínia, não apenas para obstar a chegada de suprimentos para o exército de Greene, mas também para impedir que os franceses se estabelecessem no Chesapeake, como haviam feito em Rhode Island. Isso exigia um "porto seguro a que nossos navios possam recorrer para trazer suprimentos". Tal posto também era essencial para restaurar a confiança dos habitantes de que receberiam "assistência permanente e efetiva". Para tanto, Clinton deveria substituir as forças de Leslie o mais depressa possível.[1169]

Dessa vez, Clinton já havia se antecipado ao pedido de Germain com o envio de uma nova tropa de 1.200 homens, sob o comando de Arnold. As ordens dadas a Arnold eram semelhantes às de Leslie. Primeiro, ele deveria destruir os depósitos de suprimentos de Greene em Petersburg. Depois disso, deveria estabelecer um posto em Portsmouth, no Rio Elizabeth, de modo a oferecer proteção para aqueles desejosos de declarar lealdade ao rei. No entanto, Arnold deveria limitar os apelos às adjacências no interior, uma vez que não era aconselhável instar o restante da população "até o momento em que você possa se estabelecer

---

1169. Germain para Clinton, 3 de janeiro de 1781. In: DDAR, v. 20, p. 29-30.

e lhes assegurar a mesma proteção".[1170] Ele não fez qualquer menção a uma instalação naval.

A escolha de Arnold para essa tarefa mostrou-se acertada, pois, em dois dias de navegação Rio James acima, ele capturara Richmond, a capital do Estado. Ali, em um gesto magnânimo, ele ofereceu aos comerciantes metade do valor de suas mercadorias. A oferta, contudo, necessitava do consentimento do governador Jefferson, que rejeitou a proposta, ao que Arnold incendiou todos os prédios públicos, armazéns, pequenas fundições e um local para a fabricação de cordas. Os navios de tabaco, ao contrário, foram enviados rio abaixo, para uso dos britânicos. As defesas da Virgínia estavam tão enfraquecidas que praticamente não houve disparos durante os procedimentos.[1171] Arnold, então, desceu novamente o rio para dar início à missão de estabelecer um posto em Portsmouth.

As operações de Arnold não passaram despercebidas a Washington, tampouco aos franceses que estavam em Rhode Island, onde o capitão Destouches havia se tornado comandante, após a morte de Ternay. Quando chegaram notícias de que a esquadra de Arbuthnot havia sido avariada em uma tempestade ao largo de Gardiner's Bay e forçada a retornar para Nova York, Destouches enviou três de seus navios para atacar a escolta naval de Arnold. Isso fez com que Washington logo desse ordens para que Lafayette, com 1.200 continentais, se unisse a Steuben, que ainda estava na Virgínia, enviando homens e suprimentos para Greene. Ele tinha expectativas de que Lafayette, com o auxílio da esquadra francesa e da milícia local, fosse capaz de cercar Arnold em Portsmouth e destruir as forças britânicas ali. Se ele tivesse sucesso, Arnold seria executado sumariamente por "traição e deserção".[1172] O envio de Lafayette implicava que Washington teria homens suficientes apenas para a guarnição de West Point, deixando a comunicação entre os rios Delaware e Hudson a cargo de meros dois regimentos.[1173] Esse foi um dos muitos riscos calculados de Washington.

A resposta de Clinton a esses movimentos foi o envio de outros 2 mil homens para a Virgínia, sob o comando de Philips, e a solicitação de que Arbuthnot, ao mesmo tempo, expulsasse os navios franceses do Chesapeake.[1174] A primeira tarefa de Philips, assim como a de Arnold,

---

1170. Clinton para Arnold, 14 de dezembro de 1780. In: DDAR, v. 18, p. 256.
1171. Arnold para Clinton, 21 de janeiro de 1781. In: DDAR, v. 20, p. 40-43. Steuben para Greene, 8 de janeiro de 1781. In: NGP, v. 7, p. 76-79.
1172. Washington para Lafayette, 20 de fevereiro de 1781. In: WGW, v. 21, p. 253-255.
1173. Washington para Benjamin Harrison, 27 de março de 1781. In: WGW, v. 21, p. 380-382.
1174. Clinton para Arbuthnot, 28 de fevereiro de 1781. In: CAR, p. 489-490.

era destruir os depósitos dos rebeldes em Richmond e Petersburg, bem como transformar Portsmouth em um refúgio para os legalistas. Contudo, em vista da recente incursão da Marinha Francesa, Philips deveria discutir com Arbuthnot quanto ao estabelecimento de uma base naval adequada. Caso Arbuthnot entendesse que Portsmouth era inadequada para "grandes navios", ele poderia escolher Yorktown ou a antiga Point Comfort, contanto que tivesse tropas suficientes. Philips deveria, então, retornar a Nova York, deixando um contingente adequado em Portsmouth. Clinton ainda esperava alcançar uma vitória decisiva contra Washington, tão logo o período de campanha começasse no norte.[1175]

Antes que Philips pudesse embarcar, chegou a notícia de que Destouches havia zarpado com todo o seu esquadrão, atendendo a um pedido de Washington.[1176] Ele dispunha, ainda, de 1.100 soldados a bordo. Para sorte de Clinton, Arbuthnot estava pronto para partir com igual número de encouraçados. Além disso, seus navios, por terem o fundo recoberto de cobre, eram mais rápidos, de modo que ele pôde alcançar Destouches. No conflito que se seguiu ao largo de Capes of Virginia, no dia 16 de março de 1781, os franceses, mais uma vez, travaram uma batalha defensiva, danificando os navios britânicos ao atirar em seus cordames. Entretanto, foi Arbuthnot quem assegurou a entrada para Chesapeake Bay, abrindo caminho para o envio dos reforços de Philips.[1177] Isso seria uma vantagem, pois Arnold estava agora cercado por 4.800 milicianos da Virgínia e soldados continentais, comandados por Lafayette e Steuben.[1178]

Como já assinalamos, Clinton esperava que Philips retornasse com a maior parte de seus homens para uma ofensiva no Rio North. No entanto, a carta de Germain de 3 de janeiro deixou claro que seria necessária uma presença mais poderosa no Chesapeake. Germain expressou suas ideias da forma que lhe era habitual, com comentários, em vez de ordens, deixando a decisão final para Clinton. Entretanto, tais comentários não poderiam deixar de exercer sua influência, vindos do ministro responsável pela guerra na América. Clinton respondeu, afirmando que "sempre estive muito ciente da enorme importância de operações no Chesapeake", apesar dos riscos consideráveis, "a menos que tenhamos certeza de uma superioridade permanente no mar". Ele vinha estudando recentemente uma proposta do coronel William Rankin, da Pensilvânia,

---

1175. Clinton para Philips, 10 de março de 1781. In: DDAR, v. 20, p. 84-85.
1176. Washington para Destouches, 22 de fevereiro de 1781. In: WGW, v. 21, p. 278.
1177. Arbuthnot para Sandwich, 30 de março de 1781. In: SANDWICH, v. 4, p. 166-170.
1178. Steuben para Greene, 16 de março de 1781. In: NGP, v. 7, p. 443-444.

para uma operação entre o Chesapeake e o Delaware, onde a inclinação legalista era supostamente forte. Porém, Clinton era visceralmente contrário à sugestão de Cornwallis de transferir todas as operações para a Virgínia. Nova York era uma ligação fundamental com o Canadá e seu abandono seria uma imperdoável traição a seus 25 mil habitantes.[1179]

A contínua presença britânica na Virgínia causava muita apreensão entre os patriotas. A necessidade de mais tropas foi enfatizada por Benjamin Harrison, detentor de grande influência política, em uma visita a West Point, no fim de março. Washington respondeu que não dispunha de homens sobressalentes, mal tendo o suficiente para conter os britânicos na ilha de Manhattan. Além disso, ele desejava preservar suas forças para um ataque a Nova York, na crença de que esse era o modo mais eficiente de ajudar os Estados do sul.[1180] No entanto, ele instruiu Lafayette a permanecer na Virgínia com seus continentais, contrariando suas instruções iniciais para retornar ao "grande exército" assim que a expedição contra Arnold tivesse terminado. Ele também permitiu que a recém-recomposta linha da Pensilvânia, comandada por Wayne, ficasse na Virgínia, em vez de se unir de imediato a Greene nas Carolinas, caso este último aceitasse.[1181]

De sua parte, Lafayette só podia observar e esperar, dada a disparidade de suas forças em relação às de Arnold e Philips. Seus continentais também careciam de roupas e equipamentos, que ele tentava providenciar a suas próprias expensas.[1182] Dessa maneira, os casacos vermelhos conseguiam marchar à vontade Rio James acima, destruindo diversos navios corsários inacabados antes de alcançar Petersburg, onde, em 26 de abril de 1781, apreenderam enorme quantidade de tabaco. Arnold, então, incendiou ainda outros navios de guerra parcialmente construídos, no Rio Appomattox, antes de retornar a Manchester, no lado oposto a Richmond, local em que repetiu a atividade de destruição. Lafayette e seus homens, do outro lado do Rio James, só puderam agir como "espectadores do incêndio".[1183]

Foi então que Cornwallis entrou na Virgínia, alcançando Petersburg em 20 de maio de 1781. Arnold estava lá para recebê-lo, após a morte de Philips, provocada por uma febre, poucos dias antes. As duas

---
1179. Clinton para Germain, 23 de abril de 1781. In: DDAR, v. 20, p. 113-115. Petição dos legalistas associados, 14 de outubro de 1780. In: DDAR, v. 18, p. 187-189.
1180. Washington para Harrison, 27 de março de 1781. In: WGW, v. 21, p. 380-383.
1181. Washington para Wayne, 8 de abril de 1781. In: WGW, v. 21, p. 433-434. Washington para Lafayette, 11 de abril de 1781. In: WGW, v. 21, p. 444-446.
1182. Lafayette para Greene, 17 de abril de 1781. In: NGP, v. 8, p. 107.
1183. Arnold para Clinton, 12 de maio de 1781, Petersburg. In: DDAR, v. 20, p. 142-145.

forças agora somavam cerca de 7.200 homens, prontos para o combate. Cornwallis assumiu prontamente o comando. Como Clinton ainda não havia lhe dado novas ordens, ele acatou as instruções dadas a Philips para "desalojar Lafayette de Richmond" e, ao mesmo tempo, destruir "quaisquer paióis ou armazéns (...) que possam estar sendo usados por ele ou pelo exército do general Greene". Depois disso, deveria recuar para a Península Jamestown, a fim de analisar York como uma possível base naval, já que Portsmouth, agora, era considerada inadequada por causa de suas poucas possibilidades de defesa, da localização insalubre e da ausência de proteção para "um navio de linha".[1184]

Quanto à futura condução da guerra, Cornwallis logo rejeitou o plano de Rankin por ser parecido demais com aqueles já tentados na Carolina do Norte. Cornwallis havia, agora, mudado de ideia com relação ao modo como a guerra deveria prosseguir. A chave era ter "o mínimo de postos possível e fazer com que as tropas do rei tenham sempre um poderio respeitável, onde quer que se encontrem". Era necessário um exército ágil, que se movimentasse em campo com rapidez, para convencer os rebeldes da inutilidade de sua resistência. Por essa razão, ele descartou a ideia de Philips e Arnold de descer até a Filadélfia, visto que duvidava da exequibilidade ou utilidade da manobra. "Sem o objetivo de mantê-la ou de incendiá-la (nenhum dos quais parece aconselhável), entendo que ela seria mais prejudicial do que benéfica à causa britânica". Sua conclusão, como antes, era que "se pretendemos uma guerra ofensiva, a Virgínia me parece ser a única província onde ela pode ser travada" com sucesso. Entretanto, seria necessário um grande exército, que ele, com tato, sugeriu que fosse comandado por Clinton.[1185]

Em conformidade com seu novo modo de fazer guerra, Cornwallis primeiro expulsou Lafayette de Richmond para só então ordenar que Simcoe, com os Patrulheiros da Rainha, avançasse na direção oeste para atacar Von Steuben e seus continentais em Point of Fork, onde estes protegiam uma considerável quantidade de provisões. Simultaneamente, Tarleton foi para Charlottesville, em 4 de junho de 1781, obrigando os membros do legislativo da Virgínia a fugir. Ele, então, subiu a íngreme estrada para Monticello, o que deu a Jefferson apenas dez minutos para escapar. Contudo, uma tentativa de Simcoe de tomar um importante armazém em Albemarle Court House foi frustrada pela chegada

---

1184. Cornwallis para Clinton, 20 de maio de 1781. In: ROSS, v. 1, p. 99. Ibid., 26 de maio de 1781, p. 100-101.
1185. Cornwallis para Clinton, 26 de maio de 1781. In: CAR, p. 522-523.

de Wayne, com 700 continentais da Pensilvânia.[1186] Cornwallis, então, redirecionou seu curso para Richmond em 20 de junho, a fim de investigar a conveniência de transformar York em uma base naval. Lafayette o seguiu a uma distância segura, remanejando uma tropa ligeira, sob o comando de Wayne, para atacar a retaguarda britânica.[1187]

As dificuldades na Virgínia foram discutidas durante uma conferência em Wethersfield, Connecticut, no dia 22 de maio, que havia sido convocada por Rochambeau para informar a Washington de que De Grasse viria para a América do Norte para uma breve visita no fim do verão, com um número ainda indefinido de navios. Os dois homens reafirmaram, então, que Nova York deveria ser o alvo de ataque, visto que ações efetivas mais ao sul pareciam estar além dos recursos dos aliados.[1188] Como Washington explicou a Sullivan, em 29 de maio de 1781: "A situação complexa, angustiante e embaraçosa de nossos interesses" tornou Nova York o único objetivo possível. Uma operação no sul exigiria uma longa marcha no calor do verão, com todas as dificuldades concernentes à obtenção de suprimentos. Em contrapartida, "a fragilidade da guarnição de Nova York", sua posição central "para a reunião de homens e suprimentos e a motivação que um ataque ao lugar daria" à causa aliada "estavam entre as razões que deram ensejo" ao empreendimento. Acima de tudo, um ataque a Nova York oferecia "uma clara promessa de sucesso", a menos que Clinton convocasse de volta suas tropas da Virgínia. Mesmo se isso acontecesse, a operação ainda traria alívio a Greene e Lafayette.[1189]

Washington tinha esperanças de que seu plano de "desferir um golpe fatal contra o inimigo" incitasse o Congresso e "os vários Estados imediatamente envolvidos". Com isso em mente, ele pediu aos governadores da Nova Inglaterra que fizessem a adequada preparação de seus batalhões até 1º de julho de 1781.[1190] Ele também providenciou que 300 fuzileiros fossem preparados para agir como atiradores de elite, uma tática que Clinton empregara com ótimo resultado durante o cerco de Charleston, com seus mercenários alemães. Nesse meio-tempo, Rochambeau concordou em

---

1186. Lafayette para Greene, 18 de junho de 1781. In: NGP, v. 8, p. 411.
1187. Lafayette para Greene, 27 de junho de 1781. In: NGP, v. 8, p. 468-469. Cornwallis para Clinton, 30 de junho de 1781. In: ROSS, v. 1, p. 103-105.
1188. Conferência com Rochambeau, 23 de maio de 1781. In: WGW, v. 22, p. 105-107.
1189. Washington para Sullivan, 29 de maio de 1781. In: WGW, v. 22, p. 131-132. Washington para Greene, 1º de junho de 1781. In: NGP, v. 8, p. 336-337.
1190. Washington para os governadores da Nova Inglaterra, 24 de maio de 1781. In: WGW, v. 22, p. 109-111.

marchar rumo ao Rio North, a fim de se unir a Washington na preparação do ataque.[1191]

Washington calculou que seu exército de campo teria 8.250 homens, após deduzir o destacamento de Lafayette e guarnecer a fronteira do norte e West Point. Todavia, ele informou a Rochambeau de que esses números eram apenas provisórios, uma vez que muito dependeria dos Estados.[1192] Foi em parte por essa razão que escreveu a Luzerne, ministro francês, sugerindo que De Grasse trouxesse um número considerável de tropas.[1193] Rochambeau também escreveu para De Grasse, informando-o acerca do poderio britânico e da crença de Washington de que Nova York era o único alvo praticável. Porém, ele acrescentou que De Grasse deveria ir igualmente a Chesapeake Bay para destruir quaisquer dos navios de Arbuthnot que estivessem ali, visto que os ventos prevalentes fariam com que passasse pela entrada sem a necessidade de um desvio. Washington reconheceu a sensatez da sugestão, embora ainda considerasse que De Grasse deveria ir primeiro para Nova York. Se ele aparecesse sem aviso, "teria uma chance excelente de forçar sua entrada antes que se pudessem tomar providências para enfrentá-lo", evitando assim a repetição dos acontecimentos de 1778, quando Howe impediu que D'Estaing entrasse no porto e se reunisse a Washington. Então, "caso a esquadra britânica não esteja ali, ele poderia segui-la até o Chesapeake, que é sempre acessível a uma força superior".[1194]

A essa altura, Clinton já havia se conformado com o avanço de Cornwallis na Virgínia, reconhecendo, em 29 de maio, que o que tinha sido feito não poderia ser revertido de imediato. Dessa forma, Cornwallis deveria dar continuidade "a tais operações na Virgínia da maneira que julgar melhor", até que o clima lhe impusesse o contrário.[1195] Contudo, duas semanas depois, Clinton determinava o retorno de seis regimentos a Nova York, enquanto Cornwallis assumia "uma posição defensiva em Williamsburg ou Yorktown". Clinton havia recebido recentemente um alerta de Germain, datado de 4 de abril de 1781, informando que uma esquadra francesa de 26 encouraçados e transportes com sete a 12 mil homens partira para as Índias Ocidentais e que parte dessa força provavelmente iria para a América do Norte durante a estação

---

1191. Washington para Reed, 24 de junho de 1781. In: WGW, v. 22, p. 257-258. Washington para Luzerne, 23 de maio de 1781. In: WGW, v. 22, p. 103-104.
1192. Poderio do exército, 22 de maio de 1781. In: WGW, v. 22, p. 102-103. Washington para Rochambeau, 2 de junho de 1781. In: WGW, v. 22, p. 154-155.
1193. Washington para Luzerne, 13 de junho de 1781. In: WGW, v. 22, p. 205-206.
1194. Rochambeau para Washington, 12 de junho de 1781. In: WGW, v. 22, p. 206. Washington para Rochambeau, 13 de junho de 1781. In: WGW, v. 22, p. 207.
1195. Clinton para Cornwallis, 29 de maio de 1781. In: CAR, p. 523-525.

dos furacões. Cartas interceptadas revelavam, agora, que Rochambeau pretendia unir-se a Washington próximo a Nova York. Se o esquadrão comandado pelo Conde de Barras, substituto de Ternay, fizesse o mesmo, franceses e americanos teriam superioridade de homens e navios, o que representava uma séria ameaça a Nova York.[1196]

Felizmente, a situação não era tão ameaçadora como parecia, dado o poderio da esquadra de Rodney nas Índias Ocidentais. Mas, para se certificar, Clinton escreveu ao próprio Rodney em 28 de junho de 1781, pedindo-lhe que fosse pessoalmente ao norte, assim que as intenções de De Grasse ficassem claras. Portanto, "estou convencido de que nossos esforços combinados não só farão com que todas as tentativas do inimigo fracassem, como também assegurarão o sucesso das operações que porventura implementemos juntos, mais tarde".[1197] O perigo da eventualidade de De Grasse ir para o Chesapeake não era motivo de grande preocupação para Clinton, pois, como disse a Arbuthnot em 17 de junho, ele aconselhara "lorde Cornwallis a se posicionar em Yorktown", o que deveria ser suficiente para proteger o local contra qualquer esquadra francesa.[1198] Não lhe ocorreu a possibilidade de que Washington e Rochambeau talvez se unissem a De Grasse para um ataque conjunto. Isso viria a ser um descuido fatal.

Rodney e De Grasse: o prelúdio naval

Até junho de 1781, todos os comandantes em terra na América do Norte confiavam em suas respectivas esquadras nas Índias Ocidentais para determinar o resultado da campanha. Portanto, muito dependia da conduta de Rodney e De Grasse.

No início de 1781, os britânicos pareciam ter uma superioridade considerável nas Índias Ocidentais, com 32 navios de linha. Os franceses e espanhóis, por sua vez, tinham apenas 21 encouraçados. Entretanto, a superioridade britânica era mais aparente do que real, visto que os números não incluíam as forças de De Grasse, que se preparavam em Brest. Oito dos encouraçados de Rodney, por outro lado, estavam em más condições e precisaram retornar à Inglaterra para reformas de monta.[1199] A balança do poderio naval estava prestes a pender de forma decisiva

---
1196. Clinton para Cornwallis, 8, 11 de junho de 1781. In: CAR, p. 528-531. Germain para Clinton, 4 de abril de 1781. In: DDAR, v. 20, p. 99.
1197. Clinton para Rodney, 28 de junho de 1781. In: CAR, p. 532-533.
1198. SYRETT, D. *The Royal Navy in American Waters, 1775-1783*. Aldershot, 1989, p. 179.
1199. Navios de linha na América do Norte e nas Índias Ocidentais, de janeiro a outubro de 1781. In: SANDWICH, v. 4, p. 126-127. DULL, J. *The French Navy and American Independence*: *A Study of Arms and Diplomacy, 1774-1787*. Princeton, 1975, p. 370-371.

para o lado de França e Espanha, em especial agora que estourara a guerra com a Holanda.

No entanto, por ora, a iniciativa permanecia com Rodney, que recebera ordens de atacar a ilha holandesa de Santo Eustáquio, uma fonte importante de suprimentos para as possessões de França e Espanha nas Índias Ocidentais. A ilha em si estava quase desguarnecida e foi tomada sem dificuldade, no início de fevereiro de 1781, pelas tropas comandadas pelo general Vaughan. Foi uma excelente conquista, pois havia dois navios de guerra holandeses e um comboio avaliado em meio milhão de libras esterlinas no porto. Quantidade de açúcar, algodão e tabaco estimada em valor semelhante foi encontrada em armazéns adjacentes, de forma que o valor total das apreensões excedeu um milhão de libras esterlinas, equivalente a 5% do custo anual da guerra.[1200]

Rodney levou quase dois meses inteiros para separar os espólios e fortalecer as defesas de Santo Eustáquio. Os costumes do século XVIII permitiam que, a título de recompensa, os oficiais e a tripulação ficassem com uma porção de tudo que fosse capturado, sendo a maior parte destinada aos respectivos comandantes militares e navais. Rodney estivera a ponto de ser preso por dívidas ao assumir seu comando em novembro de 1779.[1201] Agora, todos os seus credores poderiam ser pagos. De fato, o êxito em Santo Eustáquio levou Rodney e Vaughan a considerar fazer da ilha holandesa de Curaçao seu alvo seguinte. Seus planos, porém, foram interrompidos pela notícia de que De Grasse estava atravessando o Atlântico em direção ao Caribe.[1202]

Em vez de partir, ele mesmo, no comando da operação, Rodney enviou Hood, seu segundo em comando, com um esquadrão enfraquecido para lidar com De Grasse, enquanto ele permanecia em Santo Eustáquio com três encouraçados, dois dos quais, o *Vigilant* e o *Vengeance*, deveriam escoltar o comboio com seu espólio para a Inglaterra.[1203] Rodney, então, cometeu mais um erro ao dar instruções a Hood para que este mantivesse um bloqueio cerrado do Forte Royal Bay, onde quatro encouraçados franceses estavam ancorados. Rodney parecia preocupado com a possibilidade de que tais navios de guerra pudessem escapar e interceptar o comboio de Santo Eustáquio, que estava prestes a zarpar. Hood protestou, alegando que aquela posição

---

1200. Rodney para Sandwich, 7 de fevereiro de 1781. In: SANDWICH, v. 4, p. 148.
1201. SYRETT, D. *The Royal Navy in European Waters*, p. 81-83.
1202. Rodney para Sandwich, 27 de abril de 1781. In: SANDWICH, v. 4, p. 152-153.
1203. Apesar das precauções de Rodney, o comboio foi interceptado por La Motte-Piquet ao se aproximar do canal, o que resultou na captura da maior parte dos navios; MACKESY, P. *The War for America, 1775-1783*. Cambridge, Mass., 1964, p. 392-393.

lhe daria poucas chances de atacar a esquadra francesa principal. De Grasse precisava apenas de vento favorável para navegar à segurança de Forte Royal Bay, ao passo que a rota de Hood seria perigosamente desviada para uma costa de sotavento. Hood queria posicionar seu esquadrão na direção dos ventos da Martinica, visto que isso permitiria que ele fosse ao encontro dos franceses enquanto De Grasse protegia seu comboio. Contudo, Rodney não lhe daria ouvidos, apesar das quatro cartas de Hood, nas quais ele enfatizou a conveniência de que Rodney assumisse pessoalmente o comando.[1204]

O resultado das decisões voluntariosas de Rodney foi aquele que Hood temia. Conquanto Hood tivesse tentado se posicionar a sotavento de De Grasse, enquanto este se aproximava da Martinica, no dia 29 de abril de 1781, isso se mostrou impossível. Tanto os encouraçados quanto os transportes franceses entraram com segurança em Forte Royal Bay. Em seguida, Hood formou uma linha ao largo do ancoradouro, mas De Grasse se recusou a entrar em um combate, apesar de sua superioridade numérica, de 23 encouraçados contra os 18 de Hood. A essa altura, ele tinha tarefas mais importantes do que se arriscar em uma batalha contra a Marinha Britânica.[1205] Em desespero, Hood concluiu: "Nunca um esquadrão esteve tão mal posicionado, e quais foram os motivos de *sir* George Rodney para que isso acontecesse, eu não consigo entender".[1206] Rodney havia desperdiçado a possibilidade de infligir graves prejuízos à marinha e ao exército franceses nas Índias Ocidentais. Caso isso tivesse se concretizado, a subsequente inferioridade britânica em Yorktown poderia ter sido evitada.

A chegada de De Grasse possibilitava que os franceses tomassem, agora, a iniciativa, até o início da estação dos furacões. E foi exatamente o que fizeram ao capturar a ilha de Tobago, no início de junho. Rodney surgiu ao largo da ilha em 5 de junho, um dia depois de sua rendição. Contudo, ele dispunha de apenas 20 navios capitais contra os 24 de De Grasse e decidiu não lutar, embora o vento estivesse a seu favor, apontando o risco da navegação como o motivo de sua cautela.[1207] No entanto, ele prometeu a Sandwich que aproveitaria

---

1204. Hood para Sandwich, 4 de maio de 1781. In: SANDWICH, v. 4, p. 158-160.
1205. DULL, J. *The French Navy*, p. 238. BONFILS, M. Le Comte de L. *Histoire de la Marine Française*. Paris, 1845, v. 3, p. 193-195.
1206. Hood para Sandwich, 4 de maio de 1781. In: SANDWICH, v. 4, p. 156.
1207. HANNAY, D. (Ed.) *Letters Written by Sir Samuel Hood in 1781-1783*. Navy Records Society, 1895, p. 18-20. MACKESY, P. *The War for America*, p. 418-419.

a primeira oportunidade de enfrentar De Grasse, reconhecendo que "o destino da guerra pode depender desse evento".[1208]

Com a aproximação da estação dos furacões, ambos os comandantes tinham, agora, de preparar os vários comboios de comércio e armazenar provisões para as futuras movimentações de suas esquadras. Em 9 de julho de 1781, Rodney decidiu enviar três de seus encouraçados, o *Sandwich*, o *Torbay* e o *Prince William*, juntamente com um comboio para a Jamaica, enquanto ele retornava em segurança para a Inglaterra, em sua nau capitânia, o *Gibraltar*. Outros dois encouraçados, o *Panther* e o *Triumph*, deveriam escoltar os carregamentos comerciais de Leeward Island para a Inglaterra, deixando 14 encouraçados para acompanhar Hood às águas mais seguras da América do Norte. O almirante Graves, que sucedera Arbuthnot temporariamente, tinha atualmente sete encouraçados em Nova York, mais outros três que vinham da Inglaterra com Digby. Isso significava que a esquadra norte-americana disporia de 24 encouraçados, o que parecia suficiente para quaisquer prováveis necessidades.[1209] De fato, Rodney sugeriu, em seguida, a Parker que, "como o inimigo tem uma força naval muito grandiosa na América do Norte", ele deveria enviar "o *Torbay* e o *Prince William*" e "todo navio de batalha de que possa dispor" para aquele local.[1210] Contudo, ele não considerou ser a situação séria o suficiente a ponto de viajar para a Inglaterra em uma fragata e, assim, liberar o *Gibraltar* de 80 canhões. Na verdade, em um comunicado a Arbuthnot, em 13 de agosto, Rodney reiterou seu posicionamento anterior, no sentido de que De Grasse havia deixado o Caribe com as esquadras comerciais da França, enviando, talvez, apenas 12 de seus 26 navios de linha em direção ao norte, conquanto não tivesse informações específicas a esse respeito, e sem ter destacado quaisquer fragatas para aquele empreendimento. Rodney ainda acreditava que a ameaça real contra a Grã-Bretanha estava no Caribe, sendo "certo que o inimigo pretende realizar uma campanha antecipada e vigorosa nas Índias Ocidentais, depois da temporada de furacões". O movimento de suas esquadras rumo às águas americanas não passava de uma operação de manutenção, como sua própria visita no ano anterior.[1211]

1208. HANNAY, D. (Ed.) *Letters Written by Sir Samuel Hood in 1781-1783*. Navy Records Society, 1895. p. 18-20. MACKESY, P. *The War for America*, p. 418-419.
1209. Navios de linha na América do Norte e nas Índias Ocidentais, de janeiro a outubro de 1781. In: SANDWICH, v. 4, p. 126-127.
1210. Rodney para Parker, 30 de julho de 1781. In: FORTESCUE, v. 5, p. 259.
1211. Rodney para Arbuthnot, 13 de agosto de 1781. In: FORTESCUE, v. 5, p. 264-265.

Ninguém questionou esses arranjos. Parker, na Jamaica, não tinha dúvidas de que "nós devemos, no mínimo, ser um adversário à altura dos franceses".[1212] Supunha-se que De Grasse, do mesmo modo, destacaria alguns de seus navios capitais para servirem de comboio e, outros, para reparos necessários. Nesse ponto, Rodney e Parker estavam corretos, a princípio, visto que as ordens para De Grasse exigiam tão somente que ele estabelecesse uma comunicação com os espanhóis antes de enviar parte de seu esquadrão para a América do Norte. Assim, De Grasse deixou a Martinica no dia 5 de julho, com sua esquadra completa de 26 navios e 200 cargueiros, em direção a Cape Français. Ali, encontrou-se com Galvez, que era agora o oficial militar espanhol mais graduado na região, depois de sua bem-sucedida conquista de Pensacola, em maio daquele ano. Galvez admitiu que nenhuma outra operação seria possível durante a estação dos furacões, opinião compartilhada por Solano. Dessa forma, ele exortou De Grasse a navegar com toda a sua força (inclusive três encouraçados que haviam ajudado os espanhóis em Pensacola) a fim de perseguir e destruir a esquadra britânica na América do Norte. Ele também deveria levar consigo as tropas francesas sob o comando do general St. Simon, que não estavam atualmente em missão na ilha de Saint Domingue. De Grasse poderia, então, retornar ao Caribe na metade de outubro e se unir a Galvez para um ataque contra a Jamaica, completando assim a destruição do poderio britânico no mundo ocidental.[1213] Quando o governador francês de Saint Domingue expressou preocupação quanto ao estado de desproteção das ilhas após a partida das tropas de St. Simon, Solano se ofereceu para providenciar cobertura naval até que De Grasse retornasse.[1214] As autoridades em Havana também concordaram em ajudar a angariar um milhão e 250 mil livres, que o exército de Rochambeau precisava para ir a campo.[1215]

A generosidade de Galvez, combinada com a flexibilidade das ordens originais de Castries, incentivaram De Grasse a aceitar a proposta. Consequentemente, quando ele zarpou de Cape Français em 5 de agosto de 1781, tinha não só 29 encouraçados, como também 3.500 soldados

---

1212. Parker para Sandwich, 1º de setembro de 1781. In: SANDWICH, v. 4, p. 165-166.
1213. DULL, J. *The French Navy*, p. 243-244. DONIOL, H. *Histoire de la participation de la France à l'établissement des États-Unis d'Amérique*: Correspondence diplomatique et documents. Paris, 1886-1892, v. 4, p. 650-661.
1214. BONFILS, M. Le Comte de L. *Histoire de la Marine Française*, v. 3, p. 202-203.
1215. WHITRIDGE, A. *Rochambeau: America's Neglected Founding Father*. New York, 1965, p. 171.

com artilharia, comandados por St. Simon.[1216] O cenário estava, então, pronto para o embate decisivo da guerra.

CORNWALLIS É ENREDADO

A ordem de Clinton, emitida em 11 de junho de 1781, para que Cornwallis devolvesse seis regimentos transformou, necessariamente, a campanha britânica na Virgínia de ofensiva para defensiva. Depois de se estabelecer em Yorktown, Cornwallis deveria, então, limitar-se a ataques "aleatórios" contra as comunicações e armazéns rebeldes, até que reforços da Europa possibilitassem um modo mais expansivo de guerra.[1217]

Cornwallis não era favorável às propostas de Clinton, repetindo sua opinião de "que até que a Virgínia fosse, ao menos em parte, dominada, não conseguiríamos sujeitar a Carolina do Norte ou ter qualquer controle firme sobre o interior da Carolina do Sul". Entretanto, ele embarcaria os seis regimentos, de acordo com a ordem, e, com o restante de seu exército, procuraria uma base adequada, embora tivesse dúvidas quanto a York, "pois ela excede, em muito, nosso poder, em conformidade com seus planos de fazer postos seguros e defensáveis ali e em Gloucester". Ele ainda tinha de inspecionar Portsmouth, mas sugeriu que qualquer posto no Chesapeake "sempre estará exposto a um ataque francês repentino e que, a experiência já demonstrou, não serve como desvio de atenção em favor do exército do sul". Desse modo, Cornwallis pediu permissão para retornar à Carolina do Sul, onde a saúde de Rawdon era motivo de preocupação. Cornwallis viera para a América a fim de ser útil a seu país, e não achava que poderia "prestar qualquer serviço em uma situação defensiva" na Virgínia. Não obstante, ele permaneceria no comando até receber a resposta de Clinton.[1218]

Enquanto aguardava, Cornwallis continuou a procurar uma base, analisando Yorktown antes de optar por Portsmouth, no Rio Elizabeth. Sua marcha, que partiu de Williamsburg no dia 4 de julho, exigia a travessia do Rio James, durante a qual ele tentou surpreender Lafayette, que ainda seguia em seu encalço. Cornwallis previu que Lafayette atacaria sua retaguarda, imaginando que ela não dispunha mais do apoio do corpo principal. Lafayette mordeu a isca em Green Spring, no dia 6 de julho de 1781, e quase perdeu parte de suas tropas quando Cornwallis empreendeu um inesperado contra-ataque. Por sorte, a resistência

---

1216. DULL, J. *The French Navy*, p. 245-246.
1217. Clinton to Cornwallis, 11 de junho de 1781. In: DDAR, v. 20, p. 157-159.
1218. Cornwallis para Clinton, 30 de junho de 1781. In: DDAR, v. 20, p. 166-168.

contumaz da brigada de Wayne e a aproximação da noite permitiram que os patriotas batessem em retirada.[1219]

Cornwallis então, retomou sua marcha para Portsmouth. No entanto, ele se mantinha cético quanto à sua missão, repetindo a Clinton, em 8 de julho de 1781, que estabelecer um posto no baixo Chesapeake era inútil, visto que "não poderá exercer a menor influência sobre a Guerra na Carolina" e estava "destinado a ser sempre uma presa para algum inimigo estrangeiro com temporária superioridade no mar".[1220]

Contudo, Clinton estava mais decidido que nunca a estabelecer uma base naval na Virgínia depois de um encontro com Graves. Há algum tempo, a marinha já estava insatisfeita por ter Nova York como porto, após a expansão da guerra para as Índias Ocidentais e do emprego de grandes encouraçados de três deques e 90 ou mais canhões. Como Graves ressaltou, essas embarcações e mesmo algumas com dois deques e 74 canhões não conseguiriam abrir caminho para o porto de Nova York sem danificar seus cascos. Outro problema era o perigo representado pelo gelo no rio.[1221] Assim, Clinton informou a Cornwallis, em 11 de julho: "Nós dois compartilhamos da opinião de que é estritamente necessário mantermos uma estação no Chesapeake para navios de linha, bem como fragatas". Graves acreditava que Old Point Comfort seria o melhor lugar, uma vez que abrangia o ancoradouro em Hampton Road. Portanto, Cornwallis deveria fortificar esse posto. Então, Clinton acrescentou: "Caso vossa opinião seja a de que Old Point Comfort não pode ser mantido sem o domínio de York (...) e que tudo isso não pode ser feito com menos de 7 mil homens, vós tendes toda a liberdade para reter todas as tropas que estão, agora, no Chesapeake".[1222] Clinton perdera seus temores quanto a Nova York, depois de se certificar do poderio de Rodney. Com relação ao pedido de Cornwallis de voltar para a Carolina do Sul, esse teria de esperar até que as atuais operações estivessem concluídas.[1223]

Cornwallis expressou surpresa ao receber essas instruções com sua "extrema urgência" em garantir "um porto para navios de linha". Não existira tal exigência nas ordens anteriores dadas a Philips. De qualquer forma, navios de linha eram desnecessários para operações

---
1219. Ibid., 8 de julho de 1781, p. 183-184. Lafayette para Greene, 8 de julho de 1781. In: NGP, v. 8, p. 507-508.
1220. Cornwallis para Clinton, 8 de julho de 1781. In: DDAR, v. 20, p. 183-184.
1221. Graves para Sandwich, 4 de julho de 1781. In: SANDWICH, v. 4, p. 174-175. Ibid., 20 de julho de 1781, p. 176-177.
1222. Clinton para Cornwallis, 11 de julho de 1781. In: DDAR, v. 20, p. 184-185.
1223. Clinton para Cornwallis, 15 de julho de 1781. In: DDAR, v. 20, p. 189-190.

no Chesapeake. Não obstante, ele ordenara que seu engenheiro inspecionasse Old Point Comfort e visitou ele mesmo o local, junto com os capitães de seus navios. Todos concordaram que aquele não era um ancoradouro adequado. Clinton também mencionara a fortificação de Yorktown como uma proteção adicional para a esquadra. Cornwallis também não gostou dessa ideia, que já havia considerado enquanto estava em Williamsburg. Primeiro, demandaria "muito tempo e trabalho para fortificar York e Gloucester", ambas as quais eram "necessárias para garantir um porto para navios de qualquer tamanho". Mas ele tinha ainda outras objeções. Mesmo depois de fortificados, os postos ficariam perigosamente expostos, visto que ambos eram "acessíveis à força total desta província". Outra objeção era a inexistência de qualquer terreno alto que permitisse observar o interior adjacente. Entretanto, ele "tomaria providências com a maior presteza possível para cercar e fortificar York e Gloucester, por ser o único porto em que podemos esperar sermos capazes de oferecer proteção efetiva às linhas de navios de guerra".[1224] Esse pedido revelou-se fatídico.

No dia 2 de agosto, o exército começou a se entrincheirar no lado do Rio York, onde ficava Gloucester, enquanto O'Hara evacuava as forças remanescentes em Portsmouth.[1225] Cornwallis tinha quase 6 mil homens prontos para o serviço, com outros 1.200 doentes e 300 feridos. Os navios de guerra e os transportes também tinham 1.500 marinheiros e soldados navais, o que perfazia um total de 9 mil homens.[1226] Mesmo assim, construir valas, feixes de madeira e caminhos cobertos para resistir a um cerco de uma área tão ampla levava tempo. Em 22 de agosto, os trabalhos em Gloucester estavam relativamente adiantados, porém Cornwallis calculava que mais seis semanas "seriam necessárias para colocar as estruturas exigidas" em Yorktown "em condições aceitáveis de defesa". E, mesmo então, elas não seriam resistentes.[1227] Sua falta de confiança no projeto refletiu-se em sua carta de 20 de agosto de 1781, na qual insistia, com veemência, que Clinton dirigisse as operações no Chesapeake pessoalmente. Do contrário, Cornwallis deveria receber instruções explícitas "acerca de todos os pontos que poderão admiti-las".[1228]

1224. Cornwallis para Clinton, 27 de julho de 1781. In: ROSS, v. 1, p. 107-109.
1225. Cornwallis para Clinton, 12 de agosto de 1781. In: CAR, p. 556.
1226. Sumário das forças na Virgínia, sob o comando de Cornwallis, 15 de agosto de 1781. In: CAR, p. 556-557.
1227. Cornwallis para Clinton, 22 de agosto de 1781. In: CAR, p. 560-561. Cornwallis para Leslie, 27 de agosto de 1781. In: ROSS, v. 1, p. 117.
1228. Cornwallis para Clinton, 20 de agosto de 1781. In: ROSS, v. 1, p. 113-115.

Até então, Washington e Rochambeau haviam sido expectadores distantes que assistiam, perplexos, aos eventos da Virgínia, os quais eram igualmente desconcertantes para os simpatizantes da causa britânica. Como William Franklin, antigo governador de Nova Jersey, comentou: "Todas as medidas tomadas por *sir* Clinton desde que assumiu o comando têm se colocado tão além da compreensão da capacidade comum" que chegam a impedir que qualquer pessoa entenda "a profundidade de suas estratégias".[1229] O foco dos aliados continuava a ser Nova York, embora Washington tivesse confessado a Knox, no fim de junho, que ele estava "cada vez mais hesitante" quanto ao "prosseguimento da operação que temos em mente", em especial quando se soube que Clinton recebera um reforço de tropas vindo da Europa.[1230] No início de julho, ele propôs a Rochambeau um ataque conjunto na extremidade norte de Manhattan, mas logo descobriu que as estruturas britânicas eram fortes demais para ser vencidas sem apoio naval.[1231]

Washington, mais uma vez, esbarrou em dificuldades, apesar dos constantes apelos para que o Congresso e os Estados agissem. A lentidão na chegada de recrutas era tamanha que ele chegou a pensar que jamais teria homens suficientes. Do jeito que as coisas estavam, seus números eram mantidos apenas pelo amplo alistamento de afro-americanos do norte.[1232] Ele também estava exasperado com a eterna escassez de provisões, dizendo ao governador Trumbull, de Connecticut, que, a menos que os Estados envidassem maiores esforços, o exército teria de debandar. A situação era duplamente frustrante porque o país estava repleto de suprimentos. Mas, sem dinheiro, eles estavam fora do alcance do exército.[1233] Outro desapontamento era a inexistência de um plano definitivo. Pouco poderia ser feito até que De Grasse chegasse, visto que Barras não tinha potência suficiente para forçar a entrada no porto de Nova York, onde os britânicos tinham seis navios de linha, duas embarcações de 50 canhões e oito fragatas. O mesmo se aplicava ao exército aliado, que compreendia 4.400 franceses, porém pouco menos de 3.500 continentais, depois de terem sido providos os fortes de

---

1229. Citado em WHITRIDGE, A. *Rochambeau*, p. 160.
1230. Washington para Knox, 28 de junho de 1781. In: WGW, v. 22, p. 272-273.
1231. Washington para Rochambeau, 30 de junho de 1781. In: WGW, v. 22, p. 293-294. Ibid., 3 de julho de 1781. In: WGW, v. 22, p. 324-325.
1232. Washington para Bland, 8 de julho de 1781. In: WGW, v. 22, p. 341. CONWAY, S. *American Independence*, p. 26-27.
1233. Washington para Trumbull, 1º de julho de 1781. In: WGW, v. 22, p. 311-312. Washington para Reed, 16 de julho de 1781. In: WGW, v. 22, p. 390.

Highland e as guarnições de fronteira.¹²³⁴ Isso era muito menos do que o necessário.

Desse modo, a situação não era promissora quando Washington e Rochambeau conferenciaram, no dia 19 de julho. Ambos admitiram que De Grasse poderia chegar tarde demais para fazer algo efetivo ou poderia chegar sem tropas. Se isso acontecesse, a única alternativa seria que os dois comandantes embarcassem seus homens para o Chesapeake, "caso o inimigo ainda mantivesse uma força" na Virgínia, do que absolutamente não se tinha certeza.¹²³⁵ Entretanto, como Washington escreveu a De Grasse, em 21 de julho: "Alegro-me de que a glória de destruir o esquadrão britânico em Nova York esteja reservada para a esquadra real sob seu comando e para a força terrestre" reunida nos arredores. O plano acertado em Wethersfield ainda era a melhor opção.¹²³⁶ Contudo, sua implementação parecia cada vez menos provável, como Washington informou a Thomas McKean, o novo presidente do Congresso, no início de agosto de 1781. A falta de dinheiro e de homens significava que muitos soldados teriam de ser empregados como barqueiros, condutores e armeiros. Mais uma vez, houve falta de pão.¹²³⁷ Ainda que surgisse uma oportunidade de ação militar, o exército não conseguiria tirar proveito dela, com tantos alistamentos de curto prazo e homens mal treinados. A campanha parecia estar enfraquecendo, como nos anos anteriores, apesar da aliança com a França.¹²³⁸

Então, em 14 de agosto de 1781, chegou a notícia de que De Grasse havia deixado as Índias Ocidentais e seguia rumo ao Chesapeake, com 29 navios de linha e "uma considerável força terrestre", sob o comando de St. Simon.¹²³⁹ Esses números eram maiores do que todos esperavam. O problema era que sua permanência seria curta, uma vez que sua esquadra seria necessária nas Índias Ocidentais, no início de novembro, para concluir a conquista das remanescentes ilhas britânicas das Antilhas Menores antes de auxiliar no ataque espanhol contra a Jamaica. De Grasse escolhera o Chesapeake porque Rochambeau, Washington, Luzerne e Barras haviam ressaltado que aquele era o lugar

---

1234. Washington para De Grasse, 21 de julho de 1781. In: WGW, v. 22, p. 400-402. Disposição dos navios de Sua Majestade, 4 de julho de 1781. In: DDAR, v. 20, p. 173-174.
1235. Conferência em Dobbs Ferry, 19 de julho de 1781. In: WGW, v. 22, p. 395-397.
1236. Washington para De Grasse, 21 de julho de 1781. In: WGW, v. 22, p. 400-402.
1237. Washington para McKean, 2 de agosto de 1781. In: WGW, v. 22, p. 445-446. Washington para Morris, 2 de agosto de 1781. In: WGW, v. 22, p. 449-450.
1238. Washington para o coronel Fitzhugh, 8 de agosto de 1781. In: WGW, v. 22, p. 480-482.
1239. Washington para Lafayette, 15 de agosto de 1781. In: WGW, v. 22, p. 501.

mais conveniente "para realizar o benefício proposto".¹²⁴⁰ A decisão de De Grasse de ir para o Chesapeake por certo não foi uma total surpresa, após as discussões entre os aliados em 19 de julho de 1781. Washington já havia questionado Robert Morris se haveria navios suficientes para transportar o exército que estava na Filadélfia ou em Baltimore. Portanto, apesar de relutante, Washington logo aceitou a proposta de De Grasse para atacar os britânicos no Chesapeake.¹²⁴¹ O cerco de Nova York não estava tendo resultados e poderia ser malsucedido, mesmo com a ajuda de De Grasse. O plano assegurava que os aliados teriam a superioridade necessária por terra e por mar se seus comandantes se movimentassem depressa, antes que Cornwallis consolidasse sua posição ou recuasse para a Carolina do Norte.¹²⁴²

De início, a proposta de Washington era confiar o comando da força patriota de 2 mil continentais ao general Alexander McDougall, enquanto ele permanecia com o restante do exército para defender Highlands e ameaçar Nova York. Mas, dois dias depois, Washington havia decidido que o Chesapeake seria o cenário decisivo da ação e que ele deveria assumir o comando ali. Assim, ele colocou o general Heath no comando dos regimentos da Nova Inglaterra em Highlands, ao passo que o restante se preparou para a longa marcha rumo ao sul.¹²⁴³ O sigilo era essencial, principalmente quando os aliados iniciaram sua jornada, em 21 de agosto, com a travessia do Rio Hudson. A princípio, Washington fez parecer que as forças aliadas se preparavam para um ataque a Nova York, via Staten Island. No entanto, no fim de agosto, as tropas já estavam a caminho da Filadélfia, conquanto Washington permanecesse "extremamente angustiado" com a possibilidade de De Grasse não conseguir concretizar o encontro.¹²⁴⁴

Na ocasião, as preocupações de Washington foram desnecessárias, pois De Grasse ancorou, em 31 de agosto, em Capes of Virgínia. Ele havia demorado mais para alcançar seu destino em virtude de sua

---

1240. KENNETT, L. *The French Forces in America, 1780-1783*. Westport, Conn., 1977, p. 130. Luzerne foi provavelmente o mais influente defensor da vinda de De Grasse para o Chesapeake, ao enfatizar os perigos políticos para os Estados Unidos, caso a Grã-Bretanha conquistasse a Virgínia, ibid., p. 126.
1241. Washington para Morris, 2 de agosto de 1781. In: WGW, v. 22, p. 450-451. Para informações sobre a constante relutância de Washington em considerar o Chesapeake como um objetivo proposto, veja seu Diário, 14 de agosto de 1781.
1242. Washington para De Grasse, 17 de agosto de 1781. In: WGW, v. 23, p. 7. Veja também: Washington para Greene, 4 de setembro de 1781. In: WGW, v. 23, p. 84-85.
1243. Washington para McDougall, 19 de agosto de 1781. In: WGW, v. 23, p. 19. Washington para Heath, 19 de agosto de 1781. In: WGW, v. 23, p. 20-23.
1244. Washington para Lafayette, 2 de setembro de 1781. In: WGW, v. 23, p. 77.

decisão de usar o canal Old Bahama, mais tortuoso, ao sair de Santo Domingo para evitar que os britânicos se alarmassem com sua aproximação. Durante os dias que se seguiram, ele transportou os 3.300 homens de St. Simon pelo Rio James, até Williamsburg, onde Lafayette estava posicionado para impedir que Cornwallis escapasse da Península Jamestown.[1245] Enquanto isso, Washington batia-se com a logística, a fim de mover as forças do norte para sua nova localização, a quase 650 quilômetros de distância. De importância fundamental era a questão da necessidade de assistência francesa para transportar as forças aliadas pelo Chesapeake até Hampton Roads. Foi com isso em mente que ele escrevera a De Grasse, em 17 de agosto, solicitando ajuda.[1246] Como resultado, Washington e Rochambeau lograram embarcar em Head of Elk, com demora mínima, na segunda semana de setembro. No dia 26 de setembro, todo o exército aliado, formado por cerca de 7.500 regulares franceses, 4.500 continentais e 3 mil milicianos da Virgínia, estava na Península Jamestown, perto de Williamsburg. De Grasse, com 20 mil marinheiros e soldados navais, dava cobertura. Cornwallis, com aproximadamente 7 mil soldados e fuzileiros navais, estava agora encurralado, tendo um exército superior à frente e uma esquadra inimiga na retaguarda.[1247]

No início, Clinton não conseguiu perceber as implicações do fato de Washington ter atravessado o Hudson. Em 27 de agosto ele comentou com Cornwallis, a título de especulação: "É possível que ele pretenda suspender, por ora, suas operações ofensivas contra esse posto e assumir uma posição defensiva no antigo posto de Morristown, de onde ele talvez envie um destacamento para o sul". Por outro lado, a manobra de Washington poderia "ser apenas um truque e eles talvez retornassem à sua posição anterior, o que certamente farão se De Grasse chegar". A atenção de Clinton, em todo caso, estava focada em Rhode Island, onde os sete encouraçados de Barras representavam um alvo tentador.[1248]

Desse modo, a tranquilidade de Clinton não foi abalada quando chegaram cartas de Hood, avisando-o de que De Grasse estava a caminho. A razão para essa confiança era a afirmação de Hood de que sua esquadra tinha "poderio suficiente para fazer frente a quaisquer intentos do inimigo, mesmo que De Grasse trouxesse ou enviasse o número de

---

1245. Washington para Luzerne, 5 de setembro de 1781. In: WGW, v. 23, p. 87. BONFILS, M. Le Comte de L. *Histoire de la Marine Française*, v. 3, p. 203-206.
1246. Washington para De Grasse, 17 de agosto de 1781. In: WGW, v. 23, p. 10-11.
1247. Cornwallis para Clinton, 16-17 de setembro de 1781. In: CAR, p. 571.
1248. Clinton para Cornwallis, 27 de agosto de 1781. In: CAR, p. 562. Clinton para Graves, 24 de agosto de 1781. In: CAR, p. 561.

navios que pudesse em socorro de Barras".[1249] Hood também não mudou de opinião quando ele apareceu com 14 navios de linha, no dia 28 de agosto. Hood não estava certo do número de navios franceses, mas acreditava que estes não fossem mais que 12 encouraçados. Além disso, ele não vira sinal de De Grasse no Chesapeake, tampouco na Baía do Delaware, onde fizera uma rápida parada. A única preocupação de Hood era que, caso Barras se unisse a De Grasse, a esquadra francesa poderia ficar poderosa demais para ser atacada. Assim, disse a Clinton e Graves: "Caso vocês decidam enviar o exército para Rhode Island ou perseguir o inimigo por mar, não há tempo a perder".[1250]

Em consequência, o alerta não foi registrado em Nova York, onde Clinton continuava as discussões com Graves para a realização de um ataque a Rhode Island, mesmo a notícia de 30 de agosto de que Barras zarpara de Newport em direção ao sul não causou preocupação excessiva. Todas as embarcações britânicas em Nova York tinham fundo recoberto de cobre, o que tornava provável que alcançassem Barras antes que este chegasse ao Chesapeake. De qualquer forma, não havia motivos para acreditar que a esquadra de Hood e Graves não conseguiria lidar com as forças combinadas da França, embora dois dos navios de linha de Graves, o *Robust* e o *Prudent*, e duas embarcações de 50 canhões ainda estivessem em reforma.[1251] Quanto a Washington, seus movimentos ainda sugeriam um ataque a Nova York, pelo menos até 2 de setembro, quando sua guarda avançada atravessou o Rio Delaware, entrando na Pensilvânia.

Somente então Clinton alertou Cornwallis de que Washington e Rochambeau poderiam estar se movimentando para lhe fazer oposição. Se esse fosse o caso, Clinton "faria um esforço para reforçar o exército sob seu comando" ou realizaria uma manobra de distração a seu favor. O poderio da esquadra sob comando de Graves e Hood, que havia partido de Nova York em 31 de agosto, deixava-o confiante de que Cornwallis teria "pouco a temer da esquadra francesa". Nesse meio-tempo, Clinton ordenou que Arnold, com 1.500 homens, empreendesse uma "pequena expedição" a New London, "a fim de provocar todo o tipo de contratempo ao inimigo".[1252]

1249. *Clinton's Narrative*. In: CAR, p. 328.
1250. WILLCOX, W.B. *Portrait of a General: Sir Henry Clinton in the War of Independence*. New York, 1964, p. 421. Veja também: Hood para Stephens, 30 de agosto de 1781. In: HANNAY, D. *Letters by Sir Samuel Hood*. Navy Records Society, 1895, p. 26.
1251. Graves para Sandwich. 14 de setembro de 1781. In: SANDWICH, v. 4, p. 181. Hood para Digby, 31 de outubro de 1781. In: SANDWICH, v. 4, p. 199.
1252. Clinton para Cornwallis, 2 de setembro de 1781. In: CAR, p. 563. Clinton para Germain, 4 de setembro de 1781. In: DDAR, v. 20, p. 221-222.

A real gravidade da situação só ficou evidente quando a esquadra britânica chegou ao largo do Chesapeake, em 5 de setembro, e encontrou De Grasse ali, com 24 navios de linha, enquanto outros três bloqueavam o Rio York. Graves e Hood tinham apenas dezenove.[1253] Eles teriam ficado ainda mais chocados se tivessem percebido que Barras ainda estava para chegar. O próprio Clinton só começou a se dar conta da situação em 7 de setembro, ao receber cartas de Cornwallis que avisavam que De Grasse chegara com 40 encouraçados e fragatas, além de um número substancial de tropas.[1254] Mesmo assim, ele acreditou que a situação fosse reversível, uma vez que a marinha havia aberto o caminho para os reforços de Clinton. Como ele informou a Germain em 12 de setembro: "Sua Excelência não pode ser facilmente vencido em um posto como se mostra ser York (...) apesar do numeroso exército que possa ser reunido contra ele".[1255]

O próprio Graves reconheceu que não tinha outra alternativa além de travar uma batalha com os franceses, apesar de sua inferioridade numérica, pois estava claro que Cornwallis não poderia se safar de outra maneira. De Grasse decidiu aceitar o desafio a fim de manter o Chesapeake aberto para Barras. Porém, ele ainda pretendia lutar na defensiva, de acordo com a doutrina naval francesa, quando as duas esquadras deram início ao embate, em 5 de setembro de 1781, reconhecendo que encurralar o exército britânico na Virgínia era mais importante em termos estratégicos do que uma vitória sobre a Marinha Real. Hood, mais tarde, considerou que Graves poderia ter vencido o embate, caso tivesse atacado a esquadra francesa tão logo ela surgiu, vinda da baía do Chesapeake.[1256] Mas isso teria significado abandonar a tradicional ordem de batalha, conforme determinavam as instruções de luta.

Assim, Graves ordenou que seus navios formassem linha. Contudo, alguns da divisão da retaguarda, sob o comando de Hood, foram lentos na manobra por causa de suas péssimas condições de conservação, o que criou uma brecha entre eles e o restante da esquadra.[1257] As tentativas de Graves de remediar a situação só aumentaram o tumulto, em especial quando sinalizou, simultaneamente, para que a esquadra permanecesse em fila enquanto se engajava em um embate a curta

---

1253. Graves para Clinton, 9 de setembro de 1781. In: CAR, p. 567.
1254. Cornwallis para Clinton, 2 de setembro de 1781. In: CAR, p. 563.
1255. Clinton para Germain, 7 de setembro de 1781. In: DDAR, v. 20, p. 222-223. Clinton para Germain, 12 de setembro de 1781. In: DDAR, v. 20, p. 229-231.
1256. Hood para Sandwich, 16 de setembro de 1781. In: SANDWICH, v. 4, p. 186-189.
1257. Um relato dos procedimentos da esquadra, 5 de setembro de 1781. In: SANDWICH, v. 4, p. 183-186.

distância. Enquanto isso, os franceses se alinhavam constantemente a favor do vento, atirando ao mesmo tempo contra os cordames dos britânicos. Ao cair da noite, Graves enfim desistiu, visto que seus navios, ao centro e na vanguarda, estavam danificados demais para continuar a luta.[1258]

Pelos dias que se seguiram, ambas as esquadras permaneceram na água, à vista uma da outra, realizando os reparos necessários em preparação para outra batalha. Entretanto, a decisão de iniciar a luta foi de De Grasse, pois seus navios estavam em melhores condições.[1259] No dia 9 de setembro, De Grasse aproveitou o bom tempo para içar velas na direção sudeste, instigando Hood a sugerir que os britânicos ocupassem o ancoradouro francês em Lynnhaven Bay. Isso, então, obrigaria De Grasse a lutar para conseguir voltar ao Chesapeake. Porém, ele fez tal proposta sem saber que Barras ainda estava para chegar.[1260] De qualquer forma, De Grasse retornou a seu ancoradouro em 12 de setembro, exatamente quando Barras apareceu. Foi só então que os britânicos conheceram a força real da esquadra francesa, depois do envio de algumas fragatas de espionagem. Agora não havia possibilidade de forçar uma entrada no Chesapeake para auxiliar Cornwallis. As péssimas condições da esquadra britânica também ficaram evidentes, o que foi ilustrado pela necessidade de destruir o *Terrible*, de 74 canhões. Portanto, Graves voltou para Nova York em 13 de setembro, para reparos e reforços.[1261]

A reação inicial de Cornwallis à chegada de De Grasse foi atacar Lafayette e St. Simon. Todavia, em 5 de setembro, ele soube que uma esquadra britânica havia chegado, com a promessa de reforços. Dessa maneira, ele decidiu se concentrar em suas defesas, de modo que o exército estivesse pronto para entrar em ação, uma vez que tivesse recebido os reforços. Vários dias se passaram até que ele fosse informado do resultado da batalha naval e de que Washington e Rochambeau avançavam Chesapeake abaixo. Isso ofereceu a Cornwallis uma última oportunidade de atacar. Assim, ele deu ordens a Tarleton para que fizesse mais um reconhecimento da posição de Lafayette e St. Simon.[1262] As chances, contudo, não eram promissoras. O inimigo teria pelo menos 8 mil homens contra seus 5 mil, que estavam prontos para o serviço.

1258. Graves para Sandwich, 14 de setembro de 1781. In: SANDWICH, v. 4, p. 181-183. SYRETT, D. *The Royal Navy in American Waters*, p. 194-199.
1259. Graves para Clinton, 9 de setembro de 1781. In: CAR, p. 567.
1260. Hood para Graves, 10 de setembro de 1781. In: SANDWICH, v. 4, p. 191-192. Hood para Sandwich, 16 de setembro de 1781. In: SANDWICH, v. 4, p. 186-189.
1261. Conselho de Guerra, 13 de setembro de 1781. In: SANDWICH, v. 4, p. 192-193. Graves para Sandwich, 14 de setembro de 1781. In: SANDWICH, v. 4, p. 181-182.
1262. WICKWIRE, F.; WICKWIRE, M. *Cornwallis and the War of Independence*. London, 1971, p. 360-361.

Além disso, travar a batalha era apenas o começo de suas dificuldades, visto que teria, então, de marchar quase 650 quilômetros por território hostil até alcançar Camden, sem provisões com que pudesse contar em face de um inimigo superior.

Qualquer inclinação para tal tentativa foi obstada, em 14 de setembro, pela chegada de uma nota de Clinton, informando que estava à espera de um reforço naval vindo da Grã-Bretanha, sob o comando do almirante Digby.[1263] Ele ainda poderia ser salvo daquela situação. Dessa maneira, ele escreveu para Clinton, em 16 de setembro, dizendo que "como você diz que aguarda a chegada do almirante Digby a qualquer momento e promete empreender todos os esforços para me auxiliar, não creio ter motivos justos para colocar o destino de nossa guerra em uma tentativa tão desesperada". Ele tinha provisões para seis semanas. Contudo, uma coisa estava evidente: expedições de distração não funcionariam. Clinton só poderia esperar fazer algo realmente efetivo "vindo diretamente para este local". No dia seguinte, ele repetiu o aviso: "Se você não puder vir depressa em meu auxílio, esteja preparado para ouvir o pior".[1264]

Washington, Rochambeau e St. Simon continuavam a reunir suas forças em Williamsburg, conquanto Washington se tenha alarmado por um instante quando De Grasse propôs que se perseguisse a esquadra britânica. Ele temia que isso permitisse que Graves introduzisse alguns reforços enquanto De Grasse estivesse ausente. Felizmente, Washington persuadiu o almirante francês a permanecer em Chesapeake Bay, a fim de propiciar o poder de fogo e o apoio logístico indispensáveis para um cerco bem-sucedido.[1265] A necessidade de se agir com urgência se intensificou com relatos de que uma força naval de dez encouraçados havia chegado a Nova York, sob o comando de Digby, aumentando assim a possibilidade da liberação de Cornwallis. A maior esperança de êxito de Washington, portanto, era fazer um ataque intenso a Cornwallis para que este se rendesse, em vez de esgotar seus recursos, o que levaria mais tempo.[1266] Desse modo, os exércitos aliados avançaram com vigor sobre Yorktown, em 28 de setembro. Ali, os franceses se posicionaram à esquerda, ao passo que os patriotas ocuparam o lado oriental da linha aliada, defronte à esquerda dos britânicos. Dois dias, começaram

---

1263. Clinton para Cornwallis, 6 de setembro de 1781. In: CAR, p. 564.
1264. Cornwallis para Clinton, 16-17 de setembro de 1781. In: CAR, p. 571.
1265. Washington para De Grasse, 25 de setembro de 1781. In: WGW, v. 23, p. 136-139. Washington para De Grasse, 1º de outubro de 1781. In: WGW, v. 23, p. 160-164.
1266. Washington para Greene, 28 de setembro de 1781. In: WGW, v. 23, p. 148-151.

a cavar suas primeiras trincheiras, a um quilômetro de distância das trincheiras britânicas.[1267]

O plano original de Cornwallis era ter uma linha de defesa externa interligada por vários grandes redutos e uma linha interna de trincheiras e pequenos redutos. Entretanto, Cornwallis não teve tempo suficiente para completar o anel exterior, o que teria conferido a seu exército mais espaço e proteção contra os canhões de um exército que o cercava. Assim, ele decidiu abandonar sua linha externa, exceto por dois redutos, os de número nove e dez, no lado oriental. A desvantagem era que as trincheiras internas estavam a menos 365 metros da praia, o que deixava suas forças encurraladas. Ele foi instado a fazer isso por conta de outra carta de Clinton, com a promessa de que um segundo reforço, mais substancial, partiria de Nova York em 5 de outubro, com 5 mil soldados a bordo de navios de guerra.[1268] Conservando suas forças, Cornwallis teria melhores condições de retomar a ofensiva, caso os reforços chegassem. Por isso, ele não fez mais tentativas de escapar nem de se envolver em uma batalha. Essa inatividade intrigou Washington, levando-o a concluir: "Ou ele não tem os meios de defesa, ou pretende poupar-se até que cheguemos bem perto dele".[1269]

Em Nova York, o retorno da esquadra e a chegada da carta de Cornwallis, datada de 17 de setembro, enfim revelaram a Clinton a real gravidade da situação, embora ele ainda interpretasse que "o pior" significava que Cornwallis teria de abandonar Yorktown. Em todo caso, ele acreditava que Cornwallis tivesse provisões suficientes para sobreviver até o fim de outubro. Isso permitiria que a esquadra fosse restaurada, que o almirante Digby chegasse e que um efetivo reforço marítimo fosse organizado. Na verdade, a expectativa acerca do último item tinha quase desaparecido. Conquanto aparecessem vários outros encouraçados, inclusive o *Torbay* e o *Prince Williams* da Jamaica, bem como Digby, com seus três navios da Inglaterra, Graves ainda dispunha de apenas 25 dessas embarcações para enfrentar os agora 36 sob o comando de De Grasse e Barras. Ademais, os danos sofridos no primeiro embate foram mais extensivos do que se pensou a princípio.[1270] O prazo fatal de Clinton, 5 de outubro, passou. Somente em 19 de outubro, Graves

---

1267. Washington para Heath, 1º de outubro de 1781. In: WGW, v. 23, p. 156-158. Cornwallis para Clinton, 3 de outubro de 1781. In: CAR, p. 580.
1268. Clinton para Cornwallis, 24 de setembro de 1781. In: ROSS, v. 1, p. 120. WICKWIRE, F.; WICKWIRE, M. *Cornwallis*, p. 369-370.
1269. Cornwallis para Clinton, 29 de setembro de 1781. In: CAR, p. 577. Washington para Thomas Lee, 12 de outubro de 1781. In: WGW, v. 23, p. 209-210.
1270. Graves para Clinton, 21 de setembro de 1781. In: CAR, p. 572-573.

e Hood estavam, finalmente, prontos para partir uma vez mais para o Chesapeake.[1271]

Nesse ínterim, Clinton e seus oficiais mais graduados discutiram vários esquemas para remediar a situação, o que resultou em algumas trocas de acusações entre os dois serviços. A certa altura, Clinton chegou a considerar uma marcha por terra para atacar a Filadélfia, independentemente da marinha, embora lhe faltasse o apoio logístico para tal empreitada.[1272] Por fim, Clinton e Graves concordaram que a esquadra deveria transportar 7 mil soldados nos deques dos encouraçados e forçar a passagem pelo bloqueio feito pelo esquadrão francês. Depois disso, as tropas desembarcariam no Rio York a fim de se unir a Cornwallis para uma batalha decisiva.[1273] Quanto ao modo como a esquadra passaria pela força amplamente superior da França não se fez menção, tampouco se deu adequada atenção à possibilidade de o inimigo adotar uma formação defensiva na entrada do Chesapeake, o que lhes permitiria bombardear os navios britânicos que se aproximassem, um a um. Igualmente ingênua foi a falta de deliberação quanto à maneira como as tropas seriam alimentadas e abastecidas depois que se unissem a Cornwallis. O plano foi um testemunho eloquente da inaptidão e do desespero dos comandantes britânicos.[1274]

A essa altura, Washington e Rochambeau haviam dado início ao processo de um cerco ortodoxo, cavando primeiro uma trincheira paralela, antes de fazer uma diagonal, que levava à segunda paralela. Os franceses eram mestres nesse trabalho, como Washington logo reconheceu, graças à familiaridade que tinham com os princípios do grande engenheiro do século XVII, Vauban. A primeira paralela foi concluída no dia 6 de outubro, a cerca de 550 metros das linhas britânicas, o que permitiu que a artilharia abrisse fogo às 15 horas do dia 9 de outubro.[1275] Isso continuou "sem interrupção, com cerca de 40 canhões (a maioria, pesados) e 16 morteiros de 20 a 40,6 centímetros". Depois de dois dias, Cornwallis relatou, "perdemos cerca de 70 homens e muitas de nossas estruturas foram consideravelmente danificadas". Inúmeros navios da marinha que se encontravam no Rio York também estavam em chamas.

1271. George Damer para Germain, 13, 29 de outubro de 1781. In: HMC, Stopford-Sackville, v. 2, p. 213-215.
1272. Clinton para Cornwallis, 30 de setembro de 1781. In: CAR, p. 578.
1273. Conselho de Guerra, 10 de outubro de 1781. In: CAR, p. 580-581.
1274. SYRETT, D. *The Royal Navy in American Waters*, p. 205-217.
1275. Washington para Mckean, 12 de outubro de 1781. In: WGW, v. 23, p. 213.

Em tal "situação desvantajosa, contra um ataque tão poderoso", os defensores não poderiam "esperar oferecer uma longa resistência".[1276]

A intensidade do bombardeio permitiu que os aliados começassem, na noite de 11 de outubro, sua segunda paralela a quase 300 metros das linhas britânicas, deixando os dois redutos que protegiam a esquerda britânica vulneráveis a um ataque. Na noite de 14 de outubro, ambas as posições foram surpreendidas. A de número nove foi capturada pelos franceses, ao passo que a de número dez o foi pelos patriotas. Elas foram, então, incorporadas à segunda paralela dos aliados e voltadas contra os britânicos. Como Cornwallis informou a Clinton no dia seguinte: "Não ousamos apontar uma arma sequer contra suas antigas baterias e a expectativa é de que as novas estejam disponíveis amanhã de manhã (...) A segurança do lugar é, portanto, tão precária que não posso recomendar que a esquadra e o exército corram tamanho risco para tentar nos salvar".[1277] Entretanto, para dar mais tempo aos reforços de Clinton, Cornwallis ordenou o avanço de 350 homens contra duas das baterias inimigas mais avançadas. Ambas as posições foram atacadas antes do amanhecer do dia 16 de outubro e o canhão, cravado de baionetas quebradas. Porém, o trabalho foi feito às pressas e as armas logo estavam em ação novamente.[1278]

Restava, ainda, uma débil esperança de escapar empreendendo-se a travessia do Rio York rumo ao mar ou para a Carolina do Norte. Mas, depois de transportar uma divisão para o outro lado do rio, as condições climáticas pioraram e forçaram o abandono da operação. Cornwallis, agora, reconhecia que resistir era inútil, visto que não tinha canhões em funcionamento, suas estruturas estavam arruinadas e a esquadra francesa ameaçava sua comunicação com Gloucester. "Sob tais circunstâncias, imaginei que seria cruel e desumano ao extremo sacrificar as vidas deste pequeno corpo de valentes soldados – que sempre se comportaram com tanta fidelidade e coragem – expondo-os a um ataque que, pelo número e precauções do inimigo, não poderia deixar de ser bem-sucedido."[1279] Na tarde de 17 de outubro, ele enviou um oficial para discutir os termos da rendição.

De início, Cornwallis tinha esperanças de que seu exército pudesse ser enviado de volta à Europa e passível de ser trocado por pessoas de patente semelhante.[1280] No entanto, Washington não o

---
1276. Cornwallis para Clinton, 11 de outubro de 1781. In: CAR, p. 581.
1277. Citado em: WICKWIRE, F.; WICKWIRE, M. *Cornwallis*, p. 381-382.
1278. Cornwallis para Clinton, 20 de outubro de 1781. In: DDAR, v. 20, p. 245-246.
1279. Ibid., p. 246-247.
1280. Cornwallis para Washington, 17 de outubro de 1781. In: ROSS, v. 1, p. 514.

permitira. Os britânicos deveriam aceitar os mesmos termos que haviam imposto a Lincoln em Charleston, tornando-se prisioneiros de guerra até que a paz fosse restaurada.[1281] A discussão, então, se voltou para a situação dos legalistas que serviam com os britânicos. Cornwallis esforçou-se para inserir uma cláusula de que "nativos ou habitantes de diferentes partes deste país (...) não devem ser punidos por terem se unido ao exército britânico". Washington insistiu com firmeza que o destino dos legalistas era assunto para as cortes civis. Contudo, êle fez uma concessão: a corveta, *Bonetta*, poderia levar carregamentos para Clinton sem ser vistoriada, permitindo assim que alguns líderes legalistas escapassem.[1282]

No início da tarde de 19 de outubro, o exército britânico marchou para o campo a fim de se render. Cornwallis não estava entre eles, alegando estar acometido de uma enfermidade. Portanto, a cerimônia foi realizada por O'Hara, do lado britânico. Mas, quando O'Hara tentou entregar sua espada para Rochambeau, o francês educadamente direcionou-a para Washington, que por sua vez apontou para Lincoln, seu segundo em comando.[1283] Depois disso, os soldados e marinheiros britânicos, que somavam quase 8 mil homens, depuseram suas armas e voltaram para a cidade, até que pudessem ser enviados para o interior. Apesar da amargura do conflito, Washington ofereceu o costumeiro jantar para os oficiais mais graduados dos três exércitos, no qual O'Hara representou Cornwallis. Em particular, Washington comentou como o general britânico parecia "muito social e à vontade". Todavia, com o passar das horas, britânicos e franceses pareceram mais relaxados, dado seu berço comum e sua habilidade de conversar, deixando os patriotas americanos com a sensação de serem intrusos constrangidos.[1284]

Entretanto, não havia tempo para relaxar. A esquadra britânica ainda poderia reaparecer. Mais premente era a necessidade de assegurar os espólios do cerco, que incluíam sete canhões de campo em bronze, 140 canhões de ferro e 7.320 mosquetes.[1285] Muitos escravos também estavam em meio às linhas britânicas, na tentativa de garantir

---

1281. Washington para Cornwallis, 18 de outubro de 1781. In: ROSS, v. 1, p. 514-515. Ibid., WGW, v. 23, p. 237-238.
1282. Cornwallis para Washington, 18 de outubro de 1781. In: ROSS, v. 1, p. 515. Artigos de Rendição, 19 de outubro de 1781. In: ROSS, v. 1, p. 515-518.
1283. KETCHUM, R. *Victory at Yorktown: The Campaign that Won the Revolution*. New York, 2004, p. 251.
1284. Diário do dia 19 de outubro de 1781. In: JACKSON, D.; TWOHIG, D. (Eds.) *The Diaries of George Washington*. Charlottesville, 1979, v. 3, p. 433. KETCHUM, R. *Victory at Yorktown*, p. 254.
1285. Washington para Greene, 24 de outubro de 1781. In: WGW, v. 23, p. 260-261.

sua liberdade fingindo ser homens livres. Agora, todos eles deveriam ser detidos: aqueles que não conseguissem provar suas alegações deveriam ser devolvidos a seus senhores.[1286] Essas precauções mostraram-se de todo acertadas, pois, cinco dias após a rendição, a esquadra de Graves e Hood surgiu nas águas de Capes of Virginia, acompanhada por Clinton, que levava 5 mil soldados. Fugitivos de Yorktown logo confirmaram a rendição de Cornwallis. Depois de ficar alguns dias na entrada da baía, Graves decidiu voltar para Nova York com seus 25 encouraçados, temendo um segundo desastre.[1287]

Em suas ordens gerais para 20 de outubro, Washington reconheceu à exaustão o papel desempenhado por seus aliados. Ele bem sabia que a vitória em Yorktown não teria acontecido sem a esquadra e o exército franceses. O êxito em Yorktown era essencialmente uma vitória francesa, visto que quatro dentre cinco dos que participaram do embate eram soldados e marinheiros de Luís XVI. Ainda que os 22 mil marinheiros da esquadra de De Grasse sejam descontados, o que é um método despropositado de avaliar o resultado, os franceses ainda forneceram duas vezes mais soldados regulares que os patriotas. E o auxílio estrangeiro não se limitou a isso, como Washington reconheceu quando mencionou Lafayette, Steuben e Duportail, o engenheiro chefe. A contribuição patriota, ao contrário, fora modesta, fato raramente admitido por historiadores norte-americanos, embora claramente reconhecido por Washington. Os únicos patriotas que ele mencionou foram Lincoln e Knox – o último pelo manejo da artilharia. Quanto ao mais, restringiu seus comentários a uma menção honrosa da milícia da Virgínia e uma ordem de indulto "àqueles homens pertencentes ao exército que podem estar, agora, em confinamento". Ele concluiu conclamando aqueles patriotas que não estivessem de serviço no dia seguinte a participar dos serviços religiosos, a fim de dar graças "pelas surpreendentes intervenções da providência".[1288]

Washington tinha expectativas de que o sucesso em Yorktown permitisse que os aliados atacassem Charleston. No mínimo, De Grasse auxiliaria na captura de Wilmington. Dessa maneira, ele procurou o almirante francês em 21 de outubro, a fim de lhe apresentar essas sugestões e agradecer, ao mesmo tempo, por tudo o que fizera.[1289] De Grasse, de início, aceitou ajudar em Wilmington, mas, dois dias depois, retirou

---

1286. Washington para David Ross, 24 de outubro de 1781. In: WGW, v. 23, p. 262. Ordens gerais, 25 de outubro de 1781. In: WGW, v. 23, p. 264-265.
1287. Clinton para Germain, 29 de outubro de 1781. In: DDAR, v. 20, p. 252.
1288. Ordens gerais, 20 de outubro de 1781. In: WGW, v. 23, p. 244-247.
1289. Washington para De Grasse, 20 de outubro de 1781. In: WGW, v. 23, p. 248-249.

sua oferta de assistência, pois acreditava que aquilo era incompatível com suas ordens de retornar às Índias Ocidentais tão logo a estação dos furacões terminasse. Portanto, Washington teve de se contentar com uma vaga promessa de cooperação contra Nova York ou Charleston, em 1782.[1290] Nesse ínterim, ele teve de determinar como melhor empregar as tropas continentais durante os meses de inverno. Por fim, Washington decidiu enviar os regimentos da Pensilvânia, Virgínia e Maryland para o sul, para que se juntassem a Greene, enquanto as outras unidades retornavam aos quartéis de inverno em Nova Jersey e aos fortes de Highland.[1291] Rochambeau, ao contrário, deveria permanecer em Yorktown até que os aliados decidissem se o próximo objetivo seria Nova York ou Charleston.[1292]

Fora uma atuação impressionante dos aliados, que demonstrou o quanto poderia ser feito por meio de uma coordenação adequada. Porém, como sempre, a sorte desempenhara um papel importantíssimo no resultado final. Se Galvez tivesse decidido realizar, de imediato, outras operações militares no Caribe, a presença naval e militar da França na América do Norte teria sido muito menor e menos decisiva. A presteza de Galvez em facilitar a partida de De Grasse rumo à América do Norte evidenciou uma notável visão estratégica, pois, sem a esquadra francesa completa e as tropas de St. Simon, era provável que a Marinha Real tivesse tomado o controle do Chesapeake, permitindo que Cornwallis escapasse ou se unisse a Clinton para uma batalha decisiva, nos termos britânicos.

De Grasse também deve receber os louros pela escolha do Chesapeake como seu objetivo. Caso ele tivesse ido para Nova York, como Washington desejava, os aliados teriam tido de enfrentar um exército quase duas vezes maior que o de Cornwallis, protegido por defesas que haviam sido gradualmente reforçadas nos últimos cinco anos. A base naval provisória em Yorktown se mostrava um alvo muito mais vulnerável. Desse modo, De Grasse conseguiu manter o exército de Cornwallis encurralado enquanto fornecia mais homens, canhões e munição para o exército que mantinha o cerco. Ali, a perícia francesa na arte de fazer cercos foi de valor inestimável.

Finalmente, é claro que houve a contribuição de Washington. Yorktown foi uma recompensa por todos os seus anos de esforços. Ele

---

1290. Washington para De Grasse, 28 de outubro de 1781. In: WGW, v. 23, p. 286-287.
1291. Washington para o coronel Pickering, 27 de outubro de 1781. In: WGW, v. 23, p. 281-282.
1292. WHITRIDGE, A. *Rochambeau*, p. 242.

esperara com paciência por tal momento, ciente de que um movimento prematuro de sua parte poderia destruir a causa revolucionária. O generaládego, entretanto, não consiste apenas ou principalmente na realização de ações heroicas ou na tomada de repentinas decisões inspiradas. Os instrumentos da guerra primeiro tinham de ser moldados na forma de oficiais, homens e serviços de abastecimento. Isso exigia que ele agisse não só como soldado, mas como estadista, político e também diplomata enquanto se empenhava no trabalho com os franceses, ao mesmo tempo que coordenava os esforços do Congresso e dos Estados. Fora, realmente, um feito extraordinário.[1293]

Para os britânicos, o episódio em Yorktown foi um desastre inimaginável. Como um oficial comentou ao final do cerco: "Quem teria imaginado, cem anos atrás, que dessa turba de desclassificados surgiria um povo capaz de desafiar reis?".[1294] Contudo, embora os britânicos tivessem sido derrotados de forma justa, por uma força superior, isso não evitou a troca de acusações pelo que aconteceu. De início, Clinton responsabilizou o ministério por não enviar navios e tropas suficientes. Ele disse a German, em 29 de outubro, como todos ficaram surpresos quando De Grasse chegou com 28 navios de linha, contra os 14 de Hood. "Posso, então, com certeza, afirmar que a essa inferioridade, e somente a ela, deve ser imputado ao nosso atual infortúnio."[1295] Mas, depois de receber o relatório formal de Cornwallis, Clinton começou a sentir que ele também tinha sua parcela de responsabilidade, por interpretar erroneamente suas instruções quanto a uma base em Yorktown. Em seguida, ele também criticou Cornwallis por avançar contra a Virgínia sem ter, antes, subjugado as Carolinas.[1296]

De um modo geral, a resposta de Cornwallis foi comedida, conquanto tivesse sugerido, com razão, que o desastre era resultado da insistência de Clinton no estabelecimento de uma base naval no Chesapeake. Conforme comentou em seu relato oficial a Clinton, em 20 de outubro, uma defesa bem-sucedida teria sido impossível, uma vez que Yorktown não passava de "um campo entrincheirado". O local era, "em geral, tão desvantajoso que nada além da necessidade de

---

1293. Para uma avaliação equilibrada das virtudes e fraquezas de Washington como comandante, veja: LENGEL, E.G. *General George Washington: A Military Life*. New York, 2005, p. 365-371.
1294. Citado em: WILSON, D.K. *The Southern Strategy: Britain's Conquest of South Carolina and Georgia, 1665-1780*. Columbia, 2005.
1295. Clinton para Germain, 29 de outubro de 1781. In: DDAR, v. 20, p. 253.
1296. Clinton para Germain, 6 de dezembro de 1781. In: DDAR, v. 20, p. 276-279. Cornwallis para Ross, 15 de janeiro de 1783. In: ROSS, v. 1, p. 144.

fortificá-la como um posto para proteger a marinha poderia ter levado alguém a erigir estruturas ali".[1297]

Na realidade, Yorktown foi um fracasso coletivo dos britânicos, que refletiu suas expectativas irrealistas com relação à guerra e aos recursos necessários para vencê-la. No entanto, certas pessoas contribuíram de forma significativa para o desfecho. O mal uso que Rodney fez de seus recursos e sua conduta aleatória resultaram na perda de várias oportunidades de derrotar De Grasse muito antes de sua chegada ao Chesapeake.[1298] Germain, mais uma vez, não conseguiu oferecer a seus generais uma estratégia coerente e também deve ser responsabilizado, em parte, por acreditar na necessidade de uma base naval na Virgínia. Contudo, Clinton deve ser considerado o principal responsável pela decisão de determinar a construção de uma instalação tão elaborada, que deixou o exército de Cornwallis em posição de extrema vulnerabilidade. Clinton já havia reconhecido que o êxito em 1781 "dependeria, em grande medida, de arranjos e manobras navais".[1299] Infelizmente, ele só se preocupou com a superioridade naval britânica, embora tivesse, por várias vezes, testemunhado a estreita margem com a qual a Marinha Real operava em águas americanas, depois que a França entrou na guerra. Assim, não há muito que possa justificá-lo.

1297. Cornwallis para Clinton, 20 de outubro de 1781. In: DDAR, v. 20, p. 244-247.
1298. Rodney fez uma fervorosa defesa de sua conduta, responsabilizando a todos, exceto a si mesmo, pela superioridade dos franceses em 5 de setembro de 1781. Rodney para Jackson, 19 de outubro de 1781. In: HANNAY, D. *Letters of Samuel Hood*, p. 44-47.
1299. Citado em: WILLCOX, W.B. *Portrait of a General*, p. 444.

CAPÍTULO 11

O ESTÁGIO FINAL DO CONFLITO, 1782

AS CONSEQUÊNCIAS POLÍTICAS E MILITARES DOS EVENTOS EM YORKTOWN

A derrota em Yortown não foi, necessariamente, o fim da guerra. Os britânicos ainda detinham postos importantes em Nova York, Charleston e Savannah, dos quais poderiam extrair alguma vantagem ou usar como bases para continuar a luta. Os espanhóis continuavam empenhados na reconquista de Minorca e Gibraltar, ao passo que França, Espanha e Grã-Bretanha tinham ambições no Caribe. Por fim, os patriotas ainda tinham de assegurar sua independência, o que só poderiam alcançar se obrigassem a Grã-Bretanha a abandonar suas asserções de soberania. O único fator que restringia todos os combatentes eram as sérias questões financeiras, que faziam com que a paz parecesse cada vez mais desejável.

As expectativas francesas para 1782 estavam direcionadas principalmente para as Índias Ocidentais, dada a suposição de que, após Yorktown, os patriotas poderiam cuidar de si mesmos. Apesar do desmantelamento do comboio de De Guichen, Vergennes e Castries ainda tinham esperanças de dispor de uma força superior no Caribe, em especial quando suas tropas e navios fossem somados aos da Espanha. Primeiro, De Grasse deveria tomar as ilhas britânicas remanescentes nas Antilhas Melhores, principalmente Santa Lúcia, Antígua e Barbados. Depois disso, deveria unir-se a Galvez e Solano para um ataque contra a Jamaica.[1300] Esperava-se que a armada aliada compreendesse 45

1300. DULL, J. *The French Navy and American Independence: A Study of Arms and Diplomacy, 1774-1787*. Princeton, 1975, p. 249-253.

encouraçados e 20 mil soldados, o suficiente para destruir o poder britânico no hemisfério ocidental. Quanto à Europa, Vergennes tinha poucos objetivos específicos além de uma conclusão vitoriosa da guerra, que parecia poder ser obtida mais facilmente com a prestação de auxílio à Espanha. Os espanhóis ainda precisavam alcançar seu principal objetivo, a retomada de Gibraltar, sem o que eles se recusavam a aceitar qualquer acordo de paz. Assim, Vergennes ofereceu 12 mil homens e uma poderosa esquadra para ajudar em sua conquista. Ele propôs, como em 1781, que as esquadras aliadas deveriam primeiro adentrar o canal inglês para neutralizar a Marinha Real antes de retornar para um assalto final sobre a Rocha de Gibraltar.[1301]

Enquanto os Bourbon planejavam um término bem-sucedido para a guerra, os britânicos estavam enredados em agitação política depois dos eventos em Yorktown. As notícias do fracasso chegaram a Londres em 25 de novembro de 1781. O impacto foi ainda maior porque relatos anteriores não deram motivo para alarme.[1302] Lorde North imediatamente ergueu as mãos para o céu, declarando: "Oh, Deus, está tudo acabado". Entretanto, ele ainda dispunha de maioria no Parlamento, enquanto o rei permanecia resoluto em sua recusa a conceder a Independência Americana. Assim, um dia depois de receber as notícias de Yorktown, Jorge III pediu que Germain preparasse um documento "acerca do modo que parece mais exequível para a condução da guerra". Ele ainda estava convencido de que "com a assistência do Parlamento" e medidas bem articuladas, "essa guerra ainda poderia chegar a bom termo".[1303] Por ora, o ministério de North deveria permanecer no poder. O aumento de tributos e a votação para a liberação de 20 milhões de libras esterlinas para o exército e a marinha prosseguiram seu curso. Isso era seis vezes mais do que havia sido aprovado no último orçamento em tempos de paz. Preocupante era que 65% do dinheiro deveria ser obtido por meio de novos empréstimos.[1304]

Porém, a maior parte da nação começava a reconhecer a insensatez política e financeira de continuar a luta na América. Até mesmo Germain admitiu que sua posição estava ficando insustentável, por causa da aversão provocada pela guerra ali.[1305] Ironicamente, ele se sentia compelido a não renunciar, visto que, com isso, pareceria estar abandonando o rei. A convenção constitucional dizia que cabia ao monarca

---

1301. Ibid., p. 264-265.
1302. Jorge III para North, 3 de novembro de 1781. In: FORTESCUE, v. 5, p. 297.
1303. Jorge III para North, 28 de novembro de 1781. In: FORTESCUE, v. 5, p. 303-304.
1304. THOMAS, P.D.G. *Lord North*. London, 1976, p. 103.
1305. Germain para Jorge III, 16 de dezembro de 1781. In: FORTESCUE, v. 5, p. 314-315.

nomear e demitir ministros, conquanto o consentimento informal do Parlamento fosse necessário para garantir uma relação funcional entre o executivo e o legislativo. Mas como as consequências de Yorktown ficaram evidentes, o próprio Jorge III aceitou, no fim de janeiro de 1782, que Germain deveria deixar seu cargo.[1306] Após seis campanhas, ele não conseguira elaborar uma estratégia eficiente nem encontrar comandantes para implementá-la. Foram suas ordens mal planejadas que haviam levado aos desastres em Saratoga e Yorktown.

A demissão de Germain, por óbvio, de modo algum acalmou a oposição Whig no Parlamento, liderada por Rockingham. Eles, então, reuniram seus partidários, depois do Natal, para tomar uma série de resoluções decisivas. Em 20 de fevereiro de 1782, os Whig perderam, por pouco, uma moção que condenava Sandwich por sua administração da marinha. Uma semana depois, eles conseguiram aprovar uma resolução contra a guerra americana, por uma diferença de 19 votos.[1307] Então, em 4 de março de 1782, eles convenceram os Comuns a votar a favor da "restauração da harmonia" entre a Grã-Bretanha e suas antigas colônias, afirmando que a casa "consideraria inimigos de Sua Majestade e deste país" todos aqueles que ainda aconselhassem ou "tentassem promover a continuidade da guerra ofensiva".[1308] Por fim, em 20 de março, eles exigiram uma destituição geral dos ministros. Essa moção nunca foi debatida, visto que Jorge III, enfim, admitiu que North e seus colegas não poderiam continuar sem o apoio do Parlamento.[1309] Antes que o debate começasse, North anunciou que já havia renunciado e que um novo ministério logo tomaria posse. Nesse momento de humilhação, somente ele dispunha de uma carruagem à espera para levá-lo para casa. Quando saiu da câmara, comentou com as pessoas que estavam por perto: "Cavalheiros, vejam o que deve ficar em segredo".[1310]

Por várias vezes, Jorge III insinuara que preferia abdicar a "aviltar a posição que o Império Britânico ocupa entre os Estados europeus".[1311] Entretanto, seu senso de dever levou-o a convocar Rochingham para compor um novo ministério. Rockingham era um Whig tradicionalista

---

1306. Veja: CHRISTIE, I.R. *The End of North's Ministry*. London, 1958, p. 291-294.
1307. Jorge III para North, 21 de fevereiro de 1782. In: FORTESCUE, v. 5, p. 356. North para Jorge III, 28 de fevereiro de 1782. In: FORTESCUE, v. 5, p. 374-375.
1308. North para Jorge III, 4 de março de 1782. In: FORTESCUE, v. 5, p. 376.
1309. North para Jorge III, 19 de março de 1782. In: FORTESCUE, v. 5, p. 398. THOMAS, P.D.G. *Lord North*, p. 131-132.
1310. CHRISTIE, I.R. *The End of North's Ministry*, p. 368-369.
1311. Jorge III para North, 21 de janeiro de 1782. In: FORTESCUE, v. 5, p. 334-335. O rei, de fato, rascunhou uma mensagem na qual abdicava em favor de George, príncipe de Gales; março de 1782. In: FORTESCUE, v. 5, p. 425.

que acreditava no acordo constitucional de 1688-1689, que colocara o governo nas mãos da aristocracia, em vez de concedê-lo aos "amigos do rei" ou à "baixa nobreza". Porém, Rockingham não era um grande parlamentar, tampouco era dotado de um intelecto brilhante. Também era fisicamente debilitado. Não obstante, fora um ferrenho opositor ao conflito na América e estava pronto para aceitar sua independência. Mesmo assim, ele não tinha força política suficiente para formar um ministério sozinho. Ele precisava do apoio dos antigos partidários de Chatham, liderados pelo conde de Shelburne, e de outro grupo Whig, associado a Charles James Fox. Por sorte, todos esses grupos concordavam com a necessidade de colocar um fim à guerra na América, ainda que apenas para poderem se concentrar na guerra contra França e Espanha.[1312]

O novo ministério tomou posse em 27 de março de 1782 e logo formulou seus planos para a nova campanha. Carleton deveria substituir Clinton na América, com ordens de cessar todas as operações ofensivas. Isso permitiria, então, a destinação dos recursos ao Caribe, onde a conquista das ilhas açucareiras francesas e espanholas compensaria a Grã-Bretanha pela perda de suas colônias no continente. Outra vantagem era que a concessão da independência poderia desligar as antigas colônias de sua aliança com a França. Embora formalmente deixassem de fazer parte do Império Britânico, elas ainda estariam ligadas a ele por laços comerciais e de sangue. De fato, a cessação dos esforços de reconquistar a América enfim conferiu à Grã-Bretanha o potencial para tomar a iniciativa, algo que lhe havia escapado desde a entrada da França na guerra. Ainda havia muita coisa em jogo antes da assinatura de um acordo final de paz.[1313]

Dessa maneira, foram enviadas ordens a Carleton para que empreendesse a retirada das tropas de Nova York, Charleston e Savannah e as transferisse para as Índias Ocidentais. Afinal, como Shelburne comentou: "A evacuação de Nova York jamais poderá ser justificada, salvo por medidas ativas em outro lugar". Ao mesmo tempo, mandou-se um enviado a Paris, a fim de discutir os termos da paz com Franklin, enquanto Carleton recebeu ordens de abordar Washington sobre um possível cessar-fogo.[1314]

Todavia, nem tudo estava de acordo com a vontade dos novos ministros. Uma semana depois de tomarem posse, receberam a notícia de

---

1312. Minuta da nova administração, 27 de março de 1782. In: FORTESCUE, v. 5, p. 419.
1313. MACKESY, P. *The War for America, 1775-1783*. Cambridge, Mass., 1964, p. 471-44.
1314. Minuta do gabinete, 30 de março de 1782. In: FORTESCUE, v. 5, p. 435-436. MACKESY, P. *The War for America*, p. 487.

que Minorca havia sido perdida. Anteriormente, Murray estava confiante de que manteria sua posição ali até a primavera, tal era a magnitude das fortificações do Forte St. Philip. Entretanto, a falta de provisões frescas provocara um surto de escorbuto, que acometeu quase toda a guarnição, forçando-o a se render em 5 de fevereiro de 1782, com seus 1.650 homens.[1315]

A perda de Minorca, por um lado, foi uma bênção, pois permitia que o ministério de Rockingham se concentrasse na defesa de Gibraltar e das ilhas açucareiras nas Índias Ocidentais. Tampouco as notícias eram de todo ruins. No dia 20 de abril, o almirante Barrington interceptou um comboio das Índias Orientais, que originalmente fizera parte da flotilha de De Guichen, em dezembro do ano anterior. Barrington havia sido enviado, assim como Kempenfelt, com um "esquadrão rápido" de 12 encouraçados, no início de abril, após o recebimento de informações da existência de armamentos franceses em Brest. Durante uma batalha contínua, ele capturou dois encouraçados e mais de mil soldados, causando um sério contratempo aos planos franceses na Índia.[1316] Uma paz honrosa ainda parecia ser uma possibilidade.

A guerra na América chega ao fim

As decisões do ministério de Rockingham demoraram a chegar à América, onde Clinton permaneceu no comando até a chegada de seu sucessor. Uma preocupação fundamental depois dos eventos em Yorktown era a necessidade de assegurar aos legalistas que seus interesses seriam protegidos. Eles haviam ficado profundamente abalados com a incapacidade de Cornwallis de protegê-los, quando da rendição em Yorktown. Mesmo sua proposta de um artigo que estabelecia que os legalistas não deveriam ser "punidos" causara descontentamento, pois deixava implícito que eles haviam cometido algum crime por lutar pelo rei.[1317] Clinton tentava, agora, assegurar-lhes de que qualquer paz futura os colocaria em pé de igualdade com os outros súditos da coroa.[1318]

Enquanto isso, Clinton ainda tinha de considerar a segurança de suas forças remanescentes. Em todo caso, ele havia sido autorizado por Germain, em 2 de janeiro de 1782, a manter todos os postos existentes,

---

1315. MACKESY, P. *The War for America*, p. 438.
1316. DULL, J. *The French Navy*, p. 278-279. SYRETT, D. *The Royal Navy in European Waters During the American Revolutionary War*. Columbia, SC, 1998, p. 154-155.
1317. Governador Franklin para Germain, 19 de dezembro de 1781. In: DDAR, v. 20, p. 255-257. Cornwallis reconheceu que deveria ter usado a palavra "molestados" ou perseguidos.
1318. Conselho de Guerra, Nova York, 17 de janeiro de 1782. In: CAR, p. 592-593.

valendo-se de todas as tropas disponíveis em ataques costeiros para encorajar os legalistas.[1319] Portanto, em março de 1782, ele sugeriu uma série de incursões "contra os postos e cidades localizados nas costas das províncias revoltosas". Contudo, seus oficiais mais graduados não concordaram, pois acreditavam que o objetivo era insuficiente "para justificar a tentativa na situação crítica atual".[1320] Então, em 8 de maio de 1782, chegaram instruções do ministério de Rockingham para o encerramento de todas as operações ofensivas na América. Junto a elas veio o anúncio de que Clinton deveria ser substituído por Carleton.[1321]

Foi um fim vergonhoso para a carreira de Clinton, embora tivesse levado muito tempo para acontecer. Exceto pela conquista de Charleston, ele não fizera nada para mudar o curso da guerra, principalmente em virtude de sua obsessão com a segurança de Nova York. Sua estratégia, se ele teve alguma, era aquela do "grande golpe" contra o exército de Washington. No entanto, ele não conseguiu perceber que, ainda que ele fosse bem-sucedido, aquilo não serviria para subjugar a Nova Inglaterra, que continuaria a ser um chamariz para os patriotas descontentes de outros lugares. Porém, ao contrário de Howe, ele reconheceu suas grandes responsabilidades no resultado da guerra. O fracasso de Burgoyne não teria acontecido caso ele tivesse sido o comandante-chefe. Mas ele, igualmente, se dispôs a permitir que subordinados como Cornwallis comandassem os eventos, em vez de impor suas próprias opiniões acerca da condução das operações. Na verdade, sua disposição de auxiliar os outros tornou-se um pretexto para que ele mesmo não fizesse nada, preferindo culpar Germain pelo envio de recursos insuficientes. Em suma, ele viu obstáculos quando deveria ter agarrado as oportunidades.

Como vimos, a posição britânica no sul ruíra antes mesmo da derrota em Yorktown. Desde a partida de Rawdon, em julho de 1781, a principal força britânica, sob o comando do coronel Alexander Stewart, permaneceu perto de Charleston para proteger o baixo interior. Em resposta, Greene posicionou seu exército nas colinas de Santee, sem realizar nenhuma operação, exceto pelas pilhagens ocasionais por parte dos guerrilheiros ao longo da costa. Entretanto, no início de setembro de 1781, Greene decidiu travar um embate com Stewart, ao saber que Washington e Rochambeau estavam avançando

---

1319. CHRISTIE, I.R. *The End of North's Ministry*, p. 321-322.
1320. Conselho de Guerra, 8 de março de 1782. In: CAR, p. 596. Ibid., 28 de março de 1782. In: CAR, p. 598-599.
1321. *Clinton's Narrative*. In: CAR, p. 361-362.

contra Cornwallis. Greene ainda não havia vencido nenhuma batalha e esperava que a vitória, dessa vez, levasse à conquista de Charleston. Stewart também estava pronto para uma batalha, a fim de deter os ataques patriotas contra a cidade. Assim, ele seguiu até Eutaw Springs, no Rio Santee, para enfrentar seu inimigo. A força de Greene era composta por 2.400 homens e compreendia um misto de continentais e de milícias. Os 2 mil homens de Stewart eram, em sua maioria, regulares, embora ele tivesse número inferior de cavalaria.[1322]

No dia 8 de setembro de 1781, pareceu, por algum tempo, que Greene alcançaria seu objetivo. Durante uma série de ataques, os continentais usaram suas baionetas de forma tão eficiente quanto os regulares britânicos, repelindo-os em estado de confusão. Infelizmente, os patriotas começaram a saquear o campo britânico, por ainda não terem comido nada naquele dia. Isso permitiu que Stewart organizasse um contra-ataque triunfal. Entretanto, como em Hobkirk's Hill, os britânicos não conseguiram tirar proveito de sua vantagem, por causa da escassez de cavalaria. Eles também sofreram fortes baixas. De fato, a necessidade de cuidar dos feridos resultou em uma rápida retirada para Monck's Corner.[1323] Mas isso não foi tudo, pois Stewart foi substituído, logo em seguida, por Leslie. Ele encontrou o exército em condições tão ruins que decidiu recuar para ainda mais longe, até Goose Creek, logo ao norte de Charleston.[1324]

Embora Greene tivesse, agora, restringido os britânicos aos arredores de Charleston, ele pouco podia fazer além de vigiar o inimigo e interceptar seus grupos encarregados da obtenção de forragem. Seu exército não dispunha sequer de apoio básico. Como ele disse a Washington, em 25 de outubro de 1781: "Nossas tropas têm apresentado problemas de saúde demais", especialmente pela "falta de medicamentos e suprimentos hospitalares". Como resultado: "Não podemos tentar fazer nada, a não ser ao modo de guerrilha". A situação ficaria ainda pior em dezembro, "quando toda a linha da Virgínia" teria seus alistamentos terminados.[1325] Felizmente, Washington pôde enviar um substancial reforço de continentais da Pensilvânia, Maryland e Delaware, após os eventos em Yorktown.

1322. FERLING, J. *Almost a Miracle: The American Victory in the War of Independence.* New York, 2007, p. 519-520.
1323. Stewart para Cornwallis, 9 de setembro de 1781. In: DDAR, v. 20, p. 226-229. PANCAKE, J.S. *This Destructive War: The British Campaign in the Carolinas, 1780-1782.* University of Alabama, 1985, p. 217-222.
1324. Leslie para Clinton, 1º de dezembro de 1781. In: DDAR, v. 20, p. 267-268.
1325. Citado em: WARD, C. *The War of the Revolution.* New York, 1952, v. 2, p. 836-838.

Porém, em outros aspectos, a situação não melhorou, como Greene informou a Washington, em março de 1782. "Nesses dois últimos meses, mais de um terço de nossos homens estiveram praticamente nus, com nada além de um arremedo de calças sobre o corpo." Sob tais circunstâncias amargas, um pequeno grupo da linha da Pensilvânia conspirou para entregar Greene aos britânicos, em troca de uma recompensa. O esquema não tinha chance de prosperar e o líder, um sargento, foi sumariamente enforcado. Todavia, Greene, mais uma vez, não tinha outra alternativa além de esperar que o inimigo fizesse algum movimento, pois, como Washington observou, até que as intenções dos britânicos ficassem claras, era impossível "planejar nossas operações de campanha".[1326] Na realidade, a intenção de Leslie era ficar atrás de suas defesas, pois, como ele informou a Clinton, conquanto o ânimo de seu exército tivesse sido revigorado, não se ganharia "nada de substancial" "com essas operações ofensivas".[1327] A guerra chegara a um impasse, a menos que os franceses interviessem uma vez mais.

Embora Greene não tivesse logrado vencer uma única batalha no sul, ele sustentara a causa patriota ali em seu momento mais sombrio. Como Washington, Greene reconhecia que a afirmação britânica de soberania era inócua enquanto o Congresso tivesse um exército em campo, visto que isso facilitava as operações de Sumter, Marion e Pickens. A guerra no sul havia sido uma demonstração perfeita de que a guerrilha e a guerra convencional eram complementares. Cada uma delas tinha seu papel em uma guerra de libertação.

O último ano de Washington na guerra foi semelhante ao de Greene. A princípio, ele acreditou que a vitória em Yorktown revigoraria a causa patriota. Ele disse a Lafayette, em janeiro de 1782, que o Congresso aprovava medidas preparatórias vigorosas. Em consequência, não deveria haver reduções no exército. Entretanto, os Estados ainda precisavam providenciar o pagamento das tropas, roupas e provisões.[1328] Nesse aspecto, a situação não melhorou. No início de abril de 1782, Washington notou que o exército tinha enorme necessidade de roupas e calçados. O recrutamento também estava sendo negligenciado. Quando Washington consultou seus oficiais, em 15 de abril, quanto à campanha seguinte, ele informou que o exército tinha apenas 8 mil homens, incluídos guardas e guarnições. Mesmo com os 4 mil homens de Rochambeau, os aliados

---
1326. Ibid., v. 2, p. 840. Washington para Greene, 23 de abril de 1782. In: WGW, v. 24, p. 152-153.
1327. Leslie para Clinton, 29 de janeiro de 1782. In: CAR, p. 594-595.
1328. Washington para Lafayette, 4 de janeiro de 1782. In: WGW, v. 23, p. 429-430. Washington aos governadores, 22 de janeiro de 1782. In: WGW, v. 23, p. 458-460.

mal se equipaturariam à guarnição de Nova York.[1329] Além disso, de acordo com Lafayette, era pequena a possibilidade da chegada de ajuda da França, pois prevalecia a opinião de que os Estados Unidos deveriam fazer mais por si mesmos. Apenas o recrutamento de um efetivo exército de campo garantiria auxílio adicional.[1330] A única esperança era que a esquadra francesa das Índias Ocidentais surgisse outra vez em águas norte-americanas.

Dessa maneira, Washington continuou a compor uma lista de objetivos desde Nova York e Charleston até Halifax e Penobscot, ao mesmo tempo em que alertava seus correspondentes de que a guerra estava longe de ter sido ganha.[1331] Como o Congresso estava impotente, ele recorreu aos Estados para conseguir ajuda, ressaltando que eles não haviam levantado um único dólar dos 8 milhões que lhes foram requisitados. Como poderiam esperar que um exército operasse sem dinheiro: como não viam as consequências de não se fazer nada? A França poderia abandonar a causa, dando à Grã-Bretanha a oportunidade de impor sua autoridade outra vez, apesar das negociações de paz em Londres.[1332] Porém, todos esses apelos foram em vão: o exército ficou desamparado e, mais uma vez, à beira do motim, o que resultou em muitas execuções e uma torrente de deserções na linha de Connecticut. Um oficial sugeriu que a única solução era fazer de Washington um rei, para que não se precisasse depender da "fraqueza das repúblicas" para ter justiça.[1333]

O alerta de Washington de que a guerra ainda não estava ganha foi corroborado pela notícia de que De Grasse havia sido derrotado no Caribe. Portanto, embora Rochambeau tivesse marchado para o norte, em maio, a fim de se unir ao exército de Washington, restou claro, quando ambos os comandantes se encontraram na Filadélfia, em julho de 1782, que nada poderia ser tentado contra Nova York ou Charleston sem superioridade naval, bem como que, agora, havia poucas perspectivas. Em vez disso, Washington sugeriu uma invasão no Canadá por terra, mas Rochambeau replicou que não tinha autoridade para tanto.[1334] A situação pareceu melhorar quando Vaudreuil chegou a Boston, vindo das Índias Ocidentais, com 13 encouraçados, para efetuar sua manutenção

---

1329. Washington para Lincoln, 15 de abril de 1782. In: WGW, v. 24, p. 110-112. Conselho de Generais, 15 de abril de 1782. In: WGW, v. 24, p. 121.
1330. Washington para Robert Livingston, 23 de abril de 1782. In: WGW, v. 24, p. 155.
1331. Memorando sobre a condução da guerra, 1º de maio de 1782. In: WGW, v. 24, p. 194-211.
1332. Washington aos governadores, 4-8 de maio de 1782. In: WGW, v. 24, p. 234-238.
1333. Washington para Morris, 17 de maio de 1782. In: WGW, v. 24, p. 289. Washington para o coronel Nicola, 22 de maio de 1782. In: WGW, v. 24, p. 272-273.
1334. Conferência com Rochambeau, 19 de julho de 1782. In: WGW, v. 24, p. 433-435.

e se reabastecer de provisões.[1335] Contudo, qualquer superioridade em águas norte-americanas estava fadada a ser temporária, uma vez que reforços navais britânicos estavam a caminho. Os planos do almirante francês, em todo caso, limitavam-se a um ataque contra Castine, no Rio Penobscot. Depois disso, ele deveria escoltar as tropas de Rochambeau de volta às Índias Ocidentais, em preparação a outra ofensiva francesa naquela área.[1336] Assim, a campanha passou sem qualquer resultado, apesar dos rumores de que os britânicos pretendiam evacuar seus postos remanescentes. Mais uma vez, Washington só pôde considerar que os patriotas pareciam confinados a uma luta que nunca teria fim, a menos que as potências europeias agissem de forma decisiva.

Os rumores de uma iminente retirada britânica, é claro, estavam corretos. No entanto, como o ministério de Rockingham logo descobriu, a implementação de tais planos era impossível sem o necessário apoio logístico. A evacuação de Savannah, em 11 de julho de 1782, mostrou-se relativamente fácil, visto que a guarnição era pequena e poucos Tory haviam permanecido depois da rendição em Yorktown.[1337] Entretanto, as forças em Charleston e Nova York eram grandes demais para ser retiradas sem uma enorme quantidade de navios.[1338] Como resultado, não havia forças terrestres disponíveis para mudar a sorte da guerra no Caribe. Tudo ali, mais uma vez, dependia das esquadras de De Grasse e Rodney.

A Grã-Bretanha contra-ataca no Caribe

A percepção estratégica de Rodney pode ter sido falha com relação ao rumo dos acontecimentos antes de Yorktown, mas não havia dúvidas de que ele estava correto ao prever que os franceses pretendiam "fazer uma campanha imediata e vigorosa nas Índias Ocidentais", no fim da estação dos furacões.[1339] A expectativa francesa era de que De Grasse primeiro assegurasse as possessões britânicas remanescentes nas Ilhas Leeward e Windward antes de se unir a Galvez e Solano em Cuba, para o ataque à

1335. DULL, J. *The French Navy*, p. 299. Washington para Vaudreuil, 10 de agosto de 1782. In: WGW, v. 24, p. 497-500.
1336. Washington para Vaudreuil, 10 de agosto de 1782. In: WGW, v. 24, p. 497-500. KENNETT, L. *The French Forces in America, 1780-1783*. Westport, Conn., 1977, p. 161-162.
1337. Coronel Clarke para Clinton, Savannah, 20 de dezembro de 1781. In: CAR, p. 591.
1338. MACKESY, P. *The War for America*, p. 475-476. SYRETT, D. *The Royal Navy in American Waters, 1775-1783*. Aldershot, 1989, p. 223-226. MACKESY, P. *The War for America*, p. 475-476. SYRETT, D. *The Royal Navy in American Waters, 1775-1783*. Aldershot, 1989, p. 223-226.
1339. Rodney para Arbuthnot, 13 de agosto de 1781. In: FORTESCUE, v. 5, p. 264-265.

Jamaica. O intento de ambas as potências Bourbon era ter pelo menos 40 encouraçados e 16 a 20 mil soldados prontos para aquela operação em março de 1782.[1340] Entretanto, como já observamos, o plano francês de expandir suas forças fora interrompido pelos contratempos sofridos pelo comboio de De Guichen. Como resultado, De Grasse teria menos navios capitais do que o planejado, o que ameaçava o ímpeto que Vergennes estava tão ansioso para manter, após a vitória em Yorktown.[1341]

Quando o ministério de Rockingham tomou posse em março de 1782, era tarde demais para enviar reforços ao Caribe. Para sorte dos novos ministros, o ministério de North já havia tomado providências para remediar a situação. De início, Sandwich propôs que se enviasse Rodney de volta às Ilhas Leeward, com oito navios de linha, para se juntarem aos 14 que já estavam lá, com Hood.[1342] Contudo, depois das notícias de Yorktown, ele calculou que seria necessária uma esquadra de pelo menos 30 encouraçados para enfrentar De Grasse. Desse modo, solicitou mais cinco encouraçados da Inglaterra, ao passo que Digby, na América do Norte, foi instado a enviar tantas embarcações sob seu comando quanto possível. Então, em 20 de dezembro de 1781, o ministério de North acrescentou ainda outros cinco encouraçados, o que conferiria a Rodney uma esquadra de 37 navios capitais, uma vez que estivessem todos reunidos.[1343]

Enquanto isso, no Caribe, as esquadras rivais se preparavam mais uma vez para agir. Hood deixou Nova York em meados de novembro e alcançou Barbados em 5 de dezembro, com 16 encouraçados.[1344] A essa altura, De Grasse já estava na Martinica, com cerca de 30 encouraçados, após deixar o Chesapeake em 7 de novembro de 1781.[1345] Inicialmente, ele planejou atacar Barbados, mas teve de abandonar a empreitada por causa do mau tempo. Ele, então, decidiu fazer uma tentativa sobre St. Kitts, partindo no início de janeiro com 6 mil homens, sob o comando do general Bouille e 29 navios de linha.[1346] A guarnição britânica em St. Kitts, muito menos numerosa, recuou para seu posto principal, em Brimstone Hill, para aguardar que viessem em

---

1340. DULL, J. *The French Navy*, p. 251-252.
1341. DULL, J. *The French Navy*, p. 262-263.
1342. Minuta do gabinete, 22 de outubro de 1781. In: FORTESCUE, v. 5, p. 291.
1343. Minuta do gabinete, 1º de dezembro de 1781. In: SANDWICH, v. 4, p. 204-205. Ibid., 20 de dezembro de 1781. In: SANDWICH, v. 4, p. 227-228.
1344. Hood para Stephens, 10 de dezembro de 1781. In: HANNAY, D. (Ed.) *Letters written by Sir Samuel Hood in 1781-1783*. Navy Records Society, 1895, p. 48-51.
1345. Washington para Greene, 16 de novembro de 1781. In: WGW, v. 23, p. 346-347.
1346. BONFILS, M. Le Comte de L. *Histoire de la Marine Française*. Paris, 1845, v. 3, p. 244-246.

seu resgate. Hood os seguiu de perto, tendo agora 22 navios de linha. Ele encontrou De Grasse em um ancoradouro seguro a 16 quilômetros do forte britânico e preparou-se para o ataque imediatamente, apesar de sua inferioridade. Isso fez com que De Grasse se lançasse ao mar, de modo que pudesse se valer de sua superioridade com maior eficácia. Diante disso, Hood ocupou o ancoradouro francês para facilitar o contato com a guarnição que estava cercada, uma ação que um de seus capitães descreveu como a "manobra mais magistral que já vi".[1347] No dia seguinte, 26 de janeiro de 1782, De Grasse fez dois ataques a Hood, mas não conseguiu explorar sua superioridade por estar muito próximo da costa. Entretanto, Hood não logrou resgatar a guarnição em Brimstone Hill, embora tivesse desembarcado uma força de 1.500 fuzileiros navais e soldados.[1348] Os defensores finalmente se renderam em 14 de fevereiro de 1782. Hood, então, retornou para Antígua, a fim de esperar a chegada de Rodney, após informações de que De Grasse recebera mais dois encouraçados vindos da Europa. As ilhas britânicas de Nevis e Montserrat, nos arredores, tiveram portanto de ser deixadas à própria sorte, ficando quase sem defesas.[1349]

Rodney enfim alcançou Antígua em 25 de fevereiro de 1782, com 12 encouraçados e mais três a caminho, o que lhe daria um total de 37. Os britânicos agora podiam pensar em agir mais de maneira mais ofensiva. Era evidente que a primeira tarefa seria a interceptação de Vaudreuil, antes que este se unisse a De Grasse, que havia voltado para a Martinica depois da conquista de St. Kitts. Havia dois acessos possíveis ao Forte Royal. O primeiro era via Desirada, ao norte da ilha, e o outro, por Point Salines, na ponta sul. Infelizmente, Rodney estava convencido de que Vaudreuil se aproximaria via Port Salines e não deu permissão para que Hood patrulhasse o outro lado da ilha com parte de sua esquadra. Hood acreditava que a velocidade dos navios britânicos, com fundo revestido de cobre, permitiria que a esquadra fosse dividida com segurança em dois esquadrões de 18 encouraçados cada, visto que poderiam ser rapidamente reunidas caso De Grasse aparecesse para auxiliar o reforço que estava a caminho. O resultado da negativa de Rodney foi que Vaudreuil navegou ao redor da costa norte, via Desirada, e alcançou Port Royal Bay sem ser importunado. Hood comentou, com amargura: "Como *sir* George pôde guardar um caminho enquanto deixava outra rota mais

---

1347. Lorde Robert Manners ao duque de Rutland, 8 de fevereiro de 1782. In: HANNAY, D. *Letters of Hood*, p. 78-80.
1348. Hood para Sandwich, 7 de fevereiro de 1782. In: SANDWICH, v. 4, p. 233-238.
1349. Hood para Sandwich, 20 de fevereiro de 1782. In: SANDWICH, v. 4, p. 238-242.

provável desguarnecida é motivo de espanto". "O enorme deslize" de Rodney sugeria que "nada além de um milagre pode salvar os interesses da nação nestes mares".[1350]

Nesse meio-tempo, De Grasse se ocupava do preparo de sua flotilha para a jornada para Santo Domingo, ao norte, onde deveria se encontrar com Solano e Galvez para o ataque à Jamaica. Rodney hesitou quanto a navegar diretamente para a Jamaica ou desafiar De Grasse em sua passagem. Por fim, ele escolheu a última opção, depois de consultar Hood.[1351] Porém, quando a esquadra britânica alcançou o Forte Royal, De Grasse já havia partido. Entretanto, o almirante francês demorou-se mais por ter de escoltar os transportes de tropas, o que permitiu que o inimigo Rodney o avistasse em 9 de abril, próximo às Îles des Saintes, entre Guadalupe e Dominica. Não obstante, a esquadra britânica chegou a barlavento dos franceses somente em 12 de julho, quando Hood trocou disparos com sua retaguarda. Durante essa operação, um dos encouraçados franceses se apartou dos demais. De Grasse voltou para resgatar a embarcação, apesar de ter 30 encouraçados, contra os 33 de Rodney. Sua intenção ainda era lutar na defensiva, empregando a tática costumeira de danificar as velas e os cordames dos britânicos, para impedir que a perseguição continuasse. Os ventos geralmente fracos, entretanto, limitaram suas manobras, permitindo que os britânicos se aproximassem e travassem uma luta de perto, na qual suas estruturas mais robustas e sua melhor disciplina tiveram um papel importante. No fim daquela tarde, cinco navios franceses tinham sido forçados a se render, inclusive a nau capitânia de De Grasse, o *Ville de Paris*.[1352]

Para sorte dos franceses, Rodney não deu ordens para uma perseguição geral, o que permitiu que o restante da esquadra de De Grasse escapasse, apesar dos sérios danos causados a algumas de suas embarcações. Rodney, então, passou o dia seguinte vigiando o *Ville de Paris* e outras apreensões.[1353] Quando decidiu enviar Hood em perseguição, confiou-lhe apenas dez navios de linha. Quando Hood alcançou a crítica passagem de nome Mona Passage, entre Porto Rico e Santo Domingo, em 19 de abril, os franceses já a haviam atravessado no dia anterior, com cerca de 26 navios de guerra. Entretanto, Hood conseguiu alcançar e capturar dois encouraçados franceses e duas fragatas, que se somaram

---

1350. Hood para Sandwich, 31 de março de 1782. In: SANDWICH, v. 4, p. 243-246.
1351. Hood para Sandwich, 3 de abril de 1782. In: SANDWICH, v. 4, p. 249-250.
1352. BONFILS, M. Le Comte de L. *Histoire de la Marine Française*, v. 3, 289-300. MACKESY, P. *The War for America*, p. 457-458. Hood para Jackson, 16 de abril de 1782. In: HANNAY, D. *Letters of Hood*, p. 101-103.
1353. Hood para Sandwich, 13 de abril de 1782. In: SANDWICH, v. 4, p. 250-251.

ao espólio de guerra britânico.¹³⁵⁴ Contudo, Hood acreditava que, caso uma perseguição vigorosa tivesse sido empreendida de imediato na noite de 12 de abril de 1782, vinte encouraçados franceses teriam sido capturados.¹³⁵⁵

A batalha de Îles des Saintes é invariavelmente apresentada por historiadores britânicos como uma grande vitória da Marinha Real, simbolizada pela captura de De Grasse, que saíra vencedor em Yorktown. Na realidade, a batalha não foi tão decisiva e Hood não era o único a pensar que muito mais poderia ter sido feito se Rodney tivesse perseguido seu inimigo com mais empenho.¹³⁵⁶ Embora os britânicos tivessem terminado o conflito sem perdas, três encouraçados tiveram de ser levados à Jamaica para reparos. A consequência foi que os franceses sob o comando de Vaudreuil ainda tinham 26 navios de linha no Caribe, enquanto o esquadrão de Solano, de 12 encouraçados, estava ileso. De fato, na metade do mês de maio, os aliados tinham cerca de 40 encouraçados e 20 mil soldados reunidos em Santo Domingo. Hood só pôde lamentar mais uma vez que, se Rodney tivesse se empenhado após o episódio em Îles des Saintes, o perigo teria findado "em vez de estarmos, a essa hora, em uma postura defensiva".¹³⁵⁷ No entanto, a batalha teve o condão de deter a ruína do poder britânico nas Índias Ocidentais, visto que Vaudreuil e Galvez decidiram abandonar o ataque à Jamaica, em vista da derrota de De Grasse. Em lugar disso, Solano retornou para Havana enquanto Vaudreuil navegou para Rhode Island, a fim de realizar reparos e buscar as tropas de Rochambeau para outra tentativa contra a Jamaica, no outono.¹³⁵⁸ Na realidade, o revés de De Grasse fortaleceu aqueles em Paris que acreditavam que a França deveria, agora, procurar um fim diplomático para a guerra, dadas as suas dificuldades financeiras.

Europa: operações finais

Embora a Espanha tivesse sido frustrada em seu plano de conquistar a Jamaica, ainda tinha esperanças de tomar Gibraltar, após a captura de Minorca. Vergennes, como sempre, estava pronto para ajudar seus

---

1354. Hood para Sandwich, 22 de abril de 1782. In: SANDWICH, v. 4, p. 260. Hood para Rodney, 22 de abril de 1782. In: SANDWICH, v. 4, p. 261-263.
1355. Hood para Jackson, 16 de abril de 1782. In: HANNAY, D. *Letters of Hood*, p. 103-108. Rodney alegou, como justificativa, que as divisões do centro e da retaguarda de sua esquadra estavam danificadas demais para empreender uma perseguição imediata. Rodney para Sandwich, 19 de abril de 1782. In: SANDWICH, v. 4, p. 258.
1356. Shelburne para Jorge III, 19 de maio de 1782. In: FORTESCUE, v. 6, p. 34-35.
1357. Hood para Jackson, 30 de abril de 1782. In: HANNAY, D. *Letters of Hood*, p. 135-137.
1358. DULL, J. *The French Navy*, p. 283-288.

aliados, concordando com uma nova incursão pelo canal, como manobra de distração. Ele também ofereceu os serviços de 12 mil soldados franceses para o ataque final, talvez confiante de que De Crillon estaria, agora, no comando geral, depois de seu êxito em Minorca.[1359]

Rumores sobre uma nova incursão franco-espanhola pelo canal começaram a circular pela Inglaterra, no início da primavera. Um perigo adicional para os britânicos era que os holandeses poderiam se unir aos aliados, trazendo outros 12 encouraçados para o combate. Todavia, teria de ser encontrado primeiro um comandante politicamente aceitável pelo novo ministério, depois da promoção de Keppel como primeiro lorde do almirantado da administração Rockingham. Todos aqueles relacionados a Sandwich e North foram considerados inadequados, inclusive Rodney, de cujo sucesso em Îles des Saintes ainda não se tinha notícia.[1360] Sabiamente, Keppel escolheu o único oficial que ainda gozava do respeito de toda a esquadra, lorde Richard Howe.[1361]

A situação enfrentada pela Marinha Real no início do verão de 1782 era tão temerária quanto aquela de 1781, quando França, Espanha e Holanda, juntas, ameaçaram o controle britânico do canal. Embora o novo ministério tivesse herdado um programa de construção naval bastante ampliado, seria necessário tempo até que essas embarcações pudessem ser entregues. França e Espanha, em todo caso, prosseguiam com seus esforços para manter a superioridade naval, especialmente na construção de navios de três deques com cem canhões ou mais. Mesmo sem os holandeses, as potências Bourbon ainda teriam 134 encouraçados ativos, contra os 104 da Grã-Bretanha.[1362] Essa era uma superioridade considerável.

O perigo mais imediato, entretanto, mostrou ser o esquadrão holandês em Texel. Por isso, Howe recebeu instruções, no início de maio de 1782, de partir com dez encouraçados para o Mar do Norte, a fim de empreender um ataque antecipado. Os holandeses, contudo, não estavam preparados para a batalha e logo recuaram para o porto, permitindo

---

1359. DULL, J. *The French Navy*, p. 280-281. PETRIE, *Sir C. King Charles III of Spain*. London, 1971, p. 195. LYNCH, J. *Bourbon Spain, 1700-1808*. Oxford, 1989, p. 199.
1360. Minuta do gabinete, 26 de abril de 1782. In: FORTESCUE, v. 5, p. 488. O ministério teve de providenciar rapidamente títulos de nobreza para Rodney e Hood, Jorge III para Shelburne, 18 de maio de 1782. In: FORTESCUE, v. 6, p. 33-34.
1361. Keppel para Jorge III, 1º de abril de 1782. In: FORTESCUE, v. 5, p. 438. SYRETT, D. *Admiral Lord Howe: A Biography*. Annapolis, MD, 2006, p. 100.
1362. Comodoro Stewart para Sandwich, 29 de setembro de 1781. In: SANDWICH, v. 4, p. 409. DULL, J. *The French Navy*, p. 286-287, 373-376.

que Howe retomasse sua tarefa principal, que era proteger os acessos ocidentais contra as esquadras de França e Espanha.[1363]

O plano franco-espanhol, como em 1781, era desmantelar a esquadra do canal britânico antes de retornar a Gibraltar. No fim de junho, chegaram notícias em Londres de que uma esquadra combinada, sob o comando de Córdoba e De Guichen, havia deixado Cadiz com destino a Brest, onde reuniria o restante da flotilha. A ocasião era propícia, uma vez que a Marinha Real estava, mais uma vez, mal posicionada para enfrentar essa ameaça, tendo metade de seus encouraçados do outro lado do oceano, nas Ilhas Leeward e em outros lugares. Como resultado, em meados do mês de julho de 1782, as potências Bourbon tinham 40 encouraçados prontos para operações no canal, contra os 25 sob o comando de Howe, que tinha a tarefa adicional de proteger um comboio essencial vindo da Jamaica. Na ocasião, as habilidades táticas de Howe, a falta de coordenação franco-espanhola e o mau tempo vieram, mais uma vez, em auxílio dos britânicos. Primeiro, o comboio logrou entrar no canal sem ser notado. Então, no início de agosto de 1782, uma tempestade tirou os franceses e espanhóis de suas posições. Esse contratempo foi suficiente para persuadir os espanhóis a voltar para casa, para o que eles esperavam que seria o ato final do cerco de Gibraltar. Mas, pela terceira vez, as esquadras Bourbon não conseguiram tirar proveito de sua superioridade, não tendo interceptado um importante comboio nem destruído o poder do esquadrão do canal.[1364]

Entretanto, não havia tempo para os britânicos celebrarem, pois chegaram notícias de que os holandeses estavam, mais uma vez, prestes a zarpar de Texel, colocando em risco vários comboios dos Bálcãs, com suprimentos navais essenciais para a Marinha Real. Assim, pela segunda vez, Howe recebeu ordens de utilizar parte de sua esquadra para sair à caça do esquadrão holandês, devendo prosseguir até o extremo sul da Noruega em busca de sua presa. Porém, uma vez mais, o esquadrão de Texel voltou ao porto sem realizar nenhuma ação significativa.[1365]

A retirada dos holandeses foi conveniente, pois a situação em Gibraltar se tornava crítica. Desde que Darby resgatara a fortaleza, em abril de 1781, os espanhóis continuaram o bombardeio das defesas no extremo norte, como um prelúdio de seu ataque. O progresso foi

---

1363. Minuta do gabinete, 7 de maio de 1782. In: FORTESCUE, v. 6, p. 11. Ibid., 23 de maio de 1782. In: FORTESCUE, v. 6, p. 43. SYRETT, D. *Admiral Lord Howe*, p. 100-101.
1364. Minuta do gabinete, 17 de julho de 1782. In: FORTESCUE, v. 6, p. 88-89. SYRETT, D. *The Royal Navy in European Waters*, p. 157-159.
1365. Minuta do gabinete, 14 de agosto de 1782. In: FORTESCUE, v. 6, p. 101-102. SYRETT, D. *Admiral Lord Howe*, p. 103-104.

penosamente lento, apesar do grande número de armas e, principalmente, porque a marinha espanhola não conseguiu impedir a chegada de suprimentos para a guarnição, no fim de março de 1782. Para acabar com o impasse, De Crillon empregara, agora, os serviços de Chevalier D'Arcon, um dos melhores engenheiros da França. D'Arcon propôs a destruição das defesas a partir do mar, por meio de 12 baterias flutuantes. Estas deveriam ser construídas a partir de cascos de antigos navios de guerra e cobertas com madeira de lei e terra, para protegê-las das armas dos defensores. A intenção era posicionar as baterias contra a cidade e o antigo porto, o ponto mais fraco das defesas de Gibraltar.[1366]

No início do verão de 1782, a notícia desses preparativos deixou claro que, sem mais reforços, Gibraltar provavelmente cairia. Assim, foram intensificados os preparativos para os reforços necessários. O plano, como antes, era que a esquadra do canal, comandada por Howe e composta por 35 navios de linha, escoltasse três comboios de navios mercantes e transportes, carregados de suprimentos e dois regimentos para a guarnição.[1367]

Howe, enfim, partiu da Inglaterra em 11 de setembro, justamente quando De Crillon e D'Arcon estavam prestes a dar início a seu grande ataque. As baterias flutuantes de D'Arcon ficaram prontas no fim de agosto, o que lhes deu duas semanas para praticar sua operação. Contudo, ainda faltava muito para estarem prontas para emprego imediato quando Cordoba e De Guichen chegaram, em 12 de setembro, depois de sua incursão pelo canal inglês. No entanto, De Crillon resolveu atacar de pronto, no dia 13 de setembro, para se antecipar à esperada tentativa de Howe de libertar a fortaleza. As baterias mostraram ser de difícil manobra, o que as deixou expostas ao fogo mortal dos defensores. Em consequência, a maioria foi destruída por projéteis incendiários, que se alojavam na madeira e provocaram incêndios difíceis de extinguir. O contratempo final foi uma forte tempestade, que dispersou a esquadra de bloqueio. Isso permitiu que Howe aportasse com segurança em Gibraltar no dia 14 de outubro de 1782, sem mais incidentes.[1368] A sorte, como em diversas outras ocasiões, estava do lado dos britânicos.

1366. PETRIE, Sir C. *King Charles III*, p. 201-202. McGUFFIE, T.H. *The Siege of Gibraltar*. London, 1965, p. 139.
1367. Minuta do gabinete, 23 de agosto de 1782. In: FORTESCUE, v. 6, p. 113-114. SYRETT, D. *Admiral Lord Howe*, p. 104-105.
1368. DULL, J. *The French Navy*, p. 307-308. PETRIE, Sir C. *King Charles III*, p. 202-203. MACKESY, P. *The War for America*, p. 483-484.

Cinco dias depois, Howe partiu de volta para a Inglaterra e logo avistou a esquadra combinada. Cordoba e De Guichen tinham 46 encouraçados contra os 35 de Howe. Apesar de sua inferioridade, Howe preparou-se para a batalha, visto que já havia liberado o estreito. Porém, franceses e espanhóis foram, outra vez, incapazes de formar uma linha de batalha efetiva, apesar de terem o vento a seu favor. Por fim, houve troca de disparos na noite de 20 de outubro de 1782 e ambos os lados conseguiram infligir alguns danos um ao outro. Howe decidiu não reiniciar o combate, pois seu suprimento de água estava acabando.[1369] Era evidente que a Marinha Real ainda se esforçava para competir com as esquadras conjuntas de França e Espanha. De fato, tivera sorte de vencer um de seus três principais combates em 1782 e não sair vencida dos outros dois.

A paz começa a se delinear: o Tratado de 1783

Muito antes do fracasso espanhol em Gibraltar, os combatentes já exploravam as possibilidades de paz, uma vez que suas opiniões e aspirações começavam a convergir. Os patriotas desejavam a independência, com a posse do Canadá e uma fronteira ocidental, ao longo do Mississipi. A França apoiava a independência norte-americana, mas sem a inclusão do Canadá, na crença de que os interesses franceses seriam atendidos de forma mais efetiva, com certo equilíbrio de poder no hemisfério ocidental.[1370] Quanto aos britânicos, estes aceitaram a necessidade de flexibilização após a derrota de De Grasse, mas ainda esperavam algumas vantagens, pois estavam realizando vigorosos esforços para compensar suas perdas no Caribe. Não obstante, como Vergennes disse a seu embaixador em Madri: "Os ingleses conseguiram, em certa medida, recuperar sua marinha, enquanto a nossa ficou sucateada".[1371] Chegava o momento de negociar.

Um motivo para essa opinião de Vergennes era o estado das finanças francesas. Cerca de 60% do orçamento era, agora, destinado ao pagamento dos juros da dívida. Como Vergennes informou ao embaixador espanhol em Paris, em setembro de 1782: "A Inglaterra, sem dúvida, está um tanto exaurida, mas nós também estamos". A questão fundamental era "se nosso crédito ou o da Inglaterra sobreviverá". A

1369. SYRETT, D. *Admiral Lord Howe*, p. 105. BONFILS. *Histoire de la Marine Française*, v. 3, p. 273-277.
1370. STOCKLEY, A. *Britain and France at the Birth of America: The European Powers and the Peace Negotiations of 1782-1783*. Exeter, 2001, p. 33-49.
1371. DULL, J. *The French Navy*, p. 316-317. BONFILS. *Histoire de la Marine Française*, v. 3, p. 305.

conjuntura favorecia a Grã-Bretanha, visto que "sua constituição" e outros "estabelecimentos", como o banco da Inglaterra, ofereciam "recursos" que não estavam disponíveis para França e Espanha. Essa era outra razão para buscar um "desfecho honroso" para o conflito.[1372]

Entretanto, os espanhóis ainda relutavam em reconhecer a independência norte-americana por medo do impacto que isso teria sobre suas colônias. Por essa razão, eles queriam confinar as novas repúblicas a uma fronteira bem a leste do Rio Mississipi. Eles também estavam determinados a conseguir Gibraltar, apesar do fracasso de seu grande ataque, em 13 de setembro de 1782. A diplomacia poderia ainda realizar o que não haviam conseguido pela força das armas, em especial se a Jamaica fosse conquistada, para o que continuavam a se preparar.[1373]

Quanto à Grã-Bretanha, o país também pensava na paz de forma mais positiva. Como os outros combatentes, ela também estava passando por restrições financeiras. As estimativas para 1782 elevariam o débito nacional para 228 milhões de libras esterlinas (de 130 mil libras, em 1775), o que exigia pagamentos anuais de juros de quase 8,5 milhões de libras, mais do que o orçamento de 1774, uma época de paz.[1374] A necessidade constante de tomar empréstimos fez com que o governo, agora, pagasse 5,5% por seu dinheiro, fazendo com que os 3% de estoques existentes desvalorizassem em 58% com relação a seu preço original de compra. Tal desvalorização deu ensejo a temores de que o governo não conseguisse honrar suas obrigações de longo prazo. Além disso, as consequências de gastos tão elevados não paravam por aí. Havia também o impacto dos tributos exigidos para suportar essa carga, que somavam 23% da renda per capita.[1375] A economia sofreu outro golpe com a perda de 3 mil navios mercantes durante a guerra, o que afetou a receita comercial e alfandegária do país de forma adversa.[1376] Entre 1778 e 1781, o valor das importações e exportações caiu 18% e 24%, respectivamente.[1377] O controle financeiro, se não político, da nação alcançava perigosamente seu limite.

1372. Citado em: DULL, J. *The French Navy*, p. 304. STOCKLEY, A. *Britain and France*, p. 88-92.
1373. STOCKLEY, A. *Britain and France*, p. 60. DULL, J. *The French Navy*, p. 318-319.
1374. Débitos públicos, 5 de julho de 1783. In: CJ, v. 39, p. 805. Débito flutuante, 1º de outubro de 1783. In: CJ, v. 39, p. 821. Relatório do dinheiro destinado ao serviço de 1774. In: CJ, v. 35, p. 286-287.
1375. CONWAY, S. *The British Isles and The War of American Independence*. Oxford, 2000, p. 50-55.
1376. KENNEDY, P. *The Rise and Fall of British Naval Mastery*. London, 1976, p. 128.
1377. CONWAY, S. *The British Isles*, p. 70.

Como já mencionamos, o ministério de Rochingham, apesar de suas aspirações bélicas nas Índias Ocidentais, deu início ao processo de paz com o envio de um representante a Paris, em abril de 1782, para negociar com os Estados Unidos e a França, estabelecendo como base a independência norte-americana e um retorno ao cumprimento do Tratado de 1763, com relação à França. O homem escolhido para essa tarefa foi Richard Oswald, confidente de Shelburne e rico comerciante, que havia vivido na Virgínia por seis anos. Ele chegou à capital francesa em 12 de abril de 1782, onde se encontrou com Vergennes e Franklin para uma reunião inicial. Nela, Vergennes logo concordou que as negociações entre os patriotas e a Grã-Bretanha prosseguissem em paralelo com aquelas entre a Grã-Bretanha e a França.[1378] Entretanto, Oswald fez pouco progresso de início, visto não ter autoridade para reconhecer a independência, algo em que os patriotas americanos insistiam ser uma precondição para as negociações.[1379] Outro obstáculo foi a nomeação, pelo Congresso, de quatro comissários de paz, tanto para preservar o equilíbrio regional quanto para evitar desvios de conduta de algum dos delegados, como já havia ocorrido anteriormente. Os quatro negociadores eram Franklin, embaixador na França, John Adams, ministro plenipotenciário [grau da carreira diplomática logo abaixo do embaixador] na república holandesa, John Jay, que ainda estava em Madri, tentando em vão o reconhecimento da Espanha, e Henry Laurens, que acabara de ser libertado da Torre de Londres, depois de sua prisão em 1780. Era evidente que levaria tempo para reunir todos esses negociadores.[1380]

A situação também estava complicada no lado britânico por causa das rivalidades entre Shelburne, o secretário para as colônias, e Fox, secretário do exterior. Fox desejava reconhecer os Estados Unidos antes de quaisquer conversas substanciais, a fim de colocar um fim à aliança entre os patriotas e a França. Shelburne, por outro lado, queria que a concessão da independência fizesse parte do acordo geral, acreditando que isso daria maior amplitude para manobras diplomáticas.[1381] Por fim,

---

1378. STOCKLEY, A. *Britain and France*, p. 37-38. MURPHY, O.T. *Charles Gravier, Comte de Vergennes: French Diplomacy in the Age of Revolution, 1719-1787*. Albany, 1988, p. 321-322.
1379. BEMIS, S.F. *The Diplomacy of the American Revolution*. Bloomington, 1961, p. 207-209.
1380. FERLING, J. *Almost a Miracle*, p. 549. STINCHCOMBE, W.C. *The American Revolution and the French Alliance*. Syracuse, NY, 1969, p. 153-169. Laurens chegou apenas no fim das negociações.
1381. SCOTT, H.M. *British Foreign Policy in the Age of the American Revolution*. Oxford, 1990, p. 320-322. STOCKLEY, A. *Britain and France*, p. 37-42.

o gabinete aceitou a solicitação de Fox, para que se fizesse o reconhecimento imediato. Contudo, a contínua tensão entre Shelburne e Fox culminou com o envio de dois emissários a Paris, em maio de 1782. Oswald deveria negociar com Franklin, Jay e Adams, enquanto o nomeado de Fox, Thomas Grenville, discutia os termos com Vergennes.[1382]

Oswald foi bem recebido por Franklin quando de sua volta a Paris, agora que a Grã-Bretanha aceitara o princípio da independência. Os enviados patriotas estavam cada vez mais desconfiados de seus aliados franceses, depois do aviso de Vergennes, em 1781, de que um acordo de paz poderia ser necessário. Franklin chegou mesmo a afirmar que os patriotas fariam um acordo de paz em separado com os britânicos, sem a interferência tanto da França quanto da Espanha, embora isso contrariasse, no que dizia respeito à França, o Tratado de 1778. Tal resultado seria muito mais fácil de alcançar caso a Grã-Bretanha cedesse o Canadá aos Estados Unidos e permitisse acesso irrestrito à pesca em Newfoundland.[1383]

Isso não estava ao alcance da Grã-Bretanha. No entanto, Shelburne estava disposto a ser generoso com os norte-americanos, na esperança de restaurar a relação especial entre as antigas colônias e a pátria mãe. Assim, ele estava preparado para conceder o Mississipi como limite ocidental dos Estados Unidos, embora Clark tivesse sido banido do Illinois. Shelburne foi igualmente generoso quanto aos limites em relação à região dos Grandes Lagos.[1384]

Os termos enfim acordados previam o reconhecimento dos Estados Unidos, com uma fronteira ao longo do alto St. Lawrence, atravessando os Grandes Lagos e descendo o Mississipi até o paralelo 31. Os norte-americanos, em especial os da Nova Inglaterra, seriam admitidos à zona de pesca de Newfoundland. Outros artigos estipulavam que todos os débitos incorridos antes do irromper das hostilidades seriam honrados e que todas as propriedades tomadas por ambos os lados seriam devolvidas. Em troca, o Congresso determinaria que os Estados parassem de perseguir os legalistas. Os artigos preliminares foram finalmente assi-

---

1382. Minuta do gabinete, 25 de abril de 1782. In: FORTESCUE, v. 5, p. 488. Shelburne para Jorge III, 26 de abril de 1782. In: FORTESCUE, v. 5, p. 488.
1383. Fox para Jorge III, 21 de maio de 1782. In: FORTESCUE, v. 6, p. 40-41. BEMIS, S.F. *The Diplomacy*, p. 196.
1384. STOCKLEY, A. *Britain and France*, p. 52-57. SCOTT, H.M. *British Foreign Policy*, p. 327-328. O pouco impacto de Clark e outros nas negociações em Paris é reconhecido por: HARRISON, L.H. *George Rogers Clark and the War in the West*. Lexington, KY, 1976, p. 97-98.

nados por Oswald, Franklin e Jay, na residência de Oswald em Paris, em 30 de novembro de 1782.[1385]

Os historiadores norte-americanos tradicionalmente apresentam esses termos como um triunfo da honestidade patriota sobre as artes obscuras da diplomacia europeia. Eles argumentam que, embora Franklin, Jay e Adams tivessem tecnicamente violado o Tratado de 1778 ao concluir suas conversações de forma unilateral, sua conduta foi justificada, uma vez que a França estava ignorando as reivindicações norte-americanas quanto à fronteira do Mississipi e a pesca em Newfoundland. Atraiçoado, Vergennes só pôde expressar surpresa e raiva ao saber desses detalhes.[1386] Porém, como historiadores mais recentes têm enfatizado, o Tratado de 1778 não proibia conversações preliminares. De fato, Vergennes concordara com elas em sua reunião inicial com Oswald e Franklin. Ele admitiu que esperava que os negociadores patriotas seguissem as instruções do Congresso "de comunicar, da forma mais sincera e confidencial, acerca de todos os assuntos aos ministros de nosso generoso aliado, o rei da França". Não obstante, o acordo assinado no apartamento de Oswald em Paris entrou em vigor apenas quando Grã-Bretanha e França chegaram a um acordo. Portanto, não houve violação da aliança de 1778, embora Vergennes tenha, por certo, ficado surpreso com a generosidade das concessões britânicas aos Estados norte-americanos.[1387]

As negociações entre Grã-Bretanha e França também foram agilizadas quando Shelburne tornou-se o único ministro responsável, após a renúncia de Fox, em julho de 1782. Ambos os lados estavam prontos para a paz na chegada do outono. A Grã-Bretanha não sofrera mais nenhuma derrota desde a perda de Minorca e revertera o quadro de seu declínio no Caribe. O reconhecimento da independência dos Estados Unidos significava que não existia mais nada pelo que lutar, visto que havia poucos prospectos de ganhos rápidos nas Índias Ocidentais, apesar da vitória de Rodney. Vergennes também estava ansioso pela paz, agora que estava convencido da sinceridade de Shelburne. A França havia alcançado seu principal objetivo, que era anular o tratado de paz de

---

1385. STOCKLEY, A. *Britain and France*, p. 63-66. Para o texto do tratado, veja: BEMIS, S.F. *The Diplomacy*, p. 259-263.
1386. BEMIS, S.F. *The Diplomacy*, p. 239-242. STINCHCOMBE, W.C. *French Alliance*, p. 195-196.
1387. STOCKLEY, A. *Britain and France*, p. 65. MURPHY, O.T. *Vergennes*, p. 393. As instruções do Congresso para seus enviados estão impressas em: DONIOL, H. *Histoire de la participation de la France à l'établissement des États-Unis d'Amérique: Correspondence diplomatique et documents*. Paris, 1886-1892, v. 4, p. 604-606.

Paris de 1763. Separar as colônias americanas da Grã-Bretanha por certo enfraqueceria seu antigo inimigo, tornando-o uma ameaça menor aos interesses dos franceses. A França, por outro lado, não perdera qualquer colônia e poderia esperar ganhos modestos no Caribe. Era provável que ela também se beneficiasse de uma parte do comércio da América.

Os termos finais entre Grã-Bretanha e França eram que ambas as potências compartilhariam a pesca em Newfoundland, embora em zonas distintas, para evitar futuros conflitos. A Grã-Bretanha restituiu Santa Lúcia e também desistiu de reivindicar Tobago. Em resposta, a França devolveu Granada, Dominica, St. Christopher's, Nevis e Montserrat à Grã-Bretanha, mas recebeu, em compensação, a colônia do Senegal, no oeste da África. Quanto à Índia, ambas as potências concordaram em retornar à situação anterior ao início do conflito. Por fim, o orgulho da França foi apaziguado pela remoção das restrições ao porto de Dunquerque, que haviam sido impostas pelo Tratado de Utrecht, em 1713.[1388]

As partes mais difíceis da negociação foram aquelas que envolviam a Espanha e começaram, de fato, apenas depois que esta foi expulsa de Gibraltar, em 13 de setembro de 1782. Não obstante, os espanhóis continuaram a tentar obter a posse daquela fortaleza por meios diplomáticos. Os britânicos estavam igualmente determinados a mantê-la. Vários acordos foram propostos e, já no final, Vergennes e Shelburne trabalharam juntos para encontrar uma solução aceitável. Por fim, a Espanha concordou em aceitar Minorca, juntamente com as Flóridas Ocidental e Oriental, em lugar de Gibraltar.[1389] As preliminares entre Grã-Bretanha, França, Espanha e Holanda foram enfim assinadas em 20 de janeiro de 1783, em Versalhes.

Os termos ainda tinham de ser ratificados pelos respectivos governos. Isso não foi motivo de dificuldades para Espanha, França e Estados Unidos. No entanto, na Grã-Bretanha, a maioria do Parlamento argumentou que Shelburne fora generoso demais para com as potências Bourbon. O resultado foi a indicação de um novo ministério, liderado por Fox. Mas, apesar de seis meses de esforços diplomáticos, Fox teve de aceitar quase tudo que fora acordado em Versalhes, visto que uma retomada das hostilidades era inimaginável. Os artigos definitivos foram finalmente assinados em 3 de setembro de 1783. Aqueles que envolviam as potências europeias (exceto a Holanda) foram assinados

---

1388. SCOTT, H.M. *British Foreign Policy*, p. 335.
1389. Minuta do gabinete, 11 de dezembro de 1782. In: FORTESCUE, v. 6, p. 182. STOCKLEY, A. *Britain and France*, p. 113-129.

em Versalhes, enquanto Grã-Bretanha e Estados Unidos concluíam as formalidades em Paris.[1390]

A essa altura, apenas Nova York permanecia em mãos britânicas. Entretanto, tal era o tamanho da guarnição e o número de legalistas que foram necessários três meses para efetivar a evacuação. A cidade ficou livre das tropas britânicas apenas em 25 de novembro, dia em que Washington enfim entrou ali. Mesmo então, a integridade territorial dos novos Estados Unidos ainda estava incompleta, uma vez que a Grã-Bretanha permanecia na posse de Detroit e vários outros postos nos Grandes Lagos, como garantia do cumprimento do tratado. Duas questões preocupavam a Grã-Bretanha: o acordo quanto aos débitos mercantis anteriores à guerra e o tratamento que seria dispensado aos legalistas. A Grã-Bretanha nutria um justo temor de que não seria permitido que os últimos retornassem a suas propriedades ou as recuperassem, visto que a maioria dos Estados conservava suas leis que previam a perda de direitos civis, apesar dos apelos do Congresso. De fato, em alguns meses, 100 mil haviam deixado sua pátria para começar uma nova vida no Canadá. Essas questões não foram resolvidas até o Tratado de Jay, em 1794.

Os legalistas foram, ao menos, incluídos nas negociações. Os povos americanos nativos não receberam tal indulgência. Shelburne relegou qualquer obrigação de incluí-los, a despeito de compromissos anteriores quanto às terras e ao modo de vida indígenas. Quando a questão foi levantada no Parlamento, Shelburne argumentou, maliciosamente, que os indígenas haviam sido "enviados aos cuidados de vizinhos, que tinham interesse em (...) cultivar uma relação de amizade com eles". Os índios ainda detinham a posse de suas terras, embora não como povos soberanos.[1391] Contudo, a realidade era muito diferente, como as seis nações descobriram quando se reuniram com comissários do Congresso para um acordo de paz. Eles foram informados de que eram um povo conquistado, visto que o rei os abandonara e assinara a cessão de suas terras. Aqueles que desejassem permanecer como um grupo tribal deveriam se restringir à região dos cinco Lagos Finger, no oeste de Nova York, e à extremidade noroeste da Pensilvânia. Os Oneida e os Tuscarora não ficaram em melhor situação, apesar de seu

---

1390. O acordo entre Grã-Bretanha e Holanda só foi concluído em 20 de maio de 1784, SCOTT, H.M. *British Foreign Policy*, p. 335-337. A demora foi provocada pelas tentativas da Holanda de incluir direitos de neutralidade e a restauração de todos os seus territórios coloniais.
1391. Citado em: GRAYMONT, B. *The Iroquois in the American Revolution*. Syracuse, 1972, p. 262.

apoio à causa patriota. Não foi feita qualquer tentativa de restringir os assentamentos brancos, que logo minaram sua economia e modo de vida.[1392] A maioria dos iroqueses, como Brant, buscou refúgio no Canadá, erigindo novos lares no Rio Grand, em Ontário. Depois de 15 anos, os povos do Ohio e do sudeste dos Estados Unidos foram obrigados a semelhante êxodo, agora em direção ao oeste.

Mesmo entre os vitoriosos houve muitos perdedores, notavelmente os veteranos do exército continental. Em sua mensagem de despedida do exército, em 3 de novembro de 1783, Washington assegurou a seus homens que a nação mostraria gratidão por seus feitos gloriosos. O Congresso pagaria o dinheiro e concederia as terras que lhes devia.[1393] Seu otimismo, porém, mostrou-se infundado. As tropas receberam apenas três meses de licença remunerada, o que resultou em sua dispersão e debandada. Os oficiais também não receberam mais que promessas vazias de meio soldo pelo restante da vida, em retribuição por seus esforços. O jantar de despedida de Washington em 4 de dezembro de 1783, em Nova York, foi um evento lúgubre. Não obstante, ele apresentou sua renúncia ao Congresso em 23 de dezembro de 1783, colocando fim à ameaça de um governo militar a muitos de seus compatriotas. A América poderia, enfim, começar a se tornar uma nação.

1392. Ibid., p. 290-291.
1393. Ordens de despedida aos exércitos, Princeton, 2 de novembro de 1783. In: PADOVER, S.K. *The Washington Papers: Basic Selections from the Public and Private Writings of George Washington*. New York, 1955, p. 257-261.

Conclusões e Consequências

Historiadores dos séculos XIX e XX costumam supor que o resultado da Guerra da Independência estava predeterminado: que os vencedores, apesar de sua origem humilde, estavam destinados a se tornar um povo livre e poderoso. No entanto, como este livro tentou demonstrar, isso está longe de ser verdadeiro. Durante grande parte da guerra, a causa da independência esteve por um fio, sustentada por pouco mais que a coragem e determinação inexoráveis de Washington.

Ao analisar as razões do resultado da guerra, a contribuição da França deve ser ressaltada. Após seis campanhas, a Grã-Bretanha e os Estados Unidos eram como dois boxeadores exaustos. Nenhum dos países era capaz de infligir um golpe decisivo contra o outro, como ficou evidenciado nas campanhas de Washington e Clinton. Washington estava enfraquecido demais para abandonar a segurança de sua fortaleza, ao passo que Clinton não tinha os meios para persegui-lo. Foi necessário um terceiro combatente, a França, para colocar fim ao impasse, fato negligenciado com enorme frequência por escritores norte-americanos, embora reconhecido confidencialmente por Washington já em março de 1779, em seus piores momentos.

Essa mesma atitude negligente se aplica à Espanha. O poder militar e naval desse país tem sido frequentemente desdenhado. Mas, embora seus oficiais e tripulação possam ter sido menos qualificados, seus navios de guerra eram tão bons quanto seus equivalentes da Marinha Real, se não melhores. Sua entrada na guerra, em consequência, ampliou o conflito, desviando recursos britânicos que seriam destinados à recuperação das colônias. Cerca de 70% de seu esforço de guerra, desse modo, se deu em áreas não relacionadas, de maneira direta, àquele objetivo. Desde 1778, França e Espanha ditaram o curso da guerra, obrigando a Grã-Bretanha a reagir da melhor maneira possível, enquanto os patriotas aguardavam para tirar proveito de seus infortúnios, com ou sem o auxílio das potências Bourbon. Em tais circunstâncias, a Grã-Bretanha teve sorte de não sofrer maiores derrotas. Apenas a incompetência do alto-comando Bourbon evitou desastres piores.

Dentre as outras razões para o resultado da guerra estava a persuasiva ideologia patriota. Como o historiador legalista Charles Stedman reconheceu mais tarde: "Suas assembleias eram instigadas pela liberdade".[1394] Mas, para assegurar sua liberdade, os patriotas detinham inúmeras vantagens práticas. A mais importante era a configuração natural do interior, como um dos assistentes de Rochambeau comentou. "Embora o povo da América possa ser conquistado por tropas europeias bem disciplinadas, o território americano não o poderia ser", como Cornwallis veio a descobrir.[1395] Isso foi conveniente, dada a inexistência de um governo federal efetivo entre os patriotas.

Entretanto, as contribuições individuais também foram importantes. A visão diplomática de Vergennes garantiu que a França tivesse condições de dar sua total atenção à guerra marítima, algo que não conseguira fazer por 120 anos. Washington manteve a causa patriota viva quando tudo parecia perdido. Ele era frequentemente criticado por sua cautela e insucesso no campo de batalha, em especial entre julho de 1779 e agosto de 1781, quando não tomou qualquer iniciativa militar digna de nota. Contudo, ele não teve alternativa senão adotar uma postura defensiva, dada a impotência do Congresso e a visão limitada dos Estados. Ao fazer da conservação do exército seu principal objetivo, ele deu foco à causa revolucionária e segurança para os patriotas de todos os lugares. Se o exército continental tivesse se dissolvido, é provável que os Estados centrais e os do sul tivessem retornado ao domínio britânico. Talvez a Nova Inglaterra tivesse, por fim, conseguido sua independência, embora seja difícil determinar o momento crítico em que as sociedades abandonam sua ideologia em favor da sobrevivência. Porém, qualquer que fosse o resultado final, não teriam sido os mesmos Estados Unidos que emergiram em 1783.

Os britânicos, ao contrário, tiveram uma compreensão falha do conflito. Eles agiram como se os interesses do centro imperial fossem

---

1394. STEDMAN, C. *The History of the Origins, Progress and Termination of the American War*. London, 1794, v. 2, p. 447.
1395. MACKESY, P. *The War for America, 1775-1783*. Cambridge, Mass.,1964, p. 510.

as únicas questões importantes. Eles não faziam ideia do que é uma guerra popular, apoiada por uma sociedade que não era essencialmente monárquica. Acima de tudo, eles não conseguiram perceber que se tratava de uma guerra política, que tinha de ser travada contra a poderosa ideologia dos direitos populares. Nesse conflito, faltaram os valores de um *ancien régime*.

Essa incompreensão foi evidenciada pela inabilidade dos britânicos de formular uma estratégia vitoriosa. Na verdade, eles enfrentaram o dilema criado por toda guerra civil: apaziguar os rebeldes ou reprimi-los. Os irmãos Howe adotaram a primeira opção, na crença de que exasperariam a população caso adotassem métodos rígidos. Cornwallis, ao contrário, optou pela repressão depois de descobrir que os juramentos de lealdade eram quebrados tão logo eram feitos. O resultado foi aquele que os irmãos Howe temiam. A aplicação das punições sumárias apenas deu início a um ciclo de violência, no qual um lado superava o outro na perpetração de atrocidades.

No entanto, os britânicos teriam se saído melhor se tivessem apoiado os legalistas de forma mais eficiente, em especial no início do conflito. Mais de um ano se passou antes que o exército decidisse intervir. Isso deu tempo para que os patriotas estabelecessem suas ideias e instituições. Mesmo então, os britânicos se recusaram a fazer uso do apoio legalista por acreditar que o exército deveria primeiro restaurar a ordem. Assim, nenhuma tentativa contínua de acentuar sua participação foi feita até a campanha na Carolina do Sul, cinco anos depois do início da rebelião. Contudo, eles talvez tivessem razão em não ver os legalistas como a base de sua estratégia vitoriosa. Os partidários da coroa estavam em número muito reduzido na maioria das regiões e a natureza passiva de sua lealdade os tornava inadequados a um país onde uma nova ordem política e social estava se desenvolvendo.

Todavia, também houve outros motivos para o fracasso da Grã-Bretanha. Um deles foi a insuficiência de seus recursos. Nos primeiros três anos, isso se deveu a seus métodos ineficientes de mobilização. A aversão por exércitos permanentes impediu a rápida expansão por meio do alistamento obrigatório. Howe, Carleton e Burgoyne, dessa forma, não dispunham das tropas necessárias para impor a autoridade britânica pela força das armas. A carência de recursos também afetou a guerra marítima, embora a deficiência tivesse sido acentuada pela economia despropositada de North, antes de 1778. A Marinha Real nunca teve fragatas e cruzadores suficientes, no período entre 1775-1777, para destruir a economia colonial e impedir que suprimentos chegassem às forças patriotas. Após esse período, a entrada da França e da Espanha no conflito tornou o projeto de reconquista da América virtualmente impossível. Em vez de ditar os eventos, exército e marinha britânicos tiveram de reagir a eles. A esquadra do canal, por exemplo, era constantemente desviada de uma missão para outra, o que tornava impossível o bloqueio dos portos da França no Atlântico da maneira que fora tão favorável à Grã-Bretanha durante a Guerra dos Sete Anos. Nessas circunstâncias, Yorktown era um desastre anunciado.

Na realidade, a Grã-Bretanha não tinha população suficiente para ser uma potência mundial em termos navais e militares ao mesmo tempo. A fragilidade inerente se revelou, de modo irônico, por meio da magnitude do êxito da Grã-Bretanha na guerra anterior. Como Sandwich ressaltou antes de deixar o cargo, o império britânico pode ter se expandido para os quatro cantos do globo por volta de 1763, mas isso tinha suas implicações. A consequência foi que "esses domínios distantes" haviam "diminuído a segurança advinda do fato de sermos uma nação em uma ilha".[1396] Ela tinha constantemente de "lutar contra oponentes mais pesados", o que não é bom para nenhum boxeador, quaisquer que fossem as declarações de um recente primeiro-ministro britânico.

Não obstante, alguns historiadores sugerem que a Grã-Bretanha poderia ter tido sucesso caso houvesse sido abençoada com uma burocracia mais eficiente.[1397] Eles argumentam que os principais departamentos estavam demasiado arraigados a métodos tradicionais para produzir os homens e os navios necessários para uma vitória definitiva. Os planejamentos sempre foram feitos com base nos resultados que haviam sido obtidos no passado e não no que era preciso, agora. A busca generalizada pelo lucro foi outro empecilho à eficiência, embora isso prevaleça na maioria das sociedades, quer em tempos de guerra ou de paz.[1398] Além disso, dava-se muito mais importância à origem e à classe social nas indicações para cargos do que ao mérito. Contudo, não há indicações de que a Grã-Bretanha fosse, em geral, menos eficiente no controle de seus recursos. De fato, comparado a França e Espanha, o Estado britânico era infinitamente mais eficiente, conquanto a guerra viesse a revelar a necessidade das subsequentes "reformas econômicas"

1396. Ibid., p. 355.
1397. BINNEY, J.E.D. *British Public Finance and Administration, 1774-1794.* Oxford, 1958. BOWLER, R.A. *Logistics and the Failure of the British Army in America, 1775-1783.* Princeton, 1975. BAKER, N. *Government and Contractors: The British Treasury and War Supplies, 1775-1783.* London, 1971. SYRETT, D. *Shipping and the American War, 1775-1783: A Study in British Transport Organization.* London, 1970.
1398. BOWLER, R.A. *Logistics*, p. 167-211.

implementadas pelo jovem Pitt. A França, ao contrário, precisou de uma revolução sangrenta para mudar suas estruturas sociais e políticas.

Por fim, historiadores sugerem que faltou à Grã-Bretanha a liderança política adequada. Historiadores Whig do século XIX, em particular, responsabilizaram Jorge III pelo resultado da guerra, acusando-o de agir de forma inconstitucional no governo do país. Acima de tudo, ele insistiu em uma política de repressão na América. Entretanto, exceto pela crise da invasão em 1779, ele não participava das reuniões do gabinete e quase invariavelmente aceitava o conselho dos ministros.[1399] Sua determinação para retomar as colônias recebeu o apoio da grande maioria da nação até a derrota em Yorktown. Entretanto, sua recusa em procurar um ministro que pudesse assumir a responsabilidade pelos assuntos navais e militares minou seriamente a condução efetiva da guerra. North mostrou grande habilidade política na chefia do Parlamento e na obtenção de dinheiro, revelando as mesmas habilidades do duque de Newcastle, durante a Guerra dos Sete Anos. Porém, tais qualidades não eram suficientes para um líder em tempos de guerra, como Newcastle descobriu quando os departamentos de Estado tiveram de ser sincronizados na busca de uma estratégia efetiva. O problema de Newcastle foi enfim solucionado quando este fez uma coalizão com William Pitt. North nunca teve essa oportunidade, em virtude da obstinação de Jorge III. Como resultado, os dois principais ministérios da guerra, comandados por Sandwich e Germain, estavam sempre em desacordo um com o outro. Isso foi crucial, dadas suas prioridades conflitantes quanto à guerra na América e à defesa da Grã-Bretanha. Nesse aspecto, o Conselho de Ministros da França, presidido por Luís XVI, era uma instituição governamental mais eficiente.[1400] O mesmo se dava com a Espanha, após a designação de Floridablanca como primeiro-ministro de Carlos III.[1401] Mas, embora o processo de tomada de decisões das potências Bourbon tenha sido mais eficiente, a execução daquelas decisões deixou muito a desejar, por causa das falhas burocráticas e da incompetência dos comandantes navais e militares.

No dia da rendição de Cornwallis, seus soldados teriam supostamente marchado entoando uma canção chamada "O mundo virou de cabeça para baixo". Contemporâneos do mundo todo partilharam do mesmo sentimento em relação à Grã-Bretanha. O imperador Joseph II, da Áustria,

---

1399. THOMAS, P.D.G. "George III and the American Revolution". *History*, 1985, v. 70, p. 16-31.
1400. DULL, J. *The French Navy and American Independence: A Study of Arms and Diplomacy, 1774-1787*. Princeton, 1975, p. 5, 48, 108-109.
1401. LYNCH, J. *Bourbon Spain, 1700-1808*. Oxford, 1989, p. 296.

acreditou que a guerra havia reduzido aquele país à posição de um Estado de segunda categoria, como a Dinamarca ou a Suécia. O mesmo pensou Frederico, o Grande. Em Londres, Horace Walpole confessou que viu "pouca ou nenhuma perspectiva de a Inglaterra voltar a ser uma grande nação". Outro estudioso exclamou: "Infeliz Inglaterra, destituída de engenhosidade", sem uma única pessoa "capaz de preservar o Império".[1402]

Contudo, por mais dramático que fosse o espetáculo, o impacto de Yorktown mostrou-se menos marcante do que se supôs. A Grã-Bretanha não foi relegada à condição de potência de segunda classe. De fato, a diminuição de seu império parece ter dado início a uma era de crescimento econômico à medida que a Revolução Industrial ganhava força. As esperanças de Vergennes de que a perda das colônias reduziria o poder e a influência da Grã-Bretanha não se concretizaram. A guerra tão somente impeliu a elite governante a uma série de reformas, fazendo do mérito, e não da linhagem, o critério para nomeações a cargos políticos. Passos vigorosos também foram dados para garantir que a Grã-Bretanha alcançasse, pela primeira vez em sua história, um padrão naval equivalente ao de duas potências.[1403] O efeito dessas mudanças foi possibilitar que o país conseguisse vencer os desafios da Revolução Francesa e das guerras napoleônicas.

Os interesses franceses, ao contrário, não foram promovidos de forma significativa por sua intervenção na Guerra da Independência dos Estados Unidos. A maior parte do comércio na América retomou seus antigos canais, ao passo que o equilíbrio de poder na Europa permaneceu inalterado. Na verdade, os efeitos do conflito foram quase todos prejudiciais à França, expondo a fragilidade de sua economia e a natureza opressora de suas estruturas sociais e políticas.[1404] As consequências revelaram-se com o irromper da Revolução Francesa de 1789 e a destruição do *ancien régime*. A execução de Luís XVI foi um indicativo muito mais forte de que o mundo estava de cabeça para baixo.

A Espanha também experimentou um declínio em sua sorte. A guerra restaurou um pouco do orgulho, com a conquista de Minorca e da Flórida Ocidental. Entretanto, não foi suficiente para deter seu inevitável declínio, provocado por sua incapacidade de aceitar mudanças políticas, econômicas e sociais. Como a França, ela se viu engolida pelo

---

1402. SCOTT, H.M. *British Foreign Policy in the Age of the American Revolution.* Oxford, 1990. p. 337-339. MACKESY, P. *The War for America*, p. 516-517.
1403. O gasto com construção naval ultrapassou 1 milhão de libras esterlinas, tanto em 1783 quanto em 1784. In: CJ, v. 39, p. 164-167, 897-901.
1404. DULL, J. *The French Navy*, p. 343-344. MURPHY, O.T. *Charles Gravier, Comte de Vergennes: French Diplomacy in the Age of Revolution, 1719-1787*. Albany, 1988, p. 397-404.

vórtice de guerras e revoluções. Embora a monarquia Bourbon tivesse sido restaurada em 1814, seu outrora poderoso império não sobreviveu à retórica dos Jacobinos e ao exemplo de uma América independente.

Os historiadores norte-americanos gostam de citar o epitáfio de Ralph Waldo Emerson para o Monumento Concord: "Aqui se posicionaram, no passado, os fazendeiros, prontos para o combate, e daqui fizeram os disparos que foram ouvidos no mundo todo". Na realidade, os disparos feitos em Lexington não foram ouvidos muito além da América do Norte. Depois de 1783, os Estados Unidos ficaram em uma posição desconfortável à margem da Europa, uma entidade rebelde, pouco admirada por outras nações. Não houve qualquer arroubo de fervor republicano resultante da Revolução Americana. O mundo não foi virado de cabeça para baixo pelo jovem Estado até o crescimento dos Estados Unidos como superpotência econômica. Não obstante, a Guerra da Independência, de fato, deu início à transformação de um continente, com consequências momentosas para todos.

APÊNDICE

A OPINIÃO DE WASHINGTON SOBRE A ARTE DE COMANDAR

Carta ao coronel William Woodford, 10 de novembro de 1775, ABBOT, W. W. (Ed.) *The Papers of George Washington, Revolutionary War Series*. Charlottesville, 1987, v. 2, 346-347.

A inexperiência de que você reclama é uma situação corriqueira que só pode ser remediada com prática e muita atenção. O melhor conselho que posso dar, de modo geral e do qual tenho certeza de que você não precisa, é que seja severo em sua disciplina. Isso implica não exigir nada além do razoável de seus oficiais e soldados, mas cuidar para que tudo quanto se solicite seja obedecido com precisão. Recompense e puna todo homem de acordo com seu mérito, sem parcialidade ou preconceito. Ouça suas reclamações: se tiverem fundamento, atenda-as; caso contrário, rejeite-as, para evitar as reclamações frívolas. Iniba os vícios de qualquer espécie e infunda na mente de cada homem, desde os principais até os mais modestos, a importância da causa e o motivo pelo qual estão lutando. Tenha sempre em mente a necessidade de se preservar das surpresas. Em todas as suas marchas, algumas vezes, pelo menos, mesmo quando não haja possibilidade de perigo, movimente-se com guardas na dianteira, na retaguarda e nos flancos, para que estejam acostumados à formação; e seja regular em seus acampamentos, designando os sentinelas necessários para a segurança de seu alojamento. Em resumo, quer espere um inimigo ou não, isso deve ser praticado; caso contrário, suas tentativas serão confusas e desajeitadas, quando necessário. Seja claro e preciso em suas ordens e mantenha cópias delas para consulta, de forma que não ocorram erros. Seja simples e condescendente no trato com seus oficiais, mas não íntimo demais, para que não lhe faltem com o respeito que é essencial para fundamentar um comando adequado.

BIBLIOGRAFIA

Principais fontes impressas

ABBOT, W.W. *et al. The Papers of George Washington: Revolutionary War Series*. Charlottesville, 1985. 19 v.

BARNES, G.R.; OWEN, J.H. (Ed.) *The Private Papers of John, Earl of Sandwich, First Lord of the Admiralty, 1771-1782*. Navy Records Society, 1933-1938. V. 69, 71, 75 e 77.

CARTER, C.E. *The Correspondence of General Thomas Gage, 1763-1775*. Yale, 1931. 2 v.

CHADWICK, F.E. (Ed.) *The Graves Papers and Other Documents Relating to the Naval Operations of the Yorktown Campaign, July to October 1781*. New York, 1916, reimpresso em 1968.

CLARK, W.B. (Ed.) *Naval Documents of the American Revolution*. Washington, 1964. 10 v.

DAVIES, K.G. (Ed.) *Documents of the American Revolution, 1770-1783: Colonial Office Series*. Shannon, 1972-1981. 21 v.

FITZPATRICK, J.C. (Ed.) *The Writings of George Washington from the Original Manuscript Sources, 1745-1799*. Washington DC, 1931-1944. 39 v.

FORTESCUE, Sir J. (Ed.) *The Correspondence of King George the Third from 1760-1783*. London, 1927-1928. 6 v.

HAMMOND, G. (Ed.) *Letters and Papers of Major General John Sullivan, Continental Army*. Concord, NH, 1930-1939. 3 v.

HANNAY, D. *Letters Written by sir Samuel Hood, 1781-1783*. Navy Records Society. London, 1985.

HISTORICAL MANUSCRIPTS COMMISSION. *Report on the American Manuscripts in the Royal Institution of Great Britain*. London, 1904-1909. 4 v.

_____. *Report on Manuscripts in Various Collections: The Manuscripts of Miss M. Eyre Matcham, Captain H.V. Knox, Cornwallis. Wykeham-Martin*. London, 1909. V. 6.

_____. *Report on the Manuscripts of Mrs Stopford-Sackville of Drayton House*. London, 1904-1910. 2 v.

_____. *Report on the Manuscripts of the Late Reginald Rawdon Hastings*. London, 1928. 3 v.

HOWE, W. *Narrative of Lieutenant General sir William Howe in a Committee of the House of Commons*. London, 1780.

IDZERDA, S.J. et al. (Ed.) *Lafayette in the Age of the American Revolution: Selected Letters and Papers, 1776-1790*. Ithaca,1976-1983. 5 v.

LAUGHTON, Sir J.K. *Letters and Papers of Charles, Lord Barham, Admiral of the Red, 1758-1813*. London, Navy Records Society, 1906-1910. 3 v.

NEW YORK HISTORICAL SOCIETY COLLECTIONS. *Papers of Charles Lee, 1776-1778*. New York, 1873. V. 5.

RICE, H.C.; BROWN, A.S.K. *The American Campaigns of Rochambeau's Army, 1780-1783*. Princeton, 1972. 2 v.

ROSS, C. (Ed.) *Correspondence of Charles, First Marquis of Cornwallis*. London, 1859. 3 v.

SHOWMAN, R.K. et al. *The Papers of Nathanael Greene*. Chapel Hill, 1976-2005. 13 v.

STEVENS, B.F. (Ed.) *The Campaign in Virginia, 1781: An Exact Reprint of Six Rare Pamphlets on the Clinton-Cornwallis Controversy*. London, 1888. 2 v.

SYRETT D. *The Rodney Papers: Selections from the Correspondence of Admiral Lord Rodney, 1763-1780*. Aldershot: Navy Records Society, 2007. V. 2.

TARLETON, B. *A History of the Campaigns of 1780 and 1781 in the Southern Provinces of North America*. London and Dublin, 1787.

WILLCOX, W.B. (Ed.) *The American Rebellion: sir Henry Clinton's Narrative of his Campaigns, 1775-1783, with an Appendix of Original Documents*. New Haven, 1954.

Trabalhos de Referência

BOATNER III, M.M. *Encyclopedia of the American Revolution*. New York, 1976.

GREENE, J.P.; POLE, J.R. *A Companion to the American Revolution*. Oxford, 2000.

SAVAS, T.P.; DAMERON, J.D. *A Guide to the Battles of the American Revolution*. New York, 2006.

Fontes Secundárias

ALDEN, J. *A History of the South*: *The South in the Revolution, 1763-1789*. Baton Rouge, 1976. V. 3.

ARTWOOD, R. A. *The Hessians: Mercenaries from Hessen-Kassel in the American Revolution*. Cambridge, 1980.

BAILYN, B. *The Ideological Origins of the American Revolution*. Carnbridge, Mass., 1967.

BAKER, N. *Government and Contractors: The British Treasury and War Supplies, 1775-1783*. London, 1971.

BALCH, T. *The French in America During the War of Independence of the United States, 1777-1783*. Philadelphia, 1891.

BASS, R.D. *The Green Dragoon: The Lives of Banastre Tarleton and Mary Robinson*. Orangeburg, SC, 1973.

_____. *Swamp Fox: The Life and Campaigns of General Francis Marion*. Orangeburg, SC, 1974.

BEMIS, S.F. *The Diplomacy of the American Revolution*. Bloomington, 1961.

BICHENO, H. *Rebels and Redcoats: The America Revolutionary War*. London, 2010.

BILIAS, G.(Ed.) *George Washington's Generals and Opponents: Their Exploits and Leadership*. New York, 1994.

BLACK, J.; WOODFINE, P. *The British Navy and the Use of Naval Power in the Eighteenth Century*. Leicester, 1988.

BONFILS, M. Le Comte de Lapeyrouse. *Histoire de la Marine Française.* Paris, 1845. 3 v.

BOWLER, R.A. *Logistics and the Failure of the British Army in America, 1775-1783*. Princeton, 1975.

BREEN, K. "Graves and Hood at the Chesapeake". In: *Mariner's Mirror.* 1980. V. 66, p. 53-65.

BREEN, T. *American Insurgents, American Patriots: The Revolution of the People.* New York, 2010.

BROOKE, J. *King George III*. London, 1972.

BROWN, G.S. *The American Secretary: The Colonial Policy of Lord George Germain, 1775-1778*. Ann Arbor, 1963.

BUCHANAN, J. *The Road to Guilford Court House: The American Revolution in the Carolinas*. New York, 1997.

_____. *The Road to Valley Forge: How Washington Built the Army that Won the Revolution*. New York, 2004.

BUEL, R. *In Irons: Britain's Naval Supremacy and the American Revolutionary Economy*. New Haven, 1998.

CALLOWAY, C.G. *The American Revolution in Indian Country: Crisis and Diversity in Native American Communities*. New York, 1995.

CASHIN, E.J. *The King's Ranger: Thomas Brown and the American Revolution on the Southern Frontier*. Athens, Georgia, 1989.

CHRISTIE, I.R. *The End of North's Ministry, 1780-1782*. London, 1958.

COKER, W.S.; REA, R. *Anglo-Spanish Confrontation on the Gulf Coast During the American Revolution*. Pensacola, 1982.

CONWAY, S. *The War of American Independence, 1775-1783*. London, 1995.

_____. *The British Isles and the War of American Independence*. Oxford, 2003.

CROWHURST, P. *The Defence of British Trade, 1689-1815*. Folkestone, 1977.

CURTIS, E.E. *The Organization of the British Army in the American Revolution*. New York, 1926.

DESJARDIN, T. *Through a Howling Wilderness: Benedict Arnold's March to Quebec, 1775*. New York, 2006.

DONIOL, H. *Histoire de la participation de la France à l'établissement des États-Unis d'Amérique: Correspondance diplomatique et documents*. 5 v. Paris, 1886-1892.

DULL, J. *The French Navy and American Independence: A Study of Arms and Diplomacy, 1774-1787*. Princeton, 1975.

FERLING, J. *John Adams: A Life*. New York, 1992.

_____. *Almost a Miracle: The American Victory in the War of Independence*. New York, 2007.

_____. *Independence: The Struggle to Set America Free*. London, 2011.

FLEXNER, J.T. *George Washington in the American Revolution*. Boston, 1967.

FISCHER, D.H. *Paul Revere's Ride*. New York, 1994.

_____. *Washington's Crossing*. New York, 2004.

FORTESCUE, Sir J. *A History of the British Army*. London, 1899-1930. 13 v.

FREEMAN, D.S. *George Washington: A Biography*. New York, 1948-1957. 7 v.

GARDINER, R. (Ed.) *Navies and the American Revolution, 1775-1783*. London, 1996.

GERLACH, D.R. *Proud Patriot: Philip Schuyler and the War of Independence, 1775-1783*. Syracuse, 1987.

GOLWAY, T. *Washington's General: Nathanael Greene and the Triumph of the American Revolution*. New York, 2005.
GOTTSCHALK, L. *Lafayette and the Close of the American Revolution*. Chicago, 1941.
GRAYMONT, B. *The Iroquois in the American Revolution*. Syracuse, 1972.
GROSS, R. *The Minutemen and their World*. New York, 1976.
GRUBER, I.D. *The Howe Brothers and the American Revolution*. New York, 1972.
HARGREAVES-MAWDSLEY, W.N. *Eighteenth Century Spain, 1700-1788: A Political, Diplomatic and Institutional History*. London, 1979.
HARRISON, L.H. *George Rogers Clark and the War in the West*. Lexington, KY, 1876.
HIGGINBOTHAM, D. *Daniel Morgan: Revolutionary Rifleman*. Chapel Hill, 1961.
_____. *George Washington Reconsidered*. Charlottesville, 2001.
HIGGINS, W.R. (Ed.) *The Revolutionary War in the South: Power, Conflict and Leadership: Essays in Honor of John Richard Alden*. Duke, 1979.
HOFFMAN, R.; ALBERT, P.J. *Diplomacy and Revolution: The Franco American Alliance of 1778*. Charlottesville, 1981.
_____ (Ed.) *Peace and the Peacemakers, the Great Powers and American Independence*. Charlottesville, 1986.
KENNEDY, P.M. *The Rise and Fall of British Naval Mastery*. London, 1976.
KENNETT, L. *The French Forces in America, 1780-1783*. Westport, 1977.
KETCHAM, R.M. *Saratoga: Turning Point of America's Revolutionary War*. New York, 1997.
_____. *Divided Loyalties: How the American Revolution Came to New York*. 2002.
_____. *Victory at Yorktown: The Campaign that Won the Revolution*. New York, 2004.
LACOUR-GAYET, G. *La Marine Militaire de la France sous le règne de Louis XVI*. Paris, 1905.
LAMBERT, R.S. *South Carolina Loyalists in the American Revolution*. Columbia, 1987.
LENGEL, E.G. *General George Washington: A Military Life*. New York, 2005.
LENMAN, B. *Britain's Colonial Wars, 1688-1783*. London, 2001.

LEWIS, C.L. *Admiral De Grasse and American Independence*. Annapolis, MD, 1945.
LONG, J.C. *Lord Jeffery Amherst, Soldier of the King*. New York, 1933.
LUZADER, J.F. *Saratoga: A Military History of the Decisive Campaign of the American Revolution*. El Dorado Hills, CA, 2008.
LYNCH, J. *Bourbon Spain, 1700-1808*. Oxford, 1988.
McCONVILLE, B. *The King's Three Faces: The Rise and Fall of Royal America*, 1688-1776. Chapel Hill, 2006.
McGUFFIE, T.H. *The Siege of Gibraltar, 1779-1783*. London, 1965.
MACKESY, P. *The War for America, 1775-1783*. Cambridge, Mass., 1964.
_____. *The Coward of Minden: The Affair of Lord George Sackville*. London, 1979.
MARSHALL, P.J. (Ed.) *The Oxford History of the British Empire,* vol. 2: The Eighteenth Century. Oxford, 1998.
_____. *The Making and Unmaking of Empires: Britain, India and America, c. 1750-1783*. Oxford, 2005.
MATTERN, D. *Benjamin Lincoln and the American Revolution*. Columbia, SC, 1995.
MARTIN, J.K. *Benedict Arnold: Revolutionary Hero*. New York 1997.
MIDDLEKAUF, R. *The Glorious Cause: The American Revolution,1763-1789*. Oxford, 1982.
MIDDLETON, R. *The Bells of Victory: The Pitt Newcastle Ministry and the Conduct of the Seven Years War, 1757-1762*. Cambridge, Eng., 1985.
_____. "British Naval Strategy, 1755-1762: The Western Squadron". In: *Mariners' Mirror*. 1989. V. 75, p. 349-367.
_____. *Pontiac's War: Its Causes, Course and Consequences*. New York, 2007.
MORRIS, R.B. *The Peacemakers: The Great Powers and American Independence*. New York, 1965.
MURPHY, O.T. *Charles Gravier, Comte de Vergennes: French Diplomacy in the Age of Revolution, 1719-1787*. Albany, 1982.
NELSON, P.D. *General Horatio Gates: A Biography*. Baton Rouge,1976.
_____. *Anthony Wayne: Soldier of the Early Republic*. Bloomington, 1985.
NESTER, W.R. *The Frontier War for American Independence*. Mechanicsburg, Pa., 2004.
O'DONNELL, J.H. *Southern Indians in the American Revolution*. Knoxville, 1973.

O'SHAUGHNESSY, A.J. *An Empire Divided: The American Revolution and the British Caribbean*. Philadelphia, 2000.

PADRON, F.M. *Spanish Help in American Independence*. Madrid, 1952.

PALMER, R.R. *The Age of the Democratic Revolution: A Political History of Europe and America*. Princeton, 1959-1964. 2 v.

PANCAKE, J.S. *1777: The Year of the Hangman*. Tuscaloosa, 1977.

_____. *This Destructive War: The British Campaign in the Carolinas, 1780-1782*. Tuscaloosa, 1985.

PATTERSON, A.T. *The Other Armada: The Franco Spanish Attempt to Invade Britain in 1779*. Manchester, 1960.

PECKHAM, H.H. *The Toll of Independence, Engagements and Battle Casualties of the American Revolution*. Chicago, 1974.

PERKINS, J.B. *France in the American Revolution*. Boston, 1911.

PETRIE, C. *King Charles III of Spain: an Enlightened Despot*. London, 1971.

POTTS, L.W. *Arthur Lee: A Virtuous Revolutionary*. Baton Rouge, 1981.

QUARLES, B. *The Negro in the American Revolution*. Norton, 1973.

RODGER, N.A.M. *The Insatiable Earl: A Life of John Montagu, 4th Earl of Sandwich*. New York, 1993.

_____. *The Command of the Ocean: A Naval History of Britain, 1649-1845*. New York, 2004.

ROYSTER, C. *A Revolutionary People at War: The Continental Army and American Character, 1775-1783*. New York, 1979.

_____. *Light Horse Harry Lee and the Legacy of the American Revolution*. New York, 1981.

SCHECTER, B. *Battle for New York: The City at the Heart of the American Revolution*. 2002.

SCOTT, H.M. "The Importance of Bourbon Naval Reconstruction to the Strategy of Choiseul after the Seven Years War". In: *International History Review*, v. 1. 1979, p. 17-35.

_____. *British Foreign Policy in the Age of the American Revolution*. Oxford, 1990.

SHELTON, H.T. *General Richard Montgomery and the American Revolution*. New York, 1994.

SIMMS, B. *Three Victories and a Defeat: The Rise and Fall of the First British Empire*. London, 2007.

SMITH, P.H. *Loyalists and Redcoats: A Study in British Revolutionary Policy*. Chapel Hill, 1964.

SPINNEY, D. *Rodney*. London, 1969.

SPRING, M.H. *With Zeal and with Bayonets Only: The British Army on Campaign in North America, 1775-1783*. Norman, Oklahoma, 2010.
STEDMAN, C. *The History of the Origin, Progress and Termination of the American War*. London, 1974. 2 v.
STINCHCOMBE, W.C. *The American Revolution and the French Alliance*. Syracuse, 1969.
STOCKLEY, A. *Britain and France at the Birth of America: The European Powers and the Peace Negotiations of 1782-1783*. Exeter, 2001.
SYRETT, D. *Shipping and the American War, 1775-1783: A Study in British Transport Organization*. London, 1970.
_____. *The Royal Navy in American Waters, 1775-1783*. Aldershot, 1989.
_____. "Home Waters or America? The Dilemma of British Naval Strategy in 1778". In: *Mariner's Mirror*, 1991. V. 77, p. 365-377.
_____. *The Royal Navy in European Waters During the American Revolutionary War*. Columbia, SC, 1998.
_____. *Admiral Lord Howe: A Biography*. Annapolis, MD, 2006.
TALBOTT, J.E. *Pen and Ink Sailor: Charles Middleton and the King's Navy, 1778-1813*. London, 1998.
TAYLOR, A. *The Divided Ground: Indians, Settlers and the Northern Borderland of the American Revolution*. New York, 2006.
THAYER, T. *The Making of a Scapegoat: Washington and Lee at Monmouth*. Port Washington, 1976.
THOMAS, E. *John Paul Jones: Sailor, Hero, Father of the American Navy*. New York, 2003.
THOMAS, P.D.G. *Lord North*. London, 1976.
_____. "George III and the American Revolution". In: *History*. 1985, v. 70, p. 16-31.
THOMPSON, B.P. *Spain: Forgotten Ally of the American Revolution*. North Quincy, Mass., 1976.
TRACY, N. *Navies, Deterrence and American Independence: Britain and Seapower in the 1760's and 1770's*. Vancouver, 1988.
WALLACE, W. *Appeal to Arms: A Military History of the American Revolution*. New York, 1964.
WARD, C. *The War of the Revolution: A Military History of the American Revotution*. ALDEN, J.R. (Ed.). New York, 1952. 2 v.
WATT, G.K. *Rebellion in the Mohawk Valley: The St Leger Expedition of 1777*. Toronto, 2002.
WHITE, R. *The Middle Ground: Indians, Empires, and Republics in the Great Lakes Region, 1650-1815*. Cambridge, Eng., 1991.

WHITELEY, P. *Lord North: The Prime Minister who lost America*. London, 1996.
WHITRIDGE, A. *Rochambeau: America's Neglected Founding Father*. New York, 1965.
WICKWIRE, F.; WICKWIRE, M. *Cornwallis and the War of Independence*. London, 1971.
WILLCOX, W.B. *Portrait of a general: Sir Henry Clinton in the War of Independence*. New York, 1964.
WILSON, D.K. *The Southern Strategy: Britain's Conquest of South Carolina and Georgia, 1775-1780*. Columbia, SC, 2005.
WOOD, W.J. *Battles of the Revolutionary War, 1775-1781*. New York, 1995.

Índice Remissivo

A

Adams, John, 39, 68, 84, 108, 125, 278, 364, 382
Albany, 39, 50, 57, 98, 99, 101, 105, 115, 116, 117, 118, 119, 120, 121, 123, 124, 134, 175, 266, 267, 268, 269, 270, 276, 282, 364, 375, 384
Allen, Ethan, 48
almirantado, 23, 24, 27, 28, 43, 59, 70, 71, 125, 126, 127, 128, 129, 131, 132, 146, 147, 149, 181, 182, 186, 188, 245, 248, 249, 290, 293, 359
Amherst, general sir Jeffery, 74, 100, 140, 384
André, major John, 243
Anson, almirante lorde, 147
Antígua, 129, 198, 206, 280, 345, 356
Aranjuez, Tratado de, 176
Arnold, Benedict, 48, 382, 384
Augusta, 170, 171, 172, 211, 214, 217, 224, 309, 310, 312
Áustria, 21, 42, 135, 137, 158, 248, 281, 374

B

Balfour, coronel Nesbitt, 214
Barbados, 168, 206, 207, 208, 209, 279, 280, 345, 355
Barbados (Carlisle Bay), 168, 207
Barrington, almirante Samuel, 168, 349
Barrington, lorde William, 50
Baum, coronel Friedrich, 116
Bird, capitão Henry, 262
Blue Licks, 265
Boston, 25, 26, 27, 28, 29, 30, 31, 32, 33, 34, 35, 36, 39, 42, 43, 45, 46, 47, 48, 50, 51, 52, 53, 60, 61, 62, 69, 70, 76, 79, 97, 109, 126, 127, 128, 129, 154, 158, 164, 165, 168, 188, 193, 212, 251, 266, 267, 291, 353, 382, 385
Brant, Joseph, Guerreiro Mohawk, 263, 266, 267, 269, 271, 273, 274, 277

Brest, 145, 146, 149, 150, 151, 176, 182, 185, 204, 207, 238, 240, 241, 280, 289, 292, 293, 321, 349, 360
Brodhead, brigadeiro Daniel 272
Brooklyn, 77, 81, 82, 109, 285
Brown, coronel Thomas, 171, 214, 224, 312, 382
Brunswick, 73, 89, 90, 94, 95, 105, 112, 117, 160
Buford, coronel Abraham, 214
Bunker Hill, batalha de, 45
Burgoyne, general John, 34, 99
Butler, John, 266, 271
Byron, almirante John, 146, 147

C

Cadiz, 176, 177, 185, 201, 203, 207, 209, 240, 289, 290, 291, 360
Camden, 214, 217, 219, 220, 221, 222, 223, 227, 228, 229, 244, 257, 297, 306, 308, 309, 336
Cameron, Alexander, 252, 255
Campbell, brigadeiro John, 256
Campbell, coronel Archibald, 169
Campbell, William, 69, 210, 224, 299
Canadá, 22, 23, 24, 25, 35, 41, 42, 47, 48, 50, 51, 54, 56, 72, 75, 76, 77, 88, 98, 99, 100, 101, 104, 106, 112, 113, 116, 119, 122, 135, 138, 139, 140, 143, 149, 166, 167, 178, 190, 196, 238, 253, 259, 261, 266, 269, 272, 275, 276, 277, 317, 353, 362, 365, 368, 369
Cape Français, 281, 325
Caribe, 21, 135, 142, 176, 177, 205, 207, 254, 281, 286, 292, 293, 322, 324, 325, 342, 345, 348, 353, 354, 355, 358, 362, 366, 367
Carleton, general sir Guy, 48, 123
Carlisle, lorde, 144
Carlos III, rei da Espanha, 57, 137, 174, 175, 207, 374
Carolina do Norte, 43, 63, 68, 70, 71, 170, 171, 214, 218, 219, 220, 221, 222, 223, 224, 225, 227, 231, 233, 252, 255, 294, 296, 297, 299, 300, 301, 302, 304, 305, 306, 318, 326, 331, 339
Carolina do Sul, 39, 58, 68, 69, 140, 141, 169, 170, 171, 173, 193, 199, 210, 211, 213, 214, 216, 217, 218, 219, 220, 221, 224, 225, 228, 232, 241, 252, 254, 255, 294, 296, 299, 304, 306, 308, 310, 312, 313, 326, 327, 372
Catarina, imperatriz, 248
Caughnawaga, 269, 275
Charleston, 42, 46, 52, 68, 71, 79, 80, 107, 141, 165, 170, 172, 173, 192, 195, 200, 211, 212, 213, 214, 215, 216, 217, 219, 220, 221, 223, 226, 228, 229, 232, 233, 236, 238, 249, 253, 255, 306, 307, 309, 310, 311, 313, 319, 340, 341, 342, 345, 348, 350, 351, 353, 354
Chatterton's Hill, NY, batalha de, 87

Cherokee, 219, 251, 252, 253, 254, 255, 256, 257, 258, 295, 311
Cherry Valley, 167, 271, 272
Chesapeake, 42, 71, 107, 108, 126, 129, 133, 189, 193, 217, 221, 224, 228, 239, 306, 314, 315, 316, 317, 320, 321, 326, 327, 328, 330, 331, 332, 333, 334, 335, 336, 338, 342, 343, 344, 355, 381
Choiseul, Etienne, duque de 21
Clarke, coronel Elijah, 224
Clark, George Rogers, 259, 260, 261, 262, 264, 265, 365, 383
"Clemência de Tarleton", 226
Clinton, general sir Henry, 34, 121, 144, 165, 197, 215, 216, 333, 380, 387
Collier, sir George, 130, 193
colônias americanas, 134, 367
Companhia das Índias Orientais, 29, 30, 287
Congresso Continental, 32, 33, 36, 39, 48, 49
Congresso e os Estados, 329
Connecticut, 33, 46, 50, 51, 58, 76, 77, 78, 92, 100, 101, 103, 116, 117, 165, 191, 235, 236, 241, 319, 329, 353
Conselho de Artilharia, 127, 128, 181, 225
Conway, Thomas, 124
Cornplanter, cacique guerreiro, 270, 273, 275
Cowpens, 295, 301
Crawford, coronel William, 264
Crillon, duque de, 291
Cross Creek, 218, 221, 224, 227, 298, 301, 303
Cruger, coronel John, 224

D

Darby, almirante George, 289
Dartmouth, lorde, 30
Deane, Silas, 57, 104
Detroit, 24, 167, 259, 260, 261, 263, 272, 273, 368
Dickinson, John, 48
Digby, almirante Robert, 202, 287
Dogger Bank, 290
Dominica, 168, 176, 357, 367
Dragging Canoe, chefe guerreiro, 251, 252, 255, 257
Dunmore, lorde, 59

E

Ebenezer, Ga., 170, 312
Espanha, 14, 21, 24, 37, 38, 41, 53, 57, 58, 122, 123, 137, 138, 142, 144, 146, 148, 149, 152, 167, 169, 174, 175, 176, 177, 179, 183, 187, 188, 190, 191, 192, 198, 201, 205, 206, 233, 246, 247, 250, 253, 256, 258, 279, 280, 287, 322, 345, 346,

348, 358, 359, 360, 362, 363, 364, 365, 367, 370, 371, 373, 374, 375
Estados americanos, 136, 249
Eutaw Springs, 219, 351

F

Falmouth, 59, 193
Ferguson, major Patrick 215
Filadélfia, 31, 33, 36, 39, 89, 90, 92, 95, 97, 98, 100, 101, 104, 105, 106, 107, 108, 109, 110, 111, 112, 115, 117, 122, 133, 139, 140, 141, 144, 145, 153, 157, 159, 160, 161, 236, 239, 242, 266, 283, 318, 331, 338, 353
Fishdam Ford, 229
Fishing Creek, 223
Flórida, 23, 24, 31, 138, 139, 143, 144, 160, 168, 169, 170, 172, 175, 177, 178, 207, 209, 253, 254, 256, 257, 258, 294, 375
Floridablanca, conde, 175, 207, 280, 290, 374
Forte Edward, 114, 115, 116, 121, 123
Forte George, 85, 114, 115
Forte Lee, 87, 88, 89, 95
Forte Pitt, 48, 260
Forte Royal Bay, 207, 322, 323
Forte Stanwix, 99, 116, 117, 118, 267, 268, 273, 276
Forte St. Philip, 291, 349
Forte Washington 87, 88, 89, 93, 213
Fox, Charles James, 348
França, 14, 21, 24, 37, 41, 42, 48, 50, 52, 56, 57, 58, 60, 75, 96, 122, 128, 131, 132, 133, 134, 135, 136, 137, 138, 139, 142, 143, 144, 145, 146, 147, 148, 149, 151, 152, 158, 159, 161, 167, 168, 174, 175, 176, 177, 179, 180, 183, 185, 187, 190, 192, 198, 199, 200, 205, 206, 207, 233, 234, 235, 236, 241, 246, 247, 249, 260, 266, 269, 270, 272, 278, 279, 280, 281, 285, 286, 287, 289, 291, 293, 322, 324, 330, 333, 338, 342, 344, 345, 348, 353, 358, 359, 360, 361, 362, 363, 364, 365, 366, 367, 370, 371, 373, 374, 375
Franklin, Benjamin, 39, 80, 84
Franklin, William, 246, 329
Fraser, general Simon, 114

G

Gage, general Thomas, 32, 379
Galloway, Joseph, 40, 160
Galvez, governador Bernardo de, 253
Gates, general Horatio, 118, 384
Geórgia, 31, 38, 69, 97, 133, 141, 144, 167, 169, 170, 171, 172, 173, 189, 192, 199, 210, 211, 212, 215, 217, 218, 241, 254, 255, 258, 294, 295, 296, 297, 307, 310, 312

Germain, lorde George, 14, 74, 99, 381
Germantown, 111, 112, 122
Gibraltar, 49, 50, 145, 146, 150, 175, 176, 177, 183, 185, 201, 202, 203, 204, 206, 207, 209, 241, 249, 279, 280, 282, 288, 289, 291, 292, 324, 345, 346, 349, 358, 360, 361, 362, 363, 367, 384
Girty, Simon, 264
Gloucester, 326, 328, 339
Grã-Bretanha, 14, 21, 24, 25, 26, 27, 29, 30, 31, 35, 36, 37, 39, 40, 41, 42, 45, 48, 49, 51, 56, 57, 58, 59, 60, 63, 64, 66, 72, 79, 81, 95, 96, 97, 102, 114, 122, 123, 128, 129, 133, 134, 135, 136, 137, 138, 139, 140, 141, 142, 143, 144, 145, 148, 149, 151, 159, 167, 173, 174, 175, 176, 177, 178, 179, 180, 183, 184, 185, 186, 188, 190, 195, 200, 201, 204, 205, 206, 207, 210, 236, 240, 245, 247, 248, 249, 250, 253, 256, 258, 259, 265, 266, 269, 279, 280, 282, 287, 288, 290, 294, 305, 324, 331, 336, 345, 347, 348, 353, 354, 359, 363, 364, 365, 366, 367, 368, 370, 371, 372, 373, 374, 375
Granada, 198, 201, 208, 367
Grasse, almirante François Joseph Paul, conde de 280
Graves, almirante Thomas, 237
Greene, Nathanael, 14, 87, 157, 229, 380, 383
Green Spring, 326
Grenville, George 23
Guadalupe, 144, 207, 208, 209, 357
Guerra da Independência, 13, 66, 370, 375, 376
Guerra dos Sete Anos, 21, 37, 41, 64, 99, 141, 147, 149, 178, 201, 204, 373, 374
Guilford Court House, 301, 306, 307, 309, 381

H

Haldimand, governador Frederick, 196, 269
Halifax, 62, 76, 79, 126, 130, 132, 140, 144, 164, 196, 197, 199, 245, 306, 353
Hamilton, coronel Henry, 259
Hancock, John, 53
Hanôver, 37, 135, 142
Hardy, almirante sir Charles 182, 186, 202
Harlem Heights, 83, 84, 87
Henry, Patrick, 26, 260
Hesse, capitão Emanuel, 262
Highlands, 100, 105, 114, 189, 194, 195, 331
Hillsborough, 218, 220, 222, 224, 300
Hobkirk's Hill, 306, 351
Holanda, 38, 149, 247, 248, 249, 288, 290, 322, 359, 367, 368
Hood, almirante sir Samuel, 209, 323, 324, 333, 344, 355, 379
Howe, almirante lorde Richard 75, 80, 359
Howe, general Robert, 170, 234, 284

Howe, general sir William, 34, 101, 110, 117, 118, 124, 138, 140, 380
Hutchinson, governador Thomas, 26

I

Îles des Saintes, batalha de, 358
Illinois, 258, 260, 261, 262, 263, 265, 365
Índia, 14, 21, 142, 176, 204, 279, 281, 292, 293, 349, 367
Índias Ocidentais, 20, 40, 49, 52, 126, 139, 142, 143, 144, 146, 147, 148, 149, 160, 167, 168, 173, 176, 177, 178, 186, 188, 192, 196, 197, 198, 199, 200, 201, 202, 203, 204, 205, 206, 207, 208, 210, 240, 241, 243, 246, 249, 279, 280, 281, 289, 292, 320, 321, 322, 323, 324, 327, 330, 342, 345, 348, 349, 353, 354, 358, 364, 366
Irlanda, 51, 56, 67, 79, 105, 142, 169, 178, 183, 235, 240, 245, 291, 301, 305, 309, 310

J

Jamaica 82, 167, 175, 176, 201, 202, 257, 280, 292, 324, 325, 330, 337, 345, 355, 357, 358, 360, 363
Jay, John, 39, 364
Jefferson, Thomas, 64
Johnson, Guy, 265, 266
Johnson, sir John, 266, 267, 273
Jones, John Paul, 153, 386
Jorge III, rei da Grã-Bretanha e da Irlanda, 31, 37, 41, 48, 49, 50, 64, 70, 73, 81, 99, 100, 122, 124, 135, 139, 140, 142, 143, 144, 148, 177, 178, 179, 182, 188, 190, 197, 201, 204, 245, 287, 288, 290, 291, 293, 346, 347, 358, 359, 365, 374

K

Kempenfelt, capitão Richard (então almirante), 182
Kentucky, 166, 259, 260, 261, 262, 264, 265
Keppel, almirante Augustus, 149
Kiashuta, chefe guerreiro, 266, 274
Kingsbridge, 77, 83, 87, 95
King's Mountain, 225, 226, 227, 257, 299
Knox, coronel Henry, 62
Knyphausen, general Wilhelm Von, 109, 110, 161, 211, 213, 236, 237

L

Lago Champlain, 48, 73, 77, 88, 99, 101, 107, 112, 113, 114, 117, 122
Lago George, 51, 99, 115, 116, 117, 120, 121
Laurens, coronel John, 285, 286

Laurens, Henry, 154, 249, 364
Lee, Arthur, 56, 385
Lee, Charles, 76, 87, 89, 162, 380
Lee, major Henry, 45, 46, 198, 230
Lei Declaratória, 27
Lei de Quebec, 31
Lei de Restrição da Nova Inglaterra, 42
Lei do Selo, 23, 26, 27, 28, 39, 134
Lei Proibitória, 125
Leis Intoleráveis, 32, 36
Lewis, brigadeiro Andrew, 252, 260
Lexington, 23, 33, 34, 35, 38, 40, 42, 43, 51, 53, 58, 59, 125, 259, 264, 365, 376, 383
Liga da Neutralidade Armada, 248
Lincoln, general Benjamin, 114, 170, 384
Long Island, 77, 79, 81, 82, 126, 238
Louisville, 264
Luís XVI, rei da França, 56, 57, 134, 174, 278, 281, 282, 341, 374, 375

M

Manhattan, 77, 79, 81, 83, 84, 87, 199, 285, 317, 329
Marion, general Francis, 173, 219, 381
Martinica, 144, 168, 177, 206, 207, 209, 323, 325, 355, 356
Maryland, 36, 39, 65, 68, 89, 155, 189, 218, 221, 230, 231, 239, 282, 285, 296, 302, 305, 308, 342, 351
Massachusetts, 28, 29, 30, 31, 32, 33, 34, 35, 48, 63, 64, 75, 103, 114, 196, 271
McCrea, Jane, 116, 117
McIntosh, general Lachlan, 259
Middlebrook, 105, 106, 107, 191
Middleton, sir Charles, 180, 187, 386
Minorca, 49, 50, 142, 150, 175, 176, 201, 202, 204, 280, 288, 289, 291, 292, 345, 349, 358, 359, 366, 367, 375
Mobile, 257
Monck's Corner, 213, 311, 312, 351
Monmouth Court House, 161
Montgomery, general Richard, 50, 385
Montreal, 48, 55, 269
Moore's Creek Bridge, 70
Morgan, Daniel, 52, 56, 119, 125, 295, 296, 297, 383
Morristown, 94, 95, 103, 105, 200, 234, 236, 283, 332
Motte-Piquet, almirante La, 289, 322
Murray, general James, 41, 291

N

Natchez, 253
Necker, Jacques, 279
Nevis, 356, 367
New Bedford, 166
Newfoundland, 129, 130, 176, 365, 366, 367
New Hampshire, 38, 48, 101, 114, 116, 130
Newport, 91, 129, 133, 140, 157, 163, 164, 165, 206, 237, 238, 239, 241, 286, 333
Newtown, 273, 274
Niagara, 24, 167, 266, 269, 272, 273, 274
Ninety Six, 214, 217, 218, 220, 224, 228, 232, 295, 297, 308, 309, 310, 311, 312
Norfolk, 69
Nova Inglaterra, 22, 23, 25, 26, 31, 33, 35, 36, 38, 39, 42, 44, 46, 48, 51, 52, 54, 61, 66, 67, 76, 77, 89, 91, 95, 97, 98, 100, 102, 107, 114, 116, 118, 120, 122, 125, 126, 127, 131, 132, 135, 141, 154, 163, 165, 189, 194, 195, 210, 239, 283, 284, 286, 288, 294, 319, 331, 350, 365, 371
Nova Jersey, 67, 87, 89, 90, 91, 92, 93, 94, 95, 96, 97, 102, 103, 104, 105, 106, 107, 136, 142, 155, 160, 163, 169, 217, 236, 237, 239, 240, 246, 273, 284, 286, 310, 329, 342
Nova Orleans, 253, 256

O

Oriskany, 268, 269, 271
Oswald, Richard, 364
Oswego, 267, 268, 273, 276

P

Paine, Thomas, 60
Palliser, almirante sir Hugh, 152, 203
Paoli Tavern, 110
Parker, almirante Hyde, 208, 290
Parker, almirante sir Peter, 70, 129, 200, 202
Parlamento, 24, 26, 27, 28, 29, 30, 31, 34, 38, 40, 49, 74, 76, 81, 98, 144, 182, 204, 235, 240, 249, 288, 346, 347, 367, 368, 374
patriotas americanos, 138, 340, 364
Pensacola, 144, 207, 253, 256, 257, 258, 280, 325, 382
Pensilvânia, 22, 36, 39, 51, 64, 67, 68, 90, 91, 92, 93, 105, 110, 155, 214, 217, 251, 259, 263, 264, 269, 282, 283, 284, 286, 316, 317, 319, 333, 342, 351, 352, 368
Petersburg, 227, 306, 314, 316, 317
Philips, general William, 305
Pickens, coronel Andrew, 171, 219

Pittsburgh, 24, 253, 259, 272, 274
Pitt, William, conde de Chatham, 23, 135, 374
Plymouth, 183, 184
Point of Fork, 318
pólvora (salitre), 46, 52, 55, 126, 251
Pontiac, chefe Ottawa, 24, 38, 259, 266, 384
Prevost, general Augustine, 170
Princeton, 23, 57, 67, 91, 94, 96, 102, 135, 154, 175, 205, 279, 321, 345, 369, 373, 374, 380, 381, 382, 385
Proclamação de 1763, 24, 25
Putnam, general Israel, 44
Pyle, coronel John, 300

Q

Quebec, 30, 44, 48, 51, 52, 54, 55, 73, 74, 77, 100, 112, 238, 382

R

Rankin, coronel William, 316
Rawdon, coronel lorde Francis, 169
Reed, coronel Joseph, 92
Rhode Island, 29, 60, 91, 98, 100, 101, 102, 129, 130, 132, 139, 140, 144, 163, 164, 165, 167, 192, 198, 199, 211, 216, 237, 238, 241, 243, 281, 314, 315, 332, 333, 358
Richmond, 227, 230, 315, 316, 317, 318, 319
rifle, 51, 225
Rio Cape Fear, 43, 70, 217, 224, 227, 229, 294, 298, 303
Rio Delaware, 89, 94, 104, 107, 111, 112, 333
Rio Elk, 108
Rio Hudson, 76, 81, 87, 88, 89, 97, 98, 99, 100, 104, 105, 107, 114, 115, 116, 117, 118, 119, 120, 121, 122, 123, 159, 161, 192, 194, 198, 244, 331
Rio James, 227, 228, 315, 317, 326, 332
Rio Mississipi, 363
Rio Mohawk, 101, 118, 270, 272, 275
Rio North, 79, 84, 87, 316, 320
Rio Ohio, 258, 263
Robertson, general James, 189
Rockingham, marquês de, 27
Rodney, almirante sir George, 152, 202, 286, 323
Ross, major John, 276
Rússia, 42, 97, 135, 248, 281, 288, 290
Rutledge, John, 39, 173

S

Santa Lúcia, 144, 160, 167, 168, 177, 197, 206, 280, 345, 367
Santo Eustáquio, 249, 322
Saratoga, 112, 114, 115, 116, 118, 119, 120, 122, 123, 124, 136, 210, 212, 221, 242, 298, 347, 383, 384
Sartine, Antoine, 57
Savannah, 126, 169, 170, 171, 172, 173, 196, 199, 200, 211, 214, 217, 252, 255, 307, 310, 313, 345, 348, 354
Schuyler, general Philip 48, 382
sêneca, 264, 267, 268, 269, 270, 273, 274
Senegal, 176, 367
Senhoras da Filadélfia, 239
Sevier, coronel John, 224, 257
Seyenqueraghta, chefe guerreiro, 269, 270
Shelburne, William Petty, conde de 348
Simpson, James, 213, 220
Solano, comodoro José, 207
Stark, brigadeiro John, 116
St. Augustine, 126, 133, 144, 257, 258
Steuben, barão Von 318
Stewart, coronel Alexander, 350
St. Johns, 50, 55, 89, 122, 266
St. Kitts (de St. Christopher), 355, 356
St. Louis, 262, 263
Stony Point, 194, 195, 196, 198, 199, 211
St. Simon, general, 325
Stuart, John, 171, 251, 252
Sullivan, general John 77, 379
Sumter, general Thomas, 219

T

Tarleton, colonel Banastre, 213, 295, 381
Texel, 186, 290, 359, 360
Ticonderoga, 48, 51, 62, 80, 99, 100, 101, 107, 113, 115, 118, 120, 122
Toulon, 145, 146, 176
Tratado de 1783, 7, 14, 362
Trenton, 90, 93, 94, 283
Trumbull, Joseph, general intendente, 46
Tryon County, 224, 267, 270, 275
Tryon, governador, 68, 72

U

Ushant, 150, 152, 153, 177, 208, 293

V

Vale do Wyoming, 270
Vale Mohawk, 99, 267
Valley Forge, 381
Vergennes, Charles Gravier, conde de 57
Vermont, 288
Vincennes, 260, 261, 263
Virgínia, 26, 36, 45, 51, 52, 56, 59, 64, 65, 68, 92, 97, 118, 166, 170, 189, 191, 193, 200, 210, 211, 214, 217, 218, 221, 222, 227, 228, 230, 231, 251, 252, 253, 255, 257, 259, 260, 261, 263, 285, 294, 296, 297, 298, 299, 300, 301, 302, 305, 306, 310, 313, 314, 315, 316, 317, 318, 319, 320, 326, 327, 328, 329, 330, 331, 332, 334, 341, 342, 343, 344, 351, 364

W

Washington, coronel William, 229, 309
Washington, general George, 14, 36, 82, 89, 154, 217, 340, 343, 369, 377, 379, 381, 382, 383
Waxhaw, 219, 224, 226
Wayne, general Anthony, 19, 110, 384
West Point, 122, 194, 195, 201, 234, 242, 283, 284, 315, 317, 320
Wethersfield, 319, 330
Whigs Rockingham, 123, 152
White Cliffs, 253
White Plains, 87, 89
Williamsburg, 320, 326, 328, 332, 336
Williams, coronel Otho, 299
Williamson, general Andrew, 171, 252
Willing, James, 253
Wilmington, 70, 108, 159, 217, 294, 298, 303, 304, 305, 341
Wolfe, general James, 74
Wright, governador James, 173

Y

Yorktown, 165, 243, 264, 276, 314, 316, 320, 321, 323, 326, 328, 336, 337, 340, 341, 342, 343, 344, 345, 346, 347, 349, 350, 351, 352, 354, 355, 358, 373, 374, 375, 379, 383

MADRAS® Editora

CADASTRO/MALA DIRETA

Envie este cadastro preenchido e passará a receber informações dos nossos lançamentos, nas áreas que determinar.

Nome _____
RG _____ CPF _____
Endereço Residencial _____
Bairro _____ Cidade _____ Estado _____
CEP _____ Fone _____
E-mail _____
Sexo ❏ Fem. ❏ Masc.   Nascimento _____
Profissão _____ Escolaridade (Nível/Curso) _____

Você compra livros:
❏ livrarias   ❏ feiras   ❏ telefone   ❏ Sedex livro (reembolso postal mais rápido)
❏ outros: _____

Quais os tipos de literatura que você lê:
❏ Jurídicos   ❏ Pedagogia   ❏ Business   ❏ Romances/espíritas
❏ Esoterismo   ❏ Psicologia   ❏ Saúde   ❏ Espíritas/doutrinas
❏ Bruxaria   ❏ Autoajuda   ❏ Maçonaria   ❏ Outros:

Qual a sua opinião a respeito desta obra? _____
_____

Indique amigos que gostariam de receber MALA DIRETA:
Nome _____
Endereço Residencial _____
Bairro _____ Cidade _____ CEP _____

Nome do livro adquirido: <u>A Guerra da Independência dos Estados Unidos da América, 1775-1783</u>

Para receber catálogos, lista de preços e outras informações, escreva para:

MADRAS EDITORA LTDA.
Rua Paulo Gonçalves, 88 – Santana – 02403-020 – São Paulo/SP
Caixa Postal 12183 – CEP 02013-970 – SP
Tel.: (11) 2281-5555 – Fax.:(11) 2959-3090
www.madras.com.br

Este livro foi composto em Times New Roman, corpo 11,5/13.
Papel Offset 75g
Impressão e Acabamento
Orgráfic Gráfica e Editora — Rua Freguesia de Poiares, 133 —
Vila Carmozina — São Paulo/SP — CEP 08290-440 —
Tel.: (011) 3522-6368 — orcamento@orgrafic.com.br